ヌミディア王国

ローマ帝国の生成と北アフリカ

Nobuko Kurita
栗田伸子

京都大学学術出版会

The Kingdom of Numidia

by

Nobuko Kurita

Kyoto University Press
2024

巻頭口絵　メドラセン遺跡全景（著者撮影）

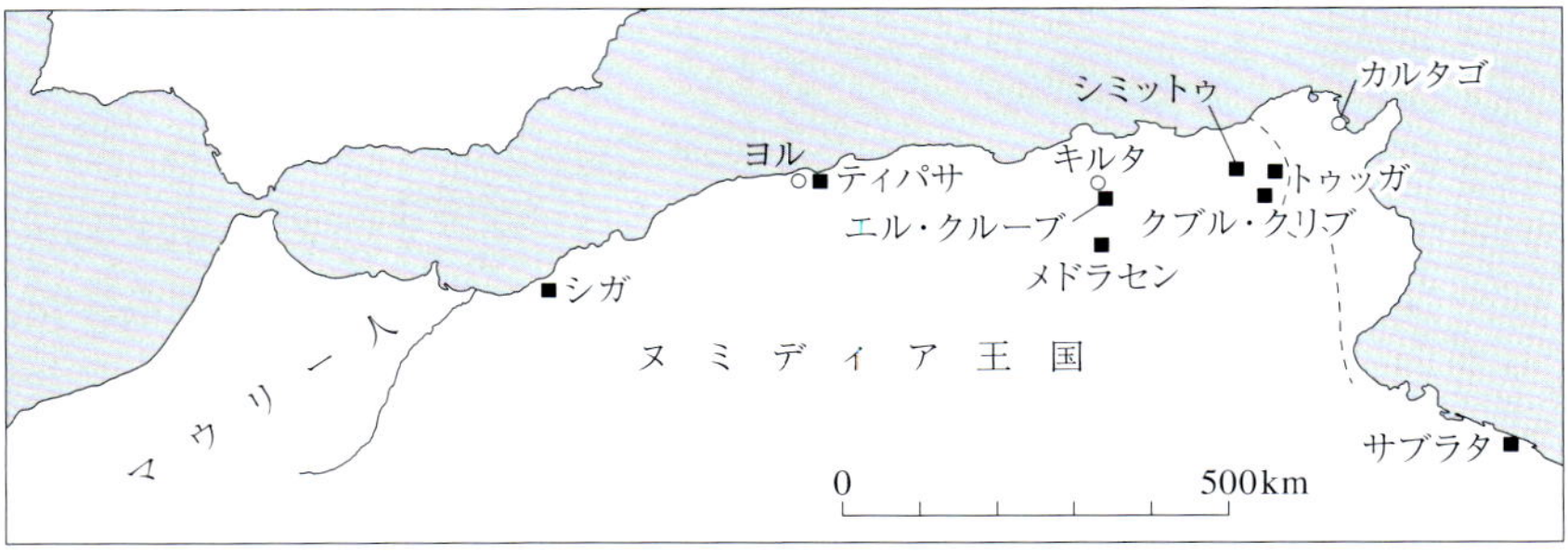

○ 都市名

■ ヌミディア王国の主要遺跡の所在地

---- ヌミディアとカルタゴ領(後の属州アフリカ)のおおよその境界

巻頭地図「ヌミディア王国の主要遺跡」

目次

索引

凡例

・ギリシア語・ラテン語の母音の長短等のカタカナ表記の仕方はほぼ慣例に従った。
・西洋古典史料および碑文の訳は、特に訳者名を挙げている場合を除き、すべて筆者による。
・同一の種族・集団名をヌミダエ／ヌミディア人、リビュエス／リビア人のように書き分けているのは行論上の必要による。
・フランス語・ドイツ語文献を表記する際の記号等を英語文献の例にそろえた場合がある（éd.→ed., St. Gsell→S. Gsell 等）。

序論　ヌミディアとローマ

一

メドラセン Medracen を実際に目にした時の印象は忘れ難い（一九八六年八月八日）。ヌミディア王権に関連づけられる遺跡のうち最も重要なものであるこの「王墓」は事前に見ていた数枚の写真から想像していたよりは、ずっと白っぽく、真新しいとさえ見える完全な姿で周囲の荒涼たる風景の中に立っていた。全体は巨大な円錐状の石段（直径五九メートル、高さ一八・五メートル。クリーム色の大きな立派な切り石できっちりと組み立てられている）であり、地上から五メートル程は垂直な壁をなし、この壁に等間隔に半ば埋め込まれた「ドーリア式」の円柱（六〇本という）が一周している。積み重なる石段の平行線も、各段が描く円弧も、低い円筒形の垂直な壁も定規とコンパスで引いたような正確な幾何学性を示していて、地方色や「土俗性」をあまり感じさせない。そこにあるのはむしろ高度の設計や技量に基く古典的均整——それが何であれ、蓄積された営為が遂に完成された瞬間の表現とでも言うべきものだった。

このメドラセン（現地音ではイマドグァセン Imadghacen）遺跡はアルジェリア北東部の内陸、バトナ市近郊の山々の間にある。少し南にはトラヤヌス帝によって建設された有名な古代ローマ遺跡タムガディ市がある。本書のテーマであるヌミディア王国は、このアルジェリア北東部からチュニジア西部あたりを本拠地として遅くとも紀元前三世紀から国家形成し、前一世紀半ばにローマ（カエサル）によって滅亡させられるまで、二〇〇年ほどの間北アフリカに存在した原住民国家である。この王国についての基本史料（以下本書で度々引用することになる）は王国がローマ属州とされた後の初代総督ガイウス・サルスティウス・クリスプス（以下、サルスティウス）が著した『ユグルタ戦争』（前四〇年頃刊）であり、この書のおかげでヌミディア王国は古典の読者の間で多少ともその名を知られている[1]。最盛期にはその領域は西は現在のアルジェリアとモロッコの国境付近、東は現在のチュニジアを含んで（前一四六年以降ローマの属州となったカルタゴ末期の旧領の部分は別にして）さらに東、現在のリビアのトリポリの先、シルト湾の手前——ここにはタムガディと並ぶもう一つの有名なローマ遺跡レプティス・マグナ市（本来フェニキア・ポエニ系植民市）がある——まで広がっていた。ローマ帝政期——特に紀元後二—三世紀——の北アフリカ（キュレナイカとエジプトを除く）は「ローマ化」「都市化」が顕著に進んだ「ローマの平和」の成功例とされることが多い（マルクス・アウレリウス帝の師フロントーも、皇帝セプティミウス・セウェルスも、聖アウグスティヌスもこのアフリカ諸州の出身であった）が、そのローマの支配権（インペリウム）の及んだ範囲はこのように、最西端のマウレタニア（ティンギタナ）州を除けば、旧ヌミディア王国の最大版図とぴたりと重なるのである。

前四六年に滅んだヌミディアという国家の比較的短い歴史は、それゆえ、北アフリカ原住民社会の最初の国家形成の事例であると同時に、実はローマ帝国の地中海支配の拡大と発展、変容の秘密を解く鍵を提供している。

この言い方は少し意外に感じられるかもしれない。ローマに征服された国々は無数にあるであろうになぜ特にこのアフリカの王国から出発するのか。属州の側からの視点が重要であるとしても、どうしてヒスパニア（スペイン）やガリアやブリタニアではなく北アフリカ諸州を対象として選ぶのか。このような疑問は一見もっともではあるが、しかし他方でローマ帝国についての一種の固定観念——「ヨーロッパ文明の源流としてのローマ」という認識——によって導かれたものでもある。「古代」ローマ帝国から「中世」ヨーロッパへという流れだけが注目されるために、実際には地中海の沿岸全体への支配（「地中海世界」支配）を実現した帝国であるにもかかわらず、地中海の「北」側に観察が集中し、地中海の逆側（南側、つまり北アフリカ）における支配の展開は「周辺」的な現象として視野の外に置かれる傾向があるのである。だが、現に北アフリカ（チュニジア）にあったフェニキア人植民市カルタゴの打倒（ポエニ戦争）こそがローマ帝国化の最大の契機であったことに示されるように、ローマ帝国の生成・発展のプロセスの核心を成したのは実は北アフリカ支配であった。北アフリカ――そしてそこにあったヌミディア王国――はシチリア島の諸邦と並んで、三次にわたるポエニ戦争に関連して最も早い時期にローマと接触し、その「帝国化」を何らかの形で媒介し、この過程で「帝国化」の炎を浴びて社会の変成を一番先に体験した地域であり国家なのである。したがってヌミディアを対象とすることには、いろいろな選択肢がある中での一つのケース・スタディーという以上の意味がある。「支配権（インペリウム）はそれが初めに生み出されたところの技法によって容易に維持される」（Sall. *Cat.* 2. 4）のであり、カルタゴを壊滅させる過程でローマがヌミディアととり結んだ関係、そこで生み出された地域間の構造は一つの範例としてその後も永くローマの拡大のメカニズムであり続けたであろうからである。このような意味でヌミディア社会の経験は「ローマ的支配」一般を解錠するマスター・キーたり得る。

二

ここで「ヌミディア社会」あるいは「北アフリカ原住民社会」という表現について少し説明が必要であろう。本書ではローマがヌミディア王国との間に諸関係を構築しようとした際、前提としてそこに既にあった社会――その意味でローマの「支配」の対象――を仮にこのように表現している。「ヌミディア人」という民族ないし民族体の存在を無前提に想定しているわけではないし、単一で同質的な「北アフリカ原住民」社会について論じようとしているのでもない。ドゥサンジュ（Jehan Desanges）はその著書『古典古代のナイル以西のアフリカ諸部族のカタログ』（*Catalogue des tribus africaines de l'antiquité classique à l'ouet du Nil*, Dacar, 1962）においてヘカタイオス、ヘロドトスから紀元後六世紀のアフリカ出身の詩人コリップス等にいたるギリシア・ローマ古典史料や*CIL*（『ラテン碑文集成』）等に集められた碑文史料全体を渉猟して、大西洋岸からナイル川の西に至るまで（したがってエジプトは除外）のこれらの資料に現われる種族（――ドゥサンジュはこれらをtribu（部族）と呼んでいるが何らかの人類学上の概念に基くというより史料に現われる人間集団のことである――）名とその集団についての記述、想定される所在地等を網羅的に一覧表にしているが、その数は先に述べたヌミディア王国の最大版図の範囲に限っても優に百数十を越える（旧カルタゴ領＝共和政期の属州アフリカの種族を含めれば一九一）。もちろんこの一覧表はギリシア・ローマ著作家の時代（前六世紀―後六世紀頃）全体について時代区分せずに作成されているので、ある特定の時期に同時存在した種族の数はもっと少ないと考えられはするが、いずれにせよ、北アフリカの種族をギリシア人、ローマ人が見た場合に、何らかの単位として認識される集団の数が多数であり、またその呼称も時期によってたえず変化している（集団自体がかなり入れ替わるか、再編され続けている）ことが見てとれよう。これらの諸集団を一括りにして呼ぶとすれば、古代ギリシア人の言い方でなら「リビア人」Libyesとなるであろう（ローマ人のラテン語でなら「アフリカ人」となりそうだがローマ人にとっては「ヌミディア人」との遭遇が先に強く意識されたためか、「アフリカ人」Afer（複数形Afri）の語は大陸の住民一般を指すこともあるが、「ヌミディア人」「マウリー（マウレタニア）人」と併置される旧カルタゴ支配下の原住民＝属州「アフリカ」の人々を指す場合の方が多いようである。[2]）ヌミディア王国で発明され、ポエニ語（カルタゴのフェニキア語）と並んで「公用語」であった文字言語も研究史の中では「リビア文字」「リビア語」と呼ばれている。

この「リビア」人という呼称の起源はギリシア人を越えて古代エジプト人にまで遡り得るらしい。ティソー（Charles Tissot）はフランス語圏の古代北アフリカ研究の基盤の一つとなった著書（*Exploration scientifique de la Tu-*

nisie : Géographie ancienne, 2 tomes, Paris, 1884）の中でギリシア語の「リビア人」の語源を古代エジプト新王国期のパピルス文書に現われる'Libou'に求め（I. p. 388）、この見解は二〇世紀後半の研究者カンプス（Gabriel Camps）にまで継承されている。ティソーはまたこの時代の「リビア人」は特に言語的に見た場合現在の「ベルベル人」（――これは「バルバロイ」に由来するとされるやや軽蔑的他称であるので、二一世紀の今現在はアマズィグ人、その複数形のイマジゲンという呼称の方が適当とされる――）の起源であるとの、近現代の古代北アフリカ研究においてほぼ共通認識となっている学説をこの著書の中で強く主張している。「リビア人＝古代ベルベル人」という認識の重要な要素は、この「ベルベル系」言語話者とされる北アフリカ原住民と、後からの植民者であるポエニ人（つまりカルタゴをはじめとする東方から来たフェニキア系植民都市の住民）とを峻別する点にある。そしてこの見方は近現代の言語学的分析によるだけではなく、ギリシア・ローマ古典の中にも既に見られる。本書中でも検討することになるサルスティウス『ユグルタ戦争』のアフリカ民族誌的な一節はアフリカの本来の原住民内部の「先住民」と「移住者」の混合過程を叙述した上で、「その後（postea）」に「フェニキア人たち（Phoenices）」がヒッポ、レプティス等の都市を海岸地方に建設した旨を明確に述べている（Sall. *Iug.* 19）。

　したがって、ローマ人自身が対カルタゴ戦争という形で北アフリカに接近した際に、そこにはカルタゴ市およびその他のフェニキア系植民市（同じ北アフリカの中でカルタゴ市がさらに植民して建設したものも含めて）が中心となったポエニ人的（Punic）層と、その背後ないし、「下」にリビア（古代「ベルベル」）人的原住民社会の層という二層構造が見出されたのだと言い得るであろう。

三

さて「リビア人」という語の古さ、長期にわたる使用期間に比べて、「ヌミディア」Numidia（地域名）ないし「ヌミダエ」Numidae（集団名）という語の発現は驚くほど（古代の中で）新しく、使われた時期も限定されている。実際「ヌミダエ」はカルタゴ市がシチリアのギリシア勢にヒメラの戦い（前四八〇年）で敗れた後に開始したアフリカ内陸征服戦争の文脈で、——その経緯に触れた後世のラテン語史料のごく短い一節で——初めて現われ、ポエニ戦争期に起こったカルタゴに対する傭兵とリビア人の蜂起（前二四一—二三八年）についてのポリュビオスの叙述の中ではギリシア語「ノマデス」（英語のノマド。「遊牧民」）として現われ、同じくポエニ戦争期を、（彼らを「ノマデス」と記し続けるポリュビオスの平行記事と共に）詳述しているリウィウスにおいて大々的に登場する（詳しくは本書第四章）。第二次ポエニ戦争の終わり近くで、ローマの大スキピオのアフリカ本土侵攻に協力したヌミダエ人の王族マシニッサ Massinissa は——彼はより詳しく言えば「ヌミダエ」の中の一種族マッシュリー Massylii の出なのであるが——カルタゴ側についたマサエシュリー Masaesylii の王シュファックスに奪われたマッシュリーの領土をローマ軍と共に奪還し、シュファックスの王国をも併合し、「ヌミディア」の統一者となる（前二世紀末）。これが「ヌミディア王国」regnum Numidiae、「ヌミダエ人の王国」regnum Numidarum の成立についてのローマ側史料の説明である。「ヌミダエ」「ヌミディア」はカルタゴの北アフリカ支配の形成過程と崩壊過程においてカルタゴの支配権を揺るがし得るものとして外部（ギリシア人、ローマ人の側）から注目される——その点でギリシア人のいう「リビア人」一般からは区別される存在なのであり、共和政ローマがイタリア半島の外で見出した自らの（シチリアのシュラクサイのヒエロン王と並ぶ）最初の提携者——「友人にして同盟者」（amicus atque socius）——を指さして呼ぶ固有名詞である。したがって、「ヌミディア」の諸問題を研究することは北アフリカ（をはじめとする西地中海各地）が、前八世紀以来、より本格的には前五世紀以来、続いた「ポエニ人」が主導的勢力であった段階（カルタゴ「帝国」）から別の段階（ローマによる支配、「ローマ帝国」段階）へ移行する過程を、その移行が準備される諸要因と共に研究することにほかならない。

ローマの、マシニッサ以降の「ヌミディア王」との間の「友好関係」amicitia はこうしてローマがポエニ戦争期とそれ以降に地中海周辺全域に確立していく支配権＝インペリウム（「帝国」）と密接に関連している。「ヌミディア」というくくり自体がいわばローマがカルタゴを打倒する瞬間に作り出されたローマ的発明であるとすら言えるかもしれない。わずかしか残っていない「原住民社会」側の史料——リビア文字・ポエニ文字で書かれた碑文類（それも王権に関わるものはほんの数点である）——では、「ヌミダエ」「ヌミディア」に相当する語は見出されず、マシニッサの祖父ジラルサン Zilalsan は単にスフェス sufes（sufète〈仏〉、これはカルタゴの最高官職名に由来するのであろう）であり、「王」は GLD というベルベル社会で首長、君主を指す aguellid という単語と共通すると思われる語で示され、「マッシュリー王」が存在するだけで「ヌミディア王」はいない。

この「友好関係」——ベイディアン（E. Badian）がローマの対外クリエンテーラ foreign clientela の典型例の一つとして位置づけたもの——の歴史的性格とその基礎の解明は本書の重要なテーマの一つである。この問題は研究史の中ではローマ「国際法」上の問題、あるいはローマの「パトロネジ」の問題として論じられてきたが、本書では——ローマがこの関係をどう規定し、それがローマのどのような「国法」「社会通念」等の観念形態に基礎づけられているのかという問題とは独立に——むしろヌミディア側の社会、王権がこの関係にどう拘束され、またなぜ、どのような客観的条件のもとで拘束されていたのかを問うという形で分析を進めたいと思う。ローマの「力」が関係の背景にあるとしてもそれはただの「軍事力」なのではなく、ポエニ戦争期に西地中海地域に生じつつあった新たな「経済」的諸関係――イタリア・北アフリカそして東地中海地域（ヘレニズム諸国）をも含んだ諸関係――が「力」の働く場としてあるのではないか。そしてまたそれは単なる国際関係・交易網あるいは文化的交流というより、カルタゴ「帝国」が揺らいでいく時期の北アフリカ「原住民社会」に、ローマがヌミディア諸王権として識別したようなある程度自立的な支配機構が芽生えることを可能にした社会・経済的条件と関連づけられる事象なのではないか。

例えば、『ユグルタ戦争』の中のヌミディア王アドヘルバルのローマ元老院における演説の一節「ヌミディア王国の管理権だけが（ヌミディア王である）私のものなのであり、その権利（ユース）と支配権（インペリウム）はあなた方（ローマ人）のものだと考える」（Sall. *Iug.* 14. 1）べきだとの言葉――これは卑屈とも見える言葉であり、「考古学上」の、つまり碑文史料中の、あるいは（近現代の研究者による構築物である）ローマ「国際法」上の根拠が見つからないという理由で、研究史上においてはしばしば単なるレトリック（アドヘルバル本人のというより著者であるローマ人サルスティウスの）として捉えられがちな一節であるが――は、「法」的（一体誰の法であろう）裏づけのあるなしに拘わらず、元老院でのやりとりとしては充分リアルである。実際にアドヘルバルがこの発言をしたかどうかは別にして、「友好国」の王の立場についてのこのような言説がローマの支配層の間で飛びかい、それがローマ側の行動を導く「論理」となっていたことは想像に難くない。このようなヌミディアの「従属性」の背後にある「社会経済的」な環境はどんなものであろうか。これら古典史料の中に豊富に見られるヌミディア王国、カルタゴ、北アフリカについての様々な――しばしば読み飛ばされがちな――言及を、ローマの支配を準備し、実現した「場」の発見という角度から分析し直すこと、ローマ的言説の背後に、外見上その言説に沿って動いているように見える「ヌミディア側」の諸条件を――仮説としてではあるが――発見しようとすること、これが本書において試みている作業の一つの柱である。

四

こうして共和政期のローマの代表的「友好国」としてローマの地中海世界支配達成の一翼を担った――第三次ポエニ戦争によるカルタゴ滅亡のきっかけを作り、またヘレニズム諸国征服における重要な軍事的資源となった――ヌミディア王国は、前二世紀後半の王ユグルタの時代に一転してローマとの衝突、全面戦争（いわゆるユグルタ戦争）に至り、並行して始まったローマ自体が共和政から帝政へと移行していく複雑な政治過程（ローマ政治史における「内乱の一世紀」。ユグルタ戦争においてローマを勝利に導いたマリウスのコンスル登極がこの政治過程の開始点の一つである）の中で、冒頭で述べたように最終的にはカエサルによって属州化（前四六年）されて終わる。この原住民国家の形成と没落の歴史の研究は、改めて整理すると以下のような点で、従来の古代地中海史像に転換をもたらす。

第一は、地中海周辺の原住民社会およびその王権のあり方と、ローマとの遭遇、軍事的・政治的・経済的諸関係の形成から崩壊までの全過程を観察し得る稀有な事例だという点である。（ポエニ戦争の舞台であったためローマ側史料が豊富なことがこの観察を可能にする。）

第二は、従属地域に対するローマの支配形式の変遷――共和政期の「友好国」という名の下での「クリエンテーラ（パトロン―クライアント関係）」型支配から帝政期の属州支配への移行――が最も典型的に示されると同時に、この移行の契機となった諸事件（上記のユグルタ戦争等）の記録の存在により、変遷のメカニズムを従属社会内部の状況を含めて解明し得るという点である。

最後に指摘できるのは、以上のように属州化以前のローマ勢力の浸透と現地社会の状況を比較的鮮明に分析し得るが故に、帝政期（いわゆる「ローマの平和」の時代）の北アフリカの外見上の「繁栄」（属州化後の「都市化」と「ローマ化」）をヌミディア王国時代との連続性の中で評価することが可能だという点である――文字も都市もギリシア（ヘレニズム）文化も王国期に（それ自体ヘレニズム化されているポエニ文化を経路としつつ、また王権自体のヘレニズム・東地中海世界との直接交流によっても）既にあった――。「ローマの平和」が生み出したものは少なくとも北アフリカにおいては「発展」というより「従属の発展」だったのではないか（近現代の植民地主義・新植民地主義との類似性）との論争もこのような条件下で生じている。

以上のようにヌミディア王国の研究は、「ローマ史」を北アフリカ史といわば交差させることにより、ローマ帝国という現象に「前（プレ）ローマ段階」の視座から光を当て、それによって「ローマが終わったとき、結局その地域はどうなっていたのか」という問いに観念的文明論ではない実質的な内容を与え、世界史における「ローマ段階」ともいうべきものの客観化（「ローマ史」内部での「盛衰史」にとどまらない歴史叙述）の途を示すものである。

本書の構成は以下の通りである。第一部（「クリエンテーラ」国家ヌミディア）[3]ではマシニッサによる「統一」以降の、ローマとの友好関係の下でのヌミディア王国の「安定期」における王権と社会の実態をユグルタ戦争に向かっていく諸要因の解明を手がかりとしながら探究している。――第一章は王国内で活動したローマ・イタリア系事業家に着目してヌミディア王国におけるその位置づけと、既にローマ領となっている旧カルタゴ領（属州アフリカ）との関係も論じ、次の章では、戦争へ進まざるを得なかった諸契機をサルスティウスの『ユグルタ戦争』の批判的読解を通じて提示する（第二章）。さらに『ユグルタ戦争』に含まれるポエニ語から翻訳されたとされるアフリカ民族誌的一節（一種の「ヌミディア建国史」）を分析し、王権のイデオロギーを探る（第三章）。この一節は王国期ないしカルタゴ期のポエニ語史料の中に既に「ヌミダエ」に相当する集団概念があった可能性を示すと共に、その集団のいわゆる「ペルシア」起源説をも含んでいる。最後に補論（ヌミディア王国の解体）は、ユグルタ戦争後、滅亡に至るまでの過程を、主としてヌミディアの対ローマ奉仕の中心である軍事的協力（補助軍の提供）のあり方の変遷に注目して考察する。

第二部（アフリカ的土台とカルタゴ的過去）は第一部で見たヌミディア王国の前史にかかわる研究である。すなわち、まず第四章で、第二次ポエニ戦争（ハンニバル戦争）期にカルタゴ軍の構成要素であったヌミディア騎兵をローマ側はどう描いたかを分析し、ローマ人にとっての「ヌミディア」目撃、そのイメージの結晶化の瞬間――それは「ローマがカルタゴからアフリカを解放する」というヴィジョンの出現の瞬間でもある――を捉えた後、第五章では、西地中海におけるカルタゴ・ポエニの勢力圏の形成史を一望し、北アフリカのポエニ圏化の段階がフェニキア・カルタゴ史の中で占める歴史的位置を明らかにする。ポエニ圏にとってのヌミディア諸王権の出現の意味も同時に検討される。続く第六章では、第二次ポエニ戦争期（第四章）より一つ前の段階――ローマとの遭遇以前の「ヌミディア人」の原像をカルタゴ期の傭兵戦争（――リビア人の対カルタゴ抵抗戦争でもある――）時代に関する史料によって明らかにする。さらに「ヌミディア」、原住民社会側が残したほとんど唯一の史料である二点のリビア語・ポエニ語併記碑文を研究する（第七章）ことにより、カルタゴの内陸経営と原住民社会の境界域における現地王権発生の起源を探る。

第三部（ローマ支配下における「発展」と抵抗）は王国なきあとの北アフリカのローマ帝政下での変容を先述の「従属の発展」と考えるような（近現代についての「従属理論」の古代への適用とも見える）諸見解とこれに対する批判・再批判を含む論争史を検討（第八章・第九章）した上で、「ローマの平和」期の北アフリカの構造についての見通し（第十章）と、そのおおよその通史的全体像（第十一章）を示す。ティベリウス帝時代のタクファリナスの蜂起をはじめとする原住民社会の諸抵抗とその帰結（トラヤヌス帝の頃までに完成されるローマによる「境界」設定＝「隔離」）についての考察が本書の一応の結論となる。

註

（1） C. Sallustius Crispus, *Bellum Iugurthinum.* なお本書で引用する際の日本語訳は基本的にサルスティウス著、栗田伸子訳『ユグルタ戦争・カティリーナの陰謀』岩波文庫（二〇一九）に拠っている（引用の文脈に従って多少訳しかえた箇所もある）。

（2） ティソーは「アフリカ」の語がこの大陸におけるカルタゴの支配領域を示すポエニ語 Afriqah（séparé,「分離された」の意）に由来するとの説を示している。*Exploration scientifique de la Tunisie*, I, pp. 389f.

（3） 「クリエンテーラ」国家——Klientelstaat, client king 等と称される研究史上の概念で上述のようにローマと外国の王、国家との史料上は amicitia（「友好関係」）と記されることの多い関係をローマ社会におけるクリエンテーラ関係（patronus-cliens 関係）になぞらえて理解する諸学説（P. Sands, M. Gelzer, E. Badian ら）に依る。クリエンス国家（王国）あるいはクライアント国家、クリエンテル国家等と記すことも考えたが、ローマと当該国両者間の関係性をより強調するため、本書では「クリエンテーラ的関係によってローマに結びつけられている国家」の意で、「クリエンテーラ」国家とした。〔E. Badian の対外クリエンテーラ概念についての、P. J. Burton 他の最近の批判については以下本論で必要に応じて言及する。〕

第一部　「クリエンテーラ」国家ヌミディア

第一章　ヌミディア王国とネゴーティアトーレス

（イタリア人事業家たち）

ヌミディア王国をローマの支配権に結びつけ、奉仕させ、代表的な「友好国」、「クリエンテーラ」国家たらしめ続けた構造とはいかなるものであったのか。個々の政策の背後により長期的な規定要因として何らかの社会・経済的要因を想定することは可能か。本章では、この問いに応えるため、ローマ共和政期に北アフリカ各地で活動していたイタリア出身の事業家たち negotiatores に着目しつつ、ローマの北アフリカ支配の基本的形態とその成立条件を明らかにする。

問題の所在

前一四六年、カルタゴを破壊し去った共和政ローマが属州アフリカ（provincia Africa）として直接統治下に置いたのは、北アフリカにおけるカルタゴの最大版図(1)ではなく、その第三次ポエニ戦争前夜の版図、面積にして、二万〜二万五千平方キロメートルにすぎなかった(2)。現在のリビア海岸部からジブラルタル海峡に至るアフリカ地中海岸の過半はヌミディア王マシニッサ（Masinissa, Massinissa とも）の息子達を始めとする現地諸王の手に残され、百年後のタプスス（Thapsus）の戦いの勝者カエサルによるヌミディア王国解体とアフリカ＝ノウァ（Africa nova）州設置（前四六年）まで、北アフリカにおけるローマ領は拡大されることがなかった(3)。

こうした状況は、この間ガイウス・グラックスの失敗した計画以外には属州アフリカでのコロニア建設が知られていないこととも相俟って(4)、研究者に共和政ローマの北アフリカ支配の熱意への疑惑を抱かせる原因となることがしばしばであった。モムゼン以来、ニュアンスの差はあれ、共和政ローマのアフリカ支配の実態を稀薄と見、支配本格化の画期をアウグストゥス、あるいはカエサルに求める論調は枚挙にいとまがない(5)。そして、このような評価を反映してか、ローマン・アフリカ研究一般の盛況の中で、共和政期を扱う部分は明らかに立ち遅れていると言わざるを得ないのが研究史の現段階であると言えよう[6]。

　ローマン・アフリカ研究における共和政期軽視の傾向は史料上の制約に由来する面もあり[7]、その限りではやむを得ないと言うべきかもしれない。しかし他方で、研究者の視線が初めから共和政期を飛び越えて帝政期アフリカの〝繁栄〟に注がれ[8]、その意識がローマのアフリカ支配の帝政期における型に束縛されるあまり、共和政ローマのアフリカ支配をも帝政期の尺度で測って〝稀薄〟と断じている面があることも見落としてはならないのではないか。帝政期の北アフリカはいわゆる「ローマ化」「都市化」の典型的進展を特徴とすると言われるが[9]、もしこれらをもってローマの支配確立のメルクマールとするならば、そのような現象の知られない共和政期のアフリカ支配は確かに萌芽的とか未完成とかいうことにならざるを得ない。だがこのような立論には難点がある。アフリカに限らず、およそローマの支配に服した地中海沿岸諸地域の中で、共和政期の支配機構が帝政期のそれに比して著しく貧弱に見えないような場所があるだろうか。しかしだからと言って誰が共和政ローマの地中海世界支配の事実を否定できよう。帝政期型の支配の不在をローマの支配一般の不在と同一視する論理の欠陥は以上から明らかである。それゆえ、共和政ローマの地中海世界支配の研究の意義自体を否定する立場に立つのでない限り、我々は共和政期の支配が帝政期の支配とは別個の形態をとっていたのではないか、つまり従属地域の「ローマ化」「都市化」を不可欠の条件とはしないような形で支配が成立していたのではないか、と考えてみざるを得ない。

　共和政期の北アフリカをこのような観点から再検討するとき、改めて我々の注意を引くのは、カルタゴ滅亡以来カエサルまでの百年間、ローマの直接統治部分である属州アフリカと並んで、〝ヌミディア〟〝マウレタニア〟の二系列に大別される原住民王国が併存していたという冒頭に述べた事実である[10]。これらの王国はローマと無関係に存在していたのではなく、研究史上普通「クリエンテーラ」王国（Klientel-königtum, client king, すなわちローマの庇護民〔クリエンス〕である王国、王権の意）と呼ばれることから分かるように、共和政ローマの強い影響下に在った。[11] ハーン（I. Hahn）の表現を借りれば、共和政末期の北アフリカ諸王は、ローマの内乱を機に自国の独立を図るどころか、王国内の反王権的諸勢力への対抗上ますますローマへの依存度を高め、ローマ内部のより強い党派との連合形成に汲々としていた点で「ローマに対する自国民の利害の代表者というよりはむしろ自国民に対するローマ勢力の代表者」と呼ばれ得る程であった。[12] しかし単にそれだけのことならば、これはおそらく帝国縁辺の弱小国支配層に共通の行動パターンとして超時代的に観察され得るものであり、殊更取り上げるに値しないとも言えよう。我々の問題関心にとっては、北アフリカの「庇護民〔クリエンス〕」諸王の対ローマ追随の事実の単なる叙述ではなく、両者間にそのような関係を持続せしめた主要な条件の所在を探り、かつそのような関係が共和政ローマの地中海支配体制全体の中で占めた位置を知ることこそが重要なのである。こうした作業の結果、共和政ローマの北アフリカ諸王国に対する影響力行使が諸王国にとっての外的要因としてのローマの力——すなわちローマが諸王国以外の地中海諸地域に対する支配から引き出した軍事的、政治的、経済的諸力——をもっぱら条件とするものであり、他方共和政ローマの地中海世界支配体制がこれらの「クリエンテーラ」王国によって支えられた度合の方は無視し得る程度であったと仮に判明したならば、そのような影響力行使は共和政ローマの支配の余技ではあっても本質とは言えず、我々は「ローマの北アフリカ支配の本格化はカエサル以降」という通説の軍門に降らざるを得ないであろう。しかし、もし以上とは逆のことが明らかになった場合には、北アフリカにおける「クリエンテーラ」諸王国の存在のうちに共和政ローマの北アフリカ支配、ひいては地中海世界支配の帝政期とは異なった形態を見ることも許されないことではないであろう。

本章では以上のような観点に立っていわゆるヌミディア王国——第二次ポエニ戦争以来のローマの同盟者マ

シニッサとその系譜を引く諸王の支配領域をこの名で呼んでおく[13]――の対ローマ従属の契機とその意義について分析を加える。なお通常ヌミディアと並べて論ぜられるマウレタニアを本章の対象外としたのは、一つには筆者の力不足の故であるが、もう一つにはヌミディアとマウレタニアの王権の社会的基盤の異同が明らかにされているとは言えない現段階において、両者を合わせて北アフリカ原住民王国一般を論じることはあまり意味がないばかりか、かえって議論の平板化を招くのではないかと思われたからである。

第一節　ネゴーティアトーレスと王権・王領地・穀物収奪／輸出

サルスティウスに拠れば、前一一三／一一二年[14]、ユグルタ（Iugurtha）が義弟アドヘルバル（Adherbal）をヌミディアの都市キルタ（Cirta）に包囲したとき、この町には多数のトガーティー（multitudo togatorum, *Iug*. 21. 2.「トガを着た人々」すなわち「ローマ市民」）が存在した。彼らはキルタ防衛の中心的役割を果たしたが、その多くは都市陥落後アドヘルバルと共に殺害された[15]。この同じ集団をサルスティウスはイタリキー（Italici）[16]あるいはネゴーティアトーレス（negotiatores,「実業家」）とも呼んでいる[17]。ユグルタ戦争が本格化した数年後、属州アフリカとの境界に近く、「王国全体で最も繁華な市場（forum rerum venalium totius regni maxume celebratum, *Iug*. 47. 1）」であったワガ（Vaga）には「数多くのイタリア出身の人々が居住し、かつ商売するのが常であった（ubi et incolere et mercari consueverant Italici generis multi mortales, *Iug*. 47. 1）」が、彼らもまたユグルタの呼びかけに応じたワガ住民の蜂起の際、虐殺の対象となった[18]。

これらの記事は、カルタゴ滅亡後三十数年を経た前二世紀末の北アフリカにおいて、ローマ・イタリア系[19]ネゴーティアトーレスの活動が属州の境界を越えてヌミディア諸王の支配領域内に及んでいたという、我々にとって極めて興味深い現象を示している。しかし、ヌミディア王国に関する過去の本格的諸研究が主として「ベルベル民族史」的立場からなされ、王国とローマの関係にはあまり関心が向けられなかった事情もあってか、[20]従来この問題について通り一遍の言及以上のものがなされた例は稀である。グセル（S. Gsell）に見られるように、これらのネゴーティアトーレスの実態に関して何らかの説明が加えられている場合でも、それは概ね北アフリカについての一般的印象に依拠した散発的推測の域を出ないものであって、推測の史料的根拠が充分に示され、説得的に証明されているとは言い難い。[21]本章の目的は、この点に留意しつつ従来の学説を再検討し、ヌミディア社会におけるローマ・イタリア系集団の位置及び機能についてのまとまった仮説を提出すること——それによってヌミディア王国の対ローマ従属の契機についての新たな見通しを得ること——である。

周知のごとく、〝ネゴーティアトーレス〟とは銀行家、金貸し、商人、手工業者、船主、鉱山採掘及び輸送の請負人、時には土地所有者まで含み得る概念であり、[22]この用語のみからヌミディアにおける彼らの活動内容を特定することはできない。しかし古代アフリカ一般に関する地誌的知識を応用すれば、ある程度の推定は可能であり、事実ヘイウッド（R. M. Haywood）、グセルらはこのような方法で『ユグルタ戦争』のネゴーティアトーレスの実態を明らかにしようとしている。その際彼らはヌミディアにおけるネゴーティアトーレスの業務が、主としてこの地で生産される穀物に関わるものだったとする点で一致する。[23]この推定は、古代アフリカの豊穣に関する古代人の諸言及、[24]キルタ及びワガ周辺の穀物生産を示すいくつかの証拠[25]から間接的に支持されるばかりでなく、ワガのイタリキーに関するサルスティウスの上述の言及の直後に置かれた記事に拠っても裏付けられることに注目する必要がある。すなわちヌミディア侵攻を開始した前一〇九年[26]のコンスル、メテッルス（Q. Caecilius Metellus）はワガに駐屯地を設置した後、「状況が教える通りネゴーティアトーレスの数の多さが補給の面で軍隊の助けになるし、既に用意してある物の守りにもなると考えて、穀物その他の戦争に役立つものを集めるように命じた（imperavit frumentum et alia, quae bello usui forent, comportare, ratus, id quod res monebat, frequentiam negotiatorum et conmeatu[m] iuvaturum exercitum et iam paratis rebus munimento fore）」（*Iug.* 47. 2）のであるが、メテッルスのこのような状況判断の背後には、当然の前提として、これらワガ在住のネゴーティアトーレスが以前から穀物を中心とする物資を相当多量に扱う立場にあったという事実がなければならないはずだからである。

ユグルタ戦争当時ヌミディアに居たネゴーティアトーレスの主要業務の一つが、どんな形であれ穀物に関わるものであったとの推定を受け入れるとして、では、その穀物が直接生産者から、ネゴーティアトーレスの手に至るまでの過程はいかなるものであったろうか。

サルスティウスのワガの形容（forum rerum venalium totius regni maxume celebratum）[27]は、この時期この町が単なる集落とは区別される商品交換の拠点としての機能を備えていたことを示すように思われる。またキルタに関しても年代は少し降るが『アフリカ戦記』に「彼（Iuba）の王国で最も豊かな町（oppidum opulentissimum eius regni, *Bell. Afr.* 25. 2.）」との記述があり、[28]マシニッサ以降歴代の諸王の座所[29]としての性格と並んで商都としての性格も顕著であったことが想像される。[30]キルタについてはさらに、独自の貨幣鋳造、[31]ローマ共和国貨幣を含む多量の外国貨幣出土、[32]の事実がある。以上に加えて、二つの都市が他のいくつかのヌミディア都市同様、自治機構らしきものを持ち、[33]ローマ人が都市民衆と区別して、〝プリンキペス（principes,「第一人者たち」）〟と呼ぶような階層を擁していたこと、[34]両者ともカルタゴ滅亡以前から存在し、[35]商品交換の技術の体系としてのフェニキア・カルタゴ文化の影響を多かれ少なかれ受けた形跡のあることを考慮すれば、[36]両都市におけるネゴーティアトーレスの活動の性格について次のように推論することも一応可能である。すなわちヌミディア地方にはローマ勢力の浸透以前から、原住民社会の農業生産の一定の発展とカルタゴを中心とする海岸フェニキア人都市の交易活動からの刺激を条件として、キルタ、ワガ等の内陸都市のプリンキペスを主要な担い手とし、剰余生産物なかんずく穀物を商品とする通商網が成立していた。前一四六年以降この地に進出したイタリキー＝ネゴーティアトーレスは現地商人たるプリンキペスから穀物買付を行うことによってこのヌミディアの既成の通商圏を破壊することなくそのまま海外市場へと連結する機能を果していたのである、と。

しかしワガ蜂起に関するサルスティウスの叙述はこれと多少異なった状況を暗示するように見える。前一〇九年のメテッルスのヌミディア侵攻の当初、ユグルタは使者を送ってデーディティオー（deditio,「降伏」）の可能性を打診する一方、ローマ軍との正面衝突は回避する作戦に出た[37]。その結果、メテッルスとその部隊が抵抗らしい抵抗にもあわず「最大の都市（urbs maxuma）」（*Iug.* 48. 1）ワガに駐屯地を設置するに至ったことは既に述べた[38]。この後、ムトゥル（Muthul）河畔の戦闘におけるメテッルスの勝利[39]、ユグルタのゲリラ戦法によるローマ軍の疲弊[40]、失敗に終わったローマ軍のザマ（Zama）攻略[41]を経て、ローマ側が手詰まり状態のままヌミディア各地や属州アフリカ内で冬営に入った前一〇九／一〇八年冬[42]、ユグルタの工作が功を奏してワガのプリンキペスが対ローマ蜂起を企てた[43]。決起の日と定められた[44]全アフリカの祭日、彼らはまず祝いにこと寄せて自宅に招待した駐屯軍幹部らを殺した後、一般兵士を襲撃した。この段階でワガの民衆（plebes）も蜂起に参加した。その或る者は貴族（nobilitas）の指示で動いたのだが、他は、サルスティウスの表現に従えば、この計画には関知しなかったにもかかわらず騒擾と変革それ自体への嗜好から戦列に加わったのである[45]。この間のワガのネゴーティアトーレスの運命についてはサルスティウスは沈黙しているが、完全に閉鎖され狂乱の坩堝と化した町から脱出し得たのは、全イタリキー中〝プラエフェクトゥス（praefectus）〟であるトゥルピリウス・シーラーヌス（T. Turpilius Silanus）唯一人であった[46]、と記されている。

この事件を戦時の例外的事象と見なすことは容易であるが[47]、しかし我々はなおここに、ワガ住民と当市在住のネゴーティアトーレスの平時における関係の反映を見ることができるように思う。とりわけ注目すべきは、サルスティウスが事件を民衆の突発的暴動としてではなく、周到な計画に裏付けられた陰謀として描き、その中心に市のプリンキペスを見ていることである。これは蜂起制圧後メテッルスがワガの元老院議員全員を処刑したというアッピアノスの叙述とも符合する。(48) この蜂起は明らかにワガ市上層の意向に沿ったものであった。さて、もし先に我々が推論したようにワガのネゴーティアトーレスの穀物に関わる業務がワガの現地商人、なかんずくプリンキペスのうちに数えられるような富裕な階層の利害と大きな矛盾なく結びついた形で営まれていたならば、下層民衆からの突き上げがどれ程強かったにせよ、またローマ駐屯軍の徴発その他による被害がどれ程大きかったにせよ、プリンキペスが率先して蜂起の指導にあたるような危険を敢えて冒しただろうか。とりわけ、後の経過が示すように、この時メテッルス指揮下の一軍団は日没に出発して翌朝九時頃にはワガに到着し得る程の近地点に駐留していたのである。(49)

『ユグルタ戦争』が伝える他の例、キルタ攻囲戦をめぐるネゴーティアトーレスの動きは、ヌミディア社会における彼らの位置に関して、さらに一つの手掛りを与えてくれる。サルスティウスに拠れば事件の概略は以下のごとくである。当時、ヌミディアは先代ミキプサ（Micipsa）王死後のローマの調停の結果、ミキプサの実子アドヘルバルの統治する東部と、その従兄にして義兄ユグルタの統治する西部とに分割されており、問題のキルタはアドヘルバルの支配領域に属した。(50) 前一一三／一一二年、アドヘルバルは全ヌミディアの支配権を求めるユグルタとの戦闘に敗れ、キルタ市内へ敗走したが、この時ユグルタの追撃を城壁で食い止めたのは多数のトガーティー（togati）であった。(51) その後、攻囲が続く中で、アドヘルバルの懇請に応えてスカウルス（M. Aemilius Scaurus）を含む元老院使節団がウティカ（Utica）に到着し、ユグルタにキルタ解囲を強く要請すると、(52) これを伝え聞いたキルタのイタリキーは「仮に降伏したとしてもローマ人民の偉大さの故に自分たちに危害が及ぶことはないと確信して（confisi deditione facta propter magnitudinem populi Romani inviolatos sese fore, *Iug.* 26. 1）」アドヘルバルにユグルタへの投降を勧めた。彼らはたとえ王が逆らっても強制するだけの力を持っていたので（quia penes eosdem, si advorsaretur, cogendi potestas erat, *Iug.* 26. 2）アドヘルバルは渋々町をユグルタに引き渡したが、それはアドヘルバル王のみならず、キルタの全成年ヌミディア人及び武器を帯びていたネゴーティアトーレスの殺害という結果を招いた。(53)

サルスティウスの叙述に防衛戦におけるイタリキーの役割を過大評価する〝愛国的誇張〟が感じられることはブラント（Brunt）の指摘通りであり、(54)この記事をもって即キルタのイタリキーの数の多さと重要性の証拠とするのはいささか行き過ぎの感がある。(55)しかしアドヘルバルと共に戦ったイタリキーの存在はディオドルス・シクルスの記事にも見え、(56)殊更否定する理由もないことを考え合わせると、以上からキルタのネゴーティアトーレスとキルタを支配拠点とするアドヘルバルの王権との日頃の関係の緊密性を推測することはあながち無理とは思われない。しかも、少し後の時代についてではあるが、我々はヌミディア王都のイタリキーが王権の危機に際して、最後まで王の敵と戦ったらしい例をもう一つ知っているのである。『アフリカ戦記』に拠れば、前四六年、ヌミディア王ユバ（Iuba）を含むポンペイウス派の残党を倒したカエサルはユバの座所であったヌミディア東部の町ザマ(57)に進駐(58)し、ここで王の財産を競売に付すと同時に、「ローマ市民でありながらローマ人民に対して武器をとった人々の財物（bonisque eorum venditis qui cives Romani contra populum Romanum arma tulerant, *Bell. Afr.* 97. 1）」をも売却した。(59)この「ローマ市民たち」（cives Romani）が平時からザマで活動していたネゴーティアトーレスであるかどうかについては、ここには直接の言及はなく、本来属州アフリカに居住するポンペイウス派のローマ市民が同じくポンペイウス側であるユバ王の座所へ戦禍を避けて一時的に身を寄せていた、というような可能性も排除できないが、〝財物没収〟を考慮すれば、ザマに生活の拠点を置く人々だったと考える方が自然である。[60] とすれば我々は、タプススにおけるユバとポンペイウス派の敗戦後、既にザマの現地住民さえもが彼らの王の入城を拒絶し[61]カエサルを迎え入れようとする状況下で、なおカエサルに抵抗を試みたらしいザマのローマ市民の行動に、『ユグルタ戦争』のキルタのネゴーティアトーレスのそれと酷似したパターンを見出すことになる。[62]

以上二例から我々は、ヌミディア内部の社会的諸関係においてネゴーティアトーレスが王権からけっして遠くない位置にあったことを推定してよい、と思う。次の課題は、ネゴーティアトーレスの業務――なかんずく穀物に関わる――と王権の利害との結合の様態を探ることである。

仮にキルタやワガ――さらにおそらくはザマ――在住のネゴーティアトーレスがヌミディア王と取り引き上の関係を持たなかったとしても、王国内の、しかも王の座所（キルタ、ザマ）であったり、[63]「最大の都市」（ワガ）と形容されたり[64]する場所で大規模に業務を営むためには、少なくとも王の黙許、おそらくは積極的保護を必要としたであろうことは想像に難くない。しかし、グセルを始めとする諸研究者はさらに一歩進んで、王こそが王国最大の穀物の売り手であった可能性を指摘する。[65] この仮説の傍証として我々は第二次ポエニ戦争後マシニッサがローマに対して計四回にわたり、一回につき最高小麦一〇〇万モディウスにのぼる穀物供出を行った例を想起することができよう。[66] またユグルタ戦争勃発当初のコンスル、カルプルニウス・ベスティア（L. Calpurnius Bestia）はデーディティオーまでの休戦の代価としてユグルタに穀物を要求している。[67] これらから、ヌミディア王の手元に自由に処分できる穀物のストックが相当量あったことは、一般的印象に拠るばかりでなく史料的にも裏付けられ、ネゴーティアトーレスの穀物入手過程に王の存在を見るグセルらの見解は説得力を持つと言える。問題なのは、穀物をめぐる王とネゴーティアトーレスの関係が、はたして一旦前者の手元に集まった穀物を後者が買い付けるといったような単純なものだったかどうかである。[68]

ヌミディア王の穀物収入の源泉としては、まず第一に服属民からの貢納が考えられ、史料的にも証拠がある[69]が、奇妙なことにそのような貢納体系の維持に要すると思われる官僚制もしくは類似の組織の存在は全く知られていない。[70] グセルは、貢納物徴収の実際が服属民諸集団――都市、部族（tribus）、村落――内の〝地方的権力（autorités locales）〟に委ねられ、王権は未払い集団からの軍隊を使っての力づくの徴収――つまりは略奪――の場合を除いては税務の細目に関与しなかったと考えることによって、この矛盾を説明しようと試みる。[71] 彼の説明は史料上の証拠を欠くとはいえ、後世の北アフリカ諸王朝における収奪方式の知識に裏打ちされたものであり、[72] 一概にしりぞけ得ぬ重みを持っている。だが、以下の事例はもう一つの可能性を示唆しはしないだろうか。

『アフリカ戦記』の前述の箇所は、王及び敵対ローマ市民の財産売却、ザマ住民への報酬の記事に続いて「カエサルは……王の租税を請負いに出し、王国を属州とし、この地にガイウス・サルスティウスをインペリウムを持つプロ・コンスルとして残すと……（Caesar......tributis, vectigalibusque regiis locatis ex regnoque provincia facta atque ibi C. Sallustio pro consule cum imperio relicto......, *Bell. Afr.* 97. 1）」と述べる。もとより、このカエサルの措置がユバ王時代の徴税方式をいくらかでも踏襲しているという保証はないし、この箇所のテクストをクロッツ（Klotz）に従って 'locatis（「請負いに出された」）' ではなく 'irrogatis（「賦課された」）' とするなら、[73] カエサルが新属州の徴税に関して具体的にどのような措置をとったのかを、この箇所に拠っては判断できなくなる。しかしその場合でさえ、カエサルが王国の属州化にあたって、以後のヌミディアの徴税体制に関する何らかの具体的措置を従来の王の座所ザマにおいて講じ得たという事実は残るのであり、そうしたことはユバ王時代の貢納徴収手段――服属民各集団からの例年の徴収量を知る手掛りとなるような記録、文書類を含む――の少なくとも一部がザマに存在したのでなければ不可能であったに違いない。そしてザマにはカエサルに抵抗した〝ローマ市民たち〟

が居た。同様に、ユグルタ戦争前夜のアドヘルバルの支配領域において王の中心的座所であった点でユバ時代のザマに相当する地位を占めていたと考えられるキルタには、アドヘルバル王と生死を共にする一群のネゴーティアトーレスが存在した。[74]直接の証拠がない以上断定は差し控えるべきだが、以上の手掛りを前にすると き、私は、ヌミディア王国内のネゴーティアトーレスがグセルらの推察のように単に王から穀物を買い付けるだけではなく、王による服属民収奪の過程自体にも何らかの形で関与していたのではないかという印象を拭い去ることができない。旧マッシュリー（Massylii, Massyli とも）領、旧マサエシュリー（Masaesylii, Masaesyli とも）領、旧カルタゴ領その他からなる寄木細工であり、[75]その服属民の生活形態も多様であった当時[76]のヌミディア王国の税制が一元的であったはずはなく、グセルの言うような服属民諸集団上層を使った収奪形態がある一方で、王国の他の構成部分、服属民の他の範疇に対してネゴーティアトーレスの手を借りた別の徴収体系があり、[77]官僚組織にのっとった徴税機構の不在を補っていたとしても不思議はないのである。

服属民からの貢納と並んで、ヌミディア王の収入の一大要素をなしたと思われるのは、王及び王家の構成員による「大所領経営」である。[78]王国の土地及び人民に対する王の支配形態の全体像が分明でない上、[79]ここで言う王家の大所領の生産制度を特定するだけの材料を欠く現在、[80]「王家の大所領」、と王国の土地の他の部分との差違を正確に定義付けるのは極めて難しい。しかし、以下に挙げる史料によって、ヌミディア王国内に他の部分から区分され、王がその経営により直接的に関わる土地が存在したことだけは少なくとも認めてよいと思われる。ポリュビオスに拠れば、マシニッサは息子一人一人に、あらゆる作物を産出する各一〇〇〇〇プレトロンの地所を与えたという。[81]同じ事件をディオドルス・シクルスはこう語る。「農地への関心において彼（マシニッサ）は抜きんでており、息子の一人一人に、すべての必要な設備を備えた各一〇〇〇〇プレトロンの土地を与えた程である。（Diod. XXXII. 16）」[82]

グセル、カンプス（G. Camps）らはそれぞれ異なった根拠によってこの王家の大所領の所在地に関する仮説を提出しているが、我々にとって興味深いのは、彼らがいずれも最有力候補地として、王国の属州アフリカ寄りの部分、とりわけ、帝政期に〝saltus（大所領）〟の集中をみたバグラダス（Bagradas）川中流域を挙げていることである[83]。この地域は古代人のいわゆる〝大平原（Magni Campi）〟[84]を控え、古代北アフリカ有数の穀倉と目されているが[85]、多数のネゴーティアトーレスの存在が知られる『ユグルタ戦争』のワガ（現在のBéja）はまさにこの地域の北のはずれに位置するのである[86]。これに加えて、我々はユグルタ戦争の第一年目にローマのクアエストルがユグルタから休戦の代償としての穀物を受領すべく赴いた地点が同じワガであったことを知っている[87]。これはワガが平時から王の穀物の集散地の一つであった可能性を暗示する。以上の知見は「王国全体で最も繁華な市場」と形容される前二世紀末のワガの繁栄と、そこで活動したネゴーティアトーレスの業務の性格に関する、より明確な説明を可能にするように思われる。当時のワガは確かに従来指摘されている通り、南に広がる〝大平原〟の諸生産物、なかんずく穀物の集散地であったに違いない[88]。しかし、この穀物交易の構図はサルスティウスの‘forum rerum venalium’なる語句から漠然と想像されるような、穀物の売り手の側に〝大平原〟の農民、買い手の側に遊牧民、都市民、海外大商人とりわけイタリアからのネゴーティアトーレス、というようなものではおそらくなかった[89]。バグラダス川中流域の生産の果実の過半が、直接生産者——その存在形態は不明である——の手にではなく、この地域に大所領を持つヌミディア王及び王家の構成員の手中にあったことは確実であろう。とすればワガに集まる穀物の過半もまた直接生産者の手に残った剰余——そんなものがあったとして——ではなく所領経営者としての王の所有物であったに違いない。そして王国社会で王権にごく近い位置を占め、おそらくは貢納徴収過程にも関わっていたローマ市民・イタリア人は、ここでも〝大平原〟大所領からの王の穀物収入を優先的に買い付ける権利を確保し、こうして得た穀物を海外市場で有利に売りさばくことによって、王権に毎年相当の利益をもたらしていた、というのがワガのネゴーティアトーレスに関する真相ではなかったろうか。[90] ワガの現地商人、プリンキペスはたとえこの王の穀物取引のどこかの部分に関与していたとしても、少なくともその過程から利益の主要部分を得る立場にはなかったに違いない。[91]

前二世紀末のヌミディア社会におけるネゴーティアトーレスの業務及び王権との結合の様態が以上のごとくであったとして、次に解明すべきは、このような事態の評価如何という問題である。

北アフリカ産穀物をヌミディア王権というパイプを通じて入手し、海外で売却するという行為が、ネゴーティアトーレスにとって採算のとれるものであるためには、その背後に当時の地中海世界における一定規模の穀物需要の存在という条件がなければならないのは明らかである。そのような穀物需要の相当部分が、生産手段を喪失した没落市民層のイタリア海岸諸都市、とりわけローマ市への流入によって創出されていたのは確かであろう。しかし、ヌミディア社会へのネゴーティアトーレスの進出を、このようにローマ・イタリア側とヌミディアとの二者間だけの問題として説明することの妥当性には疑問がある。なぜなら、主としてカンプスの研究の結果、我々は、第三次ポエニ戦争以前にヌミディア王マシニッサがギリシア世界、とりわけロドス島と深い関わりを持ち、[92] しかもこの交流の主たる動機がギリシア世界へのヌミディア産穀物輸出にあったらしいことを知っているからである。[93] 他方、マシニッサ時代のヌミディアには『ユグルタ戦争』のネゴーティアトーレスのような、王家と特別の関係を有するローマ・イタリア系集団の存在は見出されず、代わりにデーロス（アテナイ人とも）やロドスのギリシア人がマシニッサと親しい位置を占めていたことが碑文から知られる。[94] 以上から分かることは、前二世紀末のヌミディアに見られた事態をこの時期のイタリアの食糧事情を背景としたネゴーティアトーレスの側の新供給源開拓の問題としてだけ見るのではなく、当時既に数十年の歴史を重ねていた、ヌミディア王権による対地中海世界穀物輸出政策の新局面として見る視点が必要だ、ということである。つまり我々は、何故ネゴーティアトーレスがヌミディアに進出したのか、という問いの代わりに、何故前二世紀前半のマシニッサ時代にギリシア人が占めていた地位が、前二世紀末にはローマ・イタリア系ネゴーティアトーレスの手に移っていたのか、という問いに答えねばならない。その最大の条件として挙げることができるのは、前二世紀中葉におけるローマの地中海世界に対する軍事的侵略の進展、とりわけデーロスの自由港化（前一六六年）、コリント破壊（前一四六年）、マケドニア属州化（前一四六年）に象徴されるギリシア世界制圧の事実であろう。これによってヌミディア王家がローマ・イタリア系集団を介さずにギリシア世界と直接接触し得る余地は著しく狭められたと想像できる。[95] これと時期を同じくしたカルタゴ滅亡、その領域の属州化が、ヌミディア王に穀物輸出の仲介者として従来のギリシア系商人に替えてローマ・イタリア系の人々を選択させるもう一つの条件となった。こうして前二世紀中葉を転回点として、以後ヌミディア産穀物の海外輸出ルートは、王の穀物に関するかぎり[96]、ギリシア向け、イタリア向けを問わず、ほぼ一元的にローマ・イタリア系ネゴーティアトーレスの手に握られることになったと推測される。その結果は、おそらく仲介者に対する穀物の売り手としての王家の立場の低下であった。穀物輸出による収入はヌミディア王の主要財源の一つであり、その確保は王権のヌミディア支配にとって死活の問題であったから[97]、輸出ルートが各々異なった国家に属するギリシア世界の複数の商人の手から、少なくとも対地中海世界という面においては同一の政治勢力に属すると見なし得るローマ・イタリア系ネゴーティアトーレスの手に移ったとき、この集団はヌミディア王に対して圧倒的影響力を行使する可能性を持つことになった。ヌミディア王は、彼らの一致した要求に対しては――穀物買い付けの条件といったような経済的なものであれ、ローマ内乱時の王権の期待される対応策といったような、より政治的色彩の濃いものであれ[98]――譲歩せざるを得なかったであろうし、また、おそらくは、王直属の整備された官僚機構の未発達をネゴーティアトーレスの組織によって補い得るという、王国支配のための利便もあって、時と共に一層ネゴーティアトーレスへの依存、その経済的利害への従属を強めていった、と考えられる。[99]我々が『ユグルタ戦争』の分析を通じて得た、前二世紀末のヌミディア社会における王権とネゴーティアトーレスの癒着の様相は、以上のような方向の必然的帰結であったと言えよう。

第二節　属州アフリカ支配と王権・ネゴーティアトーレス結合

前節によって、第三次ポエニ戦争後のヌミディア社会において、ネゴーティアトーレスが王の穀物輸出貿易掌握、さらにおそらくは、王の服属民収奪過程への関与を通じて王と密接な関係を保ち、王権のヌミディア支配体制の不可欠の構成要素となっていた、との仮説を得た。

しかし以上からは、ヌミディア王権にとってのネゴーティアトーレス――ひいてはその背後にあるローマ――の必要性は大いに論じ得ても、ローマにとっての、つまり共和政ローマの地中海世界支配にとっての、ヌミディア王権の必要性の方は、それが当該ネゴーティアトーレスに致富の場を与え、またイタリアの穀物供給事情を何がしか好転せしめ、ひいてはローマ市民団の富の総体を幾らか増大せしめた、という限りにおいてしか主張し得ない。とすれば、共和政ローマのヌミディア「支配」――ネゴーティアトーレスの進出という形での――は王権の手先たるネゴーティアトーレスに搾取される当のヌミディア人民にとっては重い事実であるに違いないとしても、ローマの地中海世界支配体制全体にとっては言わば「おまけ」程度のものであって、支配の構造全体に関わる中核的問題ではなかったのではないかと反論されるかもしれない。以下、本節では、ヌミディアと東隣りの属州アフリカの関係を検討することによって、共和政ローマにとってのヌミディアが、当地のネゴーティアトーレスの手に入った穀物の総量以上の意味をはたして持ち得たかどうかを考察してみることにしよう。

共和政期の属州アフリカには、カエサル、アウグストゥス以降とはおそらく比較にならぬとは言え、やはり相当数のローマ市民・イタリア人が住みついていた(100)。その或る部分はガイウス・グラックスの植民市建設計画――計画そのものは挫折したが、土地分与を受けて定住した者はかなりの数にのぼった(101)――等の機会に流入した農民層に属する人々で、その多くはカルタゴ故地周辺に居住していたと思われる。しかし、属州社会の上層を構成し、属州の富を独占し、総督に対しても影響力を行使し得るという意味で属州のローマ人・イタリア人の利害を代表していたのはこれらの人々ではなく、地中海岸諸都市(102)、なかんずく総督常駐の地(103)、ウティカ(104)にコンウェントゥス（conventus, 居留民団、「商人仲間」）を形成していた大土地所有者、商人、徴税請負人、金融業者――彼らの多くは騎士身分に属したであろう(105)――であったと推定できる(106)。そしてこの階層は、属州の公有地十分の一税徴収業務、徴収・買い付け・所領経営等で入手した生産物の運搬・販売業務等において(107)、ローマの騎士身分のアフリカに定住していない部分とも緊密な関係を有したと考えてよいだろう。このような意味で共和政ローマの支配層の一端に連なると言える属州アフリカの騎士身分・富裕ローマ市民・イタリア人層はヌミディア王権に対していかなる立場に立っていたのか。

まずこの階層とヌミディア王国内のネゴーティアトーレス、さらにはヌミディア王権との間の経済的紐帯の有無について検討してみよう。

ローマの騎士身分一般がヌミディア王国内に実体的利害関係を有したかどうかに関しては、フランク（T. Frank）がユグルタ戦争の戦後処理(108)の分析を通じて、否定的と受けとれる見解を示している(109)。その主張を整理すれば以下のようになる。

(i)ユグルタ戦争末年における反元老院派、'the democratic party' の強力さ、及び、戦後処理の実際の指揮を彼自身「ビジネス・マン」であるマリウスがとったこと、から見て、この戦後処理には騎士身分及び〝人民（the populace）〟の意向が強く反映されていると考えられる。

(ii)もしキルタのネゴーティアトーレスが少数の冒険商人などではなくてローマの〝会社（business firms）〟の代表者であり、ローマの資本がヌミディアに相当量投下されていたならば、当然ヌミディアを属州に併合するか、あるいはガウダ（Gauda）[110]を全ヌミディアの支配者とすることによって全土をローマの保護下に留めるか、どちらかの措置がとられたはずである。[111]

(iii)しかるに現実にはヌミディアは属州化されず、その東部はガウダに、西部はいまだローマに〝結び付けられていない（unattached）〟マウレタニア王の支配に委ねられた。（フランクはこう述べているが、マウレタニア王ボックスはユグルタ戦争末期にスッラと交渉してユグルタを引き渡している。）

(iv)故に、ローマの資本家（capitalist）と人民の双方共、ヌミディアには防衛・促進すべき実体的権益を有しなかったと推測できる。

フランクの立論中、特に問題だと思われるのは(ii)の部分である。第一に、ここには、騎士身分がある土地に利権を持っていれば必ずその土地の属州化を志向するはずであり、逆に属州化への志向の不在は当地域での利害関係の不在を証明すると言わんばかりの論理が見られるが、これは、権益保護にはその土地の併合以外にも様々な政治的手法があり得ることを無視した議論と言わざるを得ない。実際には、フランク自身すぐ次で認めているごとく、ローマの言うなりになる「クリエンス（庇護民）」たる王を置くことによっても、その土地の権益は充分護り得るはずなのである。しかも、前節で見たようにヌミディアにおけるネゴーティアトーレスの活動が王権の存在を前提とし、その収奪機構にはまり込む形で営まれていたとするなら、ユグルタ戦争後、業務再開を急ぐ生き残りのネゴーティアトーレス、これと結びついていたのかもしれぬ属州アフリカの騎士身分、さらにはローマの騎士身分一般、が、ヌミディア属州化による全くの新秩序樹立ではなく、ガウダ即位による現状復元を望んだとしても、むしろごく自然な反応と言うべきではないだろうか。

では何故ガウダに旧ヌミディア王国全土の支配が許されず、王国西部はマウレタニア王ボックス（Bocchus）に分与されねばならなかったのか。これはやはりローマの騎士身分のヌミディアへの無関心を示すと言えないか。

この問いに完全に答えるにはユグルタ戦争自体の分析が必要となるので、[112] ここではただ次の事実を指摘するにとどめる。マウレタニア王を'unattached'と見なすことの当否は問わないにしても、フランクのように、王国西部がローマの「クリエンス」たるヌミディア王の支配から切り離されたことをもって、騎士身分が王国全土に実体的権益を持たなかった証拠とするのは明らかに論理の飛躍である。このような事実は単に騎士身分が王国西部には権益を持たなかったことを推測させるにすぎないのであるから。しかもグセルに拠れば、この時定められたヌミディア、マウレタニア両王国間の境界の地中海岸の起点は、アムプサガ（Ampsaga）川（現在のOued el Kebir）河口――キルタはこの南東上流にある――の遥か西方にあった。[113] ということは『ユグルタ戦争』においてネゴーティアトーレスの存在が確認される地点は、ワガはもちろん、キルタまで含めて、従来通りヌミディア王の支配領域内に留められたことを意味する。[114] 以上から、ユグルタ戦争の戦後処理のあり方が、属州アフリカの騎士身分、及び騎士身分一般と、ヌミディアで活動するネゴーティアトーレスの間の経済的紐帯の不在を示す証拠となり得ぬことは理解されたであろう。

では、この両集団間の経済的紐帯の存在の積極的証拠と見なし得るものを我々は何か持っているだろうか。

サルスティウスはユグルタ戦争中のウティカのネゴーティアトーレスの動きについて以下のごとく伝える。前一〇九／一〇八年冬、次期コンスル立候補をねらうマリウスが、現司令官メテッルスについて戦争終結を故意に遅延させていると誹謗し、もし自分に軍隊の半分でも委ねられたなら数日中にユグルタを捕えてみせると公言したとき、これらの言葉はウティカのネゴーティアトーレスに対しては、「戦争長期化によって（彼らの）資産が損害を蒙っており、貪欲な心には何事も急ぎすぎとは感じられない（*Iug.* 64. 6）」故に一層の説得力を持ったのであった。[115]その結果、「騎士身分の者は、兵士である者も、ネゴーティアトーレスである者も、或る者はマリウス自身の影響力、他の多くの者は平和への期待に動かされて（*Iug.* 65. 4）」ローマ市の縁者、友人に宛ててメテッルス批判・マリウス支持の手紙を続々書き送ることになり、前一〇七年における「新人」（homo novus）マリウスのコンスル就任の条件が、こうして着々と整えられてゆく。[116]

この一連の記事は、フランクの推測に反して、ローマの騎士身分が――少なくともウティカの在住の者については――ヌミディア王国内に利害関係を有した可能性を強く示唆するように思われる。もっともこれには次のような反論が予想される。長びく戦争によってウティカのネゴーティアトーレスが受けた〝資産の損害〟とは、彼らの日頃の業務がヌミディア王権及び王国内ネゴーティアトーレスと関わるものであり、戦争によってその関係が途絶したが故に生じた被害ではなく、単に属州アフリカがユグルタ戦争のローマ側後衛基地とされたことから生ずる諸々の被害――属州アフリカ内での軍隊の狼藉、[117]軍事徴発、軍需物資運搬等の賦課――を意味するにすぎぬかもしれぬと。もちろんそうではなかったとは言いきれない。しかしながらこの史料に、以下に挙げるいわば〝状況証拠〟を付け加えてみると、属州アフリカの騎士身分がヌミディア王国内ネゴーティアトーレス及びヌミディア王権との間に何らかの経済的関係を有した蓋然性はより高まる。

証拠の第一はワガの地理上の位置に関するものである。この町が属州アフリカとヌミディアの国境近く、いわゆる〃大平原〃北方にあることは既に述べた。[118] ここは海岸線から四〇キロメートル程内陸なので、ワガのネゴーティアトーレスの手元に集まった穀物が海外へ売却されるためには積出し港まで陸路運ばれる必要があるわけだが、ではその積出し港はどこで、運搬ルートはどう通っていたのであろうか。グセルによるユグルタ戦争当時の北アフリカ地図等を参照すると、[119] 二通りの可能性が考えられる。一つはワガからメジェルダ山系（Monts de la Medjerda）の端をかすめて北西へ向い、ヌミディア王国内の港タブラカ（Thabraca）、あるいはトゥニザ（Tuniza）へ出る方法であり、[120] 他は、一旦ワガから南下してバグラダス河谷に降り、ここから川沿いに北東に路をとってウティカ付近に出る方法である。両ルートを比較してみると、距離的には前者が近いが、後者の方がバグラダス河谷を通路として利用できる点、[121] および最初の何キロメートルかを除いては全行程が属州アフリカ内を通る点で、ワガのネゴーティアトーレスにはより都合がよかったかと想像される。後者のルートの場合、積出し港候補として考えられるのは当然バグラダス河口のウティカということになるが、[122] その場合ワガのネゴーティアトーレスがウティカの騎士身分と全く無関係に積出し業務を行ったとは想像しにくい。両者間には、その形態は不明ながら、穀物輸出をめぐる或る結びつきが存在し、[123] この結びつきを核として、ワガに集まるヌミディア穀物の商品化が実現されていたとは考えられないだろうか。[124]

状況証拠の第二は、ヌミディア王が第三次ポエニ戦争後、属州アフリカのローマ公有地の或る部分について用益権を認められ、[125] しかもその権利を少なくともキケロの時代に至るまで保持していたという事実である。[126] キケロはこれに関して〃海岸地方の土地（複数形）〃と言っているから、[127] 属州とヌミディア王国の境界線が海岸線と交わる二地点、すなわちタブラカ付近かタエナエ（Thaenae）付近にあったのでない限り、[128] これらの土地はヌミディア王国本体から切り離された飛地という形で、周囲をローマ公有地の他の部分に囲まれて存在したに違いない。他方、既に指摘したように、共和政期の属州アフリカにおいて騎士身分の主要な活動・居住の場となっていたのはウティカ、ハドゥルメトゥム（Hadrumetum）、タプスス等、属州海岸地方の諸都市であり[129]、さらに属州アフリカの公有地の大部分は前一一一年の土地法（lex agraria）を契機として、時と共に概ね騎士身分の所有へ転じていったと考えられている[130]。ということは、ヌミディア王がその用益権を認められていた土地は、属州アフリカの騎士身分、富裕イタリア人の私有地・占有地の間に混在していた可能性が濃いわけである。さて、属州アフリカ内のヌミディア王の土地が以上のような存在形態をとっていた場合、この土地の維持・管理・生産物の処分等においてヌミディア王は属州アフリカの騎士身分・ネゴーティアトーレス層と全く無関係のままであり得ただろうか。王の公有地利用が前一四六年以来少なくとも数十年の長きにわたったこと、同時期にヌミディア王権が王国内ネゴーティアトーレスとの間に緊密な利害関係を持っていたらしいこと、を考慮に入れると、王と属州ネゴーティアトーレス、騎士身分との間に公有地利用を核とした類似の関係を想定することもけっして無理ではない、と私には思われる。

ヌミディア王の穀物輸出、属州公有地利用等をめぐって、王権、王国内ネゴーティアトーレス、属州騎士身分・富裕イタリア人層の三者間に形成されていたであろう以上の如き利害の複合体は、属州アフリカの騎士身分にとって、もちろんまず第一に経済的利益の源泉として大きな意味を持ったに違いない。とりわけ、輸出業務において彼らが自己のコントロール下に置き得る穀物として、彼ら自身の負担と危険において入手する属州産穀物の他に、ヌミディア王の服属民収奪の果実としてのヌミディア産穀物が存在したことは、穀物輸出業者としての属州騎士身分の立場を有利に導いたに違いない。すなわち彼らは投機的と言われる当時の穀物売買[131]に伴う危険をヌミディア王に一部転嫁することによって、ヌミディアを彼らの業務にとっての安全弁とすることができたであろう。このような意味で、ヌミディア王権、王国内ネゴーティアトーレスとの結託は、属州アフリカ騎士身分にとって、単に扱う穀物の量的充実以上の効果を持ち得たと考えられる。

だが、ヌミディア王国の存在が彼らにもたらした利益は、はたして以上のような、業務上の提携から直接に生み出される純粋に金銭上の利益に限られたであろうか。大土地所有者、金融業者、徴税請負人として属州民を収奪する立場にあった属州アフリカの騎士身分と、王国内諸服属民集団の収奪者としてのヌミディア王との間には、経済的な利害関係を超えた、〝支配する側〟の横の連帯といった要素がなかったであろうか。[132][133]

問題の性質上これを史料的に立証することは困難ながら、ここでは次の事実を、属州、ヌミディア両支配層間の協力関係を想定する根拠として挙げることができよう。それは共和政ローマの属州アフリカ防衛体制が、軍道を張りめぐらし、内陸奥地にまで軍事拠点を設ける帝政期のそれとは著しく異なっていたらしいことである。グセルによれば、共和政期の属州アフリカに常駐していたのは一軍団のみであり、これはウティカ付近に置かれていて、属州の他の部分にローマ兵がいた形跡は見られない。にもかかわらず、この時期の属州アフリカでは属州民の対ローマ反乱は――少なくとも史料上は――全く知られていない。グセルはこれを属州民の忍耐強さと結びつけているが、属州支配層に協力的なヌミディア王の軍事力が属州民のそのような態度を生み出す条件の一つとなっていた可能性を考えてみないわけにはいかない。[134][135][136][137][138][139]

だが、そのようにヌミディア王が属州民の対ローマ蜂起抑止の装置の一部となり、ローマの属州支配がこの点で、隣接するクリエンテーラ王国ヌミディアの存在に依拠するという状態においては、ヌミディア王はローマにとって両刃の剣とも言うべき性格を帯びたはずである。リウィウスに拠れば、かつてマシニッサは〝全アフリカ（omnem Africam）〟すなわち北アフリカのカルタゴ領全体を獲得しようという野心を持っていた。それは結局属州アフリカ創設によって阻まれたわけだが、歴代ヌミディア王がこれ以後も同様の希望を抱き続けたらしいことは、前四六年、（カエサル軍と対決すべく）ポンペイウス派の軍に合流したヌミディア王ユバに、メテッルス・スキピオ（Q. Caecilius Metellus Pius Scipio）がアフリカにおけるローマ人の土地すべてを贈る約束をしたと[140]

のディオ・カッシウスの記事からも推測できる。[141] つまり、ヌミディア王が属州アフリカの防衛者から攻撃者に転ずる場合も可能性としてはあり得たのであり、その場合には、ヌミディアとの国境に単なる境界線としての「王の堀」(fossa regia)[142] しか持たぬ属州は、致命的な無防備ぶりをさらけ出す結果になったであろう。では何故、現実にはそうした事態が起こり得ず、ヌミディア王が唯一の例外ユグルタを除けば総じて忠実なクリエンスであり続けたのかを考えるとき、ヌミディア王権・王国内ネゴーティアトーレス・属州アフリカ騎士身分三者間の利害の複合体が持ち得たもう一つの意義が明らかになる。個々のヌミディア王がいかに好戦的で、主観的にはローマ人への対抗意識に燃えていたとしても――ユバには確かにそのような兆候が見られた[143]――彼の王国支配体制再生産機構の一環に、王国内及び属州のネゴーティアトーレスの存在が不可欠の部分として組み込まれていた以上、彼が王として現実にとり得た行動は、結局、ローマにとって無害な範囲におさまってしまったであろう。このようにして、ヌミディア王国内へのネゴーティアトーレスの進出、王権との癒着は、単にそのネゴーティアトーレス、及びこれと業務上のつながりを持つすべてのローマ人・イタリア人を経済的に潤しただけでなく、ヌミディア王権の親ローマ的性格を固定し、これを属州アフリカの憲兵とする効果を持ったのであり、[144] その意味で共和政ローマの北アフリカ支配の仕組全体を支えるものであったと推定することができよう。

第三節　共和政期北アフリカ支配の動揺とその契機

前節までの検討の結果を以下のように要約することができる。

第三次ポエニ戦争後の共和政ローマの北アフリカ支配の二つの構成部分、属州アフリカに対する直接的支配とヌミディア王国に対する間接的支配[145]は、相互に無関係に、あるいは前者の単なる随伴現象として後者があるという形で、存在したのではなく、むしろ後者が前者の存立のための積極的条件となる形で共存していた。この意味で、「クリエンテーラ」王国ヌミディアの存在、すなわちヌミディア王権の持続的な対ローマ追随状態は共和政ローマの地中海世界支配にとって本質的な構成部分であったと言える。ヌミディア王権の対ローマ追随は――ローマ人自身がその契機をいかように解釈していたかとは無関係に[146]――カルタゴ滅亡後王国内に進出したネゴーティアトーレスに対する王権の経済的依存ないしは従属、さらにこれを核とした、王権・王国内ネゴーティアトーレス・属州アフリカ騎士身分三者間の利害の癒着を現実の主要な条件としていた。ヌミディア王権のネゴーティアトーレスに対する経済的従属の主因は、前二世紀中葉における地中海世界に対するローマの軍事的侵略の進展であったと考えられるので、この点だけに着目すれば、ヌミディアの対ローマ従属はヌミディアにとって外的な要因によって生じた偶然の所産であったと言うことも一見可能に見える。しかし、ローマの対地中海世界軍事支配の進展→ネゴーティアトーレスによるヌミディア王の穀物輸出ルートの掌握→ヌミディア王権の対ローマ従属、という因果の連鎖は、ネゴーティアトーレス進出以前から、地中海世界（なかんずくギリシア世界）への穀物輸出収入が王権にとって既に不可欠のものとなっていた、という前提があってこそ成り立ったのであり、このような前提条件のそのまた前提には、穀物生産の主体としてのヌミディア服属民諸共同体の、――そしてもちろん穀物の買い手としての地中海世界、とりわけギリシア世界、の諸共同体の――一定の発展があったと考えなければならないから、その限りにおいてヌミディアの対ローマ従属にはヌミディア内的契機が存在したと言うことが許されよう。

共和政ローマとヌミディア王国の間の支配―従属関係を、強大な帝国とその縁辺小国との間の普遍的、超時代的現象と見なすのではなく、地中海周辺諸民族・諸社会の不均等発展の特定の段階においてのみ現われ得た特殊歴史的現象と見なすべき根拠は以上に示された。

　ではヌミディアに対するそのような支配を一つの核として成立していた共和政ローマの北アフリカ支配はいかにして帝政期型支配へと移行したのか。何故ローマは、前四六年以来紀元後四〇年までの間に北アフリカ支配装置としての「クリエンテーラ」王国（マウレタニアを含めて）を順次解体し、結局北アフリカ全域を直接統治下に置く道を選ぶことになったのか(147)。この問題は当然、共和政末期から帝政期にかけてのローマの地中海世界支配の全構造の変革に関わるものであり、したがって、ローマ・北アフリカ関係の研究だけから完全な解答を得ることは不可能であろう。しかし『ユグルタ戦争』から読みとれる、ヌミディア王国内ユグルタ支持基盤の以下のような特徴は、前二世紀末のヌミディア社会に、それまでのローマ・ヌミディア関係の存続――したがってローマの北アフリカ支配の共和政期的形態の存続――を揺がせ、別個の支配形態への移行を準備する要因の一つが既に胚胎されていたことを告げてはいないだろうか。

　前一一八年のミキプサの死の直後、王国統治の方針をめぐるユグルタとアドヘルバル、ヒエムプサル（Hiempsal）兄弟の意見の対立(148)が、ユグルタによるヒエムプサル暗殺という事態に発展した時(149)、ヌミディア人のうち「より多くがアドヘルバルに従ったが、戦いにおいてより秀でた人々(150)は他方（ユグルタ）に従った（plures Adherbalem secuntur, sed illum alterum bello meliores, *Iug.* 13. 1）」。数を頼んで紛争の武力解決を図ったアドヘルバルは、それにもかかわらず敗北してローマ市に逃れ(151)、ヌミディア問題が元老院の討議に付された結果(152)、オピーミウス（L. Opimius）を長とする一〇人が王国をユグルタとアドヘルバルの間に分割すべく派遣された(153)。ユグルタはこの使節団に対して盛んに買収工作を行い、分割を自己の有利に導こうとした(154)。この場合彼は当然それまでの紛争の過程で自分の味方であることが証明されている服属民集団の多い地方を手に入れようと務めたはずであり、したがって分割の結果はこの段階での王国内のユグルタ派、アドヘルバル派各々の勢力の地域的分布を或る程度まで反映していると推測される。そして分割の結果は、マウレタニアに隣接する王国西部がユグルタに帰し、キルタ、ワガを含む、それゆえ従来のヌミディア王権の支配基盤のより中心的地方と見なし得る東部はアドヘルバルの手に渡る、というものであった(155)。

以上の経過はユグルタ戦争の前哨戦とも言うべきユグルタ対アドヘルバルの紛争の基底に横たわる対立の本質をおぼろげながら示しているように思われる。この紛争は互いに同質の支持基盤を持つ二人の王の衝突といったようなものではなく、むしろヌミディア王権の既存の体制――ネゴーティアトーレスとの癒着をその本質とするところの(156)――の代表者としてのアドヘルバル、及び王家の構成員の大部分と、既定の路線に何らかの修正を加えようとするユグルタ、という対立を根底に秘めていたのではなかったか。

アドヘルバル陣営が王家の成員の多くを含んでいたらしいことは、初めアドヘルバル側につき、キルタ陥落後ローマ市へ逃れたグルッサの子マッシワ（Massiva）の例(157)、前一〇九／一〇八年冬の段階でローマ軍中に加わっていたユグルタの実の兄弟ガウダの例(158)によって裏付けられる。他方、ユグルタは王家内部では少数派だったものの(159)、ヌミディア人民には圧倒的な人気があり(160)、ローマとの開戦後も王国の支配体制の周辺部、王国の被支配層の中に次々と味方を見出した。ムトゥル河畔でメテッルスに手痛い敗北を喫し(161)、戦闘前の軍勢の大部分に見離された後も、彼はなお森林に覆われた要害の地へ退いて、そこで、〝戦いよりは畑や家畜に馴れた人々〟からなる規模としては以前より大きな軍隊を編成することができた(162)。また同時期、ユグルタは騎兵の精鋭部隊をしてローマ軍を山野に尾行せしめ、奇襲や、糧秣補給の妨害によって徐々に出血を強いるいわゆるゲリラ的戦術を採用していたが(163)、このような戦法はヌミディア被支配層のある程度の協力なくしては不可能だったに違いない。さらに戦況が悪化して拠点タラ（Thala）を失った後(164)、ユグルタは少数の部下と共に王国南方の「猛々しく未開な」ガエトゥリー（Gaetuli）(165)人の土地に至り、この人々を訓練して兵士とすることができた(166)。

もちろん、以上の事例をもって、ユグルタをただちに、ローマの傀儡化した既存の王家を打倒しヌミディアに真の独立をもたらそうとした「民族解放の英雄」視し得るかどうかは疑問としなければならない[167]。サルスティウスはユグルタの野望の内容を「全ヌミディアの支配（totius Numidiae imperium, *Iug.* 20. 7）」と説明しているが[168]、その実現の暁に彼がどのような統治、どのような対ローマ関係を予定していたのかを判断することは、研究の現段階においては困難であると思われる。ただ我々は、アドヘルバルを始め既存の王国支配層としての王家構成員の大多数を敵に回したユグルタに、なおかつ彼らに対する勝利を可能ならしめるような支持勢力が前二世紀末のヌミディア社会に形成されていたこと、この支持勢力は、キルタのネゴーティアトーレス虐殺を経てローマとの全面戦争が始まってからもユグルタへの助力を止めることなく、むしろワガ蜂起に見られるように激しい反ローマ的行動を示したこと、に留意すべきであろう[169]。ユグルタ個人の意図はどうであれ、対アドヘルバル戦、対ローマ戦において彼を支えた服属民諸集団のレベルでは、既存王権への反対がローマの支配への抵抗に結びつく傾向が確かに存在したのであり、ユグルタ戦争はこの意味において、王の収奪体制を通じて実現されていたローマの支配に対するヌミディア人民の抗議の表明であったと言えないだろうか。

ヌミディア王国内のユグルタ支持基盤の、したがってユグルタ戦争の、以上のような性格を当時のローマ人がどの程度理解したかは分からない。しかしマリウスによる戦後処理は、〝反既存王権〟と〝反ローマ〟の二つの動機が結びつく、ユグルタ戦争型の事態の再発を防止する方法としては巧妙なものであった。ユグルタの対アドヘルバル戦における地盤であった王国西部は、切り離されてマウレタニア王の支配に委ねられたが[170]、この措置には、かつて、マシニッサのライバルであったマサエシュリーの王シュファックス（Syphax）の支配領域に属し[171]、それゆえ、ヌミディア王国への併合後も王の支配体制の辺境として反王家的運動の温床となりがちであったこの地域を厄介払いする意味があったに違いない。ユグルタの戦争後期における兵力源であったガエトゥリー人については、マリウスが彼らのパトロヌスとなり[172]、上層に土地付与等の恩恵を与える形で懐柔策がとられた[173]。こうして王国内の可能的反王家勢力の主要部分が取り除かれるか、あるいは〝反王家〟ではあっても必ずしも〝反ローマ〟とはならぬ様に懐柔された後、戦争前のヌミディア王権の支配体制への復帰を示すものとして、ガウダが縮小された王国の王位に据えられ、ネゴーティアトーレスの業務再開の場が確保された。

これらの布石の有効性は、以後ヌミディア内部からの既存王権への敵対が、もはや反ローマ闘争に発展せず、むしろローマの有力者の援護を頼みとして王権の奪取、あるいは王の支配からの独立を志向するという道をとり、結局、共和政末期のローマの内乱の枠内におさまってしまったのを見れば明らかであろう。我々はそのような例として、ドミティウス・アヘノバルブス（Cn. Domitius Ahenobarbus）と結んでヒエムプサル二世を王位から逐ったヒアルバス（Hiarbas）[174]、カエサルの指示に従ってユバに対して反乱を起こしたガエトゥリー人[175]を挙げることができる。こうしてユグルタ戦争後のローマは、ヌミディアを自己の支配圏内に留める装置として、それまでのようにネゴーティアトーレスと癒着した王権というただ一点を利用するのではなく、王国内服属民諸集団の上層をも王権の頭越しに把握する方向へと踏み出した[176]と言えるのであり、王権の廃絶、ヌミディア属州化という前四六年の事態はこのような方向の延長線上にあったと考えることができよう。

註

（1）北アフリカにおけるカルタゴの支配領域についてはS. Gsell, *Histoire ancienne de l'Afrique du Nord*, Paris, 8 tomes, 1913–29, rep. de l'édition 1921–1928 Osnabrück, 1972（以下Gsell, *HAAN*と略記）II, pp. 93–181.

（2）Gsell, *HAAN*, VII, pp. 8–9 ; W. Barthel, "Römische Limitation in der Provinz Africa", *Bonner Jahrbücher*, CXX, 1911, S. 73.

（3）Gsell, *HAAN*, VII, pp. 9–10. ユグルタ戦争後、バグラダス川（現在のOued Medjerda）中流域が属州アフリカに併合されたとする説（T. Frank, "The Inscriptions of the Imperial Domains of Africa", *AJPh*, XLVII, 1926,〔pp. 55–73〕, pp. 61 ff; T. R. S. Broughton, *The Romanisation of Africa Proconsularis*, Baltimore, 1929, pp. 32 ff.）は現在ほぼ否定されている。P. A. Brunt, *Italian Manpower 225 B.C.-A.D. 14*,（Brunt, *Italian Manpower* と略記）Oxford, 1971, p. 578.

（4）ただしマリウスの退役兵が Uchi Maius, Thibaris, Thuburnica（これらはすべてヌミディア王国領内）、及びケルキナ（Cercina）島に植民された可能性がある。Leo Teutsch, *Das Städewesen in Nordafrika in der Zeit von C. Gracchus bis zum Tode des Kaisers Augustus*, Berlin, 1962, S. 7–27 ; T. Frank, "The New Eulogium of Julius Caesar's Father", *AJPh*, LVIII, 1937, pp. 90–93（カエサルの父がこのケルキナ島植民に関与したと推定）. これに対し、Brunt, *Italian Manpower*, pp. 577–580 は Cercina 島以外への植民を否定する。

（5）Th. Mommsen, *Römische Geschichte*, V, Leipzig, 1885, 9. Aufl. Berlin, 1921, S. 623–624 ; Gsell, *HAAN*, VII, pp. 118–119. M. Bénabou, *La résistance africaine à la romanisation*, Paris, 1976（以下、Bénabou, *La résistance africaine* と略記）, pp. 25–30.

（6）Jan Burian, "Afrika und Rom in der Zeit der Republik", in H.-J. Diesner, H. Barth, H.-D. Zimmermann（hrsg.）, *Afrika und Rom in der Antike*（Wissenschaftliche Beiträge der Martin-Luther Universität）, Halle-Wittenberg, 1968,〔S. 27–52〕, S. 27–28.

（7）*Ibid*., S. 27 ; Broughton, *The Romanisation of Africa Proconsularis*, pp. 15–16.

（8）例えば、T. Frank（ed.）, *An Economic Survey of Ancient Rome*, Baltimore, 5 vols., 1933–40, rep. 1959（以下 *ESAR* と略記）Vol. 4,（R. M. Haywood, "Roman Africa"）, p. 33.

（9）この問題に関する文献として H.-G. Pflaum, "La Romanisation de l'Afrique", *Vestigia*, 17, 1972, pp. 55–72.

（10）この時期の北アフリカ原住民諸王国の概観は Gsell, *HAAN*, VII, pp. 123–295.

（11）共和政期の「庇護民（クリエンス）」諸王一般については P. C. Sands, *The Client Princes of the Roman Empire under the Republic*, Cambridge, 1908, rep. New York, 1975. Cf. D. Kienast, "Entstehung und Aufbau des römischen Reiches", *Zeitschrift der Savigny-Stiftung*, LXXXV, 1968, S. 330–367. 他方、E. Badian, *Foreign Clientelae : 264–70 B.C.*, Oxford, 1958, pp. 125–189 はマシニッサをヌミディアの統一者として持ち上げるドイツの歴史家たち（U. Kahrstedt,〈*Geschichte der Karthager*, III, Berlin, 1913〉, Schur〈*RE* XIV, 2, 'Massinissa'（1930）〉ら）を批判して、カルタゴとの共存の道もあったであろうに、ローマの意思を先回りして代行し、ローマのアフリカ併合に道を開いた、「ローマの被造物」とも言うべき彼の対ローマ「忠誠」、従属性を強調する。ローマとヌミディアの間の関係について Badian は大スキピオ（彼がマシニッサを「王」と宣した）とマシニッサの間のクリエンテーラ的関係に注目しつつも、これによって裏打ちされたローマと歴代ヌミディア王との関係（ローマ人の用語では amicitia）全体（政策等を含めた）を考察しているが、「対外クリエンテーラ論」についての最近の研究は、ローマの支配層と外国あるいは属州支配層の間の個人間のクリエンテーラ（狭義のクリエンテーラ、古典

史料中でも 'clientela' 'patrocinium' と明記されるもの）に的を絞る傾向を示し、ローマとヌミディア王の amicitia（広義の「クリエンテーラ」的関係）は中心的テーマとはされていない。M. Jehne and F. Pina Polo (eds.), *Foreign Clientelae in the Roman Empire : A Reconsideration*, Stuttgart, 2015.（マウレタニア王ユバ二世が発行した貨幣を分析対象とする同書の A. Suspène, "L'apport de la documentation numismatique à l'étude des *Foreign Clientelae* : le cas de Juba II de Maurétanie",〔pp. 185–206〕, pp. 204–206 も、結局王の側の自発的選択（ローマ貨幣の模倣の程度の）の余地を確認し、'foreign clientelae' による拘束性を低く評価している。

（12）Istvan Hahn, "Die Politik der Afrikanischen Klientelstaaten im Zeitraum der Bürgerkriege", in Diesner et al. (hrsg.), *Afrika und Rom in der Antike*, Halle-Wittenberg, 1968,〔S. 207–228〕（以下、Hahn と略記）, S. 220.

（13）本来 Massylii 族の王族であったマシニッサは第二次ポエニ戦争の過程で宿敵 Masaesylii 族の王 Syphax を倒し、さらに第三次ポエニ戦争に至る過程でカルタゴ領の過半を蚕食して（最後までカルタゴの手に残った部分が属州アフリカとなった。）、西は Mulucha 川（現在の Oued Mouloula）から東は Leptis Magna に至る広大な領域の支配者となった。マシニッサの業績全般に関しては、G. Camps, *Aux origines de la Berbérie : Massinissa ou les debuts de l'histoire, Libyca*, 8/1, 1960（以下 Camps, *Massinissa* と略記）。概略は、*Encyclopaedie berbère*（以下、*Encyc. ber.* と略記）, XXX, "Massinissa", pp. 4650–4661 (J.-M. Lassère, 2010) を見よ。マシニッサ以降のヌミディア王家の系譜については本書巻末の系図を参照。

（14）Gsell, *HAAN*, VII, p. 147, n. 3.

（15）*Iug*. 26. 1–3.

（16）*Ibid*., 26. 1 ; 2 ; Diod. XXXIV/XXXV. 31（Ἰταλῶν）; 32（Ῥωμαίων）.

（17）*Iug*. 26. 3.

（18）*Ibid*., 66. 2–4 ; 67. 1–3. 本章二五頁。

（19）ヌミディアに限らず、共和政期の地中海世界に見られた 'negotiatores' は一般に、ほぼ排他的にイタリア半島出身者（南イタリアのギリシア系を含む）であったと考えられている。J. Rougé, *Recherches sur l'organisation du commerce maritime en Méditerranèe sous l'empire romain*, Paris, 1966（以下 Rougé, *Recherches* と略記）, p. 275 ; J. Hatzfeld, *Les trafiquants italiens dans l'Orient hellénique*, Paris, 1919, rep. New York, 1975（以下 Hatzfeld, *Les trafiquants*）, pp. 238–245.

ヌミディア王国内のネゴーティアトーレスについて冒険商人シッティウスの例に注目してカンパニア地方とのつながりを強調するのは、J. Heurgon, "Les origines campaniennes de la Confédération cirtéenne", *Libyca*, 5, 1957,〔pp. 7–24〕, pp. 9–10.

（20）例えば、Gsell, *HAAN*, V, pp. 1–25（Introduction）; VI, pp. 274–285.（Conclusion）; Camps, *Massinissa*, pp. 3–11（Introduction）; pp. 297–302（Conclusion）.

（21）以下本文参照。

（22）Brunt, *Italian Manpower*, pp. 211–214 ; Hatzfeld, *Les trafiquants*, p. 196 ; A. J. N. Wilson, *Emigration from Italy in the Republican Age of Rome*, New York, 1966（以下 Wilson, *Emigration* と略記）, pp. 4–6. これに対し、Rougé, *Recherches*, pp. 274–279 は共和政期の 'negotiatores' が「インチキ実業家（brasseur d'affaires）」「財政家（manieur d'argent）」の性格を濃く持つ反面、生産者―消費者間の商品仲介によって利益を得る者という意味での通常の商人（commerçant）の性格はほとんど持たなかったと主張する。

（23）*ESAR*, Vol. 4（Haywood）, p. 17 ; Gsell, *HAAN*, V, pp. 186–199 ; VI, pp. 83–84 ; VII, p. 183. 根拠の明示がないが同様の判断を下しているものとして、Brunt, *Italian Manpower*, p. 211 ; Heurgon, *Libyca*, 5, pp. 9–10 ; Rostowzew = M. Rostovzeff, *RE* VII, 1 (1910), "Frumentum",〔II. Kornhandel〕col. 141. ヌミディアではなく「アフリカ」の穀物の共和政末期のローマ市の食糧供給にとっての重要性についての言及としては、Cic. *Pro lege Manilia*, 12. 9（サルディニア、シチリアと共に特に重要な供給源としてアフリカを挙げている）. R. Cagnat, "L'annone d'Afrique", *MAI*（*Mémoires de l'Institut National de France: Académie des Inscriptions et Belles-Lettres*）, t. XL, 1916,〔pp. 247–277〕pp. 252f. G. Rickman, *The Corn Supply of Ancient Rome*, Oxford, 1980, p. 67, p. 162.

（24）*Iug*. 17. 5（ager frugum fertilis）; Strab. XVII. 3. 7, cf. 3. 1 ; 3. 11. Cf. Gsell, *HAAN*, V, p. 194.

（25）*Ibid*. V, p. 192 ; *ESAR*, Vol. 4（Haywood）pp. 19–21. ただし Haywood はキルタ付近については、ネゴーティアトーレスの存在から逆に穀物耕作の可能性を想定している。ヌミディア王国期の穀物生産について Cereres 信仰の広がり等の証拠に基づいて論じた最近の研究として、Hasna Msaddek, "Rome et la richesse céréalière de la Numidie sous le règne de Massinissa et Jugurtha", *Colloque international : Jugurtha affronte Rome*（Annaba 20–21–22 août 2016）, pp. 1–21 がある。

（26）*Iug*. 46. 5.

（27）*Ibid*., 47. 1.

（28）Cf. Pomponius Mela, I. 30（Cirta……, cum Syphacis foret opulentissima.）

（29）Strab. XVII. 3. 13.

（30）『アフリカ戦記』当時のヌミディア王ユバが彼の財貨の大半を保管していた座所は、キルタではなくザマであった。*Bell. Afr*. 91. 1 ; Strab. XVII. 3. 9. したがって前四六年当時のキルタがなお 'oppidum opulentissimum' と形容され得たということは、この町が単なる王の財貨の保管場所として以外の意味で「豊か」だったことを示す。

（31）Gsell, *HAAN*, V, p. 131, n. 4 ; J. Mazard, *Corpus nummorum Numidiae Mauretaniaeque*, Paris, 1955（以下 Mazard, *Corpus* と略記）, pp. 154–157. ここでは古典史料中の Cirta を現存のコンスタンティーヌ市とする広く受け入れられている理解に

従っている。本書第二章註（57）参照。

（32）Gsell, *HAAN*, VI, p. 80, n. 5 ; 6（キルタ［現在のコンスタンティーヌ］出土の二三七枚の貨幣中、ローマのデナリウス貨は一三六枚）; V, 157, n. 1（このキルタの貨幣群は前七九年に退蔵された。）

（33）*Ibid.*, V, p. 131, n. 7 ; p. 132, n. 1–3 ; pp. 134–135.

（34）*Iug*. 66. 2（ワガ）; Liv. XXX. 12. 8（キルタ）. Gsell. *HAAN*, V, pp. 131–132 は、これらの箇所の 'principes' を 'magistrats' と解するが、前後の文脈から見て、この語の意味をこのように限定できるかどうか疑問である。

（35）Gsell, *HAAN*, III, p. 327, n. 6 ; V, p. 131, n. 7（ワガ）; V, pp. 273–275（キルタ）. キルタ（コンスタンティーヌ市）の El Hofra と呼ばれる「ポエニの聖域」からはポエニ語（punique）碑文三三八点、ネオ・ポエニ語（neo-punique）碑文五二点、計三九〇点の碑文が出土している。A. Ferjaoui, "Les relations entre Carthage et intérieur de L'Afrique, le cas de Zama Regia et sa region", in（id. ed.）, *Carthage et les autochtones de son empire du temps de Zama*, Tunis, 2010,〔pp. 341–352〕, p. 351.（他にギリシア語、ラテン語の同種の碑文も発見されている。第2章註（97）を見よ。）さらにユバの王都ザマ（註（30））についてもこのザマ（Zama Regia）を現在の Jama に同定し、発掘を進めている Ferjaoui, *op. cit.*, pp. 341–352 は少なくとも前六世紀に遡るカルタゴとザマ（ジャマ）付近の交易・交流の存在を強調する。前4世紀以降はカルタゴの工房で製作された青銅貨の使用も始まっている。*Ibid.*, pp. 348–349. J. Alexandropoulos, *Les monnais de l'Afrique antique* : 400 av. J.-C.-44 *ap. J.-C.*, Toulouse, 2000, 16a（B.C. 400–350?）, 57（B.C. 300–264 B.C）.

（36）Gsell, *HAAN*,,V, p. 261, n. 7–8 ; pp. 273–275, II, p. 109 ; IV, p. 133, n. 5.

（37）*Iug*. 46 1–2 ; 5–6.

（38）サルスティウスはその理由として住民の意向を試すため、また地の利の故にと述べる。*Iug*. 47. 2.

（39）*Iug*. 48–56.

（40）*Ibid.*, 54. 5 ; 9–10 ; 55. 8 ; 56. 1.

（41）*Ibid.*, 56–60.

（42）*Ibid.*, 61. 1–2.

（43）*Ibid.*, 66. 1–2.

（44）J. Carcopino, "Salluste, le culte des *Cereres* et les Numides", *Rev. Hist.*, CLVIII, 1928,〔pp. 1–18〕, p. 10 は、これをケレレスの祭日と見なす。ワガの蜂起については、B. D. Shaw. "The Structure of Local Society in the Early Maghreb : The Elders", *The Maghrib Studies*, 16, 1991〔pp. 18–54〕, p. 25 も参照。またワガ出土の地方神七神の浮き彫り（これはヌミディアのパンテオンが示された珍しい例である）については、G. Camps, *Les Berbères : Mémoire et identité*, Paris, 1995, pp. 166–167.

（45） *Iug*. 66. 3–4 ; 67. 1–2.
（46） *Ibid*., 67. 3. トゥルピリウスは 'praefectus oppidi' であった。
（47） 例えば、*Bénabou, La résistance africaine*, p. 29.
（48） App. *Num*. III.ワガの 'pre-Roman' の段階の市（いち）としての機能、王の財庫との関係への言及として B. D. Shaw, "Rural Markets in North Africa and the Political Economy of the Roman Empire", *Antiquités africaines,* 17, 1981, 〔pp. 37–83〕, pp. 49f. ローマ帝政期（三世紀？）にもなお、Iuba（Shaw はマウレタニア王ユバ二世と推測する）の名を最高神（'Iovis', これはバアル神の忌み名かもしれない）の名と共に挙げた年の市（Nundina(s) annu(as)）についての碑文が、現地人によって立てられた例がある。*CIL*, VIII, 20627 = *ILS*, 4490 の Hassawana の碑文（巻末附録G2）. Shaw, "Rural Markets…", pp. 51f.
（49） *Iug*. 68. 2. Gsell, *HAAN*, VII, p. 204.
（50） *Iug*. 16. 5. Cf. Gsell, *HAAN*, V, pp. 192f.
（51） *Iug*. 20. 3–8 ; 21. 1–2.
（52） *Ibid*., 25. 1–11.
（53） *Ibid*., 26. 1–3.
（54） Brunt, *Italian Manpower*, p. 223.
（55） Cf. Wilson, *Emigration*, p. 44 ; Camps, *Massinissa*, p. 240.
（56） Diod. XXXIV/XXXV. 31.
（57） *Bell. Afr*. 91. 1. Gsell, *HAAN*, V, pp. 268–269. ザマは複数あり、このザマの位置の特定は難しい。また註（41）のザマとの異同も不明。
（58） *Bell. Afr*. 92.
（59） *Ibid*., 97.
（60） Gsell, *HAAN*, VI, p. 82 ; VIII, p. 153 ; Bénabou, La *résistance africaine*, p. 37 もこのように解釈している。
（61） *Bell. Afr*. 91. ユバ王はこの後彼のすべての都市（ab omnibus civitatibus）から締め出され自害（決闘により）している。*Bell. Afr*. 94.
（62） *Ibid*., 92.
（63） Strab. XVII. 3. 13（キルタ）; *Bell. Afr*. 91. 1（ザマ）.
（64） *Iug*. 48. 1.

(65) Gsell, *HAAN*, V, p. 139, p. 199 ; VII, p. 84. Cf. Camps, *Massinissa*, pp. 199–200（マシニッサ時代の王の対ギリシア世界小麦輸出の可能性について）。

(66) Liv. XXXI 11. 9f ; 19. 3f.（前二〇〇年）…小麦二〇万、大麦二〇万、XXXII. 27. 2（前一九八年）…小麦二〇万、XXXVI 3, 1 ; 4, 8–9（前一九一年）…小麦計八〇万、大麦計五五万、XLIII 3. 6 ; 6. 11f.（前一七〇年）…小麦一〇〇万。これらの供出額の評価についてはCamps, *Massinissa*, p. 200. 小麦一〇〇万モディウスが提供された前一七〇年には穀倉バグラダス川流域の大部分はまだカルタゴ領に属していたので、マシニッサの穀物供出能力は『ユグルタ戦争』の頃のヌミディア王に比して、まだまだ少なかったと思われる。註（75）参照。

(67) *Iug*. 29. 4.

(68) Gsell, Camps両者共、王の穀物売却の具体像には言及していない。

(69) App. *Lib*. 106 ; Suet. *Iul*.（*Caes*.）71（stipendarius）.

(70) Gsell. *HAAN*, V, pp. 140–141 ; p. 135, n. 9（*Iug*. 46. 5 の praefeci regis が常設の徴税官とは見なし難いことについて）。

(71) Gsell. *HAAN*, V, pp. 154–155.

(72) *Ibid*., V, p. 155.

(73) 写本では 'tributis vectigalibusque … togatis' あるいは、'… irrogatis' となっている。'locatis' は R. Schneider（Teubner 版、1905）の emendation によるが、Klotz はこれを退け 'irrogatis' をとる。A. Klotz. ed., *C. Iuli Caesaris Commentarii*, III, Stuttgart,（B. G. Teubner）1966, S. 133. 'tributis' の後のコンマの有無も問題であるが、ここでは A. Bouvet（Les Belles Lettres, 1949）らに従った。

(74) *Iug*. 26. 1–3.

(75) マシニッサの領土拡張過程の詳細は、Camps, *Massinissa*, pp. 190–196. *Encyc. ber*., XXX, 'Massinissa', pp. 4656–4659（J.-M. Lassère）.

(76) 古代ベルベル人の多様な生活形態に関する概説として、M. Rachet, *Rome et les Berbères. Un problème militaire d'Auguste à Dioclétien*, Bruxelles, 1970（Rachet, *Rome et les Berbères* と略記）, pp. 18–28. Camps, *Les Berbères : Mémoire et identité*, pp. 54–56. より詳しくは、Gsell, *HAAN*, V. pp. 169–228（Livre II ; Explotation du sol et modes d'habitation）.

(77) 徴税過程への関与の仕方としては徴税請負等が考えられるだろう。Cf. Broughton, *Romanisation of Africa Proconsularis*, p. 40, n. 119. その場合、高利貸し、両替商を兼ねた可能性が強い。Cf. Rougé, *Recherches*, p. 275.

(78) Gsell, *HAAN*, V, pp. 189–190 ; 208–209 ; Camps, *Massinissa*, pp. 211–213.

(79) ヌミディア王が王国全土の土地に対して、いわゆるファラオ流の領有権を持っていたかどうかについての議論は、

Gsell, *HAAN*, V, pp. 209–210 ; H. Kreissig, "Bemerkungen zur Produktionsweise in Nordafrika（vorrömische Zeit）", in Diesner et al.（hrsg.）, *Afrika und Rome in der Antike*,〔S. 135–142〕, S. 138–139.

（80）*Ibid*., S. 139 ; Gsell, *HAAN*, V, p. 210 は共に、自由人労働力による生産を想定している。

（81）Polyb. XXXVI. 16. 7–8.

（82）ディオドルス・シクルスのギリシア語原文は次の通り。（ἐν δὲ ταῖς τῶν ἀγρῶν ἐπιμελείαις τοσοῦτον διήνεγκεν ὡς ἑκάστῳ τῶν υἱῶν ἀπολιπεῖν ἀγρὸν μυριόπλεθρον, κεκοσμημένον πάσαις ταῖς κατασκευαῖς.）Camps, *Massinissa*, pp. 211–213 ; J. Kolendo, *Le Colonat en Afrique sous le haut-empire*, Paris, 1976, p. 9 はこれらの史料と、マシニッサの息子の数（四四人ないし五四人）から王の所領の規模の大きさを推測する。一〇〇〇〇プレトロンは Gsell, *HAAN*, V, p. 190, n. 1 によれば約八七四ヘクタール。Cf. Kolendo, *op. cit*., p. 85, n. 26.

（83）Gsell, *HAAN*, V, pp. 208–209 ; Camps, *Massinissa*, pp. 212–213. ヌミディア王家の大所領が帝政期のローマ皇帝領にそのままつながっていった可能性も高い。Cf. T. Frank, "The Inscriptions of the Imperial Domains of Africa", *AJPh*, XLVII, 1926, pp. 60f. saltus の一つは 'Mappalia Siga' と呼ばれており（*CIL* VIII 25902, I, l. 7 et passim. Henchir Mettich 出土の有名な皇帝領関係碑文）、これはヌミディア人の田園の家屋を表す古代リビア語 mapalia と関連すると思われる。Sall. *Iug*. 18. 8.

（84）巻末地図Ⅱの〝大平原〟、現在の Ghardimaou, Dakhla 両平野である。Gsell, *HAAN*, I, pp. 18–19 ; II, p. 96, n. 9.

（85）*ESAR*, Vol. 4（Haywood）p. 16 ; pp. 19–20.

（86）ワガについての詳細は Gsell, *HAAN*, V, p. 264.

（87）*Iug*. 29. 4.

（88）Gsell, *HAAN*, V, p. 192.

（89）Cf. *Ibid*., V, p. 198.

（90）当然予想される疑問――王の利害と結びついていたはずのワガのネゴーティアトーレスが、王ユグルタの工作によるワガ蜂起の際、殺害される側に立ったのは何故か――については第三節で論じる。
ネゴーティアトーレスが王家の大所領の収穫を買い付けるだけでなく、所領経営自体に関与した可能性も充分考えられるが、証拠がない。ネゴーティアトーレスの王国内での土地所有の可能性に関しても同様である。

（91）ワガ等のヌミディア内陸都市も古くはカルタゴの交易圏に含まれていた（註（35）、註（48）参照）とするなら、その在来の交易への侵害と受けとめていた可能性もある。

（92）Camps, *Massinissa*, pp. 196–199, pp. 201–203.

（93）*Ibid*., pp. 199–201. Hasna Msaddek, *op. cit*., p.6.

(94) *IG*. XI. 4, 1115（デーロス人の奉献者によるマシニッサ像奉献。Camps はアテナイ人の存在を考えているが）、1116（ロドス人の奉献者によるマシニッサ像奉献）。Camps, *Massinissa*, p. 199, n. 643 ; p. 197, n. 640. ただし、これらのギリシア人と王権の結びつきの様態は不明である（デーロス人の奉献者ヘルモーンはやや親しげにマシニッサを 'τὸν αὐτοῦ φίλον'：「我が友」と記しているのだが）。いずれにせよ前二世紀前半（*IG*. XI. 4, 1115 については前一七九年頃）にデーロス島でマシニッサのために奉献されたこの二つの碑文は、おそらくマシニッサの同島（*IG*. XI. 4, 1116 についてはロドス島が対象の可能性もなくはない）への穀物供与に関わるものである。F. Dürrbach, *Choix d'inscriptions de Délos*, t. 1, Paris, 1921（rep. Chicago, 1977）,（以下、*Inscr. Délos*）, n°. 68, 69, pp. 91–92. 本章末の補註参照。

(95) カルタゴ遺跡（ビュルサの丘）から多く発見され、前二世紀の年代特定にとって重要な、いわゆる vernis noir のと呼ばれるカンパニア陶器は、デーロス島では、イタリアとの交易の存在のみならずイタリア人自体の当地での存在を示す証拠であり得るとされる。通説では同島での彼らの存在が知られるのは前二世紀の第４四半期以降とされるが（J.-P. Morel, "L'Apport des fouilles de Carthage à la chronologie des céramiques hellénistiques," *ΑΝΑΤΥΠΟ : ΑΠΟ ΤΑ ΠΡΑΚΤΙΚΑ ΤΗΣ Β'ΣΥΝΑΝΤΗΣΗΣ ΓΙΑ ΤΗΝ ΕΛΛΗΝΙΣΤΙΚΗ ΚΕΡΑΜΕΙΚΗ*, ΑΘΗΝΑ, 1990〔pp. 17–30, 2pl.〕p. 29, n. 55）、Morel によればカンパニアＡおよびＢの陶器は、より以前、すなわち前二世紀第２四半期以降、特に前二世紀第３四半期においてよく確認されるという（Morel, *loc. cit.*）。これはヌミディア王の在位年代に当てはめれば、マシニッサの治世後半から、ミキプサ、グルッサ、マスタナバル三王共治期（—前一三九年）と特にミキプサの単独支配の時代（前一三九—前一一八年）に相当する。これに対しロドス島へのイタリア人・ローマ人の定住は前三世紀末から（前二〇九年のタレントゥム市の破壊により）進んだ可能性があり、イタリア同盟市戦争の頃（前九〇年頃）までには実現しているとされる。*SEG*, 52, 767（p. 255）.

他方ヌミディア王国内でのイタリアとの交易ないしイタリア人商人の存在を裏づける証拠としては、Hippo Regius におけるカンパニアＡを中心とする vernis noir 陶器の出土状況についての J.-P. Morel, "Céramiques d'Hippone", *Bulletin d'Archéologique Algérienne*, t. I（1962–1965）, 1967, pp. 107–139.

(96) ヌミディア王国地中海岸の諸都市（Gsell, *HAAN*, V, pp. 245–250）は王とは別個に地中海諸地方と交易を行っていた可能性がある。Cf. Camps, *Massinissa*, pp. 257–258. その輸出品の中に穀物も含まれたかもしれない。

(97) Camps, *Massinissa*, p. 201. cf. p. 209.（海岸諸都市に対する支配からの収入の方がより重要であった可能性。）

(98) Hahn, S. 212.

(99) *Ibid*., S. 211 ; S. 223, Anm. 20. Strab. XVII. 3. 13 が伝えるミキプサによるキルタへのギリシア人植民は、ヌミディア王権の外国人依存的性格を示してはいないか。この問題については第二章註（97）を参照。

(100) Gsell, *HAAN*, VII, pp. 58–73 ; Broughton, *Romanisation of Africa Proconsularis*, p. 19 ; pp. 24–25 ; pp. 39–44 ; Wilson, *Emigration*, pp. 42–54. これに対して Brunt, *Italian Manpower*, pp. 209–224 は在外ローマ市民・イタリア人の数を少なめに見積る。

(101) *Lex agr*. 111 *B.C.*, l. 59–61. Gsell, *HAAN*, VII, pp. 58–69.

(102) *Bell, Afr*. 97. 2（ハドルメトゥム、タプススの conventus）.

(103) Gsell, *HAAN*, VII, pp. 27–28. Strab. XVII. 3. 13.

(104) Caes. *Bell. Civ*. II. 36. 1 ; *Bell. Afr*. 68, 4（ウティカの conventus）.

(105) *Ibid*., 68. 4（P. Atrio, equite Romano de conventu Uticensi）.

(106) Gsell, *HAAN*, VII, pp. 69–73 ; pp. 118–122 ; Boughton, *Romanisation of Africa Proconsularis*, pp. 43–44 ; Brunt, *Italian Manpower*, pp. 222–223.

(107) Gsell, *HAAN*, VII, pp. 101–103.

(108) ユグルタ戦争の戦後処理に関する詳細は、Gsell, *HAAN*, VII, pp. 263–265.

(109) T. Frank, *Roman Imperialism*, New York, 1914, rep., 1972, pp. 267–268.

(110) ユグルタの兄弟ガウダは戦争中からローマ軍に加わり、マリウスによって次期王位を約束されていた。*Iug*. 65. 1–3.

(111) この部分の原文は以下の通り。（Frank, *op. cit*., p. 268）: Can we be sure that the traders who were massacred in Cirta were more than a few adventures? Have we any right to suppose that they represented the business firms of Rome or that Roman money was invested in Numidia to any extent? If Roman capital was as heavily involved as is usually assumed, pressure could have been brought to bear to attach Numidia to the province of Africa, or, at least, to keep all of Numidia as a Roman protectorate under Gauda, instead of giving more than half of it to the Moorish king who was still left unattached.

(112) この問題についてさらに詳しくは次章で論じる。Cf. W. V. Harris, *War and Imperialism in Republican Rome : 327–70 B.C.*, Oxford, 1979, pp. 98f. pp. 151f.

(113) Gsell, *HAAN*, VII, pp. 264–265.

(114) *Bell. Afr*. 25. 2に拠って、前四六年の時点でキルタがヌミディア王ユバの領域内に在ったことが確認される。ユグルタ戦争後のワガ付近の属州化を主張する学説とその否定については註（3）参照。
マウレタニア王国とガウダの王国の間に、第二のヌミディア王国が設けられた可能性については、Gsell, *HAAN*, VII, pp. 264–265. この王国の版図はマウレタニア領東端とアムプサガ川の間の部分だったと考えられている。

(115) *Iug*. 64. 5–6.引用部分（*Iug*. 64. 6）の原文は次の通り（quia diuturnitate belli res familiaris conruperant et animo cupienti nihil satis festinatur）; Vell. Pat. II 11. 2（per publicanos aliosque in Africa negotiantis）.

（116）*Iug.* 65. 4–5. 引用部分（*Iug.* 65. 4）の原文（主語はマリウス）は次の通り（equites Romanos, milites et negotiatores, alios ipse, plerosque pacis spes impellit）. マリウスと「アフリカ」で活動する 'publicani' の結託については前註の Vell. Pat. II. 11. 2 の記事を参照。

（117）*Iug.* 44. 1 ; 5.

（118）属州アフリカとヌミディアの国境が従来考えられていたよりは複雑な線となっていることが近年明らかになっている。Vaga と国境線（fossa regia）の関係を示した最近の略図として、Ahmed M'Charek et al., "Recherches archéologiques à Henchir Ghayadha/Bugat?（Tunisie）- Enquête archéologique et synthèse historique", *Antiquités africaines*, 44, 2008,〔pp. 109–167〕, p. 112, fig. 1.

（119）巻末地図II参照。ただしヌミディア王権自体も艦隊（classis）は持っていた。Cic. *Verr.* Act II, IV, 103（マシニッサの艦隊がマルタ島のユノーの聖域から持ち帰った巨大な象牙をマシニッサが五段櫂船を送って返還したエピソード。）Cf. Val. Max. I. 1. ext. 2.

（120）Gsell, *HAAN*, V, pp. 247–248.

（121）これに対して、ワガとタブラカの間には、険阻な山地が横たわっている。

（122）Broughton, *The Romanisation of Africa Proconsularis*, p. 31.

（123）E. Köstermann, *C. Sallustius Crispus, Bellum Iugurthinum*, Heidelberg, 1971, S. 245 はウティカのネゴーティアトーレスの親マリウス的動きに、ワガのネゴーティアトーレス虐殺が引き起こした衝撃の反映を見ている。

（124）他方、キルタで入手された穀物は Rusicade, あるいは Chullu から積み出されたであろう。Broughton, *The Romanisation of Africa Proconsularis*, p. 30. この両都市については Gsell, *HAAN*, V, p. 248. おそらく王国内の港から王権が騎兵を乗船させた例として、Liv. XXXI. 11. 10 ; 19. 3–4, XXXII. 27. 2. なおタブラカ、トゥニザ、ルシカデの三市については各々独自の貨幣鋳造を行っていた可能性がある。Mazard, *Corpus*, p. 151, pp. 159–160.

（125）*Lex agr.* 111 *B. C.*, l. 81 :〔agrum ... P. Cornelius imperator leib〕ereis regis Massinissae dedit, habereve fruive iusi⟨t⟩. Gsell, *HAAN*, VII, pp. 79–80. 王権が利用していたこの「土地」が属州アフリカ内だけとは限らず、むしろ fossa regia の外（ヌミディア「内」）の土地に関わるとの主張は、A. Lintott, *Judicial Reform and Land Reform in the Roman Republic*, Cambridge, 1992, pp. 267f.

（126）Cic. *Leg. agr.* II. XXII. 58 : possidere agros in ora marituma regem Hiempsalem, quos P. Africanus populo Romano adiudicarit ; ei tamen postea per C. Cottam consulem cautum esse foedere.（護民官 P. Servilius Rullus の農地法（前六三年）で十人委員会の権限から除外された「ローマ公有地」の一つにヒエムプサル二世の「海岸地方」の土地があったこと。キケロはこの除

外措置をヌミディア王権側の贈賄によるものだとほのめかしている。）*Ibid.*, I. IV. 10–11も参照。

（127）前註 'agros in ora marituma'.

（128）巻末地図Ⅱ参照。Cf. Broughton, *The Romanisation of Africa Proconsularis*, pp. 13–14, n. 6.

（129）*Bell. Afr.* 90.1 ; 97.2.

（130）Broughton, *op. cit.*, pp. 21–25 ; Gsell, *HAAN*, VII, pp. 58–69. 属州アフリカの土地事情全般に関しては、*ibid.*, VII, pp. 74–98.

（131）Rostowzew, *RE* VII, 1（1910）"Frumentum",〔II. Kornhandel〕, col. 141–142.

（132）Gsell, *HAAN*, VII, p. 119 ; p. 121.

（133）当時のヌミディア王国東部が旧カルタゴ領に起源を持ち、それゆえ、この地域の被支配民が属州アフリカの被支配民と同質であったと考えられることを想起せよ。

（134）帝政期北アフリカの軍事体制全般については、R, Cagnat, *L'Armée romaine d'Afrique et l'occupation militaire de l'Afrique sous les empereurs*, Paris, 1913 ; Rachet, *Rome et les Bebères*, pp. 57ff.

（135）Gsell, *HAAN*, VII, p. 32. これに対してBrunt, *Italian Manpower*, pp. 451–452は共和政期属州アフリカへの軍団常駐自体を否定する。

（136）Gsell, *HAAN*, VII, p. 34.

（137）Cf. *Ibid.*, VII, p. 35.

（138）*Ibid.*, VII, p. 31.

（139）*Ibid.*, VII, p. 121.

（140）Liv. XLII. 29, 9–10.

（141）Dio Cass. XLIII. 4. 6.

（142）Cagnat, *op. cit.*, pp. x–xi.

（143）*Bell. Afr.* 57. ただし、これらの「カエサル文書」がユバの傲慢、残忍、裏切り（ローマからの離反傾向）を強調する傾向があることに注意する必要がある。L. Grillo, *The Art of Caesar's Bellum Civile : Literature, Ideology, and Community*, Cambridge, 2012, p. 71, p. 121, pp. 164–165. 本書補論も参照。ガウダもメテッルスに対して、王としての待遇を要求して譲らなかった。*Iug.* 65. 2.

（144）これは、マシニッサ時代、ヌミディアからのauxilium（補助軍）がローマの地中海世界制圧の一助となったのと好対照をなす。Gsell, *HAAN*, III, pp. 309–311. *Iug.* 14. 17. ただし前一四六年以降もヌミディア補助軍の海外派兵は続けられた。

Gsell, *HAAN*, VII, pp. 137–138. ヌミディア王国の軍隊（諸部族組織からの部族軍と、王家に直属し、免税等の特権を有する戦士階層から成る常備軍によって構成される）についてはIbid., V, pp. 145–148. ユバ一世期のヌミディア軍の充実を指摘するY. Le Bohec, "L'Armée de la Numidie au temps de Juba Ier", in A. Ferjaoui (ed.), *Carthage et les autochtones de son empire du temps de Zama*, Tunis, 2010, pp. 445–456 も参照。

(145) 本章の対象外としたマウレタニア王国に対しても、ユグルタ戦争以降類似の間接的支配が見られた。Hahn, S. 214 ff.; Gsell, *HAAN*, VII, pp. 267–275. ただし、対マウレタニア支配が対ヌミディア支配と全く同質であったかどうか、支配成立の条件として王の穀物輸出のような要因があったのかどうか、はなお検討を要する。

(146) ローマ人の対ヌミディア認識を示す諸史料については、Sands, *The Client Princes of the Roman Empire under the Republic*, pp. 174–180.

(147) その具体的経過は、Gsell, *HAAN*, VII, pp. 156–287.

(148) *Iug*. 11. 2–9.

(149) *Ibid*., 12. 3–5.

(150) この箇所は、ユグルタがヌマンティア攻囲戦派遣（*Iug*. 7）を通じてヌミディア正規軍中に支持層を得たことを示唆するかもしれない。ヌミディア王の軍隊に関しては註（144）の他、Camps, *Massinissa*, pp. 261–265 も参照。

(151) *Iug*. 13. 3–4.

(152) *Ibid*., 13. 9; 14.; 15. 2–5.

(153) *Ibid*., 16. 1–2.

(154) *Ibid*., 16. 3–4.

(155) *Ibid*., 16. 5.「ヌミディア東部より西部の方が耕地や人的資源に富む」（これは多分事実に反する）とのサルスティウスの言明についての解釈は、Gsell, *HAAN*, V, p. 193. 第二章註（51）を参照。

(156) *Iug*.11. 5 に拠ればユグルタはミキプサ王晩年の五年間に下されたすべての決定を無効とすることを提案した。（Iugurtha inter alias res iacit oportere quinquenni consulta et decreta omnia rescindi, ...）さらに、ミキプサの支配拠点であったキルタ（Strab. XVII. 3. 13）陥落の際、ユグルタが住民に過酷な制裁を加えたこと（*Iug*. 26. 3）もこのような路線を暗示するかもしれない。

(157) *Iug*. 35. 1.

(158) *Ibid*., 65. 1.

(159) *Ibid*., 14. 15.

(160) *Iug*. 6. 3 ; 7. 1.

(161) *Ibid*., 48. 3–4 ; 49–53.

(162) *Ibid*., 54. 3–4. Camps, *Massinissa*, p. 263.

(163) *Iug*. 54. 7–10 ; 55. 8.

(164) *Ibid*., 75. 1–10 ; 76. 1–6.

(165) ‘Gaetuli’ については、Gsell, *HAAN*, V, pp. 109–112.

(166) *Iug*. 80. 1–2 ; 97. 4.

(167) Cf. Hahn, S. 210.

(168) 他に、*Iug*. 13. 2 ; 5.

(169) さらにザマ（*Iug*. 57–61）、タラ（*ibid*., 75–76）、カプサ（*ibid*., 89–91）等の都市が最後までユグルタに忠実だった点も注目に値する。これは註（61）のユバの例とは対照的である。ヌミディア王権と王国内諸都市の関係についての最近の研究として、Mansour Ghaki, “Les cités et les royaumes numide et maure,” Carla Del Vais（ed.）, *Epi oinopa ponton : studi sul Mediterraneo antico in ricordo di Giovanni Tore*, Oristano, 2012, pp. 626–632.

(170) 残りのヌミディア領とマウレタニア領の間の「西ヌミディア王国」については本書の補論および第十章を見よ。

(171) Masaesylii の王国については、Gsell, *HAAN*, V, pp. 95–102.

(172) *Bell. Afr*. 32. 3 ; 35, 4 ; 56. 3. 本書の補論の第四節も参照。

(173) *Ibid*., 56. 4. Gsell, *HAAN*, VII, p. 10 ; Brunt, *Italian Man Power*, p. 579 ; J. Gascou, ‘Marius et les Gétules,’ dans l’article “Inscriptions de Tebessa”, *MEFR*, LXXXI, 1969, 2,〔pp. 537–599〕, pp. 555–568.

(174) Plut. *Pomp*. XII ; Liv. *Per*. LXXXIX ; Aur. Vict. *Vir. ill*. 77. 2 ; Oros. V. 21. 13–14.

(175) *Bell. Afr*. 55.

(176) Suet. *Iul*.（*Caes*.）71 の ‘Masintha’ の例、Vitr. VIII. 3. 24–25 の ‘C. Iulius Masinissae filius’ の例を参照せよ。Gsell, *HAAN*, VII, pp. 294–295.

補註「デーロス、アテナイ、ロドスとヌミディア王権の関係について」

IG. XI. 4, 1115 と 1116 を結びつける手がかりの一つであるデーロスの会計文書〔*Inscr. Délos*, 442A 100–106（前一八〇／一七九年）マシニッサによる穀物供与に言及している〕中の Dürrback に採用されていた「ロドスの使者（ὁ πρεσβευτὴς Ῥοδ〔ί〕ων）」という読みは現在否定されていて「使者ロドーン（Ῥόδων〈人名〉）」であるとされ、1116 の奉献者であるロドス人カル

ミュロスがこの「ロドスの使者」であるとの解釈は成り立たないので（*SEG* 38, 770. 後出の大清水論文も参照）、1115と1116との直接的関連は検証できない。しかし1115と会計碑文との関係から、1115がデーロスへのマシニッサの穀物供与（計約二八〇〇メディムノス）への謝意の文脈で行なわれた奉献の碑文であることは明らかであるので、碑文としての形式が類似（「ガイアの息子マサンナサ（ン）（の像）を」という表現の仕方、マシニッサという人名のギリシア語での表記法等）している1116について、1115との関連が否定されたことをもってただちに穀物供与関係の碑文ではないと結論づけることもできない。*SEG*, 38, 770の編者たち（H. W. Pleket, R. S. Stroud）もカルミュロスが穀物商人である可能性を示唆している。ちなみにこれらの奉献碑文の背景にあった（1116の場合は可能性に留まるが）マシニッサによる穀物供与の背後にはここで見られるような王による直接贈与という形以外でも、ヌミディア産穀物がデーロス島・ロドス島その他のギリシア世界にある程度出回っているような状況があったこと（それを扱うギリシア側商人もいる）を想定し得るであろう。

　本章の元の論文の初出は二〇〇二年であるが、この二碑文と上述のデーロス会計碑文等関連史料について経済史的文脈から離れてヌミディア王権のヘレニズム君主政志向・ビテュニア等との親交の問題としてとり上げた最近の研究として、大清水裕「デロス島出土碑文におけるヌミディア王マシニッサ——ヘレニズム世界から見た前二世紀の北アフリカ」『西洋史学』第二七一号（二〇二一）、二二一—四二頁がある。デーロス島を中心に据えてはいないが、重なる史料に基づいて類似した主張が（大清水も言及している）M. A. Taher, "L'hellenisme dans le royaume numide au IIe siècle av. J.-C.", *Antiquités africaines*, 40/41, 2004/2005, pp. 29–41でなされている。

　Campsが想定しているヌミディアとアテナイの関係について言えば、デーロスとアテナイの政治的関係の時期における相違、すなわちデーロス島自由港化（前一六六年）のインパクトをどう見積もるのかという問題はあるが、現にマシニッサの王子の一人で後にミキプサ、グルッサと共に王位に就くことになるマスタナバル（ユグルタの父）が、前一五八年（旧説では前一六六／一六五年）のパンアテナイア祭の優勝者リストに登場していることが示すように、ヌミディア王権は少なくとも前二世紀前半のうちにアテナイとの関係も構築していた。*IG*, II^{2}, 2316. S. V. Tracy and C. Habicht, "New and Old Panathenaic Victor Lists", *Hesperia*, 60, 1991,〔pp. 187–236, 76pl.〕, pp. 218, 224, 232. サルスティウス著、栗田伸子訳『ユグルタ戦争・カティリーナの陰謀』岩波文庫、二〇一九年、二七八—二七九頁。アルジェ市では詳細は不明ながら表にパラス・アテナ女神、裏に梟の描かれたアテナイ銀貨の発見も伝えられている。*Rev. Afr.* II（1857/1858）p. 415（Piconによる）。カルタゴ出土の（したがって主として前一四六年以前の）ロドス・クニドス製の銘の刻印入りアンフォラ（銘のあるものについては製作者工房名等から年代を特定できる）の流通についてのJ.-P. Morelの観察、すなわちロドス・アンフォラの普及に関する限り、アテナイ、デーロス等の重要市場と対カルタゴ市場（カルタゴから発掘されたものの多くは無銘であるという）は別の流通網に属したらしい——カルタゴ向け専用のエーゲ海のどこかの「商会」があった？——という見解を参考とし得るならば、ヌミディア王権はデーロス、アテナイに接近することで、何らかの理由で存在していた「カルタゴ枠」の外に出てのギリシア世界との「交通」（交易、外交、文化的・軍事的諸関係）を実現しようとしたのだと言えよう。J.-P. Morel, "L'Apport des fouilles de Carthage à la chronologie des céramiques hellénistiques", p. 26. Cf. W. Thieling, *Der Hellenismus in Kleinafrika : der griechishce Kultureinfluss in den römischen Provinzen Nordwestafrikas*, Roma, 1964, S. 24, Anm. 1（Delattre の発掘の段階でのカルタゴ出土のロドス・クニドスのアンフォラについて）.

ヌミディアとロドス島との関係の位置づけについてもさらに検討が必要であるが、キルタ周辺および、ヌミディア王墓の一つであるエル・クルーブ El-Khroub からは少なくとも計六個の銘入りロドス製アンフォラが発見されており、それらは銘による年代測定によれば大体マシニッサとミキプサ（三王共治期も含めて）の治世に相当する。Taher, *op. cit.*, pp. 32–34. Taher は計八四年間（両王の治世である前二〇二—前一一八年の間）で六個のアンフォラしか確認されていないことをもって、ロドス—ヌミディア間の関係が商業的関係ではなかった（エル・クルーブ王墓内での一つのアンフォラの発見を根拠として葬送儀礼用のワイン容器であったと推測）ことを示唆しようとしている（*Ibid.*, p. 34）が、この考察はもっぱら A. Berthier が一九四三年にその存在を報告したアンフォラ（A. Berthier, *La Numidie, Rome et le Maghreb*, Paris, 1981, p. 166. 本文では一八個。n. 35で一六個と見積もり直している。このうち年代特定に利用しうるとしている六個が Taher によって取り上げられ、銘と年代の一覧表が作成されている）に関するものであり、キルタ周辺では、一九七〇年代以降にカルタゴ遺跡で行なわれたような広範な組織的考古学調査、発掘がなされたのではない点を考慮すると、経済的・商業的関係の不存在の論拠としては疑問が残る（むしろ六個のアンフォラの年代が、前三〇四—前二七一?年のもの一個を除くと、前一九五年、前一八二年、前一七一／一六八—一六六年、前一四五／一四二年と、万遍なく分布していることは、ロドスからのアンフォラの輸入のある程度の連続性・安定性を示していると思われる）。

デーロス島に関しては上述の穀物供与関係と思われる二碑文の他に、グルッサ他のマシニッサの息子たち（の像?）を奉献した碑文（台座の）、前二世紀半頃にビテュニア王ニコメデス二世がマシニッサ（像）を奉献した碑文が知られている。P. Roussel and J. Hatzfeld, "Fouilles de Délos exécutées aux frais de M. Le duc de Loubat", *BCH*, 33, 1909,〔pp. 472–522〕pp. 484–489. 大清水前掲論文、Taher 前掲論文も参照。ニコメデス王の碑文とグルッサの碑文の関係についても学説の遷移がある。前述のパンアテナイア祭の碑文も含めたヌミディア王家に関係するこれらのギリシア語碑文の訳は、巻末碑文（D1〜D5）を見よ。

第二章　ユグルタ戦争前夜におけるヌミディア社会の陣営配置

共和政期を通じて続いたローマ・ヌミディア間の「友好関係」の歴史の中で一つの特異点とも言える事件が前二世紀末のユグルタ戦争――ヌミディアを戦場としたローマ・ヌミディア戦争である。本章はこの戦争に至る背景を探ることで対ローマ従属がヌミディア社会の諸階層・諸地域構造とどのように関係していたかを解明し、この構造の破綻の契機を見出そうとする。

第一節　ユグルタ戦争論の展望

ヌミディア王ユグルタ（Iugurtha）と共和政ローマの間で戦われたいわゆる「ユグルタ戦争」（bellum Iugurthinum, 前一一一―一〇五年）は、元老院単一支配の動揺とマリウス抬頭の背景的事象であるにとどまらず、第二次ポエニ戦争以来共和末まで続くローマ＝ヌミディア間の「友好関係」（amicitia）(1)が両者の戦争という形でその矛盾をさらけ出した唯一度の例として、同時にその戦後処理の過程で北アフリカ（しかもヌミディア王国領内という「属州外」の地域）がローマ軍退役兵の入植先とされた最初の例として、(2)ローマの北アフリカ支配進展の重要な一コマをなすといえる。(3)ところで、この戦争に関する従来の研究はそのスタイルは様々であれ、以下の諸項目を暗黙の前提とする点で共通していた。(4)

(i)戦争の歴史的意義を、ローマ「内政」上のものと「外政」上のものとに区別すること。

(ii)「外政」上の意義は、「史料的制約」（例えば、主要史料『ユグルタ戦争』の著者サルスティウスのヌミディア事情についての「無知」(5)）ないしは戦争原因の「偶然性」（ヌミディア王位継承問題の『もつれ』）」の故に確定不能ないし些末であるとすること。[6]
(iii)にもかかわらず戦争はいわゆるユグルタの門閥貴族《ノービレス》「買収工作」発覚という形でローマ支配層の「腐敗」を暴露する役割をはたし、グラックス改革挫折以来の「元老院反動」に転換の局面をもたらした（民衆派《ポプラーレス》によるノービレス糾弾の展開、「新人」マリウスのコンスル就任、兵制改革への着手）として、その「内政」上の意義を強調すること。[7]

これらは一見、ユグルタ戦争に対するサルスティウス自身の評価（「私がローマ人民とヌミディア王ユグルタの戦争を叙述しようとする理由は、第一にそれが大規模な激戦で勝利の帰趨定め難かったからであり、第二に、この時初めて門閥貴族層《ノービリタス》の傲慢に対する抵抗が行なわれたからである」[8]）を踏襲する（(i)及び(iii)）ようでありながら、(ii)が加わることによって全体として研究者の視野をサルスティウスのそれ以下にせばめ、歪曲する機能を持つ。サルスティウスにおいては少なくともローマの支配構造自体を「内」「外」両領域に区分する発想はなく、したがって彼が提示する時代の危機も「内政」「外政」に区分すること自体そもそも無意味な、帝国支配の仕組み全体にかかわるものとしてとらえられているのに反し、[9] (i)〜(iii)の前提に立つ現代の諸研究においては、戦争そのものの直接的な（つまり戦争当事者たるローマとヌミディアの関係にかかわる、つまりローマからみればいわゆる「外政」にかかわる）意味は常に第二義的な問題として後景に押しやられ、この「外政」から切り離された「内政」上の諸結果だけが異様にクローズアップされる傾向を指摘することができるのである。

しかもユグルタ戦争期の「内政」を問題にするにあたって、研究者の多くは他に例をみない程の執拗さでサルスティウスの歴史叙述の「党派性」の析出に努めてきた。[10] 戦争の前段階・戦争遂行・和平締結の各局面で、元老院の多数を占めるノービレスはユグルタの買収に応じて政策をねじ曲げローマの国益を損なったとサルスティウスは糾弾するが、この糾弾ははたして正当なものかどうか、民衆派イデオローグとしての、あるいはカエサルのブレーンとしてのサルスティウスの、ためにする曲解ではないか、とこれらの研究は問いかけ、『ユグルタ戦争』の史料的価値を限定する方向へと進んだ。しかし研究者の「史料批判本能」を満足させるこのような研究動向には方法上の陥穽が潜んでいた。すなわちサルスティウスに代わる史料的手がかりが皆無に近いところでの『ユグルタ戦争』批判は次第に史的現実としてのユグルタ戦争像復元の意欲をそぎ、ついには復元された現実からの距離によってサルスティウスの「党派性」の度合いを測るのではなく、現実がどうであったかにはもはや無関心に、もっぱら作品論・歴史哲学上の命題としてのサルスティウスの「党派性」を扱う地平へと退行してゆかざるを得なかったのである。史実の再現をある程度志向するフリッツ（Kurt von Fritz）の他、ヴレツカ（K. Vretska）、ビュッフナー（K. Büchner）等、『ユグルタ戦争』を扱った重厚な研究は多々あるが、これらサルスティウス研究の枠組みの中で行なわれた研究は敢えて言えば歴史上の事件としてのユグルタ戦争論ぬきの『ユグルタ戦争』論に他ならないように思われる。(12)

「内政」重視型のユグルタ戦争研究とそれを前提としたサルスティウスの作品論がおちいっていったこの不可知論的袋小路に一つの突破口を開いたのはソーマーニュ（C. Saumagne）(13)（そしてより少ない程度においてではあるがティムペ（Timpe））(14)であった。彼らの方法の特徴は次のように要約できる。

サルスティウスの「党派性」をその著書の史料的価値否定の理由づけに使わず、むしろそれ自身ローマ支配層内部の対立構造を明らかにする材料として積極的に利用すること、すなわち具体的には、

(a)サルスティウスが描き出すユグルタ戦争期のノービレス対民衆派の抗争（従来説では、ノービレスの「収賄」がその争点とされる）の根底に、同盟国ヌミディアの対ローマ従属の質をめぐる、相反する二種の認識の存在

を読みとること――ヌミディアの「主権」がヌミディア王家に存すること（「ヌミディア人のヌミディア」）を当然とし、したがって二人の王位継承者（ユグルタ対アドヘルバル、ヒエムプサル兄弟）間の紛争は基本的にヌミディアの内政問題（つまりローマの責任の範囲外）であるとするノービレスに対し、民衆派はヌミディア王国を第二次ポエニ戦争末期における創設過程から既にローマ軍司令官大スキピオの主導下にあったもの（「ローマ人のヌミディア」）とみなし、したがって紛争による王位継承者の変更（ユグルタの兄弟王「殺害」、元老院の黙認）はそれだけで（「買収」事件などなくても）ローマ的秩序への重大な挑戦であるとみなした(15)――。(b)このようなヌミディア（あるいはヌミディアに代表される従属王国《クリエンテル》一般）認識の対立は、ユグルタ戦争当時（前二世紀末）よりはむしろサルスティウス自身の生きた内乱期（前一世紀後半）に特徴的な（例えば前五〇年の護民官クリオ（C. Scribonius Curio）のヌミディア王国併合法案を焦点とする）現象であるとし、『ユグルタ戦争』のテーマの「現代性」に注目すること(16)。

(a)は、従来サルスティウス個人の反ノービレス感情にもとづく、対案なき場あたり的批判とされてきた叙述の背景に、民衆派というローマ政界の現実の集団の、ノービレスのそれとは対抗関係にあるがそれなりに首尾一貫した対外政策体系を想定する点で画期的といえる。サルスティウスの「党派性」はいまやノービレスの対外政策体系の（民衆派的体系に対置されるものとしての）「党派性」の発見によって相対化される。しかもこの視点は同時に、従来の、「内政」「外政」区分型研究の不毛性克服の途を内包するものであった。これまで「デウス・エクス・マーキーナー」としてのユグルタ戦争（外政）が、ローマ政界における民衆派のノービレス攻撃（内政）を導き出す」という一方向の連関でしか捉えられなかったユグルタ戦争期の政治構造は、「ローマ政界における、「クリエンテーラ」王国内部へのより徹底した干渉を正当視する集団（民衆派）の登場（内政）が、さもなければ『王家の内紛』のレベルにとどまり得たかもしれない事件をローマ＝ヌミディア間戦争（外政）に転化させていく」という逆方向の連関可能性の発見によって、全く新しい光（地中海周辺諸地域におけるローマの支配の新段階を画するものとしてのユグルタ戦争！）の下に眺められるはずだったのである。

しかしながらソーマーニュらの研究は、その内包する展望の斬新さにもかかわらず、実際の研究成果においては意外なほど旧来の枠組への「回帰」を示している。特にティムペの場合、(b)の視点がより強調される結果、民衆派的「クリエンテーラ」王国認識はサルスティウスの生きた共和末期に初めて出現した、したがってユグルタ戦争当時には民衆派政治家にとってもなお未知の、認識とされ、サルスティウスは「現代」の尺度で過去を裁く時代錯誤的な歴史家であるとの評価が下される[17]（サルスティウスの「党派性」論の再版）。ソーマーニュの場合は、民衆派的ヌミディア認識の戦争当時における実在自体は否定されず、したがってティムペに比べれば、『ユグルタ戦争』論ならぬ現実のユグルタ戦争像復元へのより強い志向がみられるのではあるが、しかしその「復元」は戦争の各局面でのノービレス・民衆派・ユグルタ三者の集合離散についてのすぐれて動機探求的な叙述に終始し、「ノービレス糾弾過程における民衆派とユグルタの結託」というような刺激的な仮説を含みつつも[18]、全体として構造分析なき「事件史」にとどまっているのである。

結局、ここに欠けているのは、前二世紀末という時点でのローマ政界における「民衆派的ヌミディア認識」の出現を第二次ポエニ戦争以来のローマ＝ヌミディア間「友好関係」の破綻として捉える視点、そしてこの破綻を必然的ならしめた「友好関係」に内在する矛盾を構造的に捉えようとする視点であろう。実際ソーマーニュにおいては、「民衆派的ヌミディア認識」登場の必然性はなお、グラックス以来の「民衆派的ローマ国制論」の対外「応用」としてしか把握されておらず[19]、そのようなヌミディア認識が、変動するヌミディア社会の諸関係の中でローマ支配層の利害を貫徹してゆくための現実の要請とどう照応しているのかについては言及されないのである。言いかえればそれは、ユグルタという一人のヌミディア王をして、対ローマ戦という、建国以来の伝統に完全に背馳する行動をとることを余儀なくさせていったヌミディア社会の側の条件を「友好関係」との連関において明らかにしようとする視点の欠如に他ならない。この欠如の結果、ヌミディア王国はいわばブラック＝ボックス的な、内部構造を問うことの無意味な空間として放置され、本当はその内部構造によってこそより多く規定されているはずの王の行動が、それだけ単独にとり出されてローマ「内政史」の細部を具合よく説明するためのデウス・エクス・マーキーナー的な材料として使われてゆくこととなるのである。

本章では以上のような問題意識の下に『ユグルタ戦争』を再読し、戦争前夜、すなわち前一一八年から前一一二年に至る「王家の内紛」期におけるユグルタ陣営のアドヘルバル＝ヒエムプサル陣営に対する優位、前者による王国全土掌握を可能としたヌミディア社会諸階層の動態を追求する。この時期ユグルタの側に結集していった諸集団の階級的性格ならびに措定される敵との対峙の構造を問うことは、「友好関係」の下で作り出される対ローマ従属への抵抗としてのユグルタ戦争の射程を問うことに等しいからである。

第二節　「内紛調停」の構造

一　画期としてのオピーミウス調停

いわゆる「王家の内紛」(dissensio regum)[20]は、前王ミキプサ（Micipsa, 前一一八年死）が指名したヌミディアの三人の王位継承者（共同統治者）[21]間の二極対立、すなわちミキプサの遺児アドヘルバル（Adherbal）、ヒエムプサル（Hiempsal）兄弟対甥で養子のユグルタの紛争という形で進行する。ユグルタ勝利・キルタ（Cirta）市陥落・アドヘルバル殺害（前一一二年）という局面に至って[22]、元老院はついに対ヌミディア戦争にふみきるのであるが[23]、ローマによるこの最終的介入の根拠が準備されていく過程としてみるならば、「内紛」期全体をさらに前後二つの時期に区分することが可能である。両時期を分けるのは、前一一七年あるいは一一六年にルーキウス・オピーミウス（L. Opimius）を長とする一〇人の元老院使節団の手で行われた和解工作[24]――いわゆるオピーミウス調停である。これはミキプサの死直後から始まった二極対立の表面化、つまりユグルタによるヒエムプサル「殺害」→ユグルタ、アドヘルバル両軍衝突→後者の敗北とローマへの逃亡[25]、という事態に対し、元老院がユグルタ、アドヘルバル両王への王国分割によって解決をはかったものであるが、この調停の以前と以後とでは、両王の武力衝突に対する元老院の対応の性格に一つの変化を認めることができるのである。

調停以前、王位継承者間の戦闘はそのことだけでただちにローマの干渉を導くものではなかった。ヒエムプサルの死（これ自体、Liv. *Per.* LXII によれば『ユグルタ戦争』第一二章に描かれているような暗殺ではなく、ユグルタとの戦闘に敗れての戦死であった）後、アドヘルバルは数の上での優勢をたのんでユグルタとの合戦を準備する一方、ただちに元老院に使者を送り、「弟の殺害と自分のおかれた状況について」伝えていた[26]。にもかかわらず元老院が戦闘回避のために事前に何らかの処置をとったことは知られていない。ヌミディア問題が元老院の議題となるのは、上に示したように合戦が既にユグルタ圧勝に終わり、両王がそれぞれのやり方で――敗れたアドヘルバルは自身ローマにあらわれる形で[27]、勝利者ユグルタは「莫大な金銀をたずさえた」使節を通じて[28]――ローマ政界での工作をすすめ、おのおの主張を元老院議場で開陳した後のことであった。（これをうけた元老院の討論の結果、王国分割のためのオピーミウス使節団派遣が決定されることになる。）

これに対し、調停以後に再開された両王の戦闘の場合は、元老院はその勃発を知るやいなや使節を派遣する形で干渉し[29]、干渉の性格も、武力衝突そのものを遺憾として停戦を命じるものへと変化している。前一一二年、キルタ近郊での両軍決戦の直前、アドヘルバルの通報を受けて元老院から派遣された「三人の若手」の任務は、両王と接触し、「（ローマは）彼らが武器をおき、戦争によってではなく、法（ius）によって係争に決着をつけるべきであると望みかつ命じる旨、元老院とローマ人民の名において伝達する」(30)ことであった。三人がアフリカに着いてみると、戦闘は既に再びユグルタ圧勝のうちにかたがついており、アドヘルバルが少数の残党とイタリア系事業家（negotiatores）に守られつつ籠城するキルタ市をユグルタ軍が包囲する情勢であった。(31)このため伝達はユグルタに対してだけなされ、応対したユグルタは、この戦闘がアドヘルバルの陰謀に対する正当防衛の性格を持つこと、事情説明のためただちにローマに使節を送ることを述べた。(32)元老院の使節がアフリカを離れると、ユグルタはキルタ攻撃を再開した。(33)このことがアドヘルバルの書簡（『ユグルタ戦争』によればその内容は、ローマがユグルタの「命令無視」を武力で処罰するよう要請すると同時にヌミディア王国の処分を完全にローマに委ねるものであった）を通じて知られると、(34)元老院の大勢は明白にユグルタ敵視へと傾いた。即時出兵・アドヘルバル救援の決議こそ見送られたものの、ただちにノービレス出身の高官からなる使節団がアフリカに向い、その中には既にオピーミウス調停以前からユグルタ討伐を唱えていた筆頭元老院議員アエミリウス・スカウルス（M. Aemilius Scaurus）も加わっていた。(35)ウティカに到着した使節団は前回のように両王にではなく、ユグルタにだけ属州アフリカへの即時出頭を命じ、彼が姿を現わすと元老院の名において「重大な威嚇」を行なった。(36)にもかかわらずキルタ包囲が解かれず、のみならず使節団のアフリカ出発後短時日にして、アドヘルバル降伏・キルタ開城→ユグルタ軍によるいわゆる「虐殺」という結末をみた時、(37)元老院内部の親ユグルタ派にも開戦を阻止するだけの力はもはや残っていなかったのである。(38)

以上の経緯を整理してみて気づくことは、ヌミディア認識をめぐってソーマーニュの言うような「ノービレス的」と「民衆派的」の二種の原理の対立を想定し得るとしても、それが政策上の対立として現われるのには一定の範囲といったようなものがあり、その域外では両者の判断の結果はむしろ一致しているということである。「ローマ人のヌミディア」の観点からするならば、オピーミウス調停以前の三王の武力衝突（まずユグルタ対ヒエムプサル、ついでユグルタ対アドヘルバルという形の）も、ローマ的秩序[39]の武力による改変であるという点で立派にローマの即時干渉の根拠となり得たはずであるが、アドヘルバルの国外逃亡以前についてはこの観点の代表者であるはずのサルスティウスでさえ、その時点で元老院が干渉しなかったことを非難するような描き方をしていない。他方、「ヌミディア人のヌミディア」の観点からすれば調停のあとであろうと内紛はあくまで内紛であり、ローマはこれを傍観してもよかったはずであるが、元老院がこの観点に立ち続けることを過信していたらしい（少なくともサルスティウスによってそのように描かれている）ユグルタでさえ、前一一二年の武力衝突については、戦闘勃発がローマに伝われば即座に干渉してくるであろうことを予測してキルタ攻略を急いだのであった[40]。要するに、調停以前のヌミディア情勢に対しては「中立的」でありうるローマも、オピーミウス使節団がつくり出した体制には利害関係を有しており、したがってこの体制への挑戦はローマの介入・宣戦に導くという点について、「ノービレス」も「民衆派」もアドヘルバルもおそらくはユグルタ自身も認識を共にしていたと思われるのである[41]。そこで明らかにする必要があるのは、「オピーミウス体制」――調停によって作り出された体制――を通じてローマがヌミディアで確保しようとしているものは一体何なのかという問題、また、この体制が守ろうとしているものとユグルタ、アドヘルバル両陣営の関係はどうなっているのかという問題である。

二　「オピーミウス体制」の性格

まず、「オピーミウス体制」に対するサルスティウス自身の評価はどのようなものなのであろうか。この点は、オピーミウス調停の詳細を伝える史料が『ユグルタ戦争』のみに限られているだけに(42)、ぜひ確認しておく必要がある。

『ユグルタ戦争』第二〇章冒頭は、オピーミウス使節団による王国分割作業が完了した時点でのユグルタの心境に関して「内心の危惧に反して犯罪の報酬が我が物となったのを見出したので……」と述べている。この結果彼は、「ローマでは金で買えないものはない」との確信を深めてアドヘルバル領侵犯を開始し(43)、それがやがては前一一二年のキルタ近郊の決戦へとエスカレートしてゆく(44)、というのが『ユグルタ戦争』の叙述の大筋である。サルスティウスにとって「オピーミウス体制」とは、ユグルタがノービレス買収を通じて不当にも手に入れた本来あるべからざる状態、ユグルタの「犯罪成就」――アドヘルバル領を含む全ヌミディア支配の実現――のための跳躍台ともいうべきものであった。

注意しておいていいのは、サルスティウスが「オピーミウス体制」のこの「不当性」を二重のものとして描き出していることである。「不当性」の第一は、王国分割の仕方の「不公平さ」にかかわるものである。団長オピーミウスをはじめ、使節団員の多数がユグルタの歓待と贈り物攻めにあって変節し、「名声よりも信義よりも、要するに我が身の何物にもましてこの王（ユグルタ）の利益を優先する」ようになってしまった。それゆえ、使節団による分割は「ヌミディアのマウレタニアと接している部分、土地も人口もより豊かな部分（すなわち王国西部）がユグルタに割譲され、もう片方の、実質より見かけに優れ、港や建造物はより多く備わった部分（王国東部）がアドヘルバルのものとなる」という結果に終わった、と『ユグルタ戦争』は主張する(45)。しかしサルスティウスのオピーミウス調停糾弾はこのような「収賄」→「不公平分割」のレベルにとどまるのではなく、実はより根底的なレベルからなされている。オピーミウス使節団派遣に至る元老院内部の動きについて、『ユグルタ戦争』は次のように述べる。「ついで双方（アドヘルバル自身とユグルタの使節）は元老院議場から退席した。元老院はただちに協議に入った。（ユグルタの）使節の後援者たちと、さらに彼らの影響力によって歪められた元老院の大部分はアドヘルバルの言葉を軽視し、ユグルタの武勇を褒めそやし、影響力、弁舌、ひいてはあらゆる手段を用いてよそ者の犯罪と醜行の弁護のためにあたかも自らの栄光のためであるかのように尽力した。これに対して善と公正さを富より大事に思った少数の議員は、アドヘルバルを救援し、ヒエムプサルの死に対して厳重に報いるべきだと主張した。[46]」ここでサルスティウスがヌミディア問題への対応に関して、この元老院少数派の主張を支持する立場から書いているのは明らかである。にもかかわらず評決の結果は、「真実よりも代価と影響力を優先する」一派が勝利をおさめ、「一〇人の使節団が、ミキプサの旧王国をユグルタとアドヘルバルの間で分割すべきである、との決議がなされた」とサルスティウスは述べる。[47]つまりサルスティウスにとっては分割の仕方の「公平」云々は結局二義的な問題でしかないのであった。ヌミディアの内紛を、両王への王国分割という形で解決しようとすること自体既に「不当」にユグルタ側に偏した決定なのであり、真の解決は、この段階でのローマの武力干渉によるユグルタ抹殺＝アドヘルバル政権擁立でしかあり得ない、との主張がここからは明瞭に読みとれるのである。

サルスティウスのこの論理展開は、ヌミディア問題への前一一七／一一六年のローマの干渉が、「王国分割」か「アドヘルバル支援」かという選択の幅の中でなされた、その意味でどちらに転んでもそもそもアドヘルバル側に偏した枠組の中での干渉であり、両王から等距離にある存在としてのローマが調停役を買って出たなどというものではけっしてないことの何よりの証明である。サルスティウスによれば、ユグルタの使節は元老院でのアドヘルバルの反ユグルタ・救援要請演説に反論して(α)「ヒエムプサル殺害」は彼の「残忍さ」を憎んだ「ヌミディア人たち」（Numidae）の意志によるものであること、(β)アドヘルバルは自分から戦争を仕掛けておきながら、敗けた後になって「不正行為」（iniuria）の失敗を嘆いているにすぎないこと、を主張していた。[48]アドヘルバル演説中にも、元老院の親ユグルタ派がアドヘルバルについて「(その)言葉は偽りで逃亡は狂言だ、彼は王国内に留まることも可能だったのだから」と非難していたことを示す一節がある。[49] そして実際、先にみた通り、両王の武力衝突はサルスティウスですら開戦のイニシアティヴをとったのがアドヘルバルの方であること(「兵力の優勢をたのんで合戦の準備をした」)[50]を否定しきれないような状況の下で始まったのであった。したがってローマはそのつもりさえあれば、内紛解決策として「アドヘルバルの不正を罰すべくユグルタを支援する」との選択を行なうことも論理的には完全に可能であった。にもかかわらず前一一七／一一六年の元老院で現実にみられた選択肢は、「王国分割」＝「アドヘルバル、ユグルタ共存」か、「アドヘルバル単独政権」か、の二者択一であって、第三の選択肢＝「ユグルタ単独政権」はおそらく議論の場にあがることさえなかった。もし元老院に「ユグルタ支援」を主張する一派が存在したなら、「ユグルタによるノービレス買収」を証明したいサルスティウスが格好の攻撃材料として言及しないわけがないからである。

以上の考察から「オピーミウス体制」の基本的性格は単なる和解のための王国分割ではなく、「ユグルタ封じこめ」、つまりユグルタからアドヘルバルを守ることにあったと推論することが可能である。この推論はサルスティウスの主張するところ(ユグルタの「犯罪成就」の跳躍台としての「オピーミウス体制」)とは一八〇度反対方向をさしているので一見受け容れ難く思われるかもしれない。しかしこう考えることで、先に挙げた分割作業の結果に関する『ユグルタ戦争』第一六章の記述を解釈する上で従来アポリアとされてきた問題に、より説得的な説明を与えることが可能になるのである。

サルスティウスの主張は、(イ)ユグルタ領となったヌミディア西部はアドヘルバル領となったヌミディア東部に比べて「土地も人口もより豊か」である、(ロ)このようにユグルタ寄りの分割となったのはオピーミウスらがユグルタに買収されたためである、の二点からなっている。ところが古代ヌミディアの地誌についての他の古典史料や考古学史料から知られるところに依れば、人口の面でも農業生産の面でもさらには王国の政治的中心としての比重からいっても（王国第一の首都キルタ（Cirta）は東部に含まれた）東部が西部を凌いでいたことは明らかなので、[51]（イ）は事実に反する。グセル（Gsell）らの研究者はこの記述の不正確さをサルスティウスが典拠にしたと思われるポセイドニオスの著作の思弁的性格から説明してきた。[52]しかし、こうして（イ）を否定してしまうことはまた別の問題を生み出すことになるのである。すなわち、オピーミウスが後に（ユグルタの利益のために動いた政治家を糾弾する）マミリウスの法廷において有罪となったのは疑いえない事実なので、[53]（ロ）を否定することは難しいが、[54]もし（イ）を否定するとすれば、ユグルタが買収の見返りとしてオピーミウスから得た「利益」が何であったのか説明しにくくなると考えられてきたのである。研究史上のこのアポリアは、オピーミウス使節団の任務を「両王への公平な領土分割」であるとする誤った前提から生じている。実際には『ユグルタ戦争』が伝える元老院決議は「一〇人の使節が、ミキプサが保持していた王国をユグルタとアドヘルバルに分割すること」であって、[55]分割の「仕方」には触れていない。しかも、多数説に従って使節団長オピーミウスが出発前は「（ユグルタの）敵の一人」（in inimicis）であったとするならば、[56]この事実もまた、上の推論、つまり「ユグルタ封じこめ」がこの決議の含意としてあったであろうことを裏付けるものである。とすれば、分割の実際の結果がアムプサガ（Ampsaga）川付近を境とする、[57]アドヘルバルに有利なことは確かだが、かといって極端にユグルタに不利でもない相対的に公平なものとなったことは、[58]決議の含意からははずれているとみなせるのであり、そしてまさにこの点が買収工作の効果であったと考えれば、アポリアは解消されるのである（「収賄」→「公平分割」）。

三　ユグルタ陣営の「革命」性

ヌミディア問題に対するローマの干渉はこうして既に一一七／一一六年段階から、明らかな反ユグルタ的偏りを持って行なわれていた。オピーミウス使節団の帰国後まもなく始まるユグルタ側からの「国境侵犯」[59]は、サルスティウスの主張とは裏腹に、「オピーミウス体制」とユグルタ陣営との間の矛盾の鋭さをこそ示すものであった。要するにヌミディアの「内紛」とローマによるその「調停」なるものの背後には、その実極めて早い時期から、ユグルタ対アドヘルバル・プラス・ローマという対立図式が潜んでいたのであった。それではこの対立の核心は何か、言い換えればユグルタ陣営とアドヘルバル＝ヒエムプサル陣営の間にはローマのこのような偏りを生みだす、いかなる差違が存在したのであろうか。

『ユグルタ戦争』にはヌミディアの王家を構成するマッシュリー（Massylii）王族――第二次ポエニ戦争以来のローマの同盟者にしてヌミディアの統一者、マッシュリー王マシニッサの血をひく人々[60]――がユグルタやアドヘルバル以外にも何人か登場するが、特徴的なのは、彼らのすべてが「王家の内紛」から対ローマ戦にかけての時期にアドヘルバルとローマの側を、つまり反ユグルタ陣営を選びとっていることである。例えば前一一〇年のコンスル、ポストゥミウス・アルビーヌス（Sp. Postumius Albinus）の推挙でユグルタに対抗してヌミディア王位を要求、ユグルタの側近ボミルカル（Bomilcar）によって暗殺されるマッシワ（Massiva）[61]は、グルッサ（Gulussa）の子でマシニッサの孫であるが、彼の経歴は「王たちの衝突の際ユグルタに敵対したので、キルタが陥落しアドヘルバルが殺害されると逃亡者として祖国をあとにしていた」というものであった[62]。またユグルタ戦争末期、マウレタニア王ボックス（Bocchus）とスッラの仲介をし、それを通じて両者の連携によるユグルタ捕縛計画を準備した[63]マッスグラダ（Massugrada）の子ダバル（Dabar）は母方の血筋が妾腹であるとはいえ「マシニッサの一族の出」であるが、この人物もまた当時ヌミディアを離れてマウレタニアのボックスの宮廷に身を寄せていたと考えられ、ボックスは「彼（ダバル）がローマ人に忠実であるのを以前から折に触れて知っていた」のであった。(64) サルスティウスは元老院でのユグルタ弾劾演説の一説でアドヘルバルに「縁戚たち、友人たち、その他私の血族たちを災禍が一撃また一撃と打ち倒していった。ユグルタに捕えられた者のうち、ある者は磔刑にされ、他の者は野獣に投げ与えられ、命だけは助けられたわずかな者も暗い所に閉じ込められて、悲嘆のうちに死よりも辛い日々を送っている」(65) と語らせ、マッシュリー王族の中でのユグルタの「孤立」（アドヘルバルの血族は当然ユグルタの血族でもある）を印象づけているが、あながち修辞的誇張とばかりは言いきれない。なにしろユグルタの実の兄弟ガウダ（Gauda）でさえ、前一〇九年のメテッルス（Q. Caecilius Metellus Numidicus）のヌミディア侵攻の際にはローマ軍に加わって、メテッルスに「王としての待遇」を要求したりしているのである。(66)『ユグルタ戦争』にはユグルタ本人を別にすればユグルタ派の王族というものは一人も登場しない。

王家内での孤立とは対照的に「ヌミディア人たち」、つまりヌミディア「国民」（populares）(67) の間ではユグルタは早くから人望を集めており、ユグルタに敵対するものとしての王家はその分、不人気であった。ミキプサ時代初期、まだユグルタが王位継承予定者でさえ、なかった頃から、「ヌミディア人」のユグルタ熱は王ミキプサをして「もし、このような男を奸計によって殺しでもしたなら、反乱か戦争でも起こるのではないか」との危惧を抱かせるほどのものだったという。(68) そしてユグルタ自身、行動の規範・根拠を「ヌミディア人」の意志に求め、自己をヌミディア人の意志の代行者として位置づける傾向があったのではないかと思われる。前述のように、ユグルタの使節は「ヒエムプサル暗殺」をめぐるアドヘルバルの非難に対して「ヒエムプサルはその残忍さの故にヌミディア人たちに（ab Numidis）殺されたのだ」と応じているのである。(69)

以上の観察から明らかになるのは、「王家の内紛」がその外見とは裏腹に単なる実子・継子対立などではないこと、アドヘルバル＝ヒエムプサル陣営とユグルタ陣営ではいわばそれぞれが代表している利害に階級的差違があること、つまり前者が前王ミキプサ時代以来のヌミディア王国の「体制」そのものであるのに対して後者は少なくとも「反体制」的とみなし得ることである。それゆえ、ユグルタがヒエムプサル、ついでアドヘルバルを打倒し、ヌミディアの単独支配者となる（前一一二年）に至る事態の推移は一種の「革命」の名を冠するに足る事件である可能性があり、したがってオピーミウス調停をはじめとするローマのヌミディア問題に対する対応は、基本的にこの「革命」抑止のための干渉、アドヘルバルに代表されるヌミディアの既存体制延命のための工作、と規定できる。サルスティウスが作品の数箇所でヌミディア人の（悪い意味の）特徴として「新しもの（novae res＝『革命』）好き」の傾向を指摘していることは、(70) ローマの支配階級もまた彼らなりに、ヌミディア問題の底に潜むヌミディア人民の革命的気運を感じとっていた証拠として注意をひくのである。

第三節　旧体制と「革命」陣営

一　ミキプサ政権の諸矛盾

対ローマ戦前夜、キルタ占領をもって一応達成されたとみられるユグルタ陣営のヌミディア全土掌握を一つの「革命」（novae res）の成就と見ることができるとするならば、それは一体どのような革命なのか。「革命」が打倒した、あるいは打倒することをめざしたのはヌミディア王国の既存の体制のどの部分であり、これにかわって樹立された、あるいは樹立されるはずだったのはいかなる体制であるのか。「革命」によってヌミディアの階級社会としての質はどう変化し、あるいは変化しなかったのか。これらの問いに答えることは、ヌミディア旧体制（の中で実現されていたローマの支配）の構造を解き明かすことに等しい。

しかしながら、その解答は研究史の現段階では困難である。いわゆる史料的制約に加えて、独立後のマグリブ諸国[71]、特にチュニジアでのユグルタ戦争研究[72]をほとんどといっていいほど摂取し得ていない欧米実証史学の限界と、欧文文献を通してしかマグリブの研究者の諸成果を吸収し得ない筆者自身の力量不足とが障害として立ちはだかっている。にもかかわらず現在筆者が利用し得る限られた材料からでも、「革命」へと傾斜してゆくヌミディア社会の構造について、その諸階級の陣営配置について仮説を立てることは可能であり、また将来の研究の糸口として必要でもあるだろう。以下は主として古典史料（及びカンプス（Camps）の業績を中心とする一九六〇年代までの考古学的研究[73]、一九六七年、ハレで開催された国際コロキウム"Afrika und Rom"での理論的諸達成[74]）の検討を通じて得られる「革命」前夜ヌミディアのスケッチである。

ユグルタにマシニッサ以来のヌミディアの「政体」――マシニッサの子孫による世襲王政――を改変する意図がなかったのは言うまでもない。即位の日（すなわち前一一八年、アドヘルバル、ヒエムプサルと共に即位）からローマでの刑死（前一〇四年一月）[75]まで、彼は一貫して王（rex）としてふるまい、ヌミディア王権の伝統的表象を身に帯びていた。彼の行くところには王の権威の象徴である騎馬の護衛兵が常につき従っていた[76]。にもかかわらずヌミディア（マッシュリー）王族のほぼ全員がユグルタに背を向けたのであるならば、両者の争点は必然的に「政体」ではなく「政策」――王国統治の路線――にかかわるものであったとしなければならない。事実、『ユグルタ戦争』ではユグルタと共同統治者アドヘルバル、ヒエムプサル兄弟との対立が表面化するのは、ミキプサの葬礼挙行後、この三人の王が「政務全般について」（de cunctis negotiis）話し合うべく開いた初会合の席上[77]、となっている。この会談で（席次問題で一もめあったあと）[78]ユグルタは晩年のミキプサの判断力低下を理由に「最近五年間に出されたすべての法令・決定（consulta et decreta）の無効化」を提案するが[79]、特にヒエムプサルの激しい反発のため交渉は決裂[80]。このため当初予定されていたと思われる単一の王国を三人で共同統治する構想[81]は実現不可能となり、代案として「国庫と領土の三分割（dividi thesauros finisque imperi singulis constitui）」案が浮上。[82]その分割作業の過程で、いわゆるユグルタによるヒエムプサル「暗殺」事件がおこり、内戦へと突入してゆくのである。「革命」「反革命」の争点はまず第一に前王ミキプサの路線の継承如何をめぐるものであった。

ミキプサの政権（前一四八年―一一八年。ただしおそらく前一三九年までは弟グルッサ、マスタナバル（Mastanabal）との共同統治）[83]は、確かにその前代のマシニッサ政権（前二〇三―一四八年）との間に強い連続性を有しており、カンプスの言うように基本的にはマシニッサの延長、マシニッサの着手した事業の「完成者」とみることもできる。[84]ローマとの「友好関係」を至上価値とする対外政策、[85]これと表裏の関係にある国内での王への権力集中・デスポット化、[86]この過程でとられる一連の「富国強兵」策（すなわち王族の大土地経営を舞台とした「農業技術振興」、[87]ポエニ・ヘレニズム文化導入、[88]貨幣鋳造と都市支配、[89]ギリシア系外国商人を通しての外国貿易とりわけ穀物輸出）[90]等の点でマシニッサ時代とミキプサ時代はまさしく連続しており、またこれらの政策にもかかわらず国内の「遠心的」・分権的諸要素（社会の部族的編成と族長の王権からの自立性、フェニキア系あるいはフェニキア化されたヌミディア人の都市の自立性）を解体し得ず、したがって王権の脆弱性が克服されないままに終わった点でも共通するものがある。[91]しかし他方で、ミキプサ時代はマシニッサ時代と比較して、ローマの地中海世界支配が一段と進展した時期に位置しているのであり、そこから生ずる諸条件がヌミディア社会の内的発展と相俟ってミキプサ政権に前代とは異なったいくつかの特徴を刻印している。そして以下に述べるように、これらの特徴こそは「王家の内紛」期における両陣営の対立構図の規定要因となっていると思われるのである。

ミキプサ時代をマシニッサ時代から区別する諸条件を列挙してみよう。

(1)前一四六年にカルタゴが滅亡し、以後カルタゴ旧領が恒常的にローマの provincia（いわゆる属州アフリカ）

とされていること。

(2)同じ前一四六年のコリント破壊に象徴されるようにローマのギリシア・ヘレニズム諸国制圧が既に完了していること。

(3)地中海世界支配進展とともに蓄積されてきたローマ社会の「内的」諸矛盾が、ついにグラックス改革に代表される形で噴出する時期にあたっていること。

(1)はマシニッサ時代の王権強化・「富国強兵」策の柱の一つであった、ローマの黙許の下でのカルタゴ領侵犯→占領地での王・王族の（カルタゴ富裕市民の所領を継承する形での）大土地経営展開[92]、という手法に終止符を打つと同時に、ローマにとっての同盟国ヌミディアの存在意義を劇的に変化させた。ヌミディア王国はもはやカルタゴを掣肘するためのローマの貴重な持駒[93]であることをやめ、否、それどころかそれ自体カルタゴにかわって北アフリカ方面における潜在的「脅威」となるかもしれないような存在としてローマ支配層の目に映じるようになったのである[94]。ヌミディア王権にとってこれは一つの危機であった。この危機のさ中、共同統治者である二人の弟グルッサ、マスタナバルの病死（前一三九年？）によって単独支配者となったミキプサの諸政策は、彼自身の意図はどうであれ、結果としては、「国内での勢力増大と（その反面での）対外政策における自立性の事実上の喪失」という「ローマに臣従する王のお定まりの運命」へと彼を導くこととなった[95]。

　ミキプサの業績として知られているものの一つに都市支配の重視、とりわけ王都キルタ周辺の整備がある[96]。ストラボンによれば「マシニッサと彼以後の歴代の王の座所である」キルタは「堅固な要塞都市で、特にミキプサの手ですっかり美々しく建築をほどこされた」といわれ、ミキプサはここに「ギリシア人を集住させた」のみならず、都市規模そのものを巨大化させたので、ついにキルタは「一万の騎兵とその二倍の歩兵を送り出し得る」ほどになったといわれる。[97] マシニッサ以来の親ギリシア政策がここでは地域改造・都市住民支配体制の再編強化のテコとして使われ、こうして創出された新たな「都市民」及び「都市空間」が王権の新たな基盤となりつつあることをこの記事から読みとることができよう。実際、オピーミウス調停後の武力衝突において（前一一二年）一敗地にまみれたアドヘルバルは（かつてマサエシュリー（Masaesylii）王シュファックス（Syphax）によって窮地に立たされた時のマシニッサのように[98]山地にたてこもって「ゲリラ戦」を展開するのではなく）「少数の騎兵と共にキルタに逃げこみ」、そこでユグルタ軍の包囲を受けつつひたすらローマからの救援を待ったのであった。[99]

しかし、王権の「強化」をもたらすかにみえたミキプサの都市改造政策も、前述の(1)〜(3)の条件下では結局ローマへの更なる従属・傀儡王権化を招かずにはいなかった。王都へのギリシア人誘置・これらギリシア人を核とする新キルタ市民への軍事的依存・彼らを通じてのヘレニズム諸国との交易は、そのヘレニズム諸国自体がローマの支配下に入り〈2〉、東地中海の商業網もまたローマ・イタリア系事業家（negotiatores）の手に収斂されていく当時の情勢の中で、王国内へのネゴーティアトーレスの浸透・王国支配機構中枢への彼らの関与・王に対する彼らの発言権の増大へとつながった。属州アフリカの成立〈1〉は言うまでもなくネゴーティアトーレスの目を北アフリカに向けさせる呼び水となり[100]、またイタリアにおける中小自作農層の解体・没落者の大都市集中・グラックス改革による穀物供給問題の政治過程化〈3〉は、古くからヌミディア農村の主作物であった小麦・大麦に一躍国際商品としての価値を付与した。さらに（グラックス改革の一環としての）カルタゴ故地への植民市（Colonia Iunonia）建設計画がもたらした属州アフリカへのローマ人大量入植[101]は、前一四六年以来ヌミディア王家が属州内に占有を許されていた大土地経営をめぐるトラブルの可能性を生ぜしめ[102]、このこともまた、ローマに対する王権の立場をより弱いものとして一層の従属化へと導いた。[103] こうしてミキプサ政権末期には、王権が臣民から収奪した生産物（王家の大土地経営の産物、及び服属部族・都市からの貢納物）[104]の多くがネゴーティアトーレスの関与の下にローマを含む地中海各地に輸出されネゴーティアトーレスと王族の双方に巨富をもたらす体制が確立されると同時に、(105) 王権の買弁化が進行し、〈王族＝ネゴーティアトーレス〉ブロックと「ヌミディア人」――服属部族の一般成員や王族の大土地経営内の直接生産者といった、ヌミディア社会の明白な被支配階級はもちろん、部族長・部族連合の長（族長層）やフェニキア系都市の商人門閥(106)のような、社会的にはむしろ「支配層」に属する諸階層まで含む――の間の矛盾が発火点すれすれまで高まっていたと考えられる。

先に述べた前一一二年のキルタ攻防戦において、ミキプサ路線の継承者たるアドヘルバルを守って首都防衛の中心となったのは「ヌミディア人」ではなかった。それはキルタに居住する「大勢のトガを着た人々（togati＝ローマ人・イタリア人）」であり、(107)「彼らの武勇によって、市の城壁は守られていた」のであった。スカウルスを含む元老院使節団のアフリカ到着・ユグルタへの包囲中止勧告を知ると、この「イタリア人たち」は、こうなればユグルタ軍に「降伏しても、ローマ人民の偉大さの故に自分たちに危害が及ぶことはないと確信して」アドヘルバルに降伏を勧めた。ユグルタの誠意を疑うアドヘルバルは躊躇するが、「彼ら（イタリア人たち）には、反対されても強制するだけの力があったので」、結局アドヘルバルは彼らの忠告通り降伏したのであった。(108)『ユグルタ戦争』のこの記述はミキプサ路線の到達点――「ヌミディア人」一般からの王権の遊離とネゴーティアトーレスへの依存・事実上の従属――を浮き彫りにしている。そしてキルタを占領したユグルタはまずアドヘルバルを拷問して死に至らせた後、キルタの「ヌミディア人成人のすべてと、出遭った時武器を帯びていたネゴーティアトーレスを誰であれ区別なしに殺した」のであった。(109)

二　初期「革命」陣営の形成

以上のように、「王家の内紛」の時期、ユグルタ陣営が敵として措定していたものは大枠としてはアドヘルバル、ヒエムプサル兄弟に継承されているミキプサ政権のこの体制――〈マッシュリー王族＝ネゴーティアトーレス〉ブロックによる「ヌミディア人」収奪の仕組み――であると考えられ、「革命」の目標はおそらく「自らと自らの王国をローマ人の貪欲から守れ」(110)（ムトゥル Muthul 河畔の戦いでの兵士たちに対するユグルタの言葉）のような形で定式化されていたと思われる。その限りではユグルタは〈王族＝ネゴーティアトーレス〉ブロックから疎外されたすべての人々、全「ヌミディア人」を代表していたといえなくもないのであり、また彼の出自――マスタナバル（ミキプサの末弟。王として共同統治するも早世）の子とはいえ妾腹ゆえに祖父マシニッサの遺言では privatus（臣民）とされていた(111)――そのものがそのような、ユグルタとヌミディア人民の一体性の幻想を支えたと推測できる。しかしながら現実にはヌミディアは複雑な重層性を備えた一箇の階級社会であり、「ローマ人の貪欲」による「被害」のあり方も属する階級によって相を異にしたと考えられるから、ユグルタが全「ヌミディア人」の利害を同時に代表するなどということは理論的に不可能である。仮に「旧体制打倒」では広範な一致がえられたとしても「新体制樹立」の局面では、早晩特定の階級による「革命」の主導権掌握がなされざるを得ない。そして、対ローマ戦、ユグルタの敗北、マリウスによる戦後処理とガウダの即位といった(112)、これ以後のヌミディア情勢の展開も、各段階における「革命」の階級的土台が解明されぬ限り、その歴史的位置を見定めることは困難であろう。

とはいえ、戦争終結までの全期間にわたってこの問題を論じることは本章の扱う範囲を超えるし、また筆者の力にも余るので、ここでは「革命」の初期、つまり「王家の内紛」期を中心に対ローマ戦の前半――具体的には前一〇九年、ムトゥル河畔においてユグルタがローマ軍に初の大敗を喫する時点(113)――までを一区切りとし、この時期におけるユグルタ支持層の特徴を指摘するにとどめよう。ムトゥル戦までを一くくりにするのには次のような理由がある。すなわち、この戦いに臨んだユグルタが戦意昂揚のために兵士一人一人に声をかけ、「かつて軍功の故に金や名誉を与えた者たち」にはその恩恵を思い出させ、また彼らを他の兵士らに指し示した、とのエピソードや、[114]「今日こそすべての労苦と勝利が実を結ぶか、あるいは最悪の艱難の始まりとなるか」の分かれ目であるとの彼の演説が示すように、[115]「内紛」開始からムトゥル戦まではユグルタ支持層（特に戦闘に参加する部分）の構成にそれほど大きな変動はない（「労苦」labores と「勝利」victoriae を共にしてきた当初からのメンバーが引き続き戦列にいる）と考えられるのに対し、ムトゥル戦後になると「王の騎兵以外には全ヌミディア兵のうち誰一人」ユグルタに従わず、「各々気のむいた方角へ散らばっていって」しまったので、ユグルタは「戦いより畑や家畜の方が似合いの」人々を徴募して新軍を編成せざるをえなかった[116]との記事のように、支持層の入れ替わりが見られ、上層部（ユグルタ側近）にもかなりの動揺があった（例えばボミルカルの対ローマ内通事件）[117]と考えられるからである。

「王家の内紛」期からムトゥル戦までのユグルタ陣営の特徴について『ユグルタ戦争』から得られる手がかりは次の三点である。

A　ユグルタとその部下の関係の主流を占めているのは、デスポットとその官僚・常備軍の関係というよりは「部族連合の長」的な王と族長層の関係の方の形態に近いと思われる。ムトゥル戦後のユグルタ軍の解体の仕方（「各々気のむいた方角へ散らばっていった」）もその証左であるし、また有力部将ナブダルサ（Nabdalsa）についての記述（「高名な人物で大きな勢力（富）を持ち、国民に人気があった」「しばしば王とは独立に軍を指揮した」）[118]もこうした関係を暗示する。〈マッシュリー王族＝ネゴーティアトーレス〉ブロックの支配に反発する服属部族長・部族連合長の結集がこの段階のユグルタ陣営の一つの軸となっている可能性が高い。

Ｂ　ユグルタ支持にまわった「ヌミディア人」はアドヘルバル側に比べて、「ヌミディア人」の中でも「勇猛な」（bello meliores）部分である。[119] このことと、ユグルタの最初の公的活動がローマのヌマンティア攻囲戦協力のためのヌミディアからの補助軍の指揮（前一三四年）であったこと、[120] 及びＡの手がかりを考え合わせると、初期のユグルタ陣営はこのヌマンティア派遣軍に従軍させられた服属諸部族の、指揮官ユグルタとの紐帯を端緒として形成されていった可能性がある。[121]

Ｃ　初期のユグルタ支持部族・部族連合は地域的には、どちらかと言えば王国西部に分布していた思われる。西部をユグルタに、東部をアドヘルバルに割り当てたオピーミウス調停は、「ユグルタ封じ込め」を狙ったものとはいえ、同時にヌミディア内紛の一応の鎮静化を目的としていたことは明らかであるから、[122] このように考えなければつじつまが合わない。またそうでなければユグルタがこの西部支配（前一一七年―前一一二年）を基盤に、次の段階、つまり東部＝アドヘルバル領併合（前一一二年）へと進むことは困難だったはずである。

ＡＢＣを総合すると、この段階の典型的なユグルタ支持者のタイプは、西部の部族長か部族連合の長でヌマンティア戦争に従軍体験のある者、とでもいうことになるであろう。それではこのような類型に属する人々は、先に分析したミキプサ路線の到達点――〈マッシュリー王族＝ネゴーティアトーレス〉ブロックによる収奪体制とどのような関係にあるのであろうか。

第一に指摘しなければならないのは、そもそもマシニッサのヌミディア統一・ヌミディア王国形成自体が、マッシュリー王国（ヌミディア東部）とマサエシュリー王国（ヌミディア西部）という、北アフリカの二つの「部族連合的」王国の抗争の中で、マッシュリー王族マシニッサがマサエシュリー王シュファックスを打倒する形で実現したものであり、[123] ローマ人はこれを「ヌミディア王国」（regnum Numidiae）と呼んだが、[124] 碑文からわかる王の正式称号はミキプサ時代にもなお「マッシュリーの王」だった、という事実である。[125] 西部（旧マサエシュリー領＝アムプサガ河以西）はいわばヌミディア王国の中の属領であり、したがってヌミディア（マッシュリー）王家の支配の質も、旧マッシュリー領に対するものとは異なったものとなった可能性がある。サルスティウスが言う通り[126]、王国のめぼしい大建造物の遺跡はほとんどが東部に集中しており[127]、この面での東西較差は明らかである。しかも王権の収奪形態の大きな柱である王族の大土地経営に関していえば、旧マッシュリー領にはその存在が確認されない（東部にも王族領所在地といわれる場所はあるが、それは旧マッシュリー王国内ではなく、前述のように旧カルタゴ領内に分布している）のに対して、西部に少なくともミキプサの甥の息子の所領があったことがヨル Iol（現 Cherchel）出土のミキプサ葬送碑文から判明する[128]。つまり西部の族長層は、（マッシュリー部族連合の構成員として統一後のヌミディア王に対しても比較的「対等」な関係を保持した可能性のある東部の族長層とは対照的に）完全な「従属者」「被征服民」として扱われるのみならず、マッシュリー王族の所領展開によって古来の占有地を脅かされ、しかもローマの要請による海外派兵等の場合には真先に動員されるという、いわば傀儡化しつつある王権と人民の間の矛盾の集中的発現点に位置したのであった。

これに加えてミキプサ晩年には、従来西部族長層が享受していた、王国中心部から地理的に隔っていて王権の監視が及びにくいことから生じる相対的な「自由」――放置されていることから生じる事実上の「自治」すら危うくなる形勢であった。ミキプサ葬送碑文についてのカンプスの推定が正しいとすれば、晩年のミキプサはキルタから西部の中心都市ヨルへ居を移し、「西部重視」の姿勢を示しつつ、ヨルの地で死を迎えたということになる[129]。ヌミディア王の権能の一つに「臣下の係争事件の裁判」[130]（必ずしもすべての係争に介入したのかどうかはわからないが）があったことを考えると、ヨルに移ったミキプサは、西部族長層の利害に関わる様々な係争への積極介入・族長層の既得権侵害を通じて、西部における王族の所領拡大、ネゴーティアトーレスと結びついた収奪体制の強化を押し進めたのであるかもしれない。またヨル付近の「キルタ型再開発」さえも予想されたかもしれない。ミキプサ死後の三王の会談でユグルタが提起した「最近五年間のすべての法令・決定の無効化」[131]も、これに反対したヒエムプサルが（ユグルタ陣営によって）「残忍」（saevitia）の語で形容されていることも、このような文脈の中に位置づけることによって整合的に理解できるのである。

こうして、ヌミディア西部は「友好関係」を通じてのローマのヌミディア支配と、マッシュリーのマサエシュリー支配が二重に覆いかぶさって来る場として存在していた。ローマのヌミディア支配が強化されれば、王国のこの重層構造の下でそれはまず西部へのしわ寄せという形で発現した。「東部は実質よりも見かけに優れているだけであり、本当に人口も土地もより豊かなのは西部だ」[132]とのサルスティウスの言明は、数量的・統計的事実としてではなく、ローマ支配層から見た場合に「ヌミディアのどの部分から利益が絞り出されて来ているか」についての認識としては一面の真理を含んでいた。

この重層構造の「底辺」にいる西部族長層にとって、ヌマンティア戦争の現実は一つの啓示であった。彼らもまたティベリウス・グラックスが見たのと同じものを、すなわち構造の頂点＝ローマの意外な弱体性を目のあたりにした。同時に彼らの指揮官ユグルタは――サルスティウスが強調するところであるが――ヌマンティアに従軍したローマ支配層の人々の間に多くの友人（「善よりも正義よりも富を重視する多くの新人あるいはノービレス」）[133]を獲得して元老院内への工作の足掛かりを得ると共に、小スキピオの推挙によってアドヘルバル、ヒエムプサルと並ぶミキプサの相続人となるチャンスをつかんだ。[134]マスタナバル（共同統治におけるこの王の担当は「臣下の係争の裁判」であり、彼は「公正さ」で有名であった）[135]の庶子の登極は西部族長層には現状変革の糸口とみえた。ユグルタ自身も、いつの頃からか（少なくとも前一一八年までには）ミキプサ路線阻止を自己の政治的課題として選びとっていた。[136]しかもユグルタはアドヘルバル、ヒエムプサルよりも年長であったから、もしミキプサ死後の三王の統治体制がマシニッサ死後のミキプサ、グルッサ、マスタナバルの共同統治体制を踏襲するとすれば、ユグルタこそはかつてミキプサが共同統治者の間で占めた地位――つまり三王中の princeps として統治方針を決定し得る地位[137]――に就けるはずであった。三王の会談におけるユグルタとヒエムプサルの「席次争い[138]」はそれゆえ、単なる意地の張り合いではなく、ユグルタが三王中の長の地位を確保できるかどうか、それによって平和裡に王国を変革の方向に向けることができるかどうかの真剣な意味を持った。しかし、会談は決裂した。共同統治にかわって「三つのヌミディア」案が浮上し、もしこれが実現すれば「分割作業」調停によるローマの影響力の一層の深化の中で、変革の機会は永遠に去ると思われた瞬間、いわゆるヒエムプサル「殺害」を合図に「革命」の火蓋が切って落されるのである[139]。

註

（1）古典史料ではマシニッサ Massinissa 以降の歴代ヌミディア王とローマの関係は amicitia と規定され、ヌミディア王はローマの「同盟者にして友人」socius atque amicus と表現される。P. C. Sands, *The Client Princes of the Roman Empire under the Republic*, Cambridge, pp. 74–180. この「友好関係」は最後の王ユバ Iuba がローマ内乱でポンペイウス派に与して敗死（前四六年）した後、カエサルがユバ領を没収・属州（Africa Nova）化したことによって終わった。

（2）いわゆるマリウスの退役兵のアフリカ植民。L. Teutsch, *Das Städtewesen in Nordafrika in der Zeit von C. Gracchus bis zum Tode des Kaisers Augustus*, Berlin, 1962, S. 5–51.

（3）J. Burian, "Die einheimische Bevölkerung Nordafrikas von den punischen Kriegen bis zum Ausgang des Prinzipats", in F. Altheim und R. Stiehl（hrsg.）, *Die Araber in der alten Welt*, I, Berlin, 1963,〔S. 420–549〕, S. 446 は、ユグルタを「独立ヌミディアの最後の守り手」とみなす。

（4）典型的な例としては Karl Christ, *Römische Geschichte : Einführung, Quellenkunde, Bibliographie*,（3., durchges. u. erw. Aufl.）Darmstadt, 1980. S. 120.

（5）G. M. Paul, *A Historical Commentary on Sallust's Bellun Iugurthinum*, Liverpool, 1984, pp. 2–3.

（6）*Ibid*., p. 19.

（7）　*Ibid*., p. 20.

（8）　C. Sallustius Crispus, *Bellum Iugurthinum*（*Iug*. と略記）, 5. 1.

（9）　例えば *Iug*. 31. 9では護民官メンミウス（C. Memmius）の口を借りて「過去何年かの間、諸君（平民《プレブス》）は公金が略奪され、王たちや自由な諸国民がごく少数のノービレスに租税を納め、彼ら（ノービレス）が至上の栄光《グローリア》と最大の富を我が物とするのを無言のまま憤ってきた。しかし彼らはこれほどの所業を何ら咎められずに行なっただけでは足りずに、ついに法《レゲース》を、諸君の至上権《マイエスタス》（主権）を、およそ神々と人に属するすべてを敵に引き渡してしまったのだ」と述べている。

（10）　これはモムゼン以来の傾向である。Th. Mommsen, *Römishce Geschichte*, II, S. 146 Anm ; S. 155 Anm ; III, S. 195 Anm.〔= Vollständige Aufgabe in acht Bande, München, 1976（以下、dtv-Bibliothek 版）, Bd. 3（Viertes Buch : Die Revolution）, S. 156 Anm.5 ; S. 165 Anm.8 ; Bd. 4（Fünchtes Buch : Die Begründung der Militärmonarchie, Erster Teil）, S. 190 Anm.6〕長谷川博隆訳『モムゼン　ローマの歴史　Ⅲ』名古屋大学出版会、二〇〇六年、一二九頁、一三七―一三八頁、同『モムゼン　ローマの歴史　Ⅳ』二〇〇七年、一五九―一六〇頁。これらに対し、W. Peremans, "Note à propos de Salluste, 'Bellum Iugurthinum,' 17. 7", in J. Bibauw（ed.）, *Hommages à Marcel Renard*, 1, *Langues, littératures, droit*, Bruxelles, 1969, pp. 634–638 は『ユグルタ戦争』のいわゆる「北アフリカ民族誌」の部分（本書第三章参照）についてサルスティウスが一定の史料批判を行なっていることを評価している。

（11）　K. von Fritz, "Sallust and the Attitude of Roman Nobility at the Time of the Wars against Jugurtha, 112–105 B.C.", *TAPhA*, 74, 1943, pp. 134–168.

（12）　K. Vretska, "Studien zu Sallusts Bellum Jugurthinum" *SAWW*（*Sitzungsberichte der Österreichischen Akademie der Wissenschaft in Wien, Philos.-Hist. Klasse, Wien, Verl. Der Akademie*）129, 4, Wien, 1955, S. 85–134 und S. 146–158 = V. Pöschl（hrsg.）*Sallust*（Wege der Forschung BD. XCIV）, Darmstadt, 1981, S. 224–295. K. Büchner, *Der Aufbau von Sallusts Bellum Jugurthinum*,（*Hermes Einzelschr*. 9.）Wiesbaden, 1953. P. Zancan, "Prolegomena zu Sallusts Bellum Jugurthinum", in Pöschl, *Sallust*, S. 121–154（orig. "Prolegomeni alla Giugurtina I" *Atti del Reale Instituto Veneto* 102（1942–43）pp. 637–665）. サルスティウスの「党派性」「偏向」に関する戦後の研究史の流れと、その問題点については、Dieter Timpe, "Herrschaftsidee und Klientelstaatenpolitik in Sallusts Bellum Jugurthinum", *Hermes*, 90, 1962,〔S. 334–375〕, S. 334–336. ユグルタ戦争のクロノロジー、地名、Muthul の戦い等の個々の問題についての研究史全体は、A. D. Leeman, *A Systematical Bibliography of Sallust*（*1879–1964*）, Leiden, 1965 を見よ。ユグルタ戦争のローマ側から見た軍事作戦に関する研究は M. Holroyd, "The Jugurthine War : Was Marius or Metellus the Real Victor?", *JRS*, XVIII, 1928, pp. 1–20 他、しばしばなされている。

（13）　Ch. Saumagne, *La Numidie et Rome : Masinissa et Jugurtha*, Paris, 1966.

(14) Timpe, *op. cit.*

(15) Saumagne, *op. cit.*, pp. 9–117.

(16) *Ibid.*, pp. 239–40. Timpe, *op. cit.*, S. 344–345.

(17) Timpe, *loc. cit.*

(18) Saumagne, *op. cit.*, pp. 207–220.

(19) *Ibid.*, p. 254.

(20) *Iug.* 35. 1 ; 12. 1.

(21) *Iug.* 11. 2 ; 12. 1

(22) *Iug.* 26. 1–3 ; Diod. XXXIV/V. 31 ; Liv. *Per.* LXIV.

(23) *Iug.* 27. 3–5. 宣戦布告の実際の時期は前一一一年に入ってからと推定されている。Paul, *op. cit.*, p. 89.

(24) *Iug.* 16. 2–5 ; Liv. *Per.* LXII. オピーミウス調停の年代については、Paul, *op. cit.*, p. 53.

(25) *Iug.* 12. 3–5 ; 13.3–5.

(26) *Iug.* 13. 3.

(27) *Iug.* 13. 4 ; 14. サルスティウスは第一四章全体を元老院でのアドヘルバルのユグルタ弾劾・救援要請演説にあて、アドヘルバルの口を借りて、彼自身のヌミディア王国観（「ローマ人のヌミディア」）を提示している。Timpe, *op. cit.*, S. 338–340.

(28) *Iug.* 13. 6–8 ; Flor. I. 36. 4.

(29) *Iug.* 21. 3–4.

(30) *Iug.* 21. 4（senatus populique Romani verbis nuntient velle et censere eos ab armis discedere, de controvorsiis suis *iure* potius quam bello disceptare.）ただし 'de controvorsiis…' 以下は多くの写本では省略されている。

(31) *Iug.* 22. 1 ; 21. 2.

(32) *Iug.* 22. 2–5.

(33) *Iug.* 23. 1.

(34) *Iug.* 23. 2 ; 24. 1–10.

(35) *Iug.* 25. 4 ; Diod. XXXIV/V. 31.

(36) *Iug.* 25. 5 ; 11.

(37) *Iug.* 26. 1–3. Diod. XXXIV/V. 31.「虐殺」事件の真偽及びローマの宣戦布告との関係については Paul, *op. cit.*, p. 88. Saumagne,

op. cit., pp. 165–170.

（38）*Iug*. 27. 3.

（39）S. Gsell, *Histoire ancienne de l' Afique du Nord*（*HAAN*）, VII, p. 21 に従えば、前一一八年のミキプサ死去に際してこの年のコンスル、マルクス・カトー M. Porcius Cato がアフリカに赴き、ヌミディア王位継承問題の監督にあたった。カトーは任期中にアフリカで死亡している。Gell. XIII. 20. 10.

（40）*Iug*. 21. 3.

（41）オピーミウス調停の前後で、ヌミディア問題に対するローマの関与の度合に変化が認められるのではないか、との説は従来、『ユグルタ戦争』のオピーミウス調停についての記述（第一六章）と、紛争再発についての記述（第二〇章）の間におかれた「アフリカ誌に関する excursus」（第一七―一九章）の性格をめぐって唱えられてきた。Paul, *op. cit*., p. 72. 筆者の結論もこれらの説と一致するが、ただしこの「変化」はヌミディア問題とローマの maiestas の関係のレベルではなく、ユグルタ陣営の性格（したがって「王家の内紛」の本質）に関するローマ支配層の認識（以下に述べるようにオピーミウス調停は、ローマがユグルタ陣営の「反体制」「反ローマ」性について或る程度正確な認識に到達したことの表われである）のレベルで起こっていると考える。

（42）Cf. Liv. *Per*. LXII ; Flor. I. 36. 5（missos…, qui regnum inter illum Adherbalemque dividerent.）

（43）*Iug*. 20. 1.

（44）*Iug*. 20. 2–8 ; 21. 1.

（45）*Iug*. 16. 3–5.

（46）*Iug*. 15. 2–3.

（47）*Iug*. 16. 1–2.

（48）*Iug*. 15. 1.

（49）*Iug*. 14. 20.

（50）*Iug*. 13. 4.

（51）Paul, *op. cit*., p. 70. そもそもマッシュリーの故地の中心は、Hippo Regius（Hippone, 現在の Annaba）と Theveste（Tebessa）を結ぶ軸のあたり、すなわちキルタ（コンスタンティーヌ市）よりも東、トゥッガ（ドゥッガ）よりも西の、ヌミディア東部（バグラダス川上流域を含む）であったと想定されている。G. Camps, “Origines du royaume massyle”, *Revue d'Histoire et de Civilisation du Maghreb*, n°3（Juillet, 1967）,〔pp. 29–38〕, pp. 34f. リビア文字の碑文の出土地も、ドゥッガの行政的碑文（本書第七章）を除けば、この付近に集中し、「ヌミディア」Numidia,「ヌミダエ」Numidae の語源問題（本書第三章も参照）と関連する帝政期の 'gens Numidarum' なる呼称もこの付近で確認され、また「ヒエムプサル」への奉献碑文（巻末附録E2）もこのあたりの中心都市 Thubursicu Numidarum（Khamissa）で発見された。

（52）Gsell, VII, p. 128. Gsell は Strab. XVII. 3. 12（同じくヌミディア西部——マウルスィアに向う方——の方がより収入も多くより強力（人口の点で）と叙述）もポセイドニオスの影響を受けているとみなしている。Cf. Camps, *Les Berbères : Mémoire et identité*, p. 78.

（53）Cic. *Orat.* 128 ; *Iug.* 40. 1, 5.

（54）Paul, *op. cit.*, pp. 117–118.

（55）*Iug.* 16. 1（decretum fit uti decem legati regnum, quod Micipsa optinuerat, inter Iugurtham et Adherbalem dividerent.）

（56）Teubner 版の旧版（Leipzig, 1919）の編者 Axel W. Ahlberg は *Iug.* 16. 3 を 'eum Iugurtha tametsi Romae *in inimicis* habuerat' と読む。オックスフォード版（Oxford, 1991）もこれに従っている。これに対し Teubner 新版（Leipzig, 1957）の編者 A. Kurfess は '*in amicis*' をとる。Paul, pp. 69–70 ; Erich Koestermann, *C. Sallustius Crispus : Bellum Iugurthinum*, Heidelberg, 1971, S. 85–86.

（57）『ユグルタ戦争』のキルタをアムプサガ川（Oued el Kebir）の支流 Oued Rhumel 河岸の現在の Constantine 市とする通説に従う。S. Gsell（ed.）, *Atlas Archéologique de l'Algérie*, Alger/Paris, 1911,（以下 *A.A.A.*）〔Texte〕feuille N°17 Constantine, 126–Constantine（Ksantina）p. 9 et passim. キルタはアドヘルバル領内にあり、その首都とされたが、キルタからユグルタ領との境界まではそう遠くなかった。G. Camps, *Aux origines de la Berbérie : Massinissa ou les débuts de l'histoire*, *Libyca* 8/1, 1960（以下 *Massinissa*）, pp. 241–242. キルタの位置については、これを Sicca（現在の Le Kef）と同一視する異説（Andre Berthier, *La Numidie : Rome et le Maghreb*, Paris, 1981, pp. 51–79）があるが、現在ほぼ否定されている。

（58）Camps, *loc. cit.*

（59）*Iug.* 20. 3. 実際にはオピーミウスの帰国直後ではなく、前112年春かもしれない。Paul, *op. cit.*, p. 80.

（60）マッシュリー部族連合の故地、マシニッサの父ガイア Gaia 時代のマッシュリー王国、マシニッサによるヌミディア統一（マサエシュリー Masaesylii 王国併合）等に関しては Camps, *Massinissa*（passim）および註（51）を参照。

（61）*Iug.* 35. 2–6 ; Liv. *Per.* LXIV.

（62）*Iug.* 35. 1.

（63）*Iug.* 108. 2–3 ; 109. 4 ; 112. 1.

（64）*Iug.* 108. 1–2.

（65）*Iug.* 14. 15.

（66）*Iug.* 65. 1–2. したがって反ユグルタ陣営は、マシニッサの死後、即位して共治体制を敷いた三王（ミキプサ、グルッサ、マスタナバル）の直系男子を三系統とも（ミキプサの子アドヘルバル、ヒエムプサル、グルッサの子マッシワ、マスタナバルの子ガウダ）含んでいたことになる。

（67）*Iug.* 7. 1（hominem tam acceptum *poplaribus*.）

（68）*Iug.* 6. 3（ad hoc *studia Numidarum* in Iugurtham accensa, ex quibus, si talem virum dolis interfecisset, ne qua seditio aut bellum oriretur anxius erat.）

（69）*Iug.* 15. 1.

（70）*Iug.* 46. 3 ; 66. 2（nam volgus, uti plerumque solet et maxume Numidarum, ingenio mobili seditiosum atque discordiosum erat, *cupidum novarum rerum*, quieti et otio advorsum）; 66. 4.

（71）独立後のマグリブ諸国におけるローマ帝国史研究の動向と、その意義に関しては本書第八章以下を参照。

（72）独立後のチュニジア共和国でのユグルタに対する評価に関しては、宮治一雄「マグレブの歴史・文化像を求めて――カルタゴの五つの胸像から」講談社出版研究所編『世界の国シリーズ12、エジプト・アフリカ』一九八三年、七一―七七頁。共和国宮殿玄関ホールに飾られていた五つの胸像とは、ハンニバル、ユグルタ、聖アウグスティヌス、イブン・ハルドゥーン、そして独立運動を導き当時大統領であったブルギバである。

（73）一九六〇年代以降の発掘成果については、H. G. Horn und C. B. Rüger（hrsg.）, *Die Numider : Reiter und Könige nördlich der Sahara,*（Rheinisches Landesmuseum Bonn, Ausstellung 29. 11. 1979–29. 2. 1980）, Köln/Bonn, 1979（以下、*Die Numider*）があるが、これらの成果をふまえた、Camps 前掲書に匹敵するような包括的な文献はまだ現われていないようである。

（74）H.-J. Diesner et al.（hrsg.）, *Afrika und Rom in der Antike*, Halle-Wittenberg, 1968.（以下、*Afrika und Rom in der Antike*）.

（75）Plut. *Mar.* XII ; Liv. *Per.* LXVII ; cf. *Iug.* 114. 3. 本章末の補註参照。

（76）*Iug.* 25. 10 ; 54. 4, 9 ; 56. 4. Cf. 65. 2.

（77）*Iug.* 11. 2.

（78）*Iug.* 11. 3–4. すなわちヒエムプサルが、ユグルタに上座（三人の間の真中の席）を与えることを拒んでアドヘルバルのすぐ右隣に坐ったが、年長者への敬意を示せとの兄のとりなしで、しぶしぶ席を譲った。

（79）*Iug.* 11. 5（ibi cum multa de administrando imperio dissererent, Iugurtha inter alias res iacit, oportere quinquenni consulta et decreta omnia rescindi ; nam per ea tempora confectum annis Micipsam parum animo valuisse.）

（80）*Iug.* 11. 6 ; 12. 1.

（81）Camps, *Massinissa*, p. 241. ミキプサはおそらく彼自身が父マシニッサの死後即位した時の三王共治体制にならって次期政権の構想を立てた。App. *Lib*. 105–106 ; Polyb. XXXVI. 16. 10 ; Zonaras, IX. 27 ; Liv. *Per*. L.

(82) *Iug*. 12. 1–2.

(83) Camps, *Massinissa*, p. 233 n. 707.

(84) *Ibid*., p. 234.

(85) Liv. XLV. 13. 13–16 ; *Iug*. 14. 18 ; Liv. XXXII. 27. 2 ; App. *Mac*. 11.4 ; *Iber*. 46 ; cf. *Lib*. 94, 105（マシニッサ）。*Iug*. 14. 1 ; App. *Iber*. 67, 89 ; *Iug*. 7. 2（ミキプサ）。

(86) ヌミディア王家の大規模土木・建築（王墓・神殿・廟等）については F. Rakob, "Numidische Königsarchitektur in Nordafrika", in *Die Numider*, S. 119–171. 部族軍とは区別される王の軍隊（特に歩兵隊）については、Camps, *Massinissa*, pp. 261–265.

(87) Diod. XXXII. 16 ; Polyb. XXXVI. 16. 7–8 ; Strab. XVII. 3. 15. Camps, *Massinissa*, pp. 209–213. これらの大所領の労働形態に関する考察としては、Heinz Kreissig, "Bemerkungen zur Produktionsweise in Nordafrika（Vorrömische Zeit）", in *Afrika und Rom in der Antike*, S. 138–139.

(88) J. Burian, "Afrika und Rom in der Zeit der Republik", *ibid*., S. 46–47 ; Camps, *Massinissa*, p. 201.

(89) Camps, *Massinissa*, pp. 203–209, pp. 257–258.

(90) *Ibid*., pp. 196–201 ; Gsell, *HAAN*, V, p. 139, 199 ; VII, p. 84.

(91) Burian, *op. cit*., S. 43 ; I. Hahn, "Die Politik der Afrikanischen Klientelstaaten im Zeitraum der Bürgerkriege," in : *Afrika und Rom in der Antike*, S. 209–210.

(92) Camps, *Massinissa*, p. 211 ; Kreissig, *op. cit*., S. 138.

(93) ただしカルタゴ、ヌミディア併存期（前一四九年以前）には、カルタゴもまたローマの同盟国としてローマの保護下にある限りにおいて、マシニッサとローマの間には一種の緊張関係があり、ローマはカルタゴとヌミディアに忠誠心を競わせることによって利益をひき出していた。Timpe, S. 343. Liv. XLII. 29. 9–10.

(94) App. *Lib*. 61.

(95) Burian, *op. cit*., S. 44–45.

(96) 既に前一四八年以来の三王共治体制において、ミキプサはキルタ市とそこの王宮を管轄していた。App. *Lib*. 106. Camps, *Massinissa*, p. 240. ヌミディア王国の都市制度、「王の」と形容される都市群等の問題についての最近の研究として、Mansour Ghaki, "Les cités et les royaumes numide et maure", Carla Del Vais（ed.）, *Epi oinopa ponton : studi sul Mediterraneo antico in ricordo di Giovanni Tore*, Oristano, 2012, pp. 626–632.

(97) Strab. XVII. 3. 13. キルタ（コンスタンティーヌ市）の El-Hofra 遺跡出土のギリシア系の人物（Zopyros の子 Sosipatros）によるギリシア文字で書かれたポエニ語の——しかも同遺跡出土碑文の大半を占めるポエニ語・新ポエニ語碑文とほぼ同形式の——奉献碑文（バアル・ハモン神とバアル神の顔であるティニット〈タニト〉女神への）は、単に商用で一時的に滞在しているのではない、ある程度キルタ社会に「溶けこんだ」ギリシア人層の存在を示唆している。H. P. Roshcinski, "Die punischen Inschriften", in H. G. Horn/C. Rüger（hrsg.）, *Die Numider*, Köln/Bonn, 1979,〔S. 103–110〕, S. 107 = W. Huss（hrsg.）, *Karthago*, Darmstadt, 1992,〔S. 95–108〕, S. 101–102（S. 107–108 に幼児犠牲説について慎重な意見が編者たちによって 'Nachtrag' として付されている）. A. Berthier/R. Charlier, *Le sanctuaire punique d'El-Hofra à Constantine*, Paris, 1955, pp. 167f. A. Wilson, "Neo-Punic and Latin inscriptions in Roman North Africa : function and display", in A. Mullen and P. James（eds.）, *Multilingalism in the Graeco-Roman Worlds*, Cambridge, 2012,〔pp. 265–316〕, pp. 266f. は Sosipatros の碑文と並んで、同じく El-Hofra 出土の Alcimedes なる人物のギリシア語碑文をポエニ語の奉献碑文の形式に完全に倣ったものとして挙げている。（「クロノス」〈= バアル〉とバアルの顔であるティニットに。〔ア〕ルキメデスが〈それ〉を捧げ、彼〈クロノス〉は彼〔の声〕を聞〔き届けた（?）〕）。これらの碑文の刻まれた石碑は、カルタゴのいわゆる幼児犠牲の儀式と関連するもの（したがって El-Hofra は 'tophet' の一種である）とされるが異論もある。本書第五章註（7）を見よ。El-Hofra 出土の石碑（stèle）研究としてはさらに F. Bertrandy/M. Sznycer, *Les stèles puniques de Constantine au musée de Louvre*, Paris, 1987, pp. 79 ff. も参照。

El-Hofra 碑文群の一部の写真は、*Die Numider*, Taf. 91–102 に見られる。Taf. 102. 2（Berthier/Charlier, p. 171, n° 6）はおそらく前三世紀（編者たちに拠る）のギリシア語碑文で、Kronos 神への奉献を記している。Taf. 102. 1 は前述の Sosipatros の碑文で同じくおそらく前三世紀とされている。

以上のような El-Hofra のギリシア語・ギリシア文字碑文は、ミキプサのギリシア人定住政策そのものの証拠ではなく、年代から見てむしろ、ガイアやマシニッサの時代（あるいはシュファックスがキルタを支配した時代）——したがってカルタゴがまだ健在であった頃——のキルタにおけるギリシア人のあり方を示すものかもしれない（ポエニ圏に内包されたギリシア・ヘレニズム的要素）。そのような下地の上に立って、ミキプサが、当時のギリシア世界の変動（例えば前一四六年のコリント市破壊）を背景により積極的なギリシア人誘致を企てたとも考え得る。コリントでは、カルタゴとその影響の及んだ西地中海のポエニ圏、「ポエニ化圏」（例えばイベリア半島南部等）で広く発見されるカンパニアB式の陶器（前一四六年の破壊前のカルタゴの地層から出土するものと同じ装飾文の）が見出され、L・ムンミウスによるコリント破壊以前にコリントとカルタゴの間に何らかの接点があり得たことを窺わせる。J.-P. Morel, "L'Apport des fouilles de Carthage à la chronologie des céramiques hellénistiques",〔pp. 17–30〕, p. 21, p. 28, n. 5.

（98）Liv. XXIX. 31. 7–8 ; XXX. 13. 7.

（99）*Iug*. 21. 2 ; 23. 2.

（100）Donatus, *Vita Terenti*, 1（nullo commercio inter Italicos et Afros nisi post deletam Carthaginem coepto.）

（101）A. J. N. Wilson, *Emigration from Italy in the Republican Age of Rome*, Manchester-New York, 1966, pp. 44–45 ; Gsell, *HAAN*, VII, pp. 58–69. *Lex agr*. 111 *B. C*., l. 59–61.

（102）*Lex agr*. 111 *B. C*., l. 81 :〔agrum…P. Cornelius imperator leib〕ereis regis Massinissae dedit, habereve fruive iusi⟨t⟩. Gsell, *HAAN*, VII. pp. 79–80. Cic. *Leg. agr*. II. XXII. 58.

（103）ミキプサは大スキピオの孫としてのガイウス・グラックスに対しては協力的であった。Plut. *C. Gr*. II. 本書第一部末の「補論」一三三頁、およびその註（14）参照。

（104）ヌミディア王権が臣下に貢納を課した証拠としては App. *Lib*. 106（φόρους）.

（105）*Iug*. 14. 1（in vostra amicitia exercitum, *divitias*, munimenta regni me habiturum〈アドヘルバル演説〉）の「富」はこのような文脈の中で理解することができる。Plut. *Mar*. XII. 4 のマリウスの凱旋式で誇示された夥しい戦利品（三七〇〇ポンド *λίτρα* の黄金、貨幣にされていない五七七五ポンドの銀、および銀貨二八七〇〇〇ドラクマ〈ギリシア貨幣の単位であることに注意——筆者——〉）もヌミディア王家に蓄積されていた富の規模と内容を知るための手がかりを与える。Cf. Paul, p .56.

（106）フェニキア系（ないしはフェニキア・ポエニ化された原住民の）都市上層民がユグルタ側に加担ないし同調した例としては *Iug*. 66. 2（Vaga 市の principes civitatis）；77. 1（Leptis Magna のノービリス、Hamilcar）.

（107）*Iug*. 21. 2.

（108）*Iug*. 26. 1–2 : at ille（Adherbal）, tametsi omnia potiora fide Iugurthae rebatur, tamen *quia penes eosdem, si aduorsaretur, cogundi potestas erat*, ita uti censuerant Italici deditionem facit.

（109）*Iug*. 26. 3. この「虐殺」がこのようにサルスティウスの記事で見る限り、イタリア人（ネゴーティアトーレス）に関しては無差別虐殺ではない（武装していた者のみ——その点で戦争の法には適っており、したがってこの殺害が元老院の開戦決定の主因とは言い切れないような含みを持たせた叙述になっている）ことについては、Saumagne, *op. cit*., p. 246.

（110）*Iug*. 49. 2.

（111）*Iug*. 5. 7.

（112）Camps, *Massinissa*, p. 242 ; Gsell, *HAAN*, VII, pp. 264 ff.

（113）*Iug*. 50–53.

(114) *Iug*. 49. 4.
(115) *Iug*. 49. 3.
(116) *Iug*. 54. 3–4.
(117) *Iug*. 61. 4–5 ; 62. 1–2 ; 70 ff.
(118) *Iug*. 70. 2–3 ; 71. 5 ; 72. 1.
(119) *Iug*. 13. 1.
(120) *Iug*. 7. 2.
(121) ユグルタの死後、十数年経った時期になお、ヌミディアからの補助軍兵士の間ではユグルタへの忠誠心が保持されていた。App. *b. c.* I. 42.
(122) Paul, p. 267.
(123) マシニッサのヌミディア征服過程に関しては前述の Camps, *Massinissa*, pp. 190–196 の他、本書第4章も参照。ローマ側は西部を、ローマ軍がシュファックスから奪ってマシニッサに与えた「贈り物」でありローマ元老院と人民の意にかなう間、受け手のもとに留まっているだけだ（取り上げることもあり得る）と称していた可能性がある。App. *Num*. IV.
(124) *Iug*. 14. 1 ; 24. 10.
(125) Camps, *Massinissa*, p. 217. 註(128)（後出）の Iol（現 Cherchel）出土碑文（ミキプサの甥の息子 Y'ZM によるミキプサ葬送碑文）の記載に拠る。ポエニ語で MLK (M)ŠLYYM となる。ヌミディアの王号について詳しくは、*Encyc. ber*. II, "Agellid, 'roi'", p. 249（G. Camps）を見よ。
(126) *Iug*. 16. 5.
(127) Rakob, *loc. cit*.
(128) Camps, *Massinissa*, pp. 239–40. ミキプサ葬送碑文のテクストについては本書附録Cを参照。
(129) *Ibid*. ヨルでのミキプサ葬送碑文の発見がその根拠の一つである。この碑文は本来より東の El Khroub 遺跡の入口にあったものがヨルに運ばれたとする異説があるが、ほぼ否定されている。附録C参照。
(130) App. *Lib*. 106（*δικάζειν τοῖς ὑπηκόοις τὰ ἀμφίλογα*）.
(131) *Iug*. 15 1.
(132) *Iug*. 16. 5.
(133) *Iug*. 8. 1.
(134) *Iug*. 9. 1–3. cf. Paul, pp. 40–43.

(135) App. *Lib.* 106.

(136) ガイウス・グラックスらの改革が特に Colonia Iunonia 建設の面でヌミディア王権の利害と衝突し得る要素を含んでおり、かつミキプサがグラックス改革に対して協力的・妥協的であった（註（101）（103））とするならば、ローマにおける改革派の挫折・ノービレス復権がユグルタに反ミキプサ路線を公然と表明するきっかけを与えたかもしれない。

(137) Zonaras, IX. 27 によればマシニッサは死の直前、ミキプサに指輪を譲った。これは王権のシンボルともみられる。ミキプサ、グルッサ、マスタナバルは三人とも王号を帯びたが、その中でもミキプサは年長者として第一人者の地位にあったとみることができる。首都と王宮も彼の管轄下にあった（註（96））。Camps, *Massinissa*, pp. 232–233. ただしカンプスが指摘するように、El Hofra（コンスタンティーヌ）出土の碑文の一つ（前一四八年）には、三人の名がすべて、王としての権能の違いなどは付されずに年齢順（したがってミキプサが最初）に示されている。この碑文の要旨は H. P. Roschinski, "Die punischen Inschriften", *Die Numider*, Koln/Bonn, S. 109–110 で紹介されている。

(138) 註（78）参照。

(139) 支持層にとっては「革命」のシンボルとなり、他方では「ローマの敵」と見なされることになったユグルタ本人およびその形象化をめぐる様々な問題をめぐっては、補註（次項）を参照。

補註「ユグルタの形象化」

本章ではヌミディア王国の社会におけるユグルタ支持層とはいかなる特徴を持つ階層、地域、集団であったかを追究したが、王ユグルタ本人の意図・思想ないし人物像には敢えて触れなかった。ユグルタ戦争のほとんど唯一の史料であるサルスティウスによって叙述された「ローマの敵」としてのユグルタ像の磁場から脱することは困難だからである（サルスティウスが伝える「売り物の都よ、買い手が見つかればたちどころに滅びるであろう」とのユグルタがローマに投げつけたとされる言葉―*Iug.* 35.10―は有名であり、また興味深くもあるのだが）。帝政期に入ってからのローマ人のユグルタ像としてはセネカが『心の平静について』の中で、運命の変転に常に心すべき、との文脈でリュディア王クロイソスと対にしてユグルタに触れているのが注目される。（Sen. *Tranq.* XI. 12「君を王者だとしてみよう。だが私は君をクロイソスの方に向わせはすまい。（中略）またユグルタの方にも向わせはすまい。ローマの人民はこの男に脅えてから、一年もたたない裡に、（捕われの身となった）彼を見物したのである。」ちなみに聞き手として設定されているのはセネカの親戚で友人のセレヌス。）プルタルコスが伝える凱旋将軍〈インペラトル〉マリウスの凱旋式に引き出され（前一〇四年一月一日）、ローマの民衆の悪罵と獄卒らの暴行にさらされ（ポエニ圏の王らしく黄金の耳飾りを付けていた彼の耳たぶは引きちぎられた）錯乱するユグルタの無残な姿（Plut. *Marius*, XII. 3）は、薪の上で焼殺されかけたクロイソス（Hdt. I. 86–87）と並んで王位のはかなさ、逃れられない運命の変転の象徴として記憶されていたのであろう。縁戚（娘の夫、あるいは妻の父）であるマウリー人の王（マウレタニア王）ボックス Bocchus の裏切りによって、ユグルタがスッラ（当時マリウス麾下の proquaestore であった）に引き渡される瞬間を表した彫像群が、カピトリウムに設置された（ボックスが寄贈。Plut. *Mar.* XXXII. 2 ; *Die Numider*, S. 650）と言われ（スッラの戦勝記念碑のものと目される台座の一部がカピトリウムで発見されている。*Ibid.*, S. 243–250〈T. Schäfer〉）、この場面はスッラの息子ファウストゥス・スッラによって発行されたとされるデナリウス貨（前五六年）の裏面にも描かれている（E. A. Sydenham, *The Coinage of the Roman Republic*, London, 1952, Nr. 87. 章末の図を見よ。この図はボックス寄贈の群像を模写したものとされる。*Die Numider*, S. 650. スッラはこの場面を彫った印章指輪を持っていた）。ローマに敵対し、味方に裏切られローマ人の手で死に至らしめられた（ユグルタは凱旋式の後ただちに獄〈カルケル〉（Tullianum）に投ぜられ、食を断たれて六日の後に死んだ。マリウスの命による処刑（絞殺）とも（Eutropius, IV. 27. 6）、あるいは飢（渇）死とも（Plut. *Marius*, XII. 4 はこのような解釈の余地を残している）外国王として、彼の姿は共和政末期のローマ市の公共空間を飾り、ローマのインペリウムの栄光を際立たせる存在であった。他方、旧ヌミディア王国の首都キルタ市出身の文人フロントーは、マルクス・アウレリウス・アントニヌス帝宛ての書簡（A.D. 163 年）の中の、キケロとサルスティウスの文体論の文脈で、文章の見本として「ユグルタの姿は次のようだ」と述べつつサルスティウスの『ユグルタ戦争』の若き日のユグルタの勇姿の描写（Sall. *Iug*. 6. 1 ; 7. 4–8）を引用している。Fronto, *Ad Antoninum Imp.* ii, 6（Naber, p. 107）, 4. フロントーにこの箇所を選ばせたのは郷土意識なのか、別の何かなのであろうか。

　ルネサンス以降の、特にヨーロッパにおける近代歴史学の中での、あるいはアルジェリア・チュニジア・モロッコに勢力を広げた植民地主義期のフランスの北アフリカ研究の中での、さらにはそのフランスからの植民地独立闘争と独立後のマグリブ諸国においての、ユグルタ像の変遷は興味ある主題であるが、詳しくは別稿に譲りたい。ただモンテスキューが『ローマ人盛衰原因論』の中で、ユグルタを「恐怖によって、戦う前に打ち負かされている」と評して、戦いをいとわなかったポントス王ミトリダテス六世（ちなみにミトリダテスはユグルタの死について、「マシニッサの孫に何という仕打ちをしたのか」とローマを非難したという。Iust. XXXVIII. 6. ; Mounir Bouchenaki, 《Jugurtha : un roi berbère et sa guerre contre Rome》, IV, 1977,〔pp. 167–191〕, p. 191）よりも低く評価しているのは関心を惹く。ヌミディア王国内の体制変革者ではあってもローマとの全面戦争を最初から企図していたのではなかったように見える——少なくともサルスティウスはそう描いている——ユグルタの行動の特徴の一端を否定的文脈においてではあるが正確に捉えているように思われるからである。（モンテスキュー著、田中治男・栗田伸子訳『ローマ人盛衰原因論』岩波文庫、一九八九年、八五—八六頁（第七章）。

　ムトゥルの戦い（Sall. *Iug*. 48–53）での敗北以降は、ユグルタは開戦当初とは別の支持層を獲得しようとしたように見え、ガエトゥリー人の動員（*Iug*. 80. 1–2）の他、マウリー王ボックスとの同盟（*Iug*. 81 ; 97. ボックスは東西にわたるエティオピア人に動員をかけることもできた。App. *Num.* V）、さらにはローマ人たちの奴隷層の扇動（*Iug.* 66. 1 : servitia Romanorum allicere）にも着手した。前述のセネカの「ユグルタの拘束（前一〇五年）前の一年以内の時点でローマ人民は彼に脅えていた」との記述はこのような段階を指すのであろう。ユグルタの死の直後からはシチリア島での第二次奴隷反乱（前一〇四―一〇一年）が始まるが、そのきっかけの一つは属州で友好国・同盟国民を奴隷とすることを禁じる元老院決議が出されてシチリアの奴隷層に解放への希望が芽生えたことにあり、そしてこの元老院決議の背景には徴税請負人による自国民の奴隷としての連行に対する友好国王ビテュニア王ニコメデス三世の抗議（ビテュニア王はこうして対キンブリー・テウトネス戦へのマリウスの派兵要請を断った）があった。（Diod. XXXVI. 3. 1–3. K. R. Bradley, *Slavery and Rebellion in the Roman World ; 140 B.C.-70 B.C*, Bloomington, Indiana/London, 1989, p. 67. 栗田伸子「反ローマ闘争と内乱の一世紀」伊藤貞夫・本村凌二編『西洋古代史研究入門』東京大学出版会、一九八九年、二一八―二一九頁）。ユグルタが指弾したとされる「ローマ人の不正と貪欲」（Sall. *Iug.* 81. 1–2）に対する様々な形態の抵抗は前二世紀末へと向う当時の地中海各地で見られた現象であり、ユグルタ戦争はそれらの動きとの関連においても捉えられるべき事象である。

対仏独立闘争期および独立後の北アフリカ（マグリブ）諸国では、ユグルタは自国の統一と独立を守って闘った自由の闘士として位置づけられ、ローマと闘ったベルベルの王として叙述されることが多い。Mahfoud Kaddache, *L'Algerie dans l'Antiquite*, Alger（SNED）n.d.,（Chap. VI. La guerre de Jugurtha）p. 81 および同書で引用されている（p. 92）Mohamed Cherif Sahli, *Le Message de Yougourtha*, Alger, Editions EN. NAHDA, 1947, p. 100 を参照。Cf. *Encyc. ber.* XXVI, "Jugurtha : De la Grande à la Petite Numidie", pp. 3975–3979（S. Chaker）. だがここから「北アフリカ先住民ベルベルの英雄ユグルタ」のような一般化された認識に至るのはややアナクロニスム（「ベルベル」の遡行的用法）である。〔F. Millar, "Local cultures in the Roman Empire : Libyan, Punic and Latin in Roman Africa," *JRS*, LVIII, 1968,〔pp. 126–134〕, p. 128 は 'Berber' は北アフリカの非アラビア語話者を指す（ギリシア語のバルバロイがアラビア語に入った表現）とあらためて確認し、古代北アフリカ人（語）は中立的に 'Libyan' と呼ぶべきことを強調している。Cf. *Encyc. ber.* IV, AMAZIγ（Amazigh）, "(le/un) Berbère", pp. 562–567（S. Chaker）.〕マッシュリー・マサエシュリー・マウリーを総称する「ベルベル人」にあたる民族体概念がユグルタの時代にあったわけではなく、本章で見たように、むしろユグルタ戦争の諸過程の中で、旧来のヌミディア王国支配層マッシュリー王家に対する西部（旧マサエシュリー王国）からの反撃→「ヌミディア」全土掌握→この「ヌミディア」王ユグルタとマウリー王ボックスの同盟…という形で後に「ベルベル人」として名指されることになる全北アフリカ横断的な諸種族連帯の萌芽が生成される（それはローマがボックスを懐柔し、ユグルタを引き渡させたことで、一旦は潰え去るのだが）という順序であるからである。

近代ヨーロッパの文学史の中では、アルチュール・ランボーの最初期の有名なラテン語詩「ユグルタ王」（一八六九年）が、サルスティウスのテクストに内在するポストコロニアルな視座を反映しつつ、ローマの腐敗・貪欲を暴き出す抵抗者としてのユグルタ像を提示していることが(当時のフランス第二帝政によるアルジェリア支配との関係を大胆に組み込んでいる点でも)注目される。詳しくは、サルスティウス著、栗田伸子訳『ユグルタ戦争・カティリーナの陰謀』(岩波文庫、二〇一九年)の解説、および、栗田伸子「巨悪を探せ——サルスティウス断章」『西洋古典叢書月報一五二』(京都大学学術出版会 二〇二一年)二—五頁を参照。

図 「ユグルタの拘束」
スッラの息子ファウストゥス・スッラが発行したデナリウス貨幣の裏面。前56年頃。椅子に座すスッラ。その傍らに後ろ手に縛られ、ひざまづかされたユグルタ(右)は、ローマ人にオリーヴの枝を差し出すマウリー人の王ボックス(左)を見据えているかのようである。'FELIX' の刻印がある。E. A. Sydenham, *The Coinage of the Roman Republic*, London (Spink & Son Ltd.), 1952 より

第三章　「北アフリカ民族誌」（サルスティウス『ユグルタ戦争』第一七—一九章）と王権の「自画像」

ヌミディア王国に関する史料は、数点のポエニ語・リビア語等の碑文類を除けば、ほとんどすべてローマ（およびギリシア）人の手になる西洋古典の著作であり、王国にとっては外部の史料である。唯一の例外——北アフリカの側の著作に由来する可能性のある一節——が、西洋古典史料であるサルスティウスの『ユグルタ戦争』の中に含まれている。本章はこの、「北アフリカ民族誌」とも呼び得る叙述を分析し、そこに窺われる諸集団——とりわけヌミダエ・ヌミディアという名で記述される集団——の名称についての主張の特徴から、この「民族誌」伝承の担い手像を探る。

第一節　「ポエニの本」の諸問題

『ユグルタ戦争』*Bellum Iugurthinum*（以下 *Iug.*）17–19で著者サルスティウスは「アフリカに関する excursus」と通称される地理学的叙述を試みている。このうち17.7において彼は「最初にアフリカにいたのはどんな人々か、後に入って来たのはどんな人々か、それらが互いにどう混り合ったのか」に関して以下で通説とは異なった話を叙述する旨を述べ、かつこの民族誌の典拠に関して uti ex libris Punicis, qui regis Hiempsalis dicebantur, interpretatum nobis est utique rem sese habere cultores eius terrae putant という興味深い指摘をおこなっている。すなわちこの一節の前半はこの民族誌が或る「ポエニ（語）の書物」から「我々」（前四六年に総督として Africa nova＝旧ヌミディア王国に臨んだサルスティウス一行か？）のために翻訳された所に基くと述べ、かつその書物を「王ヒエムプサルの（属格）と言われていた」との関係節で説明しているのである。これに対し後半ではこの民族誌のもう一つの根拠が「この地の住民の信じる所」であることが述べられている。

この箇所は歴史家サルスティウスが自己の叙述の史料的根拠を明示したほとんど唯一の箇所であり、全体として注目に値するが、中でもマシューズ（V. J. Matthews）の問題提起以来改めて論争点となりつつあるのは regis Hiempsalis という属格の意味である。すなわち従来の諸見解では、この属格が libri Punici の著者を示すものであること（真正の Hiempsal 著かどうかをサルスティウスは疑っている？ →dicebantur）は議論の前提とされがちであったのに対し、マシューズは、①この書物はカルタゴ滅亡時にローマがヌミディア王家に与えたカルタゴの図書館の蔵書の一部である、②したがってこの属格はむしろ所有を示しこの書物が王家の相続財産としてヒエムプサルに属していたことがある旨を述べたものである、との説（「所有説」＝カルタゴ図書説）を明確に提示したのである。

マシューズに対しては既にリッター（H.-W. Ritter）による従来説支持の立場からの反論がある。その論旨は問題の民族誌（*Iug.* 18 全体、19. 1 も入るか）中の、ヌミディア人の起源をヘルクレスの部下たるペルシア人に求める一見神話的な言説の背後にかなり直接に「ヌミディアにおけるイラン的伝統」を発見することによって逆にこの民族誌が真正のヌミディア王ヒエムプサル著であることを主張するものであり、方法的にはやや違和感を与えるものである。しかし彼の応答によって近年本格的検討を加えられる機会の少なかったこの民族誌の内容に再び注意が向けられた点は評価すべきであろう。現段階での論争の深化のためには、(a)マシューズ説を考慮した上でのこの民族誌の内容の内在的再吟味、(b)この民族誌が示す神話的言説の構造とそのイデオロギーの歴史的背景の探求、(c)民族誌原著者の論理と要約者サルスティウスの意図の分離・識別、等の作業が不可欠と思われる。もとよりこの研究を完結させるには、(d)ポセイドニオス等の地理学とサルスティウスの立場の関係の分析、(e)ストラボン、ポンポニウス・メラ、大プリニウス、イシドールス等にみられる類似の北アフリカ民族誌との比較等、なお多くの難問があるが、出発点である本章の考察では敢えて課題を(a)(b)に限定し、これと先にユグルタ戦争当時のヌミディア社会の研究によって得た若干の知見とに頼ってこの libri Punici 問題についての一応の仮説を提出しようと思う。その際アプレイウスの *Apologia* にみられる一節が或る種の手掛りを与える。

第二節　「民族誌」の構成と種族名語源論

最初に問題の民族誌の概要を紹介したい。まず全体の構成を見ると、ここでは北アフリカ諸「民族」の歴史が原住民だけの段階と移住者との混血後の段階の二層に分けて説かれていることが特徴的である。第一段階（「原初」）においては住民は Gaetuli と Libyes の二種である。両者のうちではリビュエス（ラテン語としてはリビュエースであろうがギリシア語から入ったと考えられるので以下こう記す）が地中海の近くにいるのに対しガエトゥリーは「太陽の下、炎熱の地に近い」方にいるという違いがあることが第二段階の記述から判明するのだが、第一段階では両者の共通性、すなわち何らの法も支配者も持たぬ漂泊の未開人であったという点のみが強調される。続く第二段階ではヘルクレスの部下たちが移住者として登場する。ヘルクレスはヒスパニアで死に、様々な種族から構成されていた彼の軍隊は解体、その中から Medi, Persae, Armenii の三集団がアフリカに渡る。この移住者たちは二グループに分れ、メディー・アルメニーは「地中海に一番近い方」（ヒスパニアから海峡で隔てられているだけであり交易が容易と見なされる方。より「北」か）を占拠したのに対しペルサエは「大西洋《オケアノス》により近い方」（ヒスパニアとの交易が「広い海と未知の言葉」に妨げられて困難であり「炎熱の地から遠くない」と観念される。より「南」か）を占拠する。以後第二段階の叙述はこの二グループのその後の運命を対比的にたどるという形で進行する。まず混血過程が示される。第二グループ、ペルサエは原住民ガエトゥリーと混血し、「土地を試しては次々と別の地方を目指したので自らをNomadae（あるいはNumadae, Numidae）と称した」[6]のに対し、第一グループは原住民リビュエスと混血し、ヒスパニアと交易して町々（oppida）を形成し、リビュエスが「メディー」を蛮族の言葉でなまって発音した結果Mauriと呼ばれるようになったとされる。第二段階の後半はペルサエ＋ガエトゥリー集団のその後の発展の歴史である。すなわちペルサエの国が成長し「その名もヌミダエと言うようになった」時代、人口過剰の故に親元を去った人々が「カルタゴのすぐ隣で（現在＝サルスティウスの執筆時点において）ヌミディアと呼ばれている所」を占拠する。この移動した「新」ヌミダエ人と「原」ヌミダエ人は協力しつつ周辺住民を征服して勢力を拡大するが、特に「地中海の方に進出した人々」（新ヌミダエ）の拡大が顕著であったとされ、その理由は「リビュエスはガエトゥリー程好戦的ではないから」と説明される。十八章の最後の一文は次の通りである――「こうしてついにはアフリカの海に近い方（pars inferior）は大部分ヌミダエのものとなり、打ち負かされた者たちはすべて支配者の種族と名前の中へ溶け去った」。

以上の概観から第一にみてとれることは、この民族誌に登場する集団名が基本的にギリシア地理学・歴史学の用語であるという点である。移住者集団名Medi, Persaeがヘロドトス以来の用語なのは言うまでもないが[7]、原住民集団名LibyesもGaetuliも共にΛίβυες, Γαιτοῦλοι（あるいはΓαιτύλοι）のラテン語形としかとれない語形である。このことはそれ自体としてはこの民族誌の原著者が既にギリシア的教養に則った著述家であったことを示す材料とは限らない。ポエニ語からのラテン訳の際の中間作業としてギリシア語訳があったのかもしれず、また「ラテン訳された」とは明記されていない（nobisの読みにかかわるが）以上、サルスティウスが読んだのはギリシア語訳だったのかもしれないからである。もとのポエニ語ではこれらの集団名がラテン（ギリシア）訳とは全く違ったカルタゴ地理学の用語で書かれていた可能性はある。しかしながら残る集団名のうちのNumidae

と Mauri の場合は状況が異なる。

すなわち上にみた通りこの二集団に関しては各々の集団名がなぜ Numidae, Mauri となったのかという語源説明がされており、それがこの民族誌の物語展開の重要な要素となっている。そしてその際この素人語源説明は説明主体がその執筆時の「現在」における両集団の名称を各々少なくとも頭文字NとMで始まるものとして既に認識した上で、かつ両者を併記されるもの（NがMを含むというのではない）としてとらえ同時に或る程度のギリシア語及びギリシア歴史学の知識を有するのでない限り成り立たないような仕方でなされている。Numidae の場合、説明の論理は少なくとも「各地を放浪するから」Nomadae（Numidae）だとの論理（力点はむしろそう称したのがこの集団自身だという所にあるのかもしれない――後述）であり、これはギリシア語の νέμω（nemo）→νομάς（nomas, "roaming"）→Νομάδες（Nomades）（放浪者・放牧者）をふまえない限り理解し得ない。ところでギリシア語の著作では、北アフリカの住民がその生活形態の故に漠然と Νομάδες（Nomades）と総称され逆に Νομάδες と言えば「放牧者」の中でも特に北アフリカ住民を指すというような意味の広義の「Νομάδες の固有名詞的用法」は前三世紀以降あるものの(8)、それがより限定された用法、すなわち北アフリカ「土着民」の中の特定の集団を他の北アフリカ「土着民」から区別するための固有名詞の用法へと進化するのは早くともポリュビオス以降とみられる。実際彼の場合にはなお Λίβυες（Libyes）を Νομάδες（Nomades）と呼びかえている例（I. 19. 2-4. cf. III. 33. 15）が混在しており過渡期の様相を呈しているのである。したがってカルタゴ図書説の成立のためには単に滅亡前のカルタゴに νομάς（nomas）→Νομάδες（Nomades）の論理を理解し得るだけのギリシア語の教養のある読者（しかもポエニ語の本の）を想定するだけでは不充分であり、彼らがギリシア人一般に先んじて Νομάδες の限定的用法を発明した上でかつその経緯を既に忘れてしまっているというような特殊な状況を想定しなければならないのである。カルタゴ図書としてもこれは末期の層に属するであろう（すなわち第二次ポエニ戦争後、第三次までの戦間期→この可能性が少ない理由については後述）。これに対しMedi→Mauriの説明は説明時の北アフリカにMで始まる二音節程度の種族名が認識されていさえすれば特にMauriでなくても成り立ち得る程度のものでありその限りではカルタゴ図書説に不利ではないが、しかしその場合にもこの書物の「カルタゴ人読者層」はペルシア人と並び称せられる存在としてのメディア人というヘロドトス的歴史認識の枠組を著者と共有しなくてはならないのである。

第三節　「民族誌」のイデオロギーとヌミディア王権

次にこの民族誌の物語展開の構造的特徴とそれが表現するある種のイデオロギーに注目したい。既に見た通りこの民族誌には二つの対抗軸がある。原住民対移住者という対抗と、混血後の二グループ、ペルサエ＋ガエトゥリー集団対メディー・アルメニー＋リビュエス集団という対抗である。まず原住民と移住者を比較すると著者は明らかに移住者の方に価値をおいている、ガエトゥリー・リビュエスは「野獣の肉かあるいは家畜同様に大地に生える草」を食物とする野蛮人であり、慣習も法も支配者も定住地も持たない存在とされるのに対し、移住者の方は英雄ヘルクレスの部下であり竜骨船で波頭を越えて来たのであり、また本来少なくとも材木で作られた小屋に住む習慣を持つ人々である（——地中海から隔てられ内陸・大西洋《オケアノス》方面に孤立したペルサエは「この地には材木がなく、またヒスパニアから買うなり物々交換するなりする機会もなかった」ため、「船の船体をひっくり返して小屋の代用とした」——）。ところで原住民と移住者の混血によって誕生した二集団を比較すると、ヌミダエとマウリーとでは混血過程における主導権の所在とでもいうべきものが異なっていることがわかる。両グループの集団名生成過程にみられる通り、ペルサエ＋ガエトゥリー集団においてはそのヌミダエという名は混血後のこの集団自身が自らを「放浪者」（Nomadae）と規定したことによるとされている。つまりこの説明ではこの集団は混血後もヘルクレスの部下たるペルサエの言語（「ギリシア語」？）で思考しているとの設定であり、その「ギリシア語思考集団」が「自ら称した」（semet ipsi Nomadas appellavere）ことが強調されているのである。また移住後のペルサエは先述のように船を小屋の代用としたのであるが、この伝統は「現在」に至るまで mapalia と呼ばれる「田園のヌミダエの建物」が船の竜骨のような形の屋根を持つという形で保存されているとされている。(9) つまりヌミダエ集団は原住民との混血とは言え、移住者側すなわちヘルクレスの部下ペルサエの意識と誇りを色濃く残した、いわば移住者優位の集団として描かれていると理解できる。これに対してメディー・アルメニー＋リビュエス集団においては集団名がマウリーとなったのは原住民リビュエスが彼らの名前を「次第に破壊してしまった（conrupere）」結果、つまり「蛮族の言葉でメディーの代わりにマウリーと呼ん」だ結果とされている。マウリーはいち早く町々を形成したいという点では、炎熱の奥地の方で船を小屋代わりに放浪を続けるヌミダエよりも一見「文化的」であるが、しかしそれはよりヒスパニアに近いという地政学的有利さによるものとされており、この集団の内実は原住民リビュエスによる移住者文化の磨滅であるとの主張をここに読みとることもできる。（混血過程そのものの叙述においてもヌミダエの場合は移住者ペルサエが主語なのに対し、マウリーでは原住民リビュエスが「加わった」のである。）

以上を総合すればこの民族誌の構造とイデオロギーの特徴の第一は、それが原住民蔑視・移住者の価値的優越信仰の上に立脚したヌミダエ・マウリー比較論であり、その際一種の「ヌミダエ弁護的色彩」がうかがわれるということである。もちろんこの著者は周囲を顧みないヌミダエ中心主義者なのではなく、マウリーの方の先進性（町々の形成、メディアの流れを汲む存在であること）を認めるのではあるが、しかしそもそもマウリーがメディア起源を誇る文脈でヌミダエのペルシア起源を言うこと自体、メディアを倒したペルシアが世界帝国となったという歴史を考えればヌミダエ寄りの発言であろう。分析のこの段階で興味深いのはここに示されている民族対抗図式と相似形の意識が北アフリカの Madaurus 出身のアプレイウスにみられることである。周知のごとく妻の前夫の兄弟 Sicinius Aemilianus によってその結婚は魔術による誘惑の結果だと告発されたアプレイウスは、この嫌疑に対する弁明の中（*Apol.* 24）で自己の出自にかかわる有名な言及をおこなっている。相手が彼の故郷に関してヌミディアとガエトゥリアの境界にあるではないかと非難するのに対し、彼は自分は「キュロス大王が Semimedus・Semipersa であったから」といって恥じる必要がないのと同様に Seminumida・Semigaetulus であることを恥じないと言明し、相手の方こそマウレタニアの Zarath の「貧農」ではないかと反撃する。混血は恥ではないとの主張の根拠としてなぜペルシアの大王を持ち出す必要があったのであろうか。この言辞の戦略性は *Iug.* 18 のような民族誌がサルスティウスの主張どおり（17. 7 の後半）現地の人々によって広く共有されており、それがアプレイウスの頃（紀元後一五〇年代）まで継承されていた――裁判は Sabratha で行なわれた（ここにはヌミディア王墓の一つがある）――と考えれば鮮明になる。すなわちマウリー（メディー＋リビュエス）と目される人物がヌミダエ（ペルサエ＋ガエトゥリー）と目される人物に対して加える「お前は現実にガエトゥリー混じりではないか」との暴露に対してヌミダエの側（アプレイウス）は自己の集団の移住者の方（高貴とされる方）の先祖とされるペルサエの偉大な君主の例を出し、相手方にメディーはペルサエに征服された存在であることを思い出させた上でそのキュロスも実は半分メディー混じりだったことを指摘し、いわば勝者の寛容を装いつつ混血呼ばわりの不当性を訴えるのである。ちなみにアプレイウスが同じ箇所で語る故郷 Madaurus の略史はこの町がローマの同盟者たるマシニッサ以来のヌミディア領だったことを強調するものである。つまりアプレイウスにみられるこの明らかに「ヌミダエ＝ペルサエ」ナショナリズムに則ったと思われる言辞との相似性は、逆に『ユグルタ戦争』の民族誌の構図の秘められた親ヌミダエ性を浮かび上らせるものと言えよう。そしてこの推定を裏付けるかのごとくこの民族誌の後半部はヌミダエ集団のその後の発展、すなわちマウリー・リビュエスの住む「北」への逆襲とその成功、「北アフリカ地中海岸全体のヌミダエ化」を語って終わるのである。

　これらの点はこの民族誌の原著者がたとえカルタゴ人であれ既にマウリーとヌミダエという二項対立がイデオロギー闘争の主要な対抗軸であるような歴史の局面に位置しており、その際基本的にヌミダエ側に視点をすえざるを得ない立場にあったことを示唆する。周知のごとくヌミディアという政治的統一体のプランが歴史上姿を現わすのは第二次ポエニ戦争でローマに協力した北アフリカ住民集団 Massylii の長マシニッサ以降であり、彼によるその西に位置するもう一つの有力な住民集団 Masaesylii の征服（前二〇三年頃以降）[10]とローマによる認知によってヌミダエの王国＝ヌミディア王国が誕生する。しかしながら前一一一―一〇五年のユグルタ戦争前夜までヌミディア内部では征服者対被征服者という東西の「民族対立」が再生産され続けたのであり[11]、この内部矛盾が続く限り、さらに西のマウリー諸集団との競争などはヌミディア（Massylii）王権の主要な課題とはなり得なかった。マウリー側の事情からしてもこの段階のマウレタニアには統一的な王権の存在は知られず、また群小王権のどの一つもローマとの本格接触を経験していなかった[12]。すなわちこの前一九〇年代から前一一〇年代までの段階では、ヌミダエの方は既にローマの同盟者（カルタゴ滅亡後はその諸遺産のローマ公認の相続人）として立派に「文明世界」の構成員であったのに対し、マウリーの方はこの国際世界の視野の外に位置しているという落差があったのである。こうした状況下では例えば前一九〇年代から前一四六年までの間に執筆したカルタゴ人 x を想定するとしても、彼がヌミダエを統一体として措定するのみならずマウリーをもヌミダエと対比・競合関係に立ち得るような同レベルの統一体として認識するというのは困難であろう。またヌミダエ内部の「南北関係」ばかりが強調され「東西関係」が言及されないというのはカルタゴ人の意識としては不自然である。[13] しかもこの民族誌は全体としてヌミダエ弁護的であるだけではなく、先の「地中海岸全体のヌミダエ化」と続く19.1の関係から判断できる限りフェニキア人の北アフリカ植民・カルタゴ建設以前における大ヌミディアの存在を主張しているのである。マシニッサによるカルタゴ領蚕食が「父祖の地をカルタゴ人から取り返す」とのスローガンのもとにローマの黙認を得て進行しつつある時期（第三次ポエニ戦争前の「戦間期」）のカルタゴ人xがこのように「売国的」な言辞を展開するというのも想像しにくい。これに対し著者の活動時期をカルタゴ滅亡後、とりわけユグルタ戦争以降と考え、かつこの人物をどんな形であれこの時期のヌミディア王権の思想圏内に身をおいた存在と考えればこの民族誌の示すバイアスは容易に理解し得る。すなわちこの時期にはヌミディア内部の東西問題は「西」を根拠地としつつ「東」を逆に統合して反ローマ戦線を作り上げたユグルタとその支持者の主体形成を通じて一応止揚されて過去のものとなる。同時にユグルタとマウリーの王Bocchusの同盟形成が契機となって少なくとも東方（ヌミディアに隣接する方）のマウリーが、最初はローマの敵として、次にはユグルタをスッラに引き渡してローマに勝利をもたらした新たな同盟者として、ローマを中心とする「文明世界」の枠内に入って来る。そしてユグルタ戦争後のローマによる戦後処理は旧ヌミディア東部（Massylii本来の中心地）には親ローマ的ヌミディア王権を復活させる（ユグルタの兄弟ながらローマ軍のユグルタ討伐戦に加わっていた王族Gaudaの擁立）一方で、旧ヌミディア西部の一部はBocchusに譲渡し、この「大マウレタニア王国」をヌミディアの対抗馬とすることによって両王国にローマへの忠誠を競わせ、特にヌミディアを地盤とする既存体制打倒運動再発の可能性を抑止しようとするものであった。[14]『ユグルタ戦争』の民族誌にみられるヌミダエ・マウリー二項対立図式と、それが内包する、本質的には親ヌミダエ的でありながらマウリー側に有利な主張にも一応の配慮を示さざるを得ずその範囲内でヌミダエ側の「意地」をちらつかせるしかないという葛藤とは、このような、ローマという審判者の前でのヌミディア・マウレタニア両王権の競合と「協力」という歴史の段階におけるヌミディア王権側の意識の反映としてなら充分整合的に解釈し得るのである。

第四節　ヒエムプサル二世期の情勢

以上の分析は *Iug.* 18 に要約された民族誌の原著者がヌミディア王ヒエムプサル二世（彼は Gauda の子である）本人とは限らないにせよ彼と時代と立場を共有する存在である可能性を強く示唆する。（周知のごとくヌミディア王で Hiempsal と呼ばれる人物はもう一人知られており、それはユグルタの単独王権実現過程で彼によって殺されたその従兄弟ヒエムプサル一世であるが、この人物は即位後まもなく殺害されてしまった点は別としてもユグルタ戦争前の存在であり、かつヌミディア内部の上記の東西対立において Massylii の征服者としての権利を主張する側のシンボル――したがってこの旧体制を「西」に拠りつつ変革しようとするユグルタ陣営の主要な攻撃目標――であったと考えられるので[15]、この民族誌の思想圏とは無縁の可能性が強い。）したがって *Iug.* 17. 7 の libri Punici が――王本人が実際に執筆したのか、彼がポエニ語に堪能なカルタゴ知識人の末裔に指示して書かせたのか、もっと間接的なやり方で王の意を汲んだ宮廷人・官僚（ヌミディア王権の公用語は「ポエニ語」であった）の誰かが執筆して献上したのか等の幅はあるにせよ――本当に広義の「ヒエムプサル（二世）著」であって、そういうものとして前四六年の王国滅亡まで保存されていた蓋然性は高いと言わねばならない。しかしこの推定の当否をさらに確かめるためには、ヒエムプサル二世政権の歴史的性格、とりわけそれが直面していた現実のガエトゥリー問題の検討と、この民族誌における「原住民ガエトゥリー」記述の特徴のこれとの比較が必要でありまた有効であると思われる。

先に指摘したようにGaetuliという集団名も北アフリカに実在した先住民集団の彼ら自身の言葉（いわゆるlibyque）による名称を直接ラテン語化したものでは少なくともなく、Γαιτοῦλοι, Γαιτύλοι を経由したものと見られる。さて既知のギリシア語作家における Γαιτύλοι の初出は前二世紀末のエペソスの地理学者アルテミドロスにおいてであるとされ、(16) これはまさにユグルタ戦争の時期に相当する。*Iug.* 80. 1–3 には従来「広大な砂漠」の向うにあって「この時期までローマの威名を知らなかった」ガエトゥリーのもとにユグルタが少数の部下と共に到着し、彼の指導によって「ガエトゥリーの大集団」が先進的な軍事訓練をほどこされた結果、以後ローマ軍の主要な敵（先述のマウリー王 Bocchus の軍と並ぶ）となってゆく有様が印象的なタッチで記されている。フロルスもまたこの戦争の同じ段階を略述した一節で「彼（ローマ軍司令官 Metellus）は……既に自分の領地からも王国からも逃亡した王（ユグルタ）を……ガエトゥリア中追い回した」（Florus, I. 36. 12）と述べており、これらから判断する限りガエトゥリーの諸族はユグルタ以前にはヌミディア王国の正式の版図には属さず、したがってギリシア・ローマ人の認識対象ともなっていなかったと考えられる。すなわちギリシア・ローマ人がヌミディアの奥地に「ガエトゥリー」なる「未開」の「原住民」集団を措定するに至る経緯としては、（1）ユグルタによる奥地住民の動員→（2）ローマ軍によるこの新集団の識別→（3）同時代のギリシア地理学における Γαιτύλοι 概念の形成、という一連の過程を想定し得る。したがってこの「ガエトゥリー」概念をふまえたと思われる「原住民ガエトゥリー」が登場すること自体が既に *Iug.* 18 の典拠がユグルタ戦争後の著作であることを暗示するものであるが、さらに興味深いのはこのユグルタ派奥地住民（「ガエトゥリー」）の戦中・戦後の動向とヒエムプサル二世政権の関係である。

すなわちユグルタ討伐戦終盤の司令官マリウスは奥地住民の拠点 Capsa の攻略を山場とする一連の作戦によってこの段階におけるユグルタの最大の支持基盤の一つ（他の一つは前述のようにマウリー）の当面の解体に成

功、彼らの一部（後の「著名なガエトゥリーたち」*Bell. Afr.* 32 ; 35 ; 56）をローマ軍中にとりこみ、戦争終結（前一〇五年、ユグルタはスッラの尽力でローマ側に寝返ったBocchusの手引によって捕縛された）後は彼らに「土地と領域（境界？）の付与」（agris finibusque donati）と定式化される何らかの恩恵を与えた。[17] そしてこうして「ガエトゥリー」を一大構成要素として形成された親マリウス的地盤の存在が呼び水となって、前八〇年代のマリウスとスッラの抗争はまさしく北アフリカを主戦場の一つとして展開されることとなった。その際注目すべきなのはこの情勢の中でヒエムプサル二世がいち早くスッラ側に転じ[18]、ためにマリウス派の優勢の時期にはマリウス側についた王位僭称者Hiarbas（この人物はGaetulusの可能性がある）[19]により暫時王位を追われるに至ったことである。彼の復位はスッラによって派遣されたポンペイウスのマリウス派残党及びHiarbasに対する勝利（前八一年）でようやく実現するが、これは当然「マリウス派ガエトゥリー」の敗北を意味し、事実彼らは「王ヒエムプサルの権力下におかれた」（*Bell. Afr.* 56）。しかしながらこれはけっしてユグルタ戦争以来のこの潜在的「反体制」勢力の温床を消滅させるものではなかった（「民衆派」～カエサルによるMasintha――この人物はHiarbasの系譜に連なる可能性が強い[20]――の保護、Suet. *Iul.* 71）。それゆえヒエムプサル二世政権後半の課題は、国内的には「ガエトゥリー上層」の王権中枢への組み込み（praefecti equitumとしての登用、*Bell. Afr.* 56. この職はおそらく*Iug.* 46. 5のpraefecti regisと連続性があるであろう）を手段とする彼らの体制内化であり、対外（対ローマ）的にはくり返しこの「ガエトゥリー・カード」を使いつつスッラ体制の一環としてのヌミディア王権の転覆を企てるローマの「民衆派」～カエサルの攻撃をかわし続けることでなければならなかったのである。[21] 翻って『ユグルタ戦争』の民族誌に目を転じれば、そこではヌミダエの南北方向の移動と協同が強調されており、さらにこれを「原住民ガエトゥリー」の記述として見直せば、彼らの「原初」の特徴としてはその未開性だけが強調されているのに対し、移住者と混血してヌミダエの原料の一つとなって以降（第二段階）においてはリビュエスと比較してのその好戦性が指摘されていることに気づかされる。これは「反体制」ガエトゥリーの手強さを思い知らされつつあった王権の実感であったと考えれば納得がいく。さらに言えばこの民族誌全体は前述の二つの対抗軸に拠りつつ最終的には「移住者ペルサエ」の勝利を謳い上げる構想であるのに勝利の原因がペルサエのメディーに対する本来的優越によって説明されるという風にはなっておらず、したがってペルサエの成功の原因は敢えて推論すれば結局混血した相手が原住民のうちのより強い方だったことによるのだと結論されても仕方のないような論理展開になっている。[22] このような展開は移住者の原住民に対する価値的優越を基調とするこの民族誌のトーンを乱すものであり、原著者が自己本来の価値意識を部分的に変更してまで「ガエトゥリー」に配慮しなければならなかったことを示すが、その間の事情はこの人物が上述の課題（王権の撹乱要因である奥地の再編・統合）にとりくみつつあるヒエムプサル二世政権の枢要な位置にあったと考える場合により良く理解できるのである。[23]

註

（1） V. J. Matthews, “The ‘libri Punici’ of King Hiempsal,” *AJPh*, XCIII, 1972, pp. 330–335.

（2） Lenschau, *RE* VIII, “Hiempsal”, col. 1395 ; R. Syme, *Sallust*, Berkeley-Los Angeles 1964. p. 153 etc. これに対し S. Gsell, *HAAN*, I, p. 332 は後述の大プリニウスの記述に言及してカルタゴ図書説を一応考慮した上で否定する。他方、Camps（*Massinissa*, *Libyca* 8/1, 1960, p. 33）は「カルタゴ図書（館の本）」説に傾いていたが、後年（一九九五年）の著作では、この民族誌の内容も検討しつつヒエムプサル著者説に接近している。G. Camps, *Les Berbères : Memoire et identité*, p. 13. ‘libri Punici’ に言及する他の古典史料として、Solinus, XXXII. 2 ; Ammianus Marcellinus, XXII. 15. 8–9 があり、いずれもマウレタニア王ユバ二世のナイル水源についての説の典拠として挙げている。（両者とも Plin. V. 51–53 に拠っていると思われる。）これらの箇所では大プリニウスを意識している以上「カルタゴ滅亡時にローマがアフリカの王たちに与えたカルタゴ図書館の本」（Plin. *n.h.* XVIII. 22）が、直接、想起されている可能性もあるであろう。S. Gsell, *Héredote*, Alger, 1915（rep. Roma, 1971）, pp. 214–217. ただし、Plin. *n.h.* XVIII. 22 自体は「我々の元老院がカルタゴ陥落時にアフリカの小王

（regulis）たちに図書館の本（bibliothecas）を与えた」と述べるのみで 'libri Punici' の語は使われていない。紀元後四世紀末（三九〇年）のアウグスティヌスの書簡中の 'libri Punici' の用法も前後の文脈から見て「(滅亡前の）カルタゴ人が書いた本」「カルタゴ図書（館の本)」だけを排他的に指すというよりは「ポエニ語で書かれた本」、ポエニの文化遺産一般ととった方が理解し易い箇所である。August, *Ep*. XVII,（No. 6）2 : Quae lingua si inprobatur abs te, nega Punicis libris, ut a viris doctissimis proditur, multa sapienter esse mandata memoriae ; paeniteat te certe ibi natum, ubi huius linguae cunabula recalent.

（3） H.-W. Ritter, "Iranische Tradition in Numidien," *Chiron,* VIII, 1978, S. 313–317.

（4） 混血による民族形成史としてなら18のみ、人口過剰の主題の継続に注目すれば 19. 1 まで。

（5） Strab. XVII. 3. 7 ; Pomponius Mela, III. 103–104 ; Plin. *n.h.* V. 46 ; Isidorus, *Etymol*. IX. 2. 118.

（6） 写本は nomadas あるいは numadas, numidas（いずれも対格形）に分かれ、numidas は R. Zimmermann, *Der Sallusttext im Altertum*, München 1929 をふまえた Teubner 版（1957）の校訂者 A. Kurfess によって採用されている。Cf. Isid. IX. 2. 120f. 他方、Oxford 版（L. D. Reynolds, 1991）は Teubner 旧版（A. W. Ahlberg）と同じく nomadas を採る。この箇所の読みはいずれにせよ、ラテン語の Numida, Numidia の語源問題（それをサルスティウスが意識して書いているかどうかも含めて）とも関わる。本書第二章註（51）参照。

（7） ストラボン（Strab. XVII. 3. 7）も「ペルシア人」（Pharsii）への連想を誘う Pharusioi（Φαρούσιοι）なる現地種族に言及し、またマウルスィオイ（マウリー人）についてヘラクレスが連れてきたインド人であると述べているが、この一節全体がサルスティウスの「民族誌」の影響を受けているのかもしれない。Cf. E. Lipiński, "Les Mèdes, Perses et Arméniens de Salluste, *Jug*. 18", *Ancient Society*, 23, 1992 pp. 149–158. Cf. Pomp. Mela, III. 103（dein Pharusii aliquando tendente ad Hesperides Hercule dites,…). Cf. Plin. *n.h.* V. 10 ; 16 ; 46. Camps, *Les Berbères : Memoire et identité*, p. 15. また古代の地中海周辺でペルシア人（Pharsii）と呼ばれるのはイラン高原にいるものとしてのアケメネス朝ペルシアの勢力だけとは限らないことにも留意すべきである。カッパドキア王家はペルシアの王家の後裔とされているし（App. *Mith*. Chap. II（9））、これと同じ王統に属するとされるポントス王ミトリダテス六世はダレイオス大王の一六代目の子孫（App. *Mith*. Chap. XVI（112））と明言されている。プルタルコスはポントス王ミトリダテスとその軍勢のことを繰り返し、「ペルシア王」「ペルシア人（の)」と記している（Plut. *Luc*. 3 ; 9 ; *Pomp*. 32)。〔プルタルコスの用語法がサルスティウスの失われた *Historiae* の用語法に倣っている可能性もある。「ルクッルス伝」の中でサルスティウスは2回も言及されている（*Luc*. 11 ; 33)。〕さらに言えば、これらの「ペルシア人」と表現され得る諸民族ではなく、アケメネス朝の真正のペルシア人そのものがこの 'libri Punici' において想起されている可能性もある（本文第三節のアプレイウスのキュロス大王への言及)。カルタゴは実際にダレイオス大王から命令される立場（Iust. XIX, 1）にあったのであり、ポエニ語圏に淵源を持つ文献にアケメネス朝ペルシアとその統治下の諸民族（メディア人、アルメニア人）が登場しても不自然ではない（ヌミダエとの系譜関係は作り話であったとしても）。この「ポエニ（語）本」が本章で分析したように親ヌミダエ的文脈で書かれたとするなら、カルタゴの「目上」の存在としてのペルシア帝国系諸民族をヌミダエの祖としようとする主張は整合的とも言える。

(8) Gsell, *HAAN*, V. p. 105 で言う固有名詞化はこの広義の用法に関するもの。

(9) この「現在に至るまで」（adhuc）は文法的にはサルスティウスの執筆時であろうが、mapalia についてのこの説明は彼独自の観察による新見解というよりは現地住民の示唆（その背後にある libri Punici 以来の伝承）に基く可能性が強い。*Iug*. 17. 7.

(10) G. Camps, *Massinissa*, pp. 189–190.

(11) 本書第二章八八—九〇頁参照。

(12) すなわち後述のユグルダの同盟者 Bocchus がローマと接触したことが確認される初の統一マウリー王である。*Iug*. 19. 8. Cf. Camps, *op. cit.* p. 162.

(13) Masaesylii はポエニ戦争期のカルタゴの同盟者。

(14) 後述の Hiarbas は Mauri の協力で鎮圧された。

(15) 本書第二章参照。

(16) Gsell, *HAAN*, V, p. 109, n. 3（Liv. XXIII. 18. 1 のハンニバル軍中の Gaetuli を年代記作家によるものとして退ける）。

(17) *Bell. Afr.* 56. Gsell, *HAAN*, VII, pp. 263–264 はこの背後にいわゆるマリウスの退役兵植民への参加をみる。

(18) Plut. *Mar.* 40 ; App. *bell. civ.* 1. 62.

(19) Lenschau, *RE* VIII, "Hiarbas"（2）col. 1388. cf. Sil. Ital. *Pun.* II. 54-64.

(20) Lenschau, *RE* VIII, "Hiempsal" col. 1395.

(21) *Ibid.*

(22) もちろん 18. 12 の quia Libyes quam Gaetuli minus bellicosi の文章上の意味はこれとは違い、混血・「北」へのその一部の移住後のヌミダエのうちの「原」ヌミダエの周辺住民 Gaetuli よりも「新」ヌミダエの周辺住民 Libyes の方が好戦性が少なかったの意であろう。

(23) 本章で分析したサルスティウスによって紹介されている「王ヒエムプサル（二世？）のポエニ（語？）の本」に現われる西方（スペイン）に来た（「スペインで死んだ」）ヘラクレスの伝承と結びつけられた北アフリカ諸種族の系譜伝承に類似したものとして、プルタルコス『セルトリウス伝』が伝える Tingis に関する伝承（Plut., *Ser*. 9. 8–10）と、ヨセフス

『ユダヤ古代誌』が伝えるヘラクレスとアブラハムの系譜の接続に関する伝承（Joseph. *Ant. Iud.* I. 15. 1）がある（ガデスのヘラクレス神殿を「エジプトのヘラクレス」Aegyptii Herculis のものとする Pomp. Mela, III. 46, ヘラクレスと Pharusii を関連づけている idem, III. 103 も参照）。

前者はヘラクレスとティンギの結婚から息子 Sophax が生まれ、この Sophax が Maurousi を治め、その息子 Diodoros が Massylioi と Masaesylioi の父であると述べる。後者は、ヘラクレスがリビア遠征（アンタイオス退治）にアブラハムと二人目の妻ケトラとの間の三人の息子のうちの二人（エフェル――アフリカの語源？――とヤフラス Iaphras）を伴い、アフラノス（ヤフラス？）の娘と結婚して息子ディオドロスをもうけ、ディオドロスは息子 Sophon をもうけ、「蛮人たち」はこのソフォンにちなんで Sophaces と呼ばれている、と述べている――この記述をヨセフスは前一世紀のミレトスの著述家 Alexandros Polyhistor を引用して述べ、その引用の中でアレクサンドロス・ポリュヒストルはさらに「ユダヤ人の歴史を著したマルコス Malchos とも呼ばれた預言者クレオデーモス Kleodemos」の書（不詳）を出典としている。（*FGrHist* 273F102）

この三つ（サルスティウス、プルタルコス、ヨセフス。二次的な伝承に見えるストラボンや大プリニウスを一応除外するとした場合）のアフリカに関係するヘラクレス伝承の相互関係、また各ヘラクレスが何者なのか――アルクメネーの息子ヘラクレス（ギリシアの英雄）なのか、フェニキアのメルカルト（スペインのガデスに祀られていた）神話の流れなのか、あるいは第三のリビアの、あるいはエジプトのヘラクレスなのか等々――は複雑な問題群で、一挙に解決することは難しい。しかし私見によれば Sophax と Syphax（シュファックス――マサエシュリー王）の類似性、マウルスィーとマサエシュリーの隣接性（伝承上は「ヘラクレスの柱」をはさんでの）等の、プルタルコスとヨセフスの伝える二伝承の特徴は、これらがサルスティウスが伝えるヌミディアの起源がらみの伝承と何らかの関係があり、三者とも、アフリカの諸種族・王権の系譜を意識したものであり、単なる（ギリシアの）ヘラクレス神話の派生系でもなく、また（フェニキア・カルタゴの）メルカルト信仰の残存だけでもない――アフリカの王権側の何らかの主張を間接的にか、あるいは（もしヒエムプサル二世自身が「ポエニ（語）の本」の内容にタッチしていた場合はそう言い得るであろうように）直接的に反映している可能性の高い系譜伝承であることを示している。Coltelloni-Trannoy, *Le royaume*, p. 175 はマウレタニア王家（ヌミディア王ユバ一世の子ユバ二世とその子プトレマイオスの）のヘラクレスのイコノグラフィーは、単なるヘレニズムの反映ではなく、このような現地の古い伝承と関連している（その際、学者王であるユバ二世自身のイニシアティヴが働いている）ことを示唆する。プルタルコスの著作への学者としてのユバ二世の影響（数多く引用されている）については、C. E. Konrad, *Plutarch's Setorius*, Chapel Hill and London, The University of North Carolina Press, 1994, p. 115. Cf. Ulrich Huttner, *Die politische Rolle der Heraklesgestalt im griechischen Herrschertum*, Stuttgart, 1997, S. 211–220.〔マケドニア王家やペルガモン王家の場合と同じくあくまでギリシア神話のヘラクレス系譜としてユバ二世——および王妃クレオパトラ・セレネ（プトレマイオス朝のクレオパトラ七世の娘）の系譜についての主張を分析。」ただし Huttner もこれらの系譜とポエニ・ヌミディア側の伝承（Melqart, アフリカのヘラクレスとの関係）には言及している。*loc. cit.*, S. 214–215, n. 16, 17. ティンギスとリクソス Lixos にはポエニ人の定住が見られ、リクソスで発掘された建物の遺構はメルカルト／ヘラクレス神殿であった可能性が高いという。

メルカルト／ヘラクレス伝承（「西方のヘラクレス」、「スペインで死んだ」ヘラクレスをめぐる伝承）とその意味について、論じた邦語文献として、栗田伸子・佐藤育子著『通商国家カルタゴ』講談社、二〇〇九年、第三章（栗田執筆部分）参照。

本章の骨子にあたる部分は、第七回国際フェニキア・カルタゴ学会（於チュニジア、ハマメット、二〇〇九年一一月）で報告し、この学会の報告集に以下の形で掲載、公刊されている。Nobuko KURITA, "À propos des "libres puniques" du roi Hiempsal : Analyse d'un passage du *Bellum Iugurthinum* de Salluste" in A. Ferjaoui et T. Redissi（eds.）, *La vie, la mort et la religion dans l'univers phénicien et punique : Actes du VIIème congrès international des Études phéniniennes et puniques*（Hammamet, 9–14 novembre 2009）, Tunis（Institut National du Patrimoine）, 2019, t. I pp. 237–242.

補註　「「ヌミダエ」≒「ノマデス」起源論成立の場について」

本章で検証したように、サルスティウスが引用・要約している「民族誌」的叙述は、ヌミディア王国がマッシュリー王国ではなく「Numidae の王国」「Nomades（Νομάδες）の王国」として通用しているような環境においてその Numidae ≒ Nomades の語源論がらみの起源について何らかの主張を行なっているものである。その点で、この「民族誌」は著者（ヌミディア王であれ、滅亡前のカルタゴ人であれ）のある程度のギリシア語圏との接触を前提としていると言える。

ヌミディア王権はポエニ圏の周縁部から出現した王権（本書第二部）であり、現存する公的な碑文（いわゆる横書きのリビア文字の（Chabot, *R. I. L.*（*Recueil des inscriptions libyques*）, n°1～11）のうちの二つはポエニ語との併記であり（*R. I. L*, n°1, 2）、王名にも Adherbal（カルタゴの有名な艦隊司令官と同名）のようにポエニ語が見られ、貨幣の銘もほとんどがポエニ文字であり（ただしヒエムプサル二世の息子ユバ一世の貨幣にはラテン文字で REX IVBA と刻銘されたものがある。*Encyc. ber.* XXV, 2003, 'Juba', p. 3921（M. Coltelloni-Trannoy）. これにはローマ人によるユバの王としての承認問題が関わっているかもしれない。これらの貨幣はキルタではなく属州アフリカのウティカの造幣所で発行されている。J. Alexandropoulos, *Les monnais de l' Afrique antique ; 400 av. J.-C.-40 ap. J.-C.* Toulouse, 2007, pp. 174–176. 本書補論註（18）参照）、ポエニ語が（リビア語と並んで）「公用語」であったと言える（Val. Max. I. 1. ext. 2 はマシニッサが「彼の種族の文字で」象牙に銘を刻ませたことを述べる同じ文中で彼の「ポエニの血統：Punico sanguini」に言及する）が、そのポエニ圏ないしポエニ化圏（aire punicisante 西地中海のカルタゴ・ポエニ人の活動圏。北アフリカ一帯からイベリア半島南部まで広がる）はシチリア、南イタリアのギリシア語圏はもとより、マッシリア市とも、またアテナイとも数世紀にわたって（アテナイとは前五世紀以来）交易・交流関係を有していた。J.-P. Morel, "Carthage, Marseille, Athénes, Alexandrie", *Actes du IIIème congrès international des Études phéniciennes et puniques*（Tunis, 11–16 nov. 1991）, Paris, 1995, t. II, pp. 264–281. Thieling, *Der Hellenismus in Kleinafrika*, S. 18, Anm. 5. マシニッサ以降のヌミディア王権はこのポエニ圏に内包されたギリシア・ヘレニズムとの接点を継承したと思われるし、また、仮に、ヌミディア王墓のうちの最大のものであるメドラセンの王墓がアレクサンドリア市のアレクサンドロス大王墓を模倣したものだとの最近の説（本書第五章註（98）参照）が正しいなら、カルタゴではそれほど顕著ではなかったとされる（Morel, *op. cit.*, p. 277. Cf. M. Rostovzeff, *The Social and Economic History of the Hellenistic World*, 3rd ed., Oxford, 1959, vol. I, pp. 396f.）アレクサンドリアとの交流もあった（ポエニ圏のヘレニズムと区別された「ヌミディアのヘレニズム？」）ことになる。〔ただしメドラセン他のヌミディア王墓、墳墓を組織的に調査したカンプスは、メドラセン＝アレクサンドロス大王墓模倣説を 'imprudent' と断じているのだが。G. Camps, "Modèle hellénistique ou modèle punique? Les destinées culturelles de la Numidie", *Actes du IIIème congrès international des Études phéniciennes et puniques*（Tunis, 11–16 nov. 1991）, Paris, 1995, t. II, 〔pp. 235–248〕, p. 245.〕

他方、滅亡直前のカルタゴに、ギリシア文化、アテナイへの強い志向があったことは、後にアカデメイアの学頭となった哲学者ハスドゥルバル＝クレイトマコスの存在からも明らかである（Diog. Laer. IV. 67）。

本章で分析した「王ヒエムプサルのポエニ（語？）の本」は、以上で述べたようなポエニ圏とギリシア圏の交点のいずれか――それはギリシア方面のどこかではなく、ヌミディア・カルタゴ国内のギリシア人、マグナ＝グラエキア人（「イタリア人」）のいる環境である可能性が高い。「本」はポエニ語で書かれているのであるから――で生まれた 'Numidae ≒ Νομάδες' 問題群をめぐる対立する言説の一つ（おそらくヌミダエ寄りの）と考えられるのである。Cf. Plin, *n.h.* V.（2）22.

〔ちなみに 'Numidae' の真の語源そのものは、いまだ論争の的となっている複雑な問題であり、ここで見たような、ギリシア語 'Nomades' に由来するとする見解の他に、ヌミディア東部の Khamissa 付近にいた 'MN' の子音で始まる種族の名がラテン語の 'Numidae', 'Numidia' の名の由来であるという説が Gsell 以来ある。S. Gsell et Ch. A. Joly, *Khamissa, Madaouroch, Announa, Ire partie : Khamissa*, Alger/Paris, 1914, pp. 13–14. これに対し、ギリシア語の nomades（νομάδες＝「遊牧民」）が語源であるとの説は古代（Plin. *n.h.* V. 22 他）以来一般的に見られる。G. Camps, *Les Berbères : Mémoire et identité*, pp. 67f. 第二章註（51）も参照〕。

補論　ヌミディア王国の解体

ヌミディア王国の滅亡は、共和政末期ローマ内戦の歴史の一コマ（「巻き添え」）として描かれることが多い。しかし王国滅亡と共和政終了との間にはより構造的な関係があった可能性も想定される。本章では、ヌミディアが果たし続けた対ローマ軍事奉仕に注目しつつ、王国解体への転機がいつ頃、どのような文脈で訪れたかを問うことで、ローマ史上の大転換である共和政から帝政への移行という問題への被支配地域側からのアプローチを試みる。

第一節　カエサル・ポンペイウス「内戦」とヌミディア併合

第一章で見た通り、ユグルタ戦争における対ローマ敗北は、ヌミディア王国をただちに終わらせたわけではなく、西部はマウリーの王（マウレタニア王）ボックスに割譲されたもの(1)の、従来からの王国中心部である東部は首都キルタを含めて温存され、ユグルタの弟ガウダが即位して、王国の支配体制は生き残った（ローマへの従属の度合いは、深まったと考えられるが(2)）。

ヌミディア王国の文字通りの滅亡は、よく知られているように、前四九年以降のカエサルとポンペイウスの全面戦争（ローマ「内乱」）において、ガウダの孫でヒエムプサル二世（「ポエニの本」の所有者ないし著者かもしれない――前章参照）の息子ユバ（一世）がクウィントス・メテッルス・ピウス・スキピオや小カトーと共にアフリカでカエサルと戦い死んだ後（前四六年）(3)の、戦後処理による(4)。

この結末は、通常そう考えられがちなように、「内乱」においてヌミディア王が偶然、「ポンペイウス派」という結局敗北した側に就いたためではない(5)。前五〇年にカエサルの手先である護民官（ガイウス・スクリボニウス・）クリオがヌミディア併合案を提出して以来[6]、この問題はカエサルと小カトーら元老院主流派（「ポンペイウス派」）との対決事案になっていたと思われ、したがって「内乱」、すなわち「カエサル派」と「ポンペイウス派」両軍の戦争で争われている事由そのものの一つである。この戦争の「けり」がアフリカ戦役でのカエサルの勝利（タプススの戦い）でほぼついたのもそれゆえ、偶然にではなく、ヌミディアという「クリエンテーラ王国」、その存在を当然の前提としている共和政ローマ（「元老院中心」の寡頭政的体制と言われるもの）を両者をつなぐ構造もろとも粉砕したのがアフリカ戦役だったとも考えられる。王ユバの死とウティカにおける小カトーの死は、――後者の方が当然重視されるが――政治的意味としては等価であり表裏一体である[7]。

クリオ―カエサルのヌミディア併合・解体のアイデアの淵源を探ることは簡単ではない。「アフリカ」にコロニア（植民市）を作るという動きの延長に現地王権排除を見るならば、問題はガイウス・グラックスによるカルタゴ市の故地への植民市ユノーニアの建設計画まで遡ることになるであろう[8]。ガイウス・グラックスの植民市建設→ユグルタ戦争後のマリウスの退役兵のアフリカ・ヌミディア各地への植民→共和政末「内乱」後のカエサル―アウグストゥスによる大々的な植民（アフリカの「ローマ化」の全面解禁）という流れを想定し、その背後に、カルタゴの故地への都市建設をポエニ戦争の宿敵の「復活」として危惧し、反対する元老院主流派（「寡頭政」ないし「閥族派」）と、この障害を突破して没落市民層救済のための植民政策実行へ舵を切ろうとする「民衆派」の長い闘争を見るのはモムゼン以来の通説的理解である[9]。しかしこの補論では、このストーリーの当否を直接問うのではなく――そのためには共和政期ローマ史のかなり大幅な再検討が必要となる――ヌミディア王国と共和政ローマの「友好関係」の最も重要な発現の場であるヌミディアからローマへの軍事的協力（その一環としての物資、穀物の供与）にあらためて着目して、史料に現われるそのあり方を通時的にたどり、そこに何らかの画期を発見できるのかを探りたいと思う。ローマの支配が成就する現場は、アフリカ・ヌミディア

（あるいはこれらの地域の勢力）との諸関係の中であって、ローマ市民団内の「内政」上の諸党派（マリウス派、スッラ派、ポンペイウス派、カエサル派…）はむしろ「現場」の諸問題が政治史的表面まで到達した時に生じる亀裂のようなものだったとも考えられるのである。

第二節　対ローマ補助軍・物資提供の変遷

「私の一族（マシニッサ以来のヌミディア王家）のもとにある限りのものは、すべての戦争において（in omnibus bellis）あなた方（ローマ）のお役に立ててきました」（元老院でのアドヘルバルの演説。Sall. *Iug.* 14. 13）。

この言葉の通り、史料からはローマの対外戦争においてヌミディアから軍勢（いわゆる補助軍 auxilia）や物資が提供された例が数多く知られる。以下に筆者が発見できた例を（史料のではなく）その出来事の年代順に記す。（ローマとマシニッサの友好の起点となった第二次ポエニ戦争での協力関係については本書でいう「ヌミディア王国」の成立以前であるので省く。）なお一モディウスは約九リットルにあたる。

1. 第二次マケドニア戦争（前二〇〇—一九六年）

元老院からマシニッサへの要請にもとづきヌミダエ騎兵一〇〇〇、小麦・大麦二〇万モディウスずつを提供。この時は王マシニッサ自ら騎兵の乗船を手配してマケドニアへと送っている（前二〇〇年）。さらに前一九八年夏にも騎兵二〇〇、象一〇頭、二〇万モディウスの小麦をギリシアにいる軍に送っている。〔Liv. XXXI. 11. 10 ; 19. 3–4, XXXII. 27. 2〕

2. シリア戦争（アンティオコス戦争）（前一九二―一八九年）
元老院からの要請にもとづきマシニッサが、小麦五〇万モディウス、大麦三〇万モディウスをギリシアにいる軍勢に、小麦三〇万モディウス、大麦二五万モディウスをローマに、騎兵五〇〇と象二〇頭をコンスルであるマニウス・アキリウスに提供。この時は穀物については代価の支払いを受けたと思われる（前一九一年）。〔Liv. XXXVI. 3. 1 ; 4. 8-9〕

3. 第三次マケドニア戦争（前一七一―一六七年）
マシニッサが、騎兵一〇〇〇、歩兵一〇〇〇、象二二頭及び穀物を提供。王子ミサゲネス Misagenes がこれらの軍勢を指揮（前一七一年）[10]。さらに小麦一〇〇万モディウス（この穀物についてはローマが代価を支払った可能性がある）、騎兵一二〇〇、象一二頭を提供（前一七〇年）。〔Liv. XLII. 29. 8 ; 62. 2. XLIII. 3. 6 ; 6. 11f. XLV. 13. 14-15〕

4. 第三次ポエニ戦争（前一四九―一四六年）
元老院からマシニッサへ援助要請。その直後にマシニッサは病没。小スキピオが嫡出の三王子を即位させ役割分担を決めた後、三人の新王のうちの一人グルッサ Gulussa を戦場に伴う（前一四八年）。〔App. *Lib.* 105 ; 106 ; 107. Liv. *Per.* XLIX ; L〕

5. ケルティベリア戦争（対ウィリアトゥス Viriathus 戦争）（前一四二年）
指揮官ファビウス・マクシムス・セルウィリアヌスが王ミキプサに書簡でできる限り早く象部隊を送るよう要請。ミキプサは象一〇頭と三〇〇の騎兵を送る。〔App. *Iber.* 67〕

6. ケルティベリア戦争（ヌマンティア戦争）（前一四三―一三三年）
王ミキプサがイベリア半島で指揮をとるQ・カエキリウス・メテッルス・マケドニクスにさらに象を

送った可能性（Val. Max. IX. 3. 7）。王ミキプサがヌマンティアを包囲する指揮官スキピオに騎兵と歩兵および象一二頭、弓兵・投石兵隊（これは通常象部隊に伴うものだが）を含む援軍派遣。甥のユグルタが指揮（前一三四―一三三年）。〔App. *Iber.* 89. Sall. *Iug.* 7. 2〕

6′. 王ミキプサの使節が元老院に来て、ガイウス・グラックス（グラックス兄弟の弟の方。当時クアエストルとしてサルディニアで従軍）への好意（χάριτι）から王が既にサルディニアの指揮官に穀物を送った旨、告げるが、物資不足で困窮するサルディニアのローマ軍への協力を（サルディニアの）各都市で呼びかけていたガイウスの動きを、民衆の好意を得るための活動（ローマでの護民官選挙に向けた?）と警戒した元老院は、不快を示して使節を立ち去らせた。〔前一二六／一二五年。Plut. *C. Gracchus*, II〕

6″. 王ミキプサがガリア人との戦いを指揮するCn. ドミティウス・アヘノバルブスに象を送った可能性〔前一二一年。Flor. I. 37. 5, Oros. V. 13. 2〕

7. イタリア同盟市戦争（前九一―八九年）

前九〇年のコンスル、セクストゥス（ルーキウスの誤りか）・カエサルの軍勢の中に、ガリア人の歩兵、ヌミディア人（ノマデス）、マウレタニア人（マウルスィオイ）の騎兵と歩兵がいた。この時、同盟市側は、ローマ軍の中のヌミディア人の離反を促すべくユグルタの息子オクシュンタス（ウェヌシア市でローマの虜囚となっていた）に王の紫衣をまとわせて度々ヌミディア兵に示した。彼らの多くは自らの王のもとに赴くかのようにローマの陣営から脱走したので、セクストゥス・カエサルは残りの者をリビア（アフリカ）に帰さざるを得なかった。〔App. *b. c.* I. 42〕

8. ガイウス・ユリウス・カエサルのガリア戦争（前五八―五二年）

カエサルの軍勢中にヌミダエ人の部隊（少なくとも一部は「軽装」）が参加（前五七年）。〔Caes. *Bell. Gall.* II. 7.

1；II. 10. 1；II. 24. 4〕

9.「内乱」時のポンペイウス軍（前四七年）

ポンペイウスのためにユバが大きな援軍（magna auxilia）を既に送っており、さらに大規模な援軍（auxilia maioraque）を送ると思われたので、カエサルがスペインのカッシウス・ロンギヌスに軍を率いてアフリカに渡り、マウレタニアを通ってヌミディアの領土（finis Numidiae）まで来るように要請。カッシウスは、新たなプロウィンキア（pl.）と最も豊かな王国（fertilissimum regnum）を手に入れる機会だと考えて、ただちに渡航の準備をした（前四七年春）。〔*Bell. Alex.* 51〕

ユバが最初に「ポンペイウス派」に援軍を送ったのはいつか、どのような経緯（元老院の要請など）によるものかなどは、カエサル文書（『内乱記』及び『アレクサンドリア戦記』『アフリカ戦記』）では明確には述べられていない。『内乱記』では前四九年初頭の（ルビコン直前の）元老院で、王ユバを「同盟者にして友人とすべし（ut socius sit atque amicus）」との動議が出されたが、前四九年のコンスルの一人ガイウス・クラウディウス・マルケッルスが当面は反対せざるを得ない（Caes. *Bell. Civ.* I. 6）と退けたという。このようにカエサル文書では「ポンペイウス派」内部でもユバの処遇（前五〇年の護民官クリオの併合案提出以来の「ヌミディア王国をどうするか」という問題）は宙ぶらりんになっていたかのような記述である。

10.「内乱」時のアフリカ戦役

「ポンペイウス派」（前述のようにメテッルス・スキピオを指揮官とする元老院主流派である）にはユバ一世が参加したのに対し、カエサル軍にはスキピオの陣営から脱け出したガエトゥリー人が加勢した。その背景にはユグルタ戦争の時、マリウスがガエトゥリー人を親切にとり扱い、カエサルはマリウスと縁続きだという事実があった（*Bell. Afr.* 32. 3f）。この事件は属州アフリカの海岸部、タプススの近くの、カエサルが陣を構えたRuspina近郊で起こっている。ヌミダエもガエトゥリーと並んでスキピオの陣を脱け出したが、彼らはカエサル軍には加わらず、ユバの王国へと向った（*Bell. Afr.* 32. 3）。ガエトゥリーの脱営者の中からカエサルはより著名な者たちを選び出し、彼らの同国人に宛てた手紙を託し、「自らと自らの民を守るために挙兵せよ。自分たちの敵・対立者の命令に唯唯諾諾と従うな」と励ましつつ送り出した（*Bell. Afr.* 32. 4）。またカエサルの陣を偵察（特に象部隊への備えを）させるべく脱営者に見せかけてスキピオが送り込んできた二人のガエトゥリー人は、人払いの上カエサルと話すことを許されるや否や「自分たち、ガイウス・マリウスのクリエンテスである多くのガエトゥリーは（complures Gaetuli, qui sumus clientes C. Mari...）、（大部分のローマ兵も同様なのだが）あなたのもとに逃れ、あなたの保護を頼みたいと望んでいる」（*Bell. Afr.* 35. 2–4）と語った（この場合の「クリエンテーラ」は文字通りのパトロヌス―クリエンテス関係であろう）[11]。32. 4でカエサルが送ったガエトゥリーの故郷への使いは同国人（ガエトゥリー人）たちと共にカエサルの陣に到着した。彼らは「使節たちの権威とカエサルの名声により容易に王ユバから離反し、全員が王に対して武器をとって戦うことをためらわなかった」（*Bell. Afr.* 55. 2）ので、これを知ったユバはカエサルに向けていた自分の軍勢から六大隊（コホルス）を割いて自分自身の王国の領土に、ガエトゥリー人への備えとして派遣せざるを得なかった（*Bell. Afr.* 55. 1–3）という。さらにカエサルが陣を拡げ敵勢と接近すると、その機会を捉えて、王の騎兵隊に属する、騎兵隊長本人も含むより高貴な（nobiliores）ガエトゥリー人たちがUzittaの近くの平原にあったカエサルの陣に脱走して来た。「彼らの父たちはマリウスと共にあったことがあり、武功により、マリウスの恩恵（beneficium）によって農地と土地（agris finibusque）を与えられたが、スッラの勝利後王ヒエムプサルの権力の下におかれていた」（*Bell. Afr.* 56. 3）のだと説明されている。

以上のリストを眺めてみると、1～6と7～10、あるいは1～7と8～10の間に、ヌミディアからの対ローマ軍協力のあり方における何らかの変化を認めることができる。すなわち1～6においてはローマ軍中のヌミダエ（ヌミディア人）はヌミディア王家によって、王家の成員を指揮官として派遣されているのに対し、10では王ユバ自らが将軍サブッラ Saburra と共にヌミディア軍を率いて「ポンペイウス派」に参加しているにもかかわらず、カエサルはこのヌミディア軍中のガエトゥリー人部隊（その一部は王の騎兵隊のメンバー）の切り崩しに成功しており、そしてそれはユグルタ戦争時のコンスル、マリウスによるガエトゥリーの懐柔（パトロヌス―クリエンテス関係の構築――これは研究史上のタームとしてではなく、上述のように史料に明記されている）と、このクリエンテーラ関係のマリウスからカエサルへの姻戚関係を通じた継承によって実現している。7と8の例は結論を導き出すには記述が簡単すぎるが、8の『ガリア戦記』中のカエサル軍のヌミダエについては、ヌミディア王家からの派兵というよりは、カエサルと王家以外のヌミダエとの、クリエンテーラ的関係によって動員された可能性が高い。カエサルとヌミディア王家の関係はこの数年前（前六二年頃）から険悪となっていたからである（詳細については後述）。7は同盟市側とカンパニアで交戦中のコンスルの軍にヌミディア兵（Nomadas）がいたことを示すと同時に、このヌミディア兵たちが紫衣（王権の印）をまとった「ユグルタの息子」に反応して同盟市側に加わったことを記した貴重な史料である。（グセルはこれをユグルタの思い出が原住民の間にまだ生きていた証拠として挙げる。）[12] ヌミディア兵がマウレタニア兵と並んで出てくる点も興味深いが、コンスルのルーキウス・ユリウス・カエサル（アッピアノスは前九一年のコンスル、セクストゥス・ユリウス・カエサルと混同しているが）[13] に関する他の情報がないので、彼がヌミディア兵・マウレタニア兵を動員した経緯は分からない。9はローマと他国との戦争にヌミダエが参加したというより、上述のようにヌミディア王国の存立がカエサル一派によって脅かされている中での王ユバの行動であるので、10でのユバ軍の例と同じく例外的（軍事協力ではなく戦争当事者であるという点で）事例である。

以上からとりあえずの仮説を立てるとすれば、8と10の時期（前一世紀前半、前四六年まで）では1～6（あるいは7）まで（前二世紀）とは異なる点として、ヌミディア王権の「頭ごし」にローマの軍司令官（imperium 保持者）がヌミダエあるいはガエトゥリー人の集団を、おそらくこのマリウス—カエサルの場合のように個人的クリエンテーラ関係によって動員する傾向が見られたのではないか、ということである。この場合、当該集団へのローマ元老院からの要請や、集団の長をローマの「友人にして同盟者」と元老院で宣する手続き（ヌミディア王が相手の場合はマシニッサの場合も、9のユバの場合も一応そうしようとする様子——省略する場合もあったのかもしれないが——が見られるのだが）がとられたようには見えない。すなわちこの時期には元老院も「頭ごし」にされていると言える。前二世紀には慣例として一応存在したらしい元老院から外国王（あるいは都市等）への要請については、対ギリシア世界の場合ではあるが、興味深い例が知られている。第三次マケドニア戦争の時、前一六九年に出された一つの元老院決議は「なんびとも元老院が決議（票決）したのでない限り、戦争においていかなる物をもローマの政務官に提供してはならない」と定め、この決議はローマの使節らによって全ペロポネソスの都市で布告された（Liv. XLIII. 17. 2, cf. Polyb. XXVIII. 13. 11 ; 16. 2）。これはローマの政務官らがてんでに勝手に命じることによって彼ら（ギリシア人）が疲弊することを防ぐためだったと説明されている。[14] 第二次ポエニ戦争時の大スキピオ以来、imperium 保持者の職権による動員は常にあったが、そのようなローマの政務官による物資の調達や援軍要請の前提としての元老院の要請（決議）という慣行は基本的には物資・兵員を提供させられる現地側に有利な仕組みと考えられていたことが分かる。したがってヌミディアの場合も、元老院から王家への要請があるのが普通であった前二世紀からローマの将軍（マリウス—カエサル）による直接的動員が横行する前一世紀への変化は、ヌミディアの社会にとっては状況の悪化であったと推定できる（——ガエトゥリー人にとってはヌミディア王権からの「独立」のチャンスだったかもしれないとしても――）。王国解体の兆しは命令権（imperium）保持者による現地からの軍事的協力調達過程における「王家・元老院はずし」という形で現われ、それはローマにおける共和政（元老院はその要である）解体と軌を一にしていると考え得る。

第三節　王国解体の開始とローマ共和政の終焉

前一世紀におけるヌミディア王国のこのような立場の悪化はユグルタ戦争の敗戦の直接的結果でもあるであろうが、――つまりヌミディア王国はローマの目から見て第二次ポエニ戦争以来の腹心の友（マシニッサ）の国という立場からローマに刃向かった悪辣で腐敗した王（ユグルタはローマ政界の「買収者」である）の国へと転落したから――、より巨視的に見れば、前二世紀型の、つまり王国の「安定期」にあったヌミディア王権を媒介としたローマの北アフリカ支配の基盤がミキプサ時代の間に徐々に掘り崩されてしまい（第二章で見た王家の孤立、ユグルタの人気）、こうして立ち現われたユグルタのヌミディアとの戦争という形でこの支配の危機に直面したローマの支配層が、戦争の諸過程、戦後処理の諸場面において新しい支配の型を模索した結果とも言えよう。ノービリス（門閥貴族）であるコンスル――軍司令官としては極めて有能である――メテッルスからマリウス（属州アフリカのネゴーティアトーレスとの間に何らかの利害の一致がある。Sall. *Iug.* 64. 5 ; Vell. Pat. II. XI. 2 'publicanos'）への指揮権の移行（ローマ政界における「ポプラーレス（民衆派）」の勝利といわれるもの）の必然性はここにあり、マリウスがその後ローマでしたこと以上に彼がユグルタ戦争中あるいはその後のいわゆる退役兵植民、スッラとの抗争の時期に至るまでの間にアフリカ・ヌミディアでしたこと、しようとしたことの方がおそらくより重要である。前述のガエトゥリー人とのクリエンテーラの構築、それと無関係ではないアフリカへの植民（計画）——ヌミディア王国内の「穀倉」であり、王領地の多くがそこにあったともされるバグラダス川中流域（「大平原」）にガエトゥリーがローマ市民権を付与されて植民された（もともとローマ人の退役兵ではなくて）との説もある[15]——、スッラとの闘争時におけるヌミディア王ヒエムプサル（二世）への敵対者ヒアルバス Hiarbas（リウィウス『摘要』では Hierta）との連携等[16]、マリウスとその一派がとった方策の中には既に後にクリオとカエサルが企てたヌミディア王家転覆、王国解体の諸要素が先取りされている。ただしマリウス本人に王国解体の意図がなかったことは、スッラに敗れてアフリカへ逃れ、属州アフリカでの上陸に失敗して、海路ヌミディア王国の方に向った（App. *b. c.* I. 62 ; Plut. *Marius*, XL）——結局ヒエムプサルによって敵に引き渡されることを恐れて再び逃れるのだが——との記事から分るが。

それではローマ人による意図的な王国解体の動きはいつ始まるのだろうか（終着点は前五〇年のクリオのユバの王国併合案）。史料に現われる限り、それはやはりガイウス・ユリウス・カエサルから始まっている。スエトニウスのカエサル伝（『神君ユリウス伝』）71は、前六一年以前の出来事として、カエサルがマシンタ Masintha なる若い高貴なヌミディア人を王ヒエムプサル二世に対して弁護していたとき、論争に熱中して（その場に臨席していた）王の息子ユバ（ユバ一世）の髯を掴んだとのエピソードを伝えている。（この乱暴はカエサルのクリエンス（庇護民、この場合は被弁護人）に対する献身の例として挙げられている。）この裁判でマシンタは負け、ヌミディアへの「貢税者（臣下）」であると宣言（stipendiarium pronuntiatum, Suet. *Iul.* 71）」されたので、カエサルは連行されかかったマシンタを取り戻して自宅に長期間かくまい、自身がプラエトル職を終えてヒスパニアへ総督として赴く時（前六一年）に、見送り人やリクトル（先導吏）の束棹（ファスケス）の間にかくして、マシンタを輿に乗せてローマ市外へ運び出した、という[17]。ヌミディア王国の「富」一般についての野心（それならば先述のヒスパニア総督Q・

カッシウス・ロンギヌスにもあった）ではなく、ヒエムプサル二世とその息子ユバ一世自身に対する敵対（とりあえずは裁判においてであるが）が、ちょうどカエサルがプラエトルになりつつある（この裁判が前六二年のカエサルのプラエトル在任中なのか――とすると「弁護」はどういう立場でなされたのか――より以前、前六三年以前なのかスエトニウスの記事からは読みとれないが）時期かそれより少し前になされたのであるから、「内乱」時のカエサルとユバ一世とのアフリカ戦役での戦いは、宿敵相まみえる状態であって、けっして、前五〇年のクリオの王国併合案提出以降、最近になって始まった対立の結果ではないと推定し得る。ただ王国内の反王家的「貴族」（王族かもしれないが）をかばう行為と、王国そのものの廃絶との間には距離がある。王位僭称者（プリテンダー）を立てる等々――多分マリウス一派がヒエムプサル二世に対してヒアルバスを使いつつしかけたように――ではなくヌミディア王国そのものを属州としてしまう計画がいつ始まったのか、その主導者が誰か（カエサル本人なのか、護民官クリオがカエサルとは独立に立てた計画にカエサルが後から乗ったのか等々）も含めて不明としなければならないだろう。この問題についての主要な史料であるカエサル文書（『内乱記』『アレクサンドリア戦記』そして『アフリカ戦記』。『ヒスパニア戦記』にはユバ関係の記事は見あたらない）は前節9で述べたようにヌミディア王国併合案やユバの立場について積極的には語らない。

ディオ・カッシウス（XLI. 41. 3）は、ルビコン後の前四九年のスクリボニウス・クリオ（カエサルによってプロ・プラエトルとされてシチリア・アフリカに派遣された）の属州アフリカへの進攻に関する記事の中で、ユバについて「しかしヒエムプサルの子でノマデスの王であるユバ（Iobas）はポンペイウスと、そして（ローマ）人民と元老院の大義（側）を選び」（ὁ δὲ δὴ Ἰόβας Ἰεμψοῦ τε παῖς ὢν καὶ τῶν Νομάδων βασιλεύων, τά τε τοῦ Πομπηίου ὡς καὶ τὰ τοῦ δήμου τῆς τε βουλῆς προτιμῶν....）と述べて、共和政ローマ（ローマの res publica）（軍）であるのは「ポンペイウス派」の方であり、クリオらカエサル側は国家に対する反乱軍であることをほとんど明言してしまうという大胆な叙述を行なっているが、クリオの王国併合案についてはこれに続く一つづきの文章の中で「そしてまた（ユバは）クリオを、この理由によって、また彼（クリオ）が護民官の時、自分（ユバ）から王国を取り上げ土地（領土）を没収しようとしたので憎んでいたから、彼に激しく戦いを挑んだ」（καὶ τὸν Κουρίωνα διά τε τοῦτο, καὶ ὅτι τήν τε βασιλείαν αὐτοῦ δημαρχῶν ἀφελέσθαι καὶ τὴν [τε] χώραν δημοσιῶσαι ἐπεχείρησε, μισῶν, ἰσχυρῶς αὐτῷ προσεπολέμησεν.）と記すのみである。〔王国（王権）の取り上げと、土地（領土）の没収を区別して書いている点から何かを読み取ることはできるかもしれないが。〕

またルカヌス（Lucan. IV, 581–824, 特に687–694）も「護民官の法（lege tribunicia）をもってクリオはユバをも父祖の王座から追おうとし、暴君からリビアを取り上げようとした」と語るのみで、多くを語らない。[18] クリオのアフリカ遠征は結局ポンペイウス派のローマ軍（前属州アフリカ総督のアッティウス・ワルスら）にではなく、ユバの（おそらくこの時点では王自身ではなくサブッラ Saburra 将軍に率いられた）ヌミディア軍に敗れて、クリオ自身も戦死する（その首はユバの所に届けられる）という形で前四九年の裡に終わるのだが（*Bell. Civ.* II. 42）。

第四節　残余の諸問題

ディオ・カッシウスのこの短い記事からも共和政ローマの終わり（前27年ではなく実質的には前46年？）とヌミディア王国の終わりの同時性という本章で主張しようとした認識の妥当性は裏付けられているように見える。ユバがクリオに立ち向かった理由は、相手が王国併合案提出者であると同時に、クリオが共和政を転覆する側だったからだと主張されているのである（「この理由によって」）。ヌミディア歴代王はその時々のローマの諸政治勢力のうちの彼らから見て正統性が高いと思われる側を慎重に見定めようとした（ヒエムプサル二世もユバも）。彼らは大スキピオ以来のローマ支配層と、ローマ共和政（「人民と元老院」）の忠実な友たり続けようとし、ローマ正規軍と共に出兵することに自らの安全を見出していたと思われる。（その意味でもユグルタ戦争――ローマ・ヌミディア戦争――は大変な異常事態であることが分る。）

なお残っている問題、検討すべき事項として、次のようなものが考えられる。

(i) マリウスによる植民の内容、実態の問題

無産市民（capite censi）の志願兵から成るユグルタ戦争時のマリウス軍の退役兵のアフリカへの植民は属州アフリカ内だけか、ヌミディア王国内にも及んだのか、後者の場合、ガエトゥリー兵（『アフリカ戦記』から判断すれば「上層民」のようである）への土地付与（ローマ市民権も？）との関係はどうなっているのか。グセルが想定するようなガエトゥリーのバグラダス川中流域（ティバリス市とウキ・マイウス市）への植民が、本来のローマ市民と混在あるいは合流する形で行なわれたのか？　あるいはマリウス（およびその一派）は単にヌミディア王国の外にあるガエトゥリー人の土地（ガエトゥリア）を「安堵」しただけなのか？（Braund はそう言いたいようだが。）[19] またその時期は？　ユグルタ戦争後なのか？　あるいはマリウス派とスッラ派のアフリカでの内戦時なのか？

(ii) 上記(i)の問題と「ヒアルバス」「マシンタ」等のヌミディア王権と対立している勢力の問題との関係をどう見るか？　**Hiarbas** は **Lenschau**（*RE* の Hiarbas の項の筆者）が主張するようにガエトゥリー人なのか？　それとも王国内の、ヌミダエに分類し得る勢力なのか？

(ii′) いわゆる「西ヌミディア王国」問題：グセル説（その存在を主張）で正しいか？

(iii) ヌミディア王権の王領地（第一章で見た、マシニッサの農業振興策との関連で語られる）の所在地と実態の問題

(a)王領地が主にバグラダス川中流域のいわゆる「大平原」にあったとする場合、マリウス植民との関係は？　またユグルタ戦争勃発と同時期に制定された前一一一年の農業法（*Lex. agr.* 81）のいう「imperator P. Cornelius（小スキピオ）がマシニッサの子供たちに与えた土地」との関係は？〔Lintott, *op. cit.*, pp. 267f. は「大平原」もこの「土地」に含まれることを示唆する。〕さらにこの「王領地」での農業の実態は古典史料が述べるような一種の模範農場なのか、それとも（Fentress が主張するように――詳しくは本書第十章を見よ）ヌミディア（あるいは「リビア」一般）で以前から行なわれていた原住民の伝統農法（外見上はイタリア農民の考える「農業」には見えない、もっと牧畜と合体した形態の）なのか？

またこの「バグラダス川中流域王領地」は元々はポエニ（カルタゴ勢力）が開発した地帯なのかどうか？　つまりマシニッサがカルタゴ領を第二次ポエニ戦争終了時から第三次ポエニ戦争開始までの間に徐々に併合していった過程と、この王領地形成は関連しているのかどうか？　ローマによる王国解体後の王国処分の際――これにはアフリカ・ノウァ州初代総督サルスティウス（歴史家サルスティウス）が直接かかわっている可能性もあるが――王国の富の源泉とも見なされるこの王領地は結局誰の手に渡ったのか？（帝政期の北アフリカにおける皇帝領形成との関係等）[20]

(b)王領地が属州アフリカの中に多く点在していて、(a)と同様の重要性を持つとした場合、この「属州内王領地」問題はクリオの王国併合（土地没収）案と何か関連しているのかどうか？（属州内王領地問題がこじれてクリオ案の方に進んだというような？）また前一一一年の農業法との関係は？　キケロが述べている属州内――のように見えるのだが――の「海岸地方」にあった王ヒエムプサルの土地（Cic. *Leg. agr.* II. XXII. 58. 'agros（農地）' と呼ばれている）が巻き込まれていた係争は正確にはどういうものだったのか？――この問題は第一章でも触れたが充分掘り下げることができなかった。――「属州内王領地」とガイウス・グラックス以来のローマ「民衆派」の「カルタゴへの植民」案（モムゼン的なストーリーだが）との間に関係（衝突）はあるのか？　もしあったとした場合、この問題に関してガイウス・グラックスとマリウスの「植民」の間に連続性あるいは断絶があるのかどうか？　サルスティウスの『ユグルタ戦争』でグラックス兄弟の運動の正しい継承者として描かれているように見える前一一一年の護民官ガイウス・メンミウス〔Sall. *Iug.* 30, 31. 彼の演説（*Iug.* 31）が、ユグルタ戦争時のローマ人民（ポプルス）の門閥貴族（ノービレス）に対する闘い——ユグルタ本人をローマに召喚して彼の口からノービレスの腐敗（ユグルタによって買収されているとされる）を証言させようとする（*Iug.* 32, 33, 34）——を導き、ノービレスの傲慢への抵抗のきっかけを与える〕が、前一〇〇年のコンスル選挙への立候補中にマリウス派であるサトゥルニヌスとグラウキアの暴徒によって殺害された（Münzer, *RE* XV, 1, "Memmius" (5) col. 606-607 ; Cic. *Cat.* IV 4, Liv. *Per.* LXIX）——これに疑問をはさむ説もあるが——ことは「断絶」、非連続を示す兆候だろうか？

このように未解決の点は多々あるが、すべて今後の研究課題としておく他ない。

註

（1）本書第一章参照；Gsell, *HAAN*, VII, pp. 263f.
（2）本書第一章四六—四七頁参照。
（3）*Bell. Afr.* 94.
（4）*Bell. Afr.* 97, 本書第一章二九頁参照。
（5）カエサル文書はユバとポンペイウスの間の父祖以来の賓客関係（paternum hospitium）に言及し、またウェッレイウス・パテルクルスもユバをポンペイウスの党派の最も忠実な者（fidelissimum partium surarum...regem Iubam）とするが。Caes. *Bell. Civ.* II 25. 4 ; Vell. Pat. II. liii, 1. Cf. Dio Cass. XLI. 41. 3 ; Lucan. IV. 687–694.

（6）*Bell. Civ.* II. 25. 4, Dio Cass. XLI. 41. 3, Lucan. IV. 689–691.

（7）カエサル及び彼の一派は対ヌミディア戦争というこの戦争の目的の一つをあまり目立たないようにしているようにも見える。『内乱記』は、前五〇年ではなく前四九年の元老院でのやりとりで始まる（*Bell. Civ.* I. 1）。『アフリカ戦記』にユバは度々登場するが、外国人なのにローマ人に命令しようとし、メテッルス・スキピオが王たる自分の前で紫衣をまとうことを許さない傲慢さ（*Bell. Afr.* 57）が強調され、すなわち、この「内乱」（ローマ市民団内部のカエサル派対ポンペイウス派対決）にとってのヌミディア王の外部性が主張されている（同時にその「外部」の助っ人に振り回されている「ポンペイウス派」「元老院寡頭派」どもの「情けなさ」も）。前五〇年のクリオによる王国併合法に触れる際（*Bell. Civ.* II. 25. 4）も、あたかもユバとクリオの二者間の争いのごとく叙述する。

（8）毛利晶『一つの市民権と二つの祖国――ローマ共和政下イタリアの市民たち』京都大学学術出版会、二〇二二年、二三二―二四〇頁にコロニア・ユノーニア建設を伝える史料と建設年代についての詳細な分析がある。カルタゴの発掘（フランス隊による一九七〇年代のビュルサの丘の）に携わったJ.-P. Morelに拠ればビュルサの丘の住居址群の最終（最上）層、すなわち前一四六年のカルタゴ滅亡の際の破壊層からアウグストゥスによる都市再建までの間の地層は放置された時期のものであり、C・グラックスによる植民市がそこに建設されつつあったなら発見されるはずのカンパニアB様《よう》（campanienne Boïde）の陶器等は見出されていないという。考古学的にはユノーニア建設は滅亡したカルタゴの中心部（ローマ人によって呪われた土地の範囲）の外で行なわれたと推測されることになる。J.-P. Morel, "L'Apport des fouilles de Carthage à la chronologie des céramiques hellénistiques", p. 18.

（9）Th. Mommsen, *Römische Geschichte*, II, S. 106 ; 118 ; 122〔= dtv-Bibliothek 版 Bd. 3, S. 115 ; S. 127 ; S. 131〕. 長谷川博隆訳『モムゼン　ローマの歴史　III』、九四、一〇四、一〇八頁。

（10）この時マシニッサはローマに加勢しつつも、もしローマがマケドニアに敗れれば、カルタゴをかばう者（マシニッサのカルタゴ領蚕食に対してローマが両者の仲介を度々行なっていたので）がいなくなるので、「全アフリカ」が自分のものになる（suam omnem Africam fore）と腹づもりしていた、とリウィウスは述べる。Liv. XLII. 29. 10. ローマの（ペルセウスに対する）ピュドナの戦いでの勝利後、父の代わりにローマに来た王子マスガバ Masgaba は元老院で、「王マシニッサはヌミディアの用益権 usus だけで満足しており、支配権と法（dominium et ius）は自分にそれを与えてくれた者（ローマ）のものであることをわきまえています（Liv. XLV. 13. 15）」と述べたという。この記述がもし事実であればこの言葉は（序言でみたアドヘルバルの元老院での言葉によく似ているのだが）第三次マケドニア戦争中にカルタゴ領併合完成

（「全アフリカ」すなわち全カルタゴ領獲得）の展望を抱いたマシニッサの政治的敗北宣言であろう。P. J. Burton はマスガバに対するローマ側の「反論」、つまりいままでの戦争におけるマシニッサの援助は自分たちからの要求（demand）ではなく頼み（request）によるものだ、また穀物の代価も払ったではないか、との応答に関して、〔Badian の、ローマ人の考える clientela 観とは異質の（外国風の）捉え方だったので反論したのだという説を批判して〕この論争は clientela ではなく両者の間の「国際的 amicitia」に伴う義務と特権についての二つの解釈の衝突から生じた（*Friendship and Empire : Roman Diplomacy and Imperialism in the Middle Republic* (*353–146. B.C*), Cambridge, 2011, p. 112）とする。しかしそもそもここに「衝突（clash）」などないのではないか。リウィウスは、マシニッサ側が、ローマに自らの「野望」を見透かされたのを認めて、自己のローマに対する服従をへりくだりつつ確認してみせたのに対し、いまやマケドニアを滅ぼして全地中海世界支配を成しとげた勝者ローマが、へりくだる相手を「まあまあ」と言いつつ助けおこす（このやりとりによって両者の対等ではない関係があらためて確認される、あるいは「頼んだだけだ、代金も払った」と他人行儀に言うことによってマシニッサを逆に怖がらせる）場面を叙述したもののように思える。マスガバおよびアドヘルバルの言葉の解釈については、別に吉村忠典『古代ローマ帝国の研究』岩波書店、二〇〇三年、一七五頁。またローマが外国（ヘレニズム諸国の場合であるが）に何かをさせる際、「要請」から「命令」までの様々なニュアンスの語（ギリシア語）を状況に応じて柔軟に使っている（すなわちテクニカルな用い方をしていない）ことについても、同書 pp. 172–173 を参照。（ただしラテン語の「命令する」'imperare' の用法には一定の規則のようなものはある。同箇所。）さらに吉村のローマの foreign clientelae の持つ本来的な二面性（「ローマ人の表象と現地人の表象の合成物」なのだが、しかしそのことはこの関係がローマの支配の装置として働くことを何ら妨げない〈筆者〉）についての理解（同書一八八頁、註（17））も示唆に富む。

（11）ただしこれはローマ国家とガエトゥリー全体（あるいは「ガエトゥリア」国家）の関係ではなく、マリウス個人とガエトゥリー上層の人々（*Bell. Afr.* 56. 3 : nobiliores）個人個人との関係であるように少なくとも『アフリカ戦記』の著者は描いている。『アフリカ戦記』のこれらの箇所（56. 3 ; 4）については本書第十章三三六—八頁も参照。マリウスがガエトゥリー人をヌミディア王国領の外に植民した可能性について D. Braund, *Rome and the Friendly King : the Character of the Client Kingship*, London/New York, 1984, p. 95, 100.

（12）Gsell, *HAAN*, VII, p. 262.

（13）T. R. S. Broughton, *The Magistrates of the Roman Republic*, vol. II, p. 25.

（14）吉村忠典『古代ローマ帝国の研究』一七七頁参照。6' のガイウス・グラックスの例は、サルディニアをプロウィンキア（職務管轄）とするクアエストルであるガイウスの要請にヌミディア王が「自発的」に応えた場合でも、元老院に使節を送って報告するのが当然と考えられていたことを示す。〔現にローマ軍指揮官に衣服の供出を請求されたサルディニアの各都市は元老院にこの請求からの免除を願う使いを送り、元老院がこれを認めて指揮官に何か別の方法で兵士に服を着せるよう命じたのであり、この急場をしのぐためにガイウス・グラックスが各市を回って自発的（ἀφ᾽ ἑαυτῶν）にローマ軍を支援するようにさせた（Plut. *C. Gracchus*, II）のである。〕この例はまた近年批判されることが多い Badian の対外クリエンテーラ論（ローマ国家と友好国（王）の amicitia がローマの有力門閥メンバーと当該友好国（王）の間の「個人的」クリエンテーラ的関係に裏打ちされつつ実現される、――その意味でも「国家間」の amicitia〈友好関係〉は対等な、近代国際法が想定しているような、関係ではなく、ローマ人同士の友人関係の多くもそうであるように、「クリエンテーラ」〈パトロヌス・クリエンス関係〉的関係である――との主張）が確認できる（要請を行なった有力門閥メンバーがガイウス・グラックスでなかったら、元老院は喜んでミキプサの使節を迎え入れたであろう）例でもある。

(15)　すなわち Thibaris と Uchi Maius への植民。Gsell, *HAAN*, VII, p. 10, n. 8（*Bell. Afr.* 56. 3 : 32. 3 ; 35. 4), p. 264. Braund はこれに反対する。〔註（11）〕

(16)　App. *b.c.* I. 62, Liv. *Per.* LXXXIX (Cn. Pompeius in Africa Cn. Domitium proscriptum et Hiertam, regem Numidae, bellum molientes victos occidit...)（B.C. 82–80), I. Hahn, "Die Politik...", in *Afrika und Rom in der Antike*, S. 212 ff. Lenschau, *RE*, VIII, "Hiepsal"（2）; idem, *RE*, VIII, "Hiarbas"（2）.

(17)　この Masintha と、キケロの弁論（*In Vatinium*, 5. 12）に出てくるマウレタニアとヒエムプサル二世の王国（ヌミディア王国）の間にあったらしい Mastanesosus の王国（いわゆる西ヌミディア王国）との関係（Masintha = Mastanesosus?）、またポンペイウスが前八一年にヒアルバスを（マウレタニア王――『ユグルタ戦争』のボックスの子――Bogud の助けを得て）倒した後、復位させたという Masinissa（これは Hiempsal を誤記したものかもしれない）との関係等については議論が錯綜している。Gsell, *HAAN*, VII, p. 294, n. 2 ; pp. 290f., pp. 282f.（p. 294 ではザマ近郊の小都市 Ismuc 一円の所有者であったという Vitr. VIII. 3. 24–25 の Masinissa の子 C. Iulius についても言及）。

(18)　ただ、これに続く「（ユバは）この戦争を、保ち得た王位の果実と思い……」（693）から、Sands が示唆するようにユバがどこかの時点で元老院（「ポンペイウス派」）によって王と認められたと推定することは可能である。P. C. Sands, *The Client Princes of the Roman Empire under the Republic*, Cambridge, 1908, p. 180. ポンペイウス派（元老院側）によるユバの王としての承認を確実視するのは、H. W. Ritter, *Rom und Numidien : Untersuchungen zur rechtlichen Stellung abhängiger Könige*, Lüneburg, 1987, S. 129. 本書第三章の補註も参照。ユバ一世時代のヌミディア軍の構成、武装等については、Yann Le Bohec, "L'Armée de la Numidie au temps de Juba Ier", p. 456 が『アフリカ戦記』等の古典史料を中心に分析し、立派な軍隊（単なる遊牧民的騎兵だけではない）であったとしている。

(19)　J. Gascou, "Inscription de Tébessa", 'Marius et les Gétules' *MEFR*, LXXXI, 1969, 2〔pp. 535–599〕, pp. 566–567 はアフリカ

各地で帝政期に確認される'Marius'という氏族名を持つローマ市民名を検討して、これらがマリウスによる植民・ローマ市民権付与に由来することを示し、かつ、市民権を与えられていることから（元々ローマ市民権を有していたはずの）ローマ市のproletariiではあり得ず、したがってこの植民・ローマ市民権付与の対象者は現地人、特に『アフリカ戦記』の記述（本章のリスト10、一三四―五頁）から知られるガエトゥリー人であると推定（これはGsellによって提起された説であるが）している。またE. W. B. Fentress, "Tribe and Faction : The Case of the Gaetuli", *MEFRA*, XCIV, 1982, pp. 325–334, 特にpp. 327ff. はヒアルバスを「ガエトゥリー連合」側のヌミディア王位僭称者とした上で、「ガエトゥリー」（ヒアルバス＝イアルバス）とローマの「民衆派」（マリウス、ドミティウス・アヘノバルブス）の提携を想定している。Braund説については註（11）参照。

(20)　J. Kolendo, *Le colonat en Afrique sous le haut-empire*, Paris, 1976, p. 11は皇帝領に関するいわゆる四大碑文の一つHenchir Mettich出土のvilla Magna Varianaの碑文において、このウィッラがMappalia Sigaという明らかにヌミディア期に遡る名で呼ばれていることに注目している。本書第一章註（83）参照。〔Cf. Sall. *Iug*. 18. 8.「ヌミダエ人たちの田園の家――彼らはそれをmapaliaと呼んでいるが…」〕彼はこれらバグラダス川中流域における大所領形成のプロセスを①ヌミディア王領地→②ローマの没収によるローマ公有地（ager publicus）化→③歴代のローマproconsulによる私的占拠→④皇帝領化、のような過程と見ている。

第二部　アフリカ的土台とカルタゴ的過去

第四章　「敵」のイメージ

――ポエニ戦争期ローマのカルタゴ／ヌミディア観

本章はヌミディア人とローマ人の最初の遭遇を扱う。ハンニバル軍中のヌミディア騎兵に注がれるリウィウスらローマ側歴史家の観点構造の分析を通じて、マシニッサによるヌミディア統一に刻印されることになったローマの支配の論理を明らかにする。

第一節　ローマ人のカルタゴ観

一

一つの国家が客観的には侵略的な戦争に突入していく際の主観的「原因」には、いつの時代でも不思議に似通ったものがある。第二次ポエニ戦争（前二一八―前二〇一年）は、それまでイタリア半島とシチリア等の島々の支配者にすぎなかったローマが地中海周辺のすべての民族を従属させ「世界帝国」となる、その転回点にあたる戦争であるが、この戦争の「原因」について前二世紀のギリシア人歴史家ポリュビオスは次のように述べている。

「ハンニバルとその時代を扱った著述家の何人かは、ローマとカルタゴとの間に起こったこの戦争の『原因』と称して、第一にカルタゴ勢がサグントゥム市を攻囲したこと、第二に同じくカルタゴ勢が条約に違反して現地でイベーロス（エブロ河か）と呼ばれている河を渡ったこと、を挙げている。私はこれらが戦争の発端であることに反対するつもりはない。しかしこれらが戦争の原因であるとの説にはとうてい同意することができない。（マケドニアによる）ペルシア征服戦争の原因は（マケドニアの）アレクサンドロス（大王）

が小アジアに渡ったためだ、とか、（シリア王）アンティオコスとローマの戦争の原因はアンティオコスがデメトリアスに上陸したためだ、とかけっして言わないのと同じことである」（Polyb. III. 6. 1–4）（傍点とカッコ内は筆者）。

これらはいずれも戦争開始時の状況説明にすぎず、その戦争を準備しかつ継続させた諸条件（原因）とは別のものだからである。ポリュビオスはこのあと何十行も費やして、ハンニバル指揮下のカルタゴ軍がサグントゥム市を攻囲しエブロ河を渡河して、こうしてローマに宣戦布告の口実を与えるに至るまでには、いかに多くのローマ、カルタゴ双方からの敵対行為がいかに長期間にわたって積み重ねられねばならなかったのかを分析し、第二次ポエニ戦争の責任を単純に「カルタゴの条約違反」に帰するような見方をいましめている（Polyb. III. 9. 6–10. 6）[1]。

二

ポリュビオスは反ローマ的な歴史家ではなかったし、生涯を通じて反体制からは程遠い所にいた。アカイア同盟の指導的政治家の子として生まれた彼は、アカイア同盟を含む全ギリシアがローマへの服従を余儀なくされていく時代にあって、むしろローマの国制のギリシア諸国と比較しての長所を強調し、そのようなローマが地中海の支配者となることの必然を説く歴史書を書いた。彼の後半生は彼の歴史書以上にローマ支配層に密着したものだった。

ローマがマケドニア王ペルセウスをピュドナに破ってギリシア支配を決定的なものとした第三次マケドニア戦争（前一七一―前一六七年）後、親マケドニアの嫌疑を受けた約千名のアカイア同盟政治家の一人としてローマに召還されたポリュビオスは、裁判を待つ一六年の抑留生活の間、ピュドナの戦勝将軍で名門貴族《ノービレス》（門閥貴族）のアエミリウス・パウルスに保護され、彼の邸で息子たちの家庭教師をつとめた。前一五一年に帰国を許されたのちも、学識を買われてパウルスの息子の一人小スキピオ（スキピオ家の養子となったのでこう呼ばれる）の側近にとどまり、このかつての教え子がローマ軍最高司令官としてカルタゴに対する第三次ポエニ戦争（前一四九―前一四六年）を遂行するのを陰に陽に助けた。ついにカルタゴが敗れ、小スキピオが焼け落ちてゆく都市を遠望しつつホメロスの詩句を吟じるあの有名な場面では、ポリュビオスも小スキピオのすぐ横に立って一緒にこの光景を眺めたのだった（App. *Lib.* = *Pun.* 132 ; Polyb. XXXVIII. 22. 1-3）。[2]

このように自らカルタゴ滅亡に手を下し、同時代の他のギリシア人からみれば「裏切り者」と呼ばれかねないほどのローマ賛美者だったポリュビオスでさえ、さきに挙げたような「カルタゴ弁護論」を展開することを歴史家の義務と感じざるをえない、それほどまでに第二次ポエニ戦争をめぐるローマ世界一般の意識は異様な視野狭窄におちいっていたのである。

三

侵略を準備する意識は近視眼的であり、長期にわたる敵対関係の結果をその原因と混同する。このような意識が支配する所では、「敵」を敵対的たらしめている原因の少なくとも一部はもしかすると自分の属する社会の側にもあるかもしれない、というような自省は、もはや完全に視野の外に追いやられてしまう。敵対関係の原因はすべて「敵」の側に、「敵」が生まれつき持っている悪い性質に帰せられる。「ポエニの背信（Punica fides）」「アフリカの野蛮」……数々の悪罵がローマの年代記作家たち――その大部分は元老院議員であり、したがって対カルタゴ戦を指揮したローマ支配層の一員である――によってハンニバルと彼を育くんだ土地に投げつけられた。

リウィウス（前五九—後一七年）の『ローマ建国以来の歴史』の第二十一巻から第三十巻まではポリュビオスの『歴史』と並ぶ第二次ポエニ戦争に関する重要史料であるが、この書物はアウグストゥス帝時代に書かれたにもかかわらず、前二世紀の年代記にも記述の多くを負っており、我々はリウィウスを通してポエニ戦争当時のローマ人が抱いた「敵」のイメージ、カルタゴ像を垣間見ることができる。

四

カルタゴをめぐる様々なイメージのうち、もっともローマ人を不安にさせ、また憎悪に駆りたてたものが、「カルタゴ軍」なるものが実はカルタゴ出身者の軍勢などでは全然なく、ヌミディア人＋マウレタニア人＋アフリカ人＋スペイン（ヒスパニア）人＋リグリア人＋バレアレス人[3]といった傭兵中心の混成部隊だ、という認識であるらしいのは興味深い事実である。リウィウスはカンナエの敗将ガイウス・テレンティウス・ワッロー（前二一六年のコンスル）に次のように語らせている。

「これはサムニウム人やエトルリア人相手の争いではないのだ。もしそうだったなら、かりに支配権が我々ローマ人の手から奪われたとしても、それはイタリア内部にとどまるのだが。敵はポエニ、それもアフリカの出身でさえない奴[4]で、そいつが大地の果て、つまり大西洋とヘラクレスの柱（ジブラルタル海峡）のところから、いかなる人間らしい法や生活様式や言葉も持たない兵士たちをひき連れてきているのだ。

その上、この生まれと育ちからして荒々しく凶暴な連中を、指揮官自身が人間の死体を積み重ねて橋や堡塁を築かせたり、また——言うもいとわしいことだが——人肉を食べることを教えたりして[5]いやが上にも凶暴化させている。こんな口にもできぬ食物で宴をひらく連中、触れることすら不浄な連中を毎日目にし、おまけに主人として持つなどということは――アフリカとカルタゴの法がわれらの法となりイタリアがヌミディア人やマウレタニア人の属州《プロウィンキア》となることを許すなどということは――イタリアに生を享けた者なら誰にとっても身の毛のよだつ事態ではなかろうか」。(Liv. XXIII. 5. 11–13)

つまりここでは単にアフリカの風土と人がイタリアのそれよりも野蛮で凶暴だ、ということが言われているだけではなく、ヌミディア人やマウレタニア人のような未開の蛮族が、ハンニバルという一人のポエニの頭脳によって「操作されている」ことが問題とされているのである。この認識はおそらく、ハンニバルが部下を利益で釣っている、つまり「カルタゴ軍」の戦意はローマ軍のように「大義」(カルタゴの条約違反を膺懲するという風な) に裏づけられたものではなく、ただの報酬めあてだ、との認識とどこかでつながっている。

第二節　操作される蛮人

一

前二一八年五月、スペインを出発して陸路イタリアを目指したハンニバル麾下のカルタゴ軍はアルプス越えに半月を費やし、兵力の半ばを失いながら十月、ついに北イタリアに達し、ポー河の支流ティキヌス河畔でプブリウス・コルネリウス・スキピオ (前二一八年のコンスル。大スキピオの父) 指揮下のローマ軍と初の大規模な戦闘を交える。

戦闘に先立って将軍が演説等によって兵士を勇気づけるのは当時ひろくみられた習慣であるが、ギリシアやローマの歴史家はこうした戦闘前の情景を書きとめる場合、現実になされたことを忠実に再現するというよりは、劇的効果を高め、また戦争目的やその戦闘の位置づけについての歴史家自身の判断を提示する場として利用するのが普通であった。このティキヌス河畔の戦いの場合、幸いにもポリュビオスとリウィウスの両方が戦闘開始前の状況を記述しているので、我々は両者を比較することによってローマ人の敵意がそのハンニバル＝カルタゴ像にどのような陰影を付け加えたのかを検証することができるのである。

二

まずポリュビオスの方から見ていこう。（Polyb. III. 62. 2-63. 14）

ハンニバルの命令で集合したカルタゴ軍の円陣の中へ何人かの若い捕虜がひき出されてくる。その足には重い枷がはめられ、飢えのため野獣のようになり、その身体は棒や鞭で打たれ続けたために無惨に損われている。彼らはアルプスのかなたで捕えられたケルト（ガリア）の部族の者で、ハンニバルはあらかじめこの目的を見越して、アルプス越えの長い行軍の間中彼らを虐待して来たのである。

捕虜たちを真中にすえると、ハンニバルはケルトの王族の具足を示し、彼らの中でこれを着けて仲間同士で一騎打ちをやる者はいないかと募る。勝者には馬数頭と上質の軍用外套が与えられるし、負けたとしても現在蒙っている苦痛からは死によって解放されるわけである。捕虜全員が決闘を希望して叫んだので、くじによって一組が選ばれることになり、これを聞いた捕虜たちは天に向って手をさしのべ、どうか自分に当たるようにと祈り出す。くじ引きの結果が発表され、当たった二人は有頂天になり残りの者は失意に打ちのめされる。そして決闘……カルタゴ全軍が息をつめて見守る円陣のただ中、ついに一方が斃れる。残りの捕虜たちの祝福と羨望は、晴れて自由を得た勝者へと同様、死んだ敗者へも向けられる。彼の苦しみはともかくも終わったのに自分たちは、このもはや一瞬も耐え難く思われる苦痛の中になおとどまっていなければならない。

死者を羨みつつ再び引きたてられていく生き残りの者たちの悲惨を見て、カルタゴ軍の兵士たちもこの感情を共有する（Polyb. III. 62. 10–11）。そしてこれこそハンニバルの狙いであった。彼は立ち上がって兵士に語りかける。いま、彼らが目にしたものは彼ら自身が置かれている状況の縮図なのだ。彼らに与えられた選択肢もまた、勝つか、斃れるか、生きて捕虜となるかの三つしかない。ただし彼らの場合、「勝利の報酬は馬や外套を手に入れることではなく、万人の羨望するところ、すなわちローマの富の主人《あるじ》となることなのだ。そして戦場での死の報酬はたたかいの熱狂のさなかで生を離れること、あらゆる目標のうちで、もっとも高貴なもののために最後の一息まで闘いぬき、蒙りつつある苦痛に気づかずに生を離れることに他ならない」（Polyb. III. 63. 4–5）。

これに反し、逃走その他の方法で生に固執する者には恐るべき悲惨が待ち受けている。「故郷からここまで行軍して来た道のりの遠さ、その間にひしめく敵の多さ、渡ってきた河の幅広さを覚えているなら、どんなに愚鈍で無分別な者でも故国へ逃げ帰れるかもしれぬなどとは考えないだろう」。それゆえ戦いにのぞんで「勝利か、しからずんば死かの決意を固めよ」。もし彼らがこの決意に達し、敗北の後になお生きのこる可能性を心の外に追い出してしまうならば勝利と安全は保証される。このような決意の前にはいかなる敵も必ず敗走するからである。これを聞く兵士たちの中には話し手が望んだ通りの熱狂と確信が充ちていく（Polyb. III. 63. 7–14）。

以上のようにポリュビオスは、ティキヌス河畔の戦いにのぞむハンニバルを描くにあたって、その名将としての資質を強調している。彼は兵士一人ひとりの心理を読みつくし、暗示的な光景とこれを補う効果的な演説とによって彼らに戦う他に逃げ道はないことを理解させ勝利の確信を与えることに成功する。事実、この三日後、両軍騎兵の遭遇をもって始まった合戦で、機動力に優れたカルタゴ軍はローマ軍を半ば包囲した形になり、パニック状態に陥ったローマ軍は敗走、指揮官スキピオも負傷し、ハンニバルはこの第二次ポエニ戦争の緒戦を華々しい勝利で飾るのである。

三

では同じ状況をローマ人リウィウスはどう描いているのか。前一世紀後半の人である彼は、当然前二世紀のポリュビオスの『歴史』を読む機会があり、したがって『ローマ建国以来の歴史』は部分的に『歴史』のラテン語訳といっていいほどポリュビオスに多くを負っている。ティキヌス河畔の戦い前後の記述もそうした例の一つであり、ハンニバルがケルト捕虜の決闘を見せ、これを解説して兵士の戦意をかき立てるくだりは両者ほぼ同じといってもいい（Liv. XXI. 42–44）。問題は決闘・演説終了後のハンニバルの行動である。

ポリュビオスのハンニバルはもうそれ以上兵士たちに話しかけようとはせず、ただちに作戦行動に移り、そのまま決戦へとのぞむ。他方リウィウスのハンニバルは両軍衝突、開戦寸前という時に、もう一度未練がましく兵士を集合させる。――「彼（ハンニバル）は戦いがいまにも始まろうとしているのを見てとると、急いで軍勢を呼び集めた。というのも彼は部下に心の準備をさせ、その戦意を昂揚させる上で、まだ、し足りないことがあると感じていたからである」（Liv. XXI. 45. 4）。

この集会でいくつかの具体的な賞品が「兵士たちがそれをめあてに戦うように」提示される。土地が欲しい者には土地を、現金が望みの者にはあり余るほどの銀を、カルタゴ人になりたい者には市民権を、故郷に戻りたい者には故郷での高い地位を、奴隷には解放を……とハンニバルは惜しみなく約束する。しかもこの約束を部下が信用せぬかもしれぬとの懸念から、右手に小羊をかかげ左手に燧石《フリント》を握り、もしも約束をたがえることがあればユッピテル他の神々がちょうどこんな風に自分を殺すように、と唱えながら小羊を打ち殺すことまでやってのけるのである。すると兵士たちは「皆が皆あたかも各々の望みについて神々自身の保証が与えられたかのように感じ、それらがまだ手に入らないのは単に彼らがまだ戦っていないからだというわけで、全員声を一つにして戦闘を求めた」（Liv. XXI. 45. 4–9）のであった。

四

ポリュビオスにはなくてリウィウスにはある、この賞品提示の場面の効果は明らかであろう。ポリュビオスの場合、兵士たちは自分の置かれた状況をありありと認識させられると、ただそれだけで決死の戦いに同意する。彼らとハンニバルの間には多くの言葉を費やさずとも通じあう信頼関係があり、戦争目的の正当性に関する暗黙の合意が成立している。ローマと戦うことが「あらゆる目標のうちで最も高貴なもの」であることについてハンニバルは演説の中でただ一度かるく触れるだけで充分なのである。

これに反してリウィウスの場合、兵士たちは捕虜の決闘や演説を見聞きさせられたにもかかわらずそれだけでは完全には戦う気分になっていない（と少なくともハンニバルは感じている）のであって、つまりケルト捕虜を仕かけに使った戦意昂揚策はその巧妙さにもかかわらず成功してはいないのである。ということは仕かけの巧妙さの分だけ、それによっても越えられないハンニバルと彼の部下たちとの間の溝の深さ、戦争目的の正当性についての意識のズレが強調されることになる。

しかも捕虜決闘後の演説自体に関してみればリウィウスのハンニバルの方がより激越に敵ローマの「不当さ」を糾弾している。「あらゆる民族の中でももっとも残忍で傲慢な彼らローマ人は全世界をわがもの、自らの思うがままとみなしている」「彼らは我々を山脈や河の境界の中に閉じこめ、あれを越えてはならぬ、これを渡ってはならぬと言うくせに、自分で引いたそれらの境界線が自分では目に入らぬらしい」（Liv. XXI. 44. 5）。これらの糾弾がいくら激しくても、そのあとに、兵士たちがこの演説にそれほど心を動かされなかったという布石があるために、読者はそれが激しい分だけ的はずれなのではないか、ヒステリックなエゴイストの言い分なのではないかという印象を受けることになるのである。

ローマの「不当さ」について兵士たちが本心では合意していない以上、ハンニバルと彼らをつなぐ唯一のきずなは、土地・銀・市民権といった具体的な物質的利益だけということになる。リウィウスにおけるカルタゴ軍は文字通り「金《かね》の切れ目が縁の切れ目」的なあやうさで指揮官ハンニバルに従っている。

五

貪欲なカルタゴ商人の黄金に操られる未開のアフリカ……これがイタリアへ侵入したカルタゴ軍に対するローマ人の典型的なとらえ方だとすれば、カルタゴ軍を構成する様々な民族の中でこのようなイメージに外見上もっともよく合致し、したがってまたもっとも強烈にローマ人の想像力を刺戟したのはヌミディア人と呼ばれる集団であった。

カルタゴの歴史は伝説によれば前八一四年、地中海東端のフェニキアの商業国家テュロス（ティルス）を船出した植民者の一団が北アフリカから地中海に突きでた岬の一角に「新しい町」（Liv. frag. of XVI? = Servius ad Vergil. *Aen.* I. 366）（フェニキア語で「カルト＝ハダシュト」＝カルタゴ）の礎石を置いた時にさかのぼるが、北アフリカにはこのフェニキア人たちがやって来るはるか以前から共通の方言群に属する一群の人々が住みついていた。この人々は紀元後七世紀にムスリムの北アフリカ進出が始まる頃にもなお、この地方の人口の多数を占めていた。「ベルベル」というのがアラブ＝ムスリムがこの人々をさす呼び名であった。しかし古代のギリシア人やローマ人は、このアラブ人のいわゆる「ベルベル」をもっと細かく分類していた。ベルベル人のうちカルタゴ国家の領域内に住み、カルタゴに完全に従属して貢納義務を課されている部分は「アフリカ人」（ラテン語。ギリシア語では「リビア（リビュエス）人」）と呼ばれた。(6) 他方「ヘラクレスの柱」（ジブラルタル海峡）付近、つまり大西洋に面した地方に住み、カルタゴとは比較的無関係に独立した社会を形成しているのは「マウレタニア（マウリー）人」であった。(7) 両者の中間、——現在のアルジェリアからチュニジア西部の、地中海とサハラ砂漠にはさまれたベルト状の地域に問題の「ヌミディア（ヌミダエ）人」（ラテン語。ギリシア語では「ノマデス」）がいた。

彼らも一応独立の生活を営んではいたが、その首長層とカルタゴ市の大商人門閥との間には贈物やら政略結婚やらでつくられた同盟関係めいたものがあり、カルタゴ国家危急の際にはヌミディアの「王」たちのもとから部族の屈強の若者が援軍として送られてくるのだった。

六

前二一八年にイタリア遠征の途についたカルタゴ軍約六万（Polyb. III. 35. 7）のうちヌミディア兵が何人いたのか正確にはわからない。しかしヌミディア兵のほとんどが騎兵であったこと（Liv. XXIX. 34. 5：「ヌミダエはアフリカ第一の騎兵」、XXIV. 48. 5-6）、カルタゴ軍の全騎兵中ヌミディア騎兵が少なくとも半数以上を占めていたこと、前二一八年の冬にカルタゴ軍騎兵総数が一万騎であったこと（Liv. XXI. 55. 6）が史料からわかるので、これらを考え合わせると、約五千名という数字が浮かびあがってくる。全軍の十分の一弱にすぎず、けっして多くはない。五万を数える歩兵の主力であったアフリカ人とスペイン（イベリア半島の諸種族）人の方が単に数だけからいえばはるかに多かったに違いない。

にもかかわらず、当時のローマ人の意識の中ではヌミディア人（と、時にはマウレタニア人）は常にカルタゴ軍全体を代表するような際立った存在となっていた。「イタリアがヌミディア人やマウレタニア人の属州となるなどということはイタリアに生を享けた者には耐えられない」とコンスルたるワッローは言った。同様に、前二一七年の騎兵長官《マギステル・エクイトゥム》マルクス・ミヌキウス・ルフスは独裁官《ディクタトル》クウィントゥス・ファビウス（・マクシムス）がイタリアに居座るカルタゴ軍との正面衝突を避け、「ひきのばし作戦」をとり続けるのに業を煮やして部下を前にこう演説する。「我々は父祖に比べてなんとまあ堕落してしまったことか！　われらの父祖はポエニの艦隊がただ沖合いを通り過ぎてゆくのを見ただけでも自らの支配権に泥を塗られたと感じたものなのに、いまや我々はこの海岸地方が敵勢で埋まり、とっくにヌミディア人やマウレタニア人のものになっているのを座視しているのだ」（Liv. XXII. 14. 6）。――

近代の帝国主義が「西欧」の「非西欧」に対する、「白人種」の「非白人種」に対する、あるいはまた「温帯」の「非温帯」に対する強烈な差別観に裏づけられていたのに反して、古代文明のにない手たるギリシア人・ローマ人の間では人種的・民族的差別意識は稀薄であった、とよく言われる。[8] しかしここにみられるのはカルタゴ軍を構成する諸民族の中から特にヌミディア人とマウレタニア人を、他より野蛮で軽蔑すべきものとしてとり出して差別する意識でなくて何であろうか。

話し手であるミヌキウスは確かに演説のこのくだりで、海岸地方が「とっくにスペイン人のものになっている」とか「アフリカ人のものになっている」とか言うよりも「ヌミディア人のものになっている」と言った方が部下を激昂させる上でずっと効果的だと考えたのである。

七

ヌミディア人・マウレタニア人をカルタゴ軍の他の構成要素に比べて、いっそう「野蛮」と感じるローマ支配層の感じ方の背景には、いくつかの異なったレベルの要因が働いているように思われる。第一に、ヌミディア人の風俗・習慣は、例えばスペイン（ヒスパニア）の諸族と比較してもよりギリシア・ローマ的「常識」から離れており、もしギリシア・ローマをもって「文明」の基準とするならば「未開」とうけとられるかもしれない異質性を備えていた。

彼らは男でも髪を長く伸ばし、いくつかの房に編んであごのあたりまで垂らしていた。とりわけ太く編まれた長い一束が頭頂部からぐいとつき出して片方の肩へと蛇のようにうねっていた。[9] 武装はごく簡単なもので、革製の胴よろいをつけただけであり、これに円盾と投槍を持つのが普通だった。[10] スペイン人やアフリカ人の騎兵とちがって、彼らの馬にはおもがいもくつわも付いておらず、[11] それでいて彼らは他のどの種族よりも巧みに、この裸馬同然の馬を乗りこなした。彼らのうちのある者は、戦闘の際「まるで曲馬師のように一人で二頭の馬を曳き、激戦の最中、疲れた馬から新しい馬へと武装したまま跳び移る（Liv. XXIII. 29. 5）」技術すら身につけていた。このことを書き記すリウィウスの筆には驚きと同時に明らかに軽侮の調子が感じられる。

八

第二に、ヌミディア兵は忠誠心の点でカルタゴ軍中もっともハンニバルの信用を得ており、ローマの将軍からみれば一番手ごわい相手とみなされていたことを考えに入れる必要があるだろう。前二一七年の春、ハンニバル一行は北イタリアの一面の泥沼の中を進軍している（Liv. XXII. 2. 1-3. 1）。前年の作戦でポー河流域を制圧した彼は、この地方のケルト人を部隊に加え、アペニン山脈を越えていまやエトルリア地方に入ろうとしているのだが、平地に出たところで折悪しく雪解けによるアルノ河の氾濫にぶつかってしまったのである。

もっとも、戦略的にみれば、この洪水はハンニバルの計画にとってむしろ好都合といえないこともなかった。カルタゴ軍の南下を予期してローマの両コンスル、セルウィリウス・ゲミヌスとガイウス・フラミニウスが二手にわかれて布陣しており、特にフラミニウスの方はごく近くのアッレーティウム付近にいるので、尋常のコースをとったのでは察知されて敵の懐にとびこむことになってしまう。だがこの泥沼をつっきって行けばフラミニウス軍の背後にまわりこみ、彼らとローマ市の連絡を断つこともできそうだった。

それに何より、相手の意表をつくこういった強行軍はハンニバルの気質に合っていた。しかし兵士たちの間には、既に冬営陣地を出発する時から厭戦ムードが広がっていた。底なし沼の恐怖が彼らをしりごみさせていた。そして実際、三日間以上続いたこの行軍は悲惨なものとなった。水深はそれほど深くはなく、地面も最初のうちはそれほどやわらかくないように見えた。しかし、とにかく一面の泥水であり、荷物を下におろして休息することができないのが一番こたえた（Liv. XXII. 2. 7–8）。

一日、二日、と過ぎるにつれ、睡眠不足が全軍を行き倒れ寸前に追いこんでいく。おまけに固そうに見えていた水底も、二万を越える大軍が通り過ぎた後では踏みくずされて固いどころではなく、沼に呑みこまれる者も出始めた。馬や駄獣のひづめは泥の中ではがれ、倒れた駄獣の死体が水面のあちこちに突き出ている。すると兵士たちは、その死体の上に、あるいは泥水の中に積み重ねた荷袋の上に身を投げ出して、束の間の休息を取るのだった。

この困難の中で、ハンニバルが民族別に編成された部隊をどんな順番で行軍させたかは、それら各部隊に対する彼の評価を表わしていて興味深い。列の先頭の方は、まだあまり踏み荒らされていない地面を進むことになるので比較的楽なのだが、ここに彼はアフリカ人とスペイン人、その他カルタゴ軍の華ともいうべき老練な歩兵たちを並べた。食糧を積んだ荷車類もこの部分にまぜられ、したがってこの先頭部隊は行軍の間中、食糧には不自由しなかった（Liv. XXII. 2. 3）。ハンニバルは間近に迫ったフラミニウス軍との決戦に備えて、できるだけ精鋭部隊の費消を防ぎたかったのであろう。

この優遇された一団のあとにケルト人部隊の長い隊列が続いたが、彼らはこの行軍の苦難をひと一倍蒙っていた。食糧の位置からは遠いし、アフリカ人とスペイン人と荷車が通ったあとの掘り返された泥んこの中を進まねばならない。それにアフリカ人たちのように訓練された兵士ではなく、つい最近まで村で部族生活を送っていた彼らには、行軍は過酷なものだった（Liv. XXII. 2. 6–7）。この行軍期間中のケルト人の死者は他のすべての部隊の死者を合わせたよりも多かったのである。彼らの目はともすれば後ろに向き、アペニンのかなたの故郷の方へと注がれる。だがハンニバルはケルト人部隊の脱走願望をみこして、あらかじめ手をうってあった。ケルトの隊列の背後、全軍の最後尾にヌミディア騎兵部隊が配置されているのである。この泥沼の中でも彼らはカルタゴ人の隊長マゴの指揮のもと、戦闘隊形を崩していない（Liv. XXII. 2. 4）。命令があればいつでも、ヌミディア騎兵は馬腹をけって前にいるケルト人たちに襲いかかるだろう。つまり彼らは全軍の監視役、督戦隊なのだった。

九

ヌミディア兵のこの忠誠心は現実には彼らの参戦形態や彼らの社会とカルタゴとの古い紐に支えられていたに違いない。彼らは、リグリア兵やギリシア兵のように報酬めあてに各国を渡り歩く一匹狼的な傭兵ではなかったし、スペイン兵のある者やアフリカ兵のようにカルタゴに軍事的に服属させられて、半ば強制的に従軍させられていたのでもなかった。彼らはおそらく首長の指揮下、部族ごとに何十人かずつまとまって参戦したのであり、部族が、つまり彼らの属する社会全体がカルタゴとの同盟を決めている以上、脱走することは心理的にも容易でなかった。脱走はたぶん故郷喪失をも意味したであろう。

それに、過去何世紀にもわたって、文明的であり先進的であることが、カルタゴ的・フェニキア的であることと同義であった北アフリカの住民にとっては、カルタゴ軍への参加は常にある程度名誉な、エリート的な事柄であったに違いない。事実我々はカルタゴ軍中のヌミディア騎兵隊に王や貴族の子弟が多数含まれているのを見出すのである。(12) 要するに「傭兵性」という点に関するかぎり、カルタゴ軍の中でもヌミディア兵はむしろその程度のもっとも顕著でない部類に属していたのであった。

だが、ローマ人の目には、ヌミディア人の我慢強さは、その未開性の証拠、戦利品に対する蛮族めいた渇望の証拠としか映らなかった。敵意のもたらす視角のゆがみによってローマ人はもはや、カルタゴとその同盟者の関係を大義なき、欲得ずくのもの以外としては想像することができなかったから、関係の強固さは必然的に同盟者の側の強欲さによって説明されるしかなかったのである。

第三節　植民市《コロニア》が燃える

一

イタリアの田園を劫掠《ごうりゃく》するヌミディア騎兵を描く時のリウィウスの筆致に滲み出る独特の色合い《ニュアンス》は、おそらく以上のような認識に由来するものである。それは敵の集団を、それ自身の理性に従って動いているのではない、操る者の邪悪な手によって鎖を解かれた野獣のごとき存在と見る時に生まれて来る調子である。ティキヌス河畔で敗北したローマ軍がヌミディア騎兵の追撃をうけてあわやという瞬間、ローマ軍陣地に置き去りになっていた物資の数々がヌミディア人の注意をひきつけたために、首尾よく難を免れたいきさつをリウィウスは皮肉をこめて書き記す（Liv. XXI. 48. 5）。相手が盲目的衝動にかられる未開人である以上、迎え撃つ「文明人」の方は相手に欠けている冷静さを保ち続けることによってのみ、勝利を得ることができるのである。

いくつかの箇所で、ヌミディア騎兵は、ローマ軍指揮官の冷静さと成熟度がそれでもって測られる試金石のような存在として登場する。「蛮人」を使ったハンニバルの挑発に雄々しく耐え、戦局の全体図を見失わないのが、あるべき指揮官の姿であり、他方、一時の激情にかられて深追いする者には惨めな破滅が待ち受けている。略奪品をわざと見せびらかしながらわがもの顔に馬を乗り回すヌミディア兵を前にしてローマ軍司令部に葛藤が生じる。応戦すべきか、それとも……。たいていの場合、ローマ軍指揮官の中でも、ファビウス・マクシムス（前二一六年のコンスル）のように名門貴族《ノービレス》の利害を代表する「閥族派《オプティマテス》」的な人々は「忍耐」を説いた。ハンニバル軍は戦利品だけで糧食をまかない、傭兵部隊の忠誠をつなぎとめている「自転車操業」式の軍隊なのだから、これを倒す最良の方法は決戦を回避し続けること、戦利品大量獲得の機会を与えないことだ、とファビウスは考える（Liv. XXII. 12.2 ; 8–10）。待つこと、ひきのばすことが肝要である。略奪品が底をつき、田園にもはや略奪すべき対象がなくなれば、まもなく集団脱走が始まりカルタゴ軍は解体するだろう。

他方、先程のミヌキウスやワッローのような、反名門貴族的、「民衆派《ポプラーレス》」的な指揮官は、ファビウスらの作戦を「堕落」ととらえ、即決戦を主張した。

二

このような葛藤を描く時のリウィウスは、常に「閥族派」に好意的である。「民衆派」指揮官の行動は、ことごとくヒステリックで煽動的な、真の勇気を欠いたもののごとく描き出される。例えば前二一七年、独裁官ファビウスの命令に逆らってカルタゴ軍と交戦した騎兵長官ミヌキウスは、「実は敵とほぼ同数の被害を蒙ったにもかかわらず」大勝利を告げる「たわごとだらけの」手紙をローマ市に送り、一躍、民衆の英雄にまつり上げられた、とリウィウスは非難する（Liv. XXII. 24. 14）。護民官マルクス・メティリウスがローマの群衆を前に、ファビウスの決戦回避を激しく弾劾し、騎兵長官（ミヌキウス）を独裁官（ファビウス）と同等の立場に昇格させる法案を平民会に提出する（Liv. XXII. 25. 10）[13]。この法案を強力に推したのは、前年のプラエトルで「民衆派」のホープ、テレンティウス・ワッローその人であったが、この部分でリウィウスはワッローの父が肉屋で、しかも「品物を自分で行商する」小売り商だったことを、あたかも彼の品性を傷つける事柄であるかのように悪意をこめて書き添えている（Liv. XXII. 25. 19）。

法案は可決された。独裁官ファビウスに対する公然たる侮辱である。だがファビウスは「動じぬ平静さ」をもって「荒れ狂う民衆が彼に加えたこの不正」に耐える（Liv. XXII. 26. 5–6）。ここで、ローマの民衆と「民衆派」政治家たちが、名門貴族ファビウスにふりかかる不条理な試練という点で、ヌミディア騎兵とこれを操るハンニバルのイメージとほとんど二重写しにされてしまっていることには注意しておいてよい。

こうしてファビウスとミヌキウスは、いまや同格の二人の独裁官としてローマ軍陣地に戻り、全軍を等分して、各自別個に陣地を構える。そしてついに黒白が明らかになる日がやってくる。

三

決戦を急ぐミヌキウス軍はまんまとハンニバルの奸計にひっかかって、包囲され全滅の危機に陥る。多くのローマ兵が殺され、残りの者も算を乱して逃げようとするその瞬間、「まるで彼らを救うために天から下されたかのように」（Liv. XXII. 29. 3）ファビウスの軍勢が現われる。彼はこの事態を予期して、ミヌキウス軍の動静がすぐわかる近距離に布陣していたのである。

敗走しつつあったローマ兵は一人また一人と踏みとどまり、ファビウスの部隊に合流する。敵勢によってへだてられていたローマ軍の二つのブロックはいまや一つになる。「本物」の独裁官の指揮権に「まがい」のそれが吸収される形で。これを見たハンニバルは「ミヌキウスには勝ったがファビウスには負けた」（Liv. XXII. 29. 5–6）ことを悟って退却する。

やがて日没。ミヌキウスは自軍の兵士を集め、自己の誤りを認めてこう言う。「さあ、我々の宿営地を移動してファビウスの〔宿営地〕に合体しよう、そして我々の軍旗が彼の幕屋の前に運ばれ、私が彼に〝父よ〟と呼びかけたら――彼が我々にしてくれたこと、彼の人物の大きさはまことにこの名にふさわしい――兵士諸君、君たちは、つい今しがた自分の腕と剣とで諸君を守ってくれたあの（ファビウス軍の）兵士たちを〝パトロヌス（保護者）〟と呼びたまえ！」（Liv. XXII. 29. 10–11）……事件は「民衆派」の「悔悛」と、「正統」への「復帰」で終わる。

結局、現実に対処することのできる真に成熟した大人＝「父」はファビウスに代表されるローマの伝統的・貴族的権力の方であり、民衆と「民衆派」の異議申し立ては、しょせん子供のから騒ぎにすぎない、というリウィウス（と彼が拠っている年代記作家）の嘲笑が聞こえてくるようである。そして、このような感覚はおそらく彼にかぎらず、また彼の時代（帝政成立期）にかぎらず、ローマの支配層・市民層の一定の部分がかなりの長期間、共有し続けていた感覚――古代ローマが、同じ「都市国家」とはいっても、ギリシアのポリスのような「民主政」の支配する空間にはけっしてなり得なかったことに対応する感覚であった。デーモクラティア（民衆の権力＝民主政）を非難さるべき何ものか、主人公的に（したがって読者が自己と同一視しやすいような筆致で）描かれたローマ貴族が苦闘の末に打倒すべき何ものか、として示す伝統は、ローマの歴史叙述の一つの潮流として確実に存在していたのである。

四

この例は、リウィウスを通して知られるローマ人の敵のイメージが、時に階級性を帯びたものでありうること、つまりローマ人一般の外敵に対する意識であるという以上に、ローマ社会の中のある階級の他の階級（内敵?）に対する敵意が外敵の上に投影されたものでありうることを示している。ところで既にみたように、リウィウスにおいてヌミディア人・マウレタニア人への嫌悪をより激しくむき出しにするのは、ミヌキウスやワッローなど、「民衆派」の政治家の方であり、「閥族派」的な人々はむしろ自制的態度を保っているように描かれている。このような傾向はある程度までは、「閥族派」びいきのリウィウスによる、「民衆派」をことさらに子供っぽくヒステリックにみせるためのレトリックとして説明できるが、このようなレトリックを可能にする傾向が現実に存在したことは疑えず、とすれば我々はこの「民衆派」のヌミディア人憎悪の歴史的根拠を問う必要があるだろう。

既に述べたようにヌミディア人の大部分は軽装騎兵として従軍しており、カルタゴ軍の機動性は彼らに負うところが大きかった。トラシメヌス湖畔やカンナエでのカルタゴ軍の圧勝、いわゆるハンニバル戦法の成功もヌミディア騎兵隊なくしてはあり得なかった。だが、こういう大会戦以外の場合――偵察・行軍・宿営・補給といった、いわば軍の「日常」生活においてもヌミディア騎兵には重要な任務が割り当てられていた。すなわち、イタリア遠征中のカルタゴ軍の糧秣のかなりの部分がヌミディア騎兵の田園略奪によってまかなわれていたのである。これはカルタゴ軍が傭兵中心だという事情――ローマ人は常に略奪を傭兵根性と結びつけて描き出した――に由来するというより、なによりも彼らが敵地イタリアの中で孤立した侵入者であり、また海上覇権が第二次ポエニ戦争を通じて一貫してローマ側に握られていたために本国からの補給がほとんど不可能なことに由来した。(14) そして以下にみるように、略奪は同時に、ローマと同盟しているイタリアの諸都市・

諸共同体をローマから離反させカルタゴ側に寝返らせるための脅迫の意味を帯びた。

五

イタリア侵入直後から、ハンニバルは敵としてのローマ人をイタリア人一般から峻別し、後者の反ローマ蜂起を促す政策に出た。

例えば、前二一七年のトラシメヌス湖畔の大勝利の戦後処理においては、一万五千の捕虜のうちローマ市民のみを抑留し、イタリア同盟諸市からの兵士は即座に釈放して、「ハンニバルの目的はイタリアとの戦いではなく、イタリアの自由のためにローマ人と戦うことだ」とのメッセージを託し、故郷に帰らせている（Polyb. III. 85. 1–4）。確かに、たかだか数万にすぎぬ彼の兵力で、四〇万の動員能力を誇るローマを倒すには、ローマ陣営内の「被抑圧者」との連帯が考えうる最上の策であったろう。「被抑圧者」がだれで「支配者」がだれなのかを見誤らぬ限りは（ところが右のメッセージからも読みとれる通り、ハンニバルはローマ国家の支配構造を「ローマ市民＝支配者」「イタリア人＝被支配者」という具合にあまりにも単純化して捉えていたようである）。

とにかく、ハンニバルのこの「ローマ、イタリア離間策」は田園略奪＝糧秣調達の場面でも堅持されていた。前二一七年、アドリア海に面したダウニー人の領域がカルタゴ軍の侵入を受けたとき、真先に攻撃されたのは「ローマ人の植民市《コロニア》ルケリア」（法的地位はラテン植民市《コロニア》）であった（Polyb. III. 88. 5–6）。続く何日間か、ハンニバルはこの付近にとどまってダウニア地方全体を「だれにも邪魔されずに」略奪して回った。ついでカルタゴ軍は南に転じてアペニン山脈を越え、サムニウム地方に入るが、ここでもまず、ラテン植民市《コロニア》ベネウェントゥムの領域が略奪され、その後で同盟市の一つテレシアがカルタゴ軍に占領されている（Polyb. III. 90. 7–8, Liv. XXII. 13. 1）。

明らかにこれらの植民市《コロニア》はハンニバルによって、その地方のイタリア人に対するローマの支配のシンボル的存在とみなされ、イタリア同盟市にローマ陣営からの離脱を促すための、いわば見せしめとして、真先に略奪されたのである。

六

ここで、この時代のイタリア各地の植民市《コロニア》というものが、ラテン植民市《コロニア》であれ、「ローマ市民の」植民市《コロニア》であれ、ローマからの植民者集団を核として形成されており、その植民者の主体がローマ市の中流以下の平民層だったことを想起すれば、「民衆派」のヌミディア人憎悪の原点らしきものがぼんやり見えてくる。ローマの下層市民——借財を負い、たえず経営危機にある零細自作農から、既に土地を喪失し、ローマ市内に寄食する無産者に至る——にとって、イタリアのどこかへの植民（安定した自作農家への国家の負担による上昇）は、おそらく想像しうる唯一の現状脱出の道であった。植民市《コロニア》はその意味で彼らの未来の夢であり、植民者たちの運命は彼ら自身の明日の運命であった。トラシメヌス湖畔で戦死したフラミニウスに代表されるこの時代の「民衆派」政治家は、例えば「北イタリア（「ガリア」）の土地の再分配」という形でのこの夢の実現をスローガンとして下層市民の熱狂的支持を集め、名門貴族の伝統的権威に挑戦していた（Polyb. II. 21. 7–8）。それゆえ、ローマ国家の「被抑圧者」を解放するはずのハンニバルのヌミディア騎兵隊は植民市《コロニア》を狙い撃ちにすることによって皮肉にもローマ下層市民という、潜在的な「被抑圧者」を敵にまわしてしまったことになる。

人数的には全軍の十分の一にすぎないヌミディア兵を敵の典型と感じるローマ人の感じ方のパターンは、このようにおそらくまず第一に、略奪（これは本当に騎兵の主力たるヌミディア人が中心になって行った）の主な被害者たる植民者たち、彼らと心理的に結ばれているローマの下層民たちの間で形成されていったに違いない。

いったん「カルタゴ軍＝ヌミディア騎兵＝田園略奪者」という認識がローマ民衆の間で定着してしまうと、「民衆派」政治家はこのヌミディア人憎悪を煽りつつ、それと「貴族支配層の怠慢・無策」とをリンクさせる方向で名門貴族攻撃を展開した。さきに引用した騎兵長官ミヌキウスのファビウス弾劾演説をこのような観点から読み直してみると、「いまや我々はこの海岸が……とっくにヌミディア人やマウレタニア人のものになっているのを座視している」と言うとき、ミヌキウスはカルタゴ軍の害悪のうち、とりわけ植民市《コロニア》が蒙った略奪による被害、それによる田園部のローマ中堅市民層の経済基盤の破壊を聴き手に印象づけようとしていることがわかる。

事実この演説は、カルタゴ軍がカンパニアで略奪をほしいままにしているのに、これを追尾するファビウス軍がマッシクス山麓にはりついたまま戦闘回避を続け、ついに「ファレルヌスの地（ローマの公有地）とシヌエッサの植民者の家々」から火の手があがるのを山麓のローマ軍が目撃した時点でなされているのである（Liv. XXII. 14. 3–4）。

「引き延ばし屋」ファビウスは独裁官就任直後、彼の作戦を成功させるべく次のような布告を発している。いわく「ハンニバルの進軍が予想される地方の全住民は、いかなる種類の糧食も敵に渡さぬよう、まず家屋に火を放ち穀物を廃棄した上で、農場を立ちのくべし」と（Liv. XXII. 11. 4–5）。いわゆる「焦土作戦」であり、カルタゴ軍の補給源を断つというファビウスの目的からすれば、まことに合理的な、もっとも至極な命令ではある。だが、当の地方住民、とりわけ農場を焼かれれば即没落しかない大多数の小規模植民者の目には、この布告、いな、「引き延ばし作戦」全体が、少々の略奪など意に介さぬ大農場主（ファビウス自身カンパニアの大地主として知られている）のエゴをむき出しにした、「中小農家見殺し作戦」と映ったであろうことは想像に難くない。つまり象徴的な言い方をすれば、彼らの目には、ヌミディア騎兵を「操って」いるハンニバルとこれを座視しているローマ名門貴族は二重写しになって見えたのである。

第四節　舞台はアフリカへ

一

田園を荒廃させる異形の騎兵隊のグロテスクなイメージのかげに潜んでいたのは、実はローマ社会の二つの階層の間で次第におさえようもなくふくれあがっていった憎悪に他ならなかった。それは第二次ポエニ戦争を分水嶺とするローマの社会構成の劇的変化——中小自作農層（すなわちローマ市民団の中核であり、それまでのローマ社会を多少ともギリシアのポリスに似たものにみせていた存在）の没落と大量の戦争捕虜を使った奴隷制大農場《ラティフンディア》の展開——のイメージにおける対応物であり、また、この変化と並行して始まったローマ支配層再編成の動き（「民衆派」政治家の名門貴族攻撃に集約されるところの）がこの時代なお、元老院を中心とする伝統的な政治の枠組へのラディカルな批判とはなり得ていなかったことの屈折した表現でもあった。

より本格的な再編が日程に上る段階（例えば八〇数年後のグラックス改革期）であればストレートに奴隷制大農場所有者（元老院・名門貴族を中心とする）に向けられたはずの没落市民層の敵意は、「民衆派」がいまだ弱体なこの時期には、自らの没落の表面的なきっかけである「ヌミディア騎兵の蛮行」へとふりむけられざるを得なかったのである。言いかえれば、名門貴族＝「閥族派」と「民衆派」はともに「ヌミディア騎兵の蛮行」を諸悪の根源とすることで奇妙に妥協していたのであった。

二

ところで、リウィウスの『ローマ建国以来の歴史』に現われるヌミディア人像は、第二次ポエニ戦争終盤の局面でそれまでとは異質の構造を持つに至る。ハンニバルのイタリア作戦はカンナエの大勝利（前二一六年）にもかかわらず次第にゆき詰まり、イタリアにおけるカルタゴの最大の同盟者だったカプア市の陥落（前二一一年）をもって、はっきりローマ有利に傾く。他方、第二戦線スペインでもプブリウス・スキピオ（いわゆる大スキピオ）の着任（前二一〇年）以来、カルタゴ軍は守勢に立たされ、ガデス市放棄（前二〇六年）によってスペインの拠点をすべて失なう。こうして前二〇五年には、ファビウスらの反対を押しきった大スキピオのイニシアティヴにより、ローマ軍のアフリカ上陸が日程に上り、主戦場がイタリア・スペインから北アフリカ（つまりカルタゴ本国、そしてヌミディア）に移るに伴って、ローマ支配層の認識の中でのヌミディアの位置も大きく変化していくのである。

リウィウスの筆致の変化は例えば次のような点に現われる。これまでヌミディア人は常に「ヌミディア人」と記されるだけで個々人としては名を持たぬ（したがって人格も持たぬ）不気味な襲来者として描かれ、その襲来によってローマ人に何らかの選択をせまる存在でこそあれ「ヌミディア人」の側が主体的に思考し選択するといったようなことはなかった。つまり彼らは、いかに度々登場しようともその役割は結局無人格な客体の域を出なかったのである。

ところがスペイン情勢がローマ有利に転じ、アフリカがローマの戦略地図に入ってくる段階になると、個々人としてのヌミディア人、固有の名前と人格を持ったヌミディア人が登場し始める。ヌミディア最大の種族マサエシュリー（マサエスリー）の王シュファックス（ラテン語の音としてはシュパックス）、あるいはその隣接種族マッシュリー（マエスリー）の王族マシニッサ、という形をとって現われるこれらの個人は、これまでカルタゴ以外の勢力を知らなかった彼らの故郷にローマという第二の勢力が出現する未曾有の事態の中で、いまや自らの存亡をかけて「カルタゴかローマか」を選びとる「主人公的」存在なのであり、読者は彼らの「選択」のプロセスとその結果とを興味をもって見守ることになるのである。

三

ヌミディア内部の主導権をめぐる「シュファックス（マサエシュリー族）対マシニッサ（マッシュリー族）」の対立構図に「ローマ対カルタゴ」の対立が作用する形ですすむこの「選択」劇は、一見目まぐるしい展開をみせる。まず、スペインのローマ軍指揮官スキピオ兄弟（大スキピオの父と伯父）によるシュファックスとの交渉と同盟締結（前二一三年）。シュファックスはカルタゴ軍との対決に備えて歩兵部隊創設をもくろみ、彼の要請にこたえてローマ軍将校がマサエシュリーの若者の訓練にあたる（Liv. XXIV. 48. 2–13）。これをみたカルタゴはマッシュリー王ガラ（マシニッサの父。ガイアとも）を説得してマサエシュリー攻撃にふみきらせ、マシニッサ指揮下のマッシュリー軍とカルタゴの連合軍の前にシュファックスのマサエシュリー歩兵隊は一敗地にまみれる（Liv. XXIV. 49. 1–4）。この後スペインにおけるスキピオ兄弟の戦死（前二一一年）もあって、ローマのヌミディア接近は一時頓挫(15)。交渉が再開されるのは、大スキピオの活躍でスペインのローマ軍優位が確立される前二〇六年以降である。

アフリカ侵攻にはヌミディア最強の王シュファックスの協力が不可欠とみた大スキピオは、自ら二隻の軍船でマサエシュリー王国へ渡り、シュファックスの宮殿（おそらくアルジェリア西部にあったシガ市の）を訪れるが、そこで一足先に到着していたカルタゴ軍指揮官ハスドゥルバル（ギスコの子）と鉢合せしてしまう（Liv. XXVIII. 17. 4–16）。

大スキピオは王の招きに応じてこの敵将とともに王の饗宴に連なり、虚々実々の駆け引きの末、シュファックスとの同盟更新に成功する（Liv. XXVIII. 18. 4–12, Polyb. XI. 24a, 4）。スペインにとってかえした大スキピオは今度はカルタゴ軍中のヌミディア騎兵隊の主力たるマッシュリー部隊との接触を開始する。彼は数年前に戦闘中に捕虜となったマッシュリー王族のマッシワという少年を釈放したことがあり（Liv. XXVII. 19. 9–12）、その叔父マシニッサの好意をかち得ることは容易であった。カルタゴ軍騎兵隊の中心としてそれまでローマを悩ませていたマシニッサは、寛大な処置に感謝して密かに敵将スキピオの幕屋を訪れ、その人品に魅せられて同盟を誓う（Liv. XXVIII. 35. 1–11）。こうして前二〇六年にはマサエシュリー、マッシュリー双方が親ローマに傾くかにみえたが、同年マッシュリー王ガラが死亡し、情勢は一変する（Liv. XXIX. 29. 6）。

四

すなわち、マシニッサの実権掌握によるマッシュリーの親ローマ化を危惧したハスドゥルバルの工作により、シュファックスは王位継承問題への干渉を決意。この結果、マッシュリー王国は事実上マサエシュリー軍の占領するところとなり（Liv. XXIX. 31. 1–8）、国を逐われたマシニッサら親ローマ派は山岳地帯でのゲリラ活動を余儀なくされるのである（Liv. XXIX. 31. 7–32. 14）。この事件を契機にシュファックス＝カルタゴ関係は急速に親密の度を加え、ローマ軍のアフリカ上陸を目前にした前二〇四年までには、ハスドゥルバルの娘ソフォニバとシュファックスの結婚、カルタゴ＝マサエシュリー同盟締結に至る。

こうして、ついにアフリカ上陸を断行した大スキピオのローマ軍とハスドゥルバルらカルタゴ軍との決戦は、ヌミディア諸種族との同盟に関するかぎり交渉開始時とは一八〇度逆転して、マシニッサ＝ローマ連合対シュファックス＝カルタゴ連合の間で戦われることになる。結果は前者の圧勝に終わり、マサエシュリー軍は壊滅。シュファックスは捕虜となり（Liv. XXX. 12. 1–2）、マシニッサは単にマッシュリー王国に返り咲いただけでなくマサエシュリー領をも併合し（Polyb. XV. 4. 4）、事実上ヌミディアの単独支配者となった[16]。

しかし、この状態がローマによって認知され、マシニッサがヌミディア全土の王と認められるためには、彼はなお一つの手続きを踏まねばならないのであった。すなわちシュファックスの妻であったカルタゴ出身のソフォニバ（ソフォニスバとも。ここではリウィウスによる表記を用いる）の処遇問題である。シュファックスの王都キルタを占領した直後、マシニッサは前王の妃であるこの婦人を自分の妻として迎え入れていた（Liv. XXX. 12. 17–20）。だが、カルタゴ＝マサエシュリー同盟のシンボルともいうべきソフォニバを妻としたことに対して大スキピオは不快を表明し、ソフォニバの身柄をローマに引き渡すよう警告（Liv. XXX. 14. 10–11）。マシニッサは苦悩の末ソフォニバに毒杯をあおがせ（Liv. XXX. 15. 4–8）、これとひきかえに大スキピオによって正式に「王」と呼ばれるのである（Liv. XXX. 15. 11）。

こうしてヌミディア全土が親ローマ的マシニッサの支配下に入ったことで、前二〇二年のザマの戦いでは、ローマ＝ヌミディア連合軍対ハンニバル麾下のカルタゴ軍という構図が出現。「ハンニバル戦法」のかなめたるヌミディア騎兵を失ったハンニバルは大敗を喫し、カルタゴはローマに和を乞うて、第二次ポエニ戦争は終わる（前二〇一年）。

五

「カルタゴかローマか」をめぐる二人のヌミディア人、シュファックスとマシニッサの「選択」のドラマは以上の通り極めて錯綜している。しかし我々はむしろ、著者リウィウスがこれをたんに錯綜した過程としては描いていない点に注意すべきであろう。つまりリウィウスは二人の「選択」の分岐を完全に偶然的なものとはみなさず、そこにある種の「必然性」——二人の「世界観」ないし「未来に対する姿勢のちがい」とでもいうべきものに裏づけられた「法則性」を見出しているようなのである。

マサエシュリー王シュファックスは気まぐれでいくぶん怠惰な、「現状維持」志向の人物として描かれる。ガラ死後のマッシュリーの王位継承紛争にのぞんで、彼はマッシュリー王位が（親ローマ的な）マシニッサのものになろうと、（親カルタゴ的・親マサエシュリー的な）ラクマゼスのものになろうとどちらでも構わないではないかと口走って、たまたま彼のもとに滞在していたハスドゥルバルを慌てさせる（Liv. XXIX. 31. 1）。彼がこの傍観者的態度を捨ててマッシュリー干渉に乗り出すのは、領土的野心からというより、「マシニッサはその父ガラや叔父オエザルケスの満足していたものでは満足しない」であろうということ——それゆえ、マシニッサのマッシュリー王位登極を阻止しなければマッシュリー、マサエシュリー間のバランスの現状は維持できないであろうということ——をハスドゥルバルの説得によって確信するからに他ならない（Liv. XXIX. 31. 2-4）。

同様に、ローマ、カルタゴ間の戦争のゆくえについても、シュファックスの観点は、どうすれば北アフリカの現状を保てるか、という点に終始する。

前二〇四年、カルタゴとの同盟締結（したがってソフォニバとの結婚）直後シュファックスがかつて同盟を結んだ大スキピオ（シチリア島を拠点としてアフリカ侵攻を準備中であった）に送った使節の口上には、このような特徴がよくあらわれている。いわく、「まず第一に希望することは、ローマ人がこれまでどおりアフリカから遠く離れた所でカルタゴとの戦争を遂行してくれること、それによって自分が彼らの争いに巻きこまれずに済み、ローマ、カルタゴ、どちらか一方に軍事協力して他方との同盟を破棄したりしないで済むようになることである。しかし、もしスキピオがあえてアフリカに干渉し、カルタゴに軍を進めるならば、自分としては自分の生まれた土地アフリカのため、また妻の生まれた都市（カルタゴ）のため、また妻の父と家のために戦わねばならなくなるだろう」（Liv. XXIX. 23. 8–10）。

六

このように北アフリカのカルタゴを中心とする現秩序の擁護者としてあらわれるシュファックスとは対照的に、マッシュリー王族マシニッサは進取の気性に富んだ、「変革」志向の典型として描き出される。父王ガラの存命中から既に、彼はその素質の故に将来を嘱望される青年であり、即位の暁には「（マッシュリー）王国を、受け継いだ時よりも大きく富ませる」ものと予測されている（Liv. XXIV. 49. 1）。

ローマとの同盟に関しても、マシニッサはシュファックスのように「巻き込まれること」を躊躇するのではなく、むしろ積極的にローマのアフリカ介入を促す。「私は、これまでローマに協力したどんな異国人をも凌ぐ熱意をもって、あなた（大スキピオ）とローマ人民につくそうと思います」と彼はスペインでの会見で大スキピオに約束する。「そうした協力を私は長いこと望んでいたのですが、見知らぬ異国であるこのスペインではどうすることもできなかったのです。でも、私が生まれ、そして父の王国を受け継ぐ希望のもとに養育された故国（アフリカ）でなら、協力は容易です。もしローマがあなたを指揮官としてアフリカに派遣するなら、カルタゴの余命はいくばくもないと断言することができます」（Liv. XXVIII. 35. 9–11）。

つまり、リウィウスはシュファックスとマシニッサの描き分けを通じて、ヌミディアにおける「古きもの」と「新しきもの」――結局はカルタゴと結びつく停滞的な「旧勢力」と、結局はローマと結びつく現状打開的な「新勢力」――の葛藤というテーマを提示しているのであり、そうすることによって、北アフリカにおけるカルタゴ➡ローマの勢力交替に価値判断を伴う色づけを行っているように読めるのである。ローマ国内の政局については あれほど「保守的」ないし「反民衆派的」だったリウィウスが、ここ北アフリカでは「新勢力」に肩入れしている。ローマはヌミディアにおける「新しきもの」すべてと手を組みつつ「古きもの」を打倒し、長年にわたるカルタゴの支配がつくり出してきた「停滞」からヌミディアを救い出す解放者の役割を与えられているのである。

シュファックスでさえ、ローマと同盟している時期（前二一三―二〇六年）には現状「変革」を試みる。ローマの使節と軍事技術のあれこれについて語り合った彼は、ローマの優れた組織・規律に比較して「自分がいかに多くのことについて無知であるか」を痛感し、ローマ人顧問の助けを得て歩兵部隊創設に乗り出す。ローマの下級将校スタトリウスは「大勢の（マサエシュリーの）若者の中から王のために歩兵を徴募し、彼らをほとんどローマ式に組織し、整列や行軍の際軍旗に従うことを教え、工兵技術その他兵士に必要な事柄に慣れ親しませた」ので、まもなくシュファックスは「騎兵戦同様歩兵戦にも自信を持てるようになり、平地での正規軍同士の合戦でカルタゴ軍を圧倒する」までになるのである（Liv. XXIV. 48. 4–12）[17]。

七

しかし、この「変革」の芽は、シュファックスがカルタゴのソフォニバの誘惑に屈しローマの敵にまわったことで、いったんは摘みとられる。ハスドゥルバルの娘ソフォニバはそれゆえ、ヌミディアをカルタゴとの古い関係の中につなぎとめ、「停滞」を永続化させる「カルタゴのくびき」とでもいうべき存在である。ここでマシニッサの登場となる。「新勢力」の代表であり、年齢的にもシュファックスよりも一世代は若い彼は、山岳地帯に追いつめられ、部下のほとんどを失う窮地にも立っても、カルタゴとの戦いをあきらめない。ローマは彼の協力を得て、シュファックス＝カルタゴ連合軍を粉砕する。

しかしマシニッサにとっての真の「選択」の瞬間は、この勝利の後に「ソフォニバをとるかローマをとるか」の形で訪れる。リウィウスがこの王妃ソフォニバの（かなりメロドラマ的な）エピソードに長いスペースをさき、力をこめて描いているのは、だからけっして意味のないことではない。この場面でのマシニッサの苦悩は、リウィウスの文脈の中では、ヌミディアがカルタゴの呪縛を断ち切って「離陸」できるかどうかの瀬戸際の、いわば「新生ヌミディア」の産みの苦しみなのである。ソフォニバを引き渡せとの警告をうけて大スキピオのもとを辞したマシニッサは「狂気のようになって」自分の幕屋にひきこもり、そこで誰にも姿を見られずに長い時間をすごす[18]。しばしば嘆息やうなり声を発し、幕屋の外に侍している人々にも聞きとれるほどである。そしてついに「大きなうめきとともに」マシニッサは毒薬係の奴隷を呼びよせ、ソフォニバに毒杯を届けよと命じる（Liv. XXX. 15. 2-4）。――呪縛は断ち切られた。ちょうど詩人ウェルギリウスの描く神話的なローマの祖アエネアスが、カルタゴ女王ディードーの愛を捨て去ることではじめてローマ建国の途につくことができたように、このヌミディアの王も、一人のカルタゴ女性の死とひきかえにローマ的「文明」世界への「離陸」をはたす。そしてこのことによって同時に、「邪悪な操作者」ハンニバルが「無自覚な蛮族」ヌミディア人を思いのままに動かし得る基盤も崩壊し、ザマの戦いにおけるカルタゴの敗北が運命づけられるわけなのである。

八

こうして我々は、一見ちぐはぐにみえる『ローマ建国以来の歴史』の二種類のヌミディア人像――第二次ポエニ戦争前半における「操作される蛮人」のイメージと、後半の「選択」主体としてのシュファックスやマシニッサのイメージ――が実は、第二次ポエニ戦争を契機として（例えばヌミディアの同盟国化という形で）始まりつつあるローマの北アフリカ支配の意義についての、一つの首尾一貫した物語を構成していることに気づかされる。

それは、ハンニバル（そしてカルタゴ）という催眠術師によって惨めで無自覚な野蛮状態におかれたまま戦野を疾駆させられていた「操り人形」たち――ヌミディア人――の「覚醒」の物語であり、同時にローマを一種の「解放者」、北アフリカを「野蛮」から解き放つ「文明」の使徒として提示するものである。そしてこの認識――ローマの北アフリカ支配を「文明化」の枠組の中でとらえ、その開始点をローマと同盟した「ヌミディアの統一者」マシニッサの治世におく視角――はリウィウスだけでなくローマ世界の著述家の多くに共通するものであった。

ポリュビオスはこう語る。「彼（マシニッサ）の最大の、神のごとき業績は次のことである。それまでヌミディアは不毛の地で、農作物栽培は本来的に不可能だと考えられていたのだが、彼は初めて独力で、この地方が他の地方と同じようにあらゆる種類の作物を産出し得ることを証明した（Polyb. XXXVI. 16. 7–8）」。帝政初期の地理学者ストラボンになるとマシニッサの「文明化」事業への賛美はさらにエスカレートする。「マシニッサはその武勇と友好（ローマとの）の故にローマ人の間で極めて高い尊敬を受けている。そして実際、ノマデス（ヌミディア人＝「遊牧民」）を都市民と農耕民に変身させ、彼らに略奪者ではなく兵士たることを教えたのは彼なのである」（Strab. XVII. 3. 15）。

九

第二次ポエニ戦争を起点としてローマの同盟国ヌミディアで進行していったある事態に対する、帝国支配層の立場からするこのような解釈は、一九六〇年代までは歴史学の研究者の間でも「事実」としてうけとめられていた。しかしその後の研究の進展の中で、この解釈の虚構性はいまや刻々明るみに出されつつある。(19) マシニッサとローマを北アフリカへの農耕普及のチャンピオンとみなす従来説は過去のものとなり、北アフリカ「ベルベル」社会がマシニッサの登場以前に既に数世紀にわたる穀物栽培の伝統を有していたことが証明されている。とすればリウィウスらの描く「停滞」からの「離陸」、「遊牧民の農耕民化」とは一体何なのか。

現代北アフリカの歴史家たちは、ローマ支配下の北アフリカ社会の「従属化」「再遊牧化」について語り始めている。「遊牧民の農耕民化」とは実は、ベルベル農民からの土地奪取とこの土地へのイタリア没落農民の入植のプロセスに他ならなかったこと。「ローマ政府の定住化政策に対する遊牧民の反対」とは実は、この過程で耕地を追われ遊牧民化を余儀なくされたベルベル農民の土地回復闘争に他ならなかったこと。

総じて北アフリカの「ローマ化」「文明化」とは、奴隷制展開と結びついて先鋭化しつつあるローマ内部の危機を外に転嫁しようとする、ローマ支配層によるベルベル農耕社会の破壊——奴隷所有者化（「ローマ化」）したベルベル支配層の協力の下に進められる完全にローマ本位の農業システムへの改造——に他ならないのであり、そのことによってまさに、以後の北アフリカを停滞へと導くものであったこと。その意味で、ポエニ戦争におけるカルタゴの敗北と滅亡は、単にカルタゴだけでなくアフリカの未来全体が袋小路に入ってゆく分岐点とみなすことができること。

そうであるならば、我々はここでふたたび、ローマ人の「敵」——この場合は忠実な同盟者へと変身しつつある「敵」——に対するイメージがその実ローマ社会内部の敵対的諸関係の反映であるような例にぶつかっていることになる。田園の略奪者としてのヌミディア人像がローマ中堅市民層の没落を背景とした「民衆派」対名門貴族の敵対の投影であったように、カルタゴと決別して「文明化」を選びとるヌミディア人像は、ローマ社会のこの矛盾が北アフリカへの支配の拡大によって止揚されるであろうとの、ローマ支配層の期待の投影である。そして、この期待が現実化するところ、数百年の伝統をもつヌミディア農民は「農耕民化を嫌う、わからず屋の遊牧民」にされ、再び「野蛮な略奪者（ただし今度はローマ化された北アフリカ農村に対する）」のイメージを背負わされたまま、ローマが築いた長城《リメス》のかなた、サハラの縁辺へと追いつめられていったのであった。「北アフリカの農耕・都市・文明を遊牧民の攻撃から守るローマ帝国」のイメージの出現である。

註

（1）ここでポリビュオスはハンニバルの父ハミルカル・バルカのローマに対する怒り、特に傭兵戦争のどさくさに紛れてサルディニア島までも奪った行為への憤りを真の戦争原因として強調している。

（2）すなわち『イーリアス』の中でヘクトルが祖国イーリオス（トロイア）の滅亡を予感して言う言葉、「いつかはその日が来ようということ、聖（とうと）いイーリオスもプリアモスも、そのプリアモスのとねりこの槍もよろしき兵（つわもの）どもも滅び去る日が（Hom. *Il.* VI. 448-9）」（呉茂一訳、岩波文庫）である。カルタゴ市の断末魔を見た小スキピオは落涙し、物思いに沈んだあと思わずこの一節を呟いた。

（3）前三者はいずれも北アフリカの「ベルベル」系種族、「スペイン人」Hispaniはここでは北アフリカ由来のイベリア系と北からのケルト系および両者の混血したもの等のイベリア半島の種族の総称。「リグリア人」はローヌ河口からポー川上流域にかけての先住民。「バレアレス人」はマヨルカ、ミノルカ両島を中心とするバレアレス諸島の住民で、地中海一の投石兵。

（4）ハンニバルのこと。彼がアフリカどころかイベリア半島育ちであること、あるいはカルタゴ人はそもそもフェニキアからの外来者であることを言ったものか。ただし写本の「出身で……ない」（ne...indigena）を（ne...indigenam）に改めて、主語（ハンニバル）にではなく、「兵士たち」（militem）にかける校訂もある。安井萌訳リウィウス『ローマ建国以来の歴史6』京都大学学術出版会、二〇二〇年、一二一―一二三頁は写本に従って主格（indigena）としている。

（5）Cf. Polyb. IX. 24. 6. イベリア半島からイタリアへの遠征における食糧調達の困難を会議で議論中に、ハンニバルの「友人（幕僚）」の一人、モノマコス（剣闘士）と呼ばれたハンニバルが、軍勢に人肉食を教え、習慣化することが、唯一の問題解決策だと提言したとのエピソード。

（6）ただしギリシア語のリビュエー Λιβύη（リビア。地名）はアフリカ大陸あるいは北アフリカ全体をさす場合が多く、リビュエス（集団名）もリビュエーの住民全体をさす場合もある。

（7）ギリシア語（ポリビュオス等）ではマウルスィオイ Μαυρούσιοι と表記されることが多い。

（8）Lloyd A. Thompson, *Romans and Blacks*, London / Oklahoma, 1989, pp. 156ff. は 'Aethiopes'（エティオピア人）の人種的特徴についてのローマの著述家たちの「好奇心」と、同時に「無関心」に言及している。近代の racism との違いの指摘は重要であるが、「民族」差別一般がなかった訳ではない。

（9）O. Bates, *The Eastern Libyans*, London, 1914, p. 43 および Pl. I の図を参照。Strab. XVII. 3. 7 はマウルスィオイの編み上げた豪華な髪形（これを保つため歩く時はお互い距離をとって歩く）、黄金の装身具や服装、武装について述べた後、彼らの隣に住むマサエシュリオイやリビア（アフリカ）人一般もあらゆる点で彼らに似ているとして、騎馬技術（裸馬を乗りこなす等）に触れている。

（10）三本の投槍と円楯を携えた人物像の線刻がアルジェリアの Abizar で発見されている。*Encyc. ber.*, I, A21. Abizar, pp. 79–84（P.-A. Février）, pp. 84–86（G. Camps）. *Die Numider*, S. 580–581.（Tafel 107）. また、ヌミダエ騎兵が矢を受けて落馬する様を表したとされる Canosa 出土のテラコッタ像（ルーブル博物館蔵 Inv. 5223）でも軽武装の武具が見分けられる。Liv. XXII. 2. 4（cum expeditis Numidis）; 48. 2（praeter solita arma telaque …）; 50. 11（Numidae iacularentur）. XXXV. 11. 7（praeterquam quod iacula secum portat）.

（11）本書第六章参照。Liv. XXI. 44. 1–2（generosissimarum gentium equites frenatos infrenatosque…最も高貴な種族からのくつわを着けた騎兵（スペイン騎兵）とくつわなしの騎兵〔ヌミディア騎兵〕）; 46. 5, XXXV. 11. 7 他。

（12）マシニッサも、また傭兵戦争期のナラウアスも小なりとはいえ王族ないし貴族である。本書第六章参照。

（13）リウィウスは明言していないが、実際にはミヌキウスは独裁官に任命された。*CIL*, I. 1503 = Dessau, *ILS*, 11. Polyb. III. 103. 4 は「同一の戦場に二人の独裁官が任命されるという前代未聞の状況」と述べる。

（14）註（5）の遠征出発前のハンニバルの作戦会議を見よ。

（15）前二一〇年にはシュファックスからの要請に応えて、紫のトガとテュニカ、象牙の椅子、五ローマ・ポンドの重さのある黄金の patera（大杯）を携えたローマからの使節が彼のもとを訪れている。この使節団は同様の（やや格下の）贈り物を持って他のアフリカの諸小王の所へも回った（Liv. XXVII. 4. 5–9）。

（16）ただし、シュファックスの息子 Vermina の支配地域は西部になお残る。

（17）El-Hofra（キルタ：コンスタンティーヌ市）出土のレリーフに長槍、楕円形の楯、先のとがった兜、弓、短剣というカルタゴ・オリエント風の歩兵の具足一式が描かれている。Camps, *Massinissa*…, pp. 263f. *Die Numider*, S. 548–549（Tafel 91, 2）.

(18)　この箇所は蛮族の王がローマに就くか、それとも元々の仲間であるローマの敵方に就くか選択を迫られて、人目を避けつつ一人悩む場面としては、サルスティウスによって描かれたマウレタニア王ボックスの苦悩の場面（Sall. *Iug.* 113. 3）と類似している。

(19)　本書第八、九、十章を参照。

※本章では、ヌミディア人・ノマデスおよびカルタゴについての古典史料（リウィウス、ポリビュオス等）の叙述傾向を分析しつつ論を進めている。煩雑さを避けるため、古典史料の典拠は主として本文中に（　）内で示し、それ以外の註を章末に付す形をとった。

第五章　ポエニ・カルタゴ的世界とアフリカ・ヌミディア

前九世紀以来、ポエニ戦争（ローマ・カルタゴ戦争）の始まる前三世紀まで西地中海に広がっていたフェニキア人の活動域（ポエニ圏）は客観的にはいかなるものであったか。本章は従来ギリシア・ローマを主役とする古代地中海史の中で断片化され、後景に押しやられがちであったポエニ・カルタゴ圏の歴史の全体像を示し、カルタゴ市の後背地アフリカで生まれつつあった原住民王権（ヌミディア諸王権）の歴史的位置を見定める。

第一節　研究史の特徴

カルタゴ（フェニキア語の「新しい都市《カルト＝ハダシュト》」Qart hadasht）は、伝承によれば紀元前八一四／八一三年（ないし八一三／八一二年）[1]に、フェニキアの都市テュロスからの植民によって建設されたとされる北アフリカの都市国家であって、紀元前六―前三世紀に海上勢力として強盛を誇ったが、周知のように共和政ローマとの三次にわたる戦争（いわゆるポエニ戦争）の結果、紀元前一四六年に滅亡した。

　このカルタゴについての歴史叙述が、比較的史料の豊富なポエニ戦争そのものの経緯は別として、極めて困難であることは、研究者が一致して認めている。その原因は次のようにまとめられるであろう。

（i）カルタゴ人ならびに西方に進出したフェニキア人自身によって書かれた文献史料がほとんど現存していないこと。もちろんそうであるからといって、ギリシア・ローマ人の場合に盛んであった文学・哲学・歴史・地理・法律等の分野について、カルタゴ人・フェニキア人の著述活動が本来不活発であったとは断定できない。滅亡時のカルタゴ市には図書館があり、その蔵書はローマ元老院によって「アフリカの王たち

（regulis）」に贈られた。[2] これはローマの同盟者でカルタゴの敵国であった隣国ヌミディア（マッシュリー）王家（の王位継承者達）を指すと思われ、カルタゴの図書はその後相続によって、博学の著作家であったマウレタニア王ユバ Iuba 二世にまで引き継がれたと推定されている。[3] またカルタゴにも歴史書があったらしいこと、神殿に歴史的事件の経緯を記した碑文・書板を納める習慣があったこともギリシア・ローマ人の証言から確認できる。[4] しかしこれらはいずれも現存せず、現在伝わっているものは、ハンノ Hanno の航海記のギリシア語訳とされるもの[5]と、ワッローやコルメッラらローマ人の農業書に引用されたマゴ Mago の農業書の断片[6]のみである。

(ii)カルタゴ人・フェニキア人の残した碑文史料のジャンルが宗教的な分野に偏っていること。ポエニ語で書かれた石碑は現在までに五〇〇〇点以上発見されていると言われるが、墓碑銘かいわゆるトフェト tophet（一種の聖域）での「幼児犠牲」に関わる奉納碑文が大半を占め[7]、法や国制に関わるものは皆無に近い。[8] したがってこれらの碑文からカルタゴの歴史を再構成するためには複雑な史料操作と考古学的資料の検討が必要とされる。

(iii)この他に利用し得る古代人の証言として『オデュッセイア』以来のギリシア・ローマ人の古典文献史料と旧約聖書のカナン・フェニキア人に関する言及があり、カルタゴについて多少とも通史的・政治史的に書こうとすればこれらの史料に頼らざるを得ないが、しかしこれらはいずれも外部からの証言であり、必ずしも意図的に悪意をもって書かれているのではないにしても、古典作家・聖書記述者なりの問題意識・観点構造に規定された叙述である。[9] それゆえこれらの叙述に拠る場合でも厳密な史料批判が必要である。

(iv)さらに(i)─(iii)の限られた史料に拠ってフェニキア・カルタゴ史の叙述を試みてきた近代以降の研究者の視点自体の中立性・客観性に関してもいくつかの疑念が呈されている。[10]

以上のようなフェニキア・カルタゴ史研究をめぐるつかみどころのない茫漠たる状況は、しかしながら現在大きく変わろうとしているかに見える。第一に考古学の分野におけるフェニキア・カルタゴ研究の専門化、ギリシア・ローマ古典考古学からの独立が挙げられる。この流れの中で一九七二年以降ユネスコの支援計画Save Carthage Campaignのもと、チュニジア政府の決定に基づいて行なわれているカルタゴ遺跡の発掘は都市カルタゴの成立・発展・変容を具体的に辿るための材料を提供しつつある。[11] またカルタゴ市以外の、いわゆるカルタゴの「植民市」とされる都市中心の発掘も、北アフリカ・マルタ島・シチリア島・サルディニア島・バレアレス諸島・南スペインにわたって進められている。[12] 第二に、これら近年の考古学上の成果を踏まえつつ、従来のようにギリシア・ローマ古典史料から出発するのではなく、カルタゴ人の残したポエニ語碑文史料の分析を中心に据えた研究が、わが国でも佐藤育子によって着手されている。[13] こうした新たな研究の進展によってカルタゴの歴史が、古代以来現代まで続いている神話性を帯びた言説の累積から区別された、客観的なものとして姿を現わす日も遠くはないと思われる。

本章はこのようなカルタゴ研究の過渡期ともいうべき時期において、カルタゴをその所在地である北アフリカの歴史の中で捉えようとする試みである。アフリカにとってのカルタゴの歴史的役割に関しては、大まかに言ってフェニキア・カルタゴを文字・宗教・手工業・農業技術等、東方文化を伝え、北アフリカを歴史時代に引き入れた先達として評価する見方と、[14] 逆にカルタゴの存在によって北アフリカ「土着」社会の自立的発展が制約されていく面を重視する見方とが、[15] 対立していると考えられる。後者のような見方が本格的に登場してきたのは一九六〇年代以降のことであるが、その当否に関して精密な議論がされてきたとは言い難い。いずれの見方においてもカルタゴと北アフリカ住民の関係は植民者と先住民という二項対立として単純化されがちであり、同時にその対立図式は近代における植民地支配・帝国主義の問題との比較において捉えられがちである。

このような認識枠組から「カルタゴは帝国か」のような問いかけが生まれ、多くの場合否定的な答えを得る。カルタゴは近代帝国主義国ではないという限りではこの答えは妥当であるが、その結果カルタゴと北アフリカ社会の関係それ自体の特徴は分析されずに終わってしまう。そのようにカルタゴ賛美と非難との間で見落とされがちなカルタゴと北アフリカをめぐる諸事実を、研究史の中から拾い出して整理するのが本稿の目的であり、またオリエント史の専門家ではない筆者が現在なし得るすべてである。しかしこの作業を行なう前に、まずカルタゴの存在を生み出したいわゆるフェニキア人の西方植民とは何なのか、その中でのカルタゴ国家の歴史的位置について概観しなければならない。

第二節　西地中海とカルタゴ

一　フェニキア人の西方展開

フェニキア人 Phoenicians（英）という語はギリシア人が現在のシリア・レバノン海岸にあったビブロス・シドン・テュロス等の都市市民を指して呼んだ他称 phoinix/phoinikes（複数形）に由来し、フェニキアという地名もギリシア語 Phoinike から来ているが、phoinix の語源については諸説あって定め難い[16]。フェニキア人自身は自らを can'ani、その土地を Canaan と呼び、ギリシア人も古くはフェニキアを Chna と呼んだ[17]。言語学的にはフェニキア人の言語は青銅器時代のカナン人 Canaanites の言語の直系の子孫であり、このカナン語はウガリト語をも含んで、セム語の中でもアッカド語等の東方セム語とは区別されたグループを形成している。

カナン人の居住地は、青銅器時代（紀元前三二〇〇—一二〇〇年頃）には北はオロンテス河口から南はエジプト国境に至るシリア―パレスティナの海岸地方全体にまたがっていた。[18] カナン人の都市のうち、ビブロス市（原名 Gubla/Gubal ないし Gebal. Biblos/Byblos はギリシア名）は既に前二六〇〇年頃のエジプトの碑文に木材（レバノン杉）等の輸出元として登場し、また近年発掘されたエブラ Ebla の文書でも同じカナン人の都市アルウァド Arwad、サレプタ Sarepta、ベリュトス Berytus（ベイルート）、テュロス Tyros、シドン Sidon 等と並んで言及されている。[19] これらからビブロスは既に前二五〇〇―二三〇〇年の時期にシリア内陸諸国とナイル河谷を結ぶ商都であったことが知られる。後にカルタゴの母市となるテュロス市（原名 Ṣor. テュロスはギリシア名）の名もこのように既にエブラ文書に見え、また一九七三―七四年の発掘調査でもテュロスのあった現在は岬となっている島への最初の定住が前三〇〇〇年紀半ばに遡ることが判明しているので、[20] テュロスの建設をヘロドトスの時代から二三〇〇年前におく言い伝え[21]もあながち無視し得なくなっている。このように初期青銅器時代にエジプトと内陸シリアの結節点として登場したカナン人の諸都市は、前二三〇〇―一九〇〇年頃のアモリ人の侵入による断絶の時期を経て、中期青銅器時代、後期青銅器時代にもエジプトのシリアへの橋頭堡としての機能を果たしつつ栄え、エジプト第一八王朝の後半（前一四世紀）にその海上活動のピークを迎えたと思われる。この時期までにはビブロスとテュロスには独立の王家が確立されており、アマルナ文書にこれらの王の書簡が見られる。[22] またウガリト Ugarit（現在のラス＝シャムラ）出土の粘土板文書から知られるウガリト王国の繁栄もこの時期に重なる。[23]

しかし青銅器時代の終わりとともにカナン地方も混乱と破壊の時期を迎える。ウガリトは前一二〇〇年頃放棄され、[24] カナンの南部、現在のパレスティナ地方には前一二三〇年頃以降イスラエル人（ヘブライ人）が侵入し、[25] さらに前一一八〇年頃にはいわゆる「海の民」、ペリシテ人 Philistines がパレスティナの海岸地帯を占領する。[26] こうしてカナン人の地は狭義のフェニキア地方、現在のレバノン海岸へと縮小させられつつ青銅器時代から鉄器時代への移行（前一二〇〇年―一〇五〇年頃）を経験することになるのである。[27]

本章のテーマとの関係で興味深いのは、古典史料が記すフェニキア人特にテュロス人の西方進出、植民市建設の年代の多くが、カナンにとっての受難の時代であったこの時期、前一二世紀を指し示していることである。ウェッレイウス・パテルクルスはスペイン南部のガデス Gades/Gadir 市のテュロスの植民者による建設を伝承上のいわゆるヘラクレス一族の帰還の頃におき、これは彼の編年システムでは前一一〇四／一一〇三年にあたる[28]。また北アフリカのカルタゴの北西にあったウティカ Utica 市の建設はウェッレイウス・パテルクルス[29]、シリウス・イタリクス[30]、大プリニウス[31]、偽アリストテレス等の記述から前一一〇一／一一〇〇年に求められる[32]。さらにジブラルタル海峡のかなたの現在のモロッコの大西洋沿岸にあったリクソス Lixos 市のヘラクレス神殿は、大プリニウスによってガデス市のものよりも古いと記されている[33]。

考古学的には前八―七世紀以前にはフェニキア人の西地中海での存在を示す痕跡は稀であるので、古典史料の主張を退けて、フェニキア人の西方進出・植民を前八世紀以降、すなわちギリシア大植民の時期まで下らせる説も有力であるが、しかし近年のシチリア、サルディニア、スペイン等での発掘によって前一〇／九世紀ないし九／八世紀に遡る痕跡が発見されており、古典の史料的価値が再評価される傾向にある[34]。M・E・オーベット Aubet は文献史料においてテュロスの西方植民の年代がガデス・ウティカ・リクソスの建設年代とされる前一二世紀と、イトバアル Ithobaal 一世とその後継者による植民政策の結果北アフリカにアウザ Auza とカルタゴが建設され、キプロスにキティオン Kition が建設された前九世紀の二段階に分かれていることに注目しつつ、前九世紀の西方進出を前一二世紀に始まるカナン・フェニキア地方の一連の社会変動の帰結として描いている。まず青銅器時代から鉄器時代への移行期における先述のカナン人の居住地の縮小があり、これに加えて前一二〇〇年頃の降雨量の減少を伴う気候・環境の変化があって、フェニキアの海岸平野部には人口が集中し、農産物不足と人口過剰が生じる。他方で前一〇―九世紀にはフェニキア諸都市はイスラエルやアッシリア等の周辺諸国向けの贅沢品・威信材の主な供給源となり、専門化された手工業が発展する。さらに鉄・金・銅・錫・鉛等の金属の大量取引もこの時期に始まり、これもまたヒラム Hiram 一世時代以来テュロスの担うところとなる。アッシリア帝国の時代にはテュロスの金属供給を前提にテュロス―アッシリアに金・銀の量を基準として物を交換する一種の「貨幣」制度が生まれつつあり、旧来の単純な物々交換システムにとってかわる。このような「市場経済」の出現の中で、前九世紀末から八世紀初頭にかけてアッシリアは銀の不足に見舞われる。ところが前八世紀末のサルゴン Sargon 二世の時代にはアッシリアは経済的発展と「貨幣」の流通量増大を経験する。この間の銀の供給増大こそは実にテュロスその他の都市が新たな西方の供給源からもたらしたものである。要するにフェニキア人の西方拡大は人口圧による領土拡大要求と手工業生産・金属取引の発展の結果生じる原材料および新たな生産拠点への要求が交わった所に生じたのであり、その時期は前九世紀の後半であると結論づけられている(35)。

オーベットの所論は、フェニキア人の西方展開を鉱物資源の獲得・交易網拡大といった「商業的」動機に還元して終わるのではなく、そのような動機の追求に特化した、古代世界としては例外的な集団が生成されざるを得なかったカナン社会の歴史的諸条件を解明している点に特徴がある。カール・マルクスは『資本論』第三巻の中で「古代の商業民族」に関して、彼らは「いろいろな世界の間の空所にいたエピクロスの神々のように、またはむしろポーランド社会の気孔のなかに住むユダヤ人のように、存在していた。最初の独立な大規模に発達した商業都市や商業民族の商業は、純粋な仲介商業として、生産をする諸民族の未開状態にもとづいていたのであって、彼らはこれらの民族のあいだで媒介者の役を演じたのである」と述べている(36)。青銅器時代から鉄器時代への移行期とはまさしく、カナン社会が農業生産の場としての自足性を失って諸民族の狭間、諸世界の間の「空所」へと変質する過程、それに伴ってカナン人の一部が「古代の商業民族フェニキア人」へと変身を遂げていく過程であった。西地中海に配置されていったフェニキア人の諸拠点・植民市もその意味ではすべて、諸世界・諸民族の間の空隙であるが故に媒介者の存在が可能であるような場所に立脚していたと言えるかもしれない。そしてそのような場所のうち最も成功を収めたものの一つがカルタゴであった。

二　カルタゴ建設とカルタゴ史の諸段階

西地中海の諸拠点の中で、カルタゴの立地条件はフェニキア人にとってどのような特徴を有していたであろうか。この問題を考えるためにはそれらの諸拠点・植民市の分布状態と、フェニキア商船の航海の一サイクルの中での各拠点の位置づけを明らかにしなければならない。フェニキア人の航法については。かつてはP・サンタスの沿岸航法説が有効とされていた(37)。これによればフェニキア船は、昼間のみ航行し、海岸に沿って約二〇―三〇マイル進み、夜間は海岸に近い小島や岬などの、いわゆる「ポエニの風景」の見られる地点に風を避けて停泊し、上陸したとされる。北アフリカ海岸のフェニキア人・カルタゴ人の拠点が一九―二五マイル間隔で並んでいることが、この説の論拠の一つであった。しかしこの論では、例えばバレアレス諸島南端のイビサIbiza島のように、どの最寄りの停泊地からも二五マイル以上離れた場所にフェニキア人の拠点があった事実を説明できないし、また何より前五世紀以前には現在のオラン以西のジブラルタル海峡に至るモロッコ海岸には一つの停泊地も確認されていない(38)。それゆえ現在では、沿岸航法はフェニキア人の航海術の一面を示すに過ぎず、大型船による外洋航海も存在したと考えられている。事実、夜間航海用の照明具の一部と考えられるアンフォラも発見されている(39)。オーベットは、西地中海の海流、風向きを検討した上で、テュロスからガデスへの往復のルートを図1のように推定している。

すなわち西地中海ではアフリカ海岸に沿って西から東へ向かう海流が主流であるためテュロスからの往路に

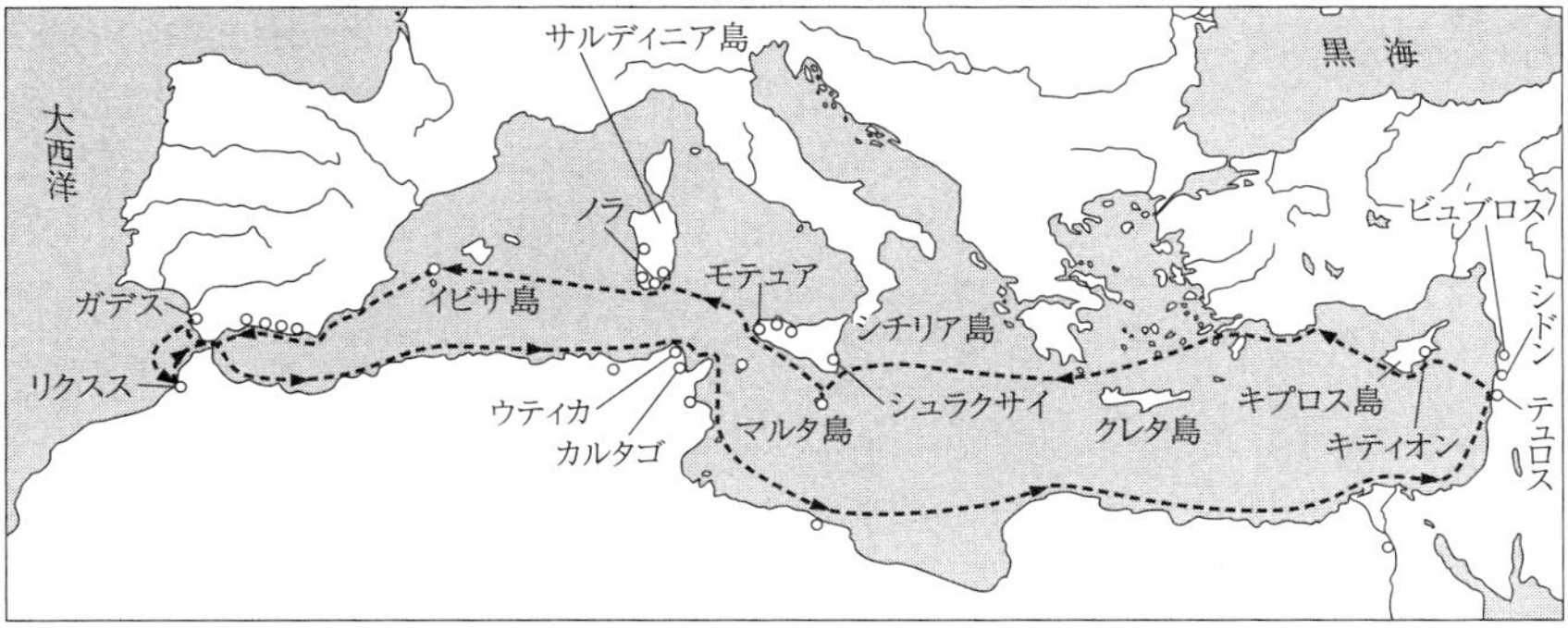

図１　フェニキア人の地中海航路
（M. E. Aubet, *The Phoenicians and the West: politics, colonies and trade*, Cambridge, 1993, rep. 1997, p. 161 の図をもとに作成）

おいてはこの海流を避けて地中海の北寄りにシチリア島のモテュアMotya、イビサ島等をへてスペイン南岸に至り、ここでジブラルタル海峡を大西洋側へ抜けてガデスに向かうのだが、海峡付近では強い向かい風（西風）が吹いて危険なため、海峡の手前のマラガ等のスペイン南岸の拠点に停泊し、三月、七月、八月、九月、一二月に吹く東風を待つことになる。逆にガデスからの帰路は西風と、西から東への海流に乗って海峡を通りアフリカ海岸沿いにすみやかに進んでカルタゴ、ウティカに至り、ここからエジプト、シリアに向かう。ただし、この図には示されていないが、帰路においてもアフリカ海岸に寄らず、イビサ島、サルディニア島、シチリア島をほぼ往路と逆に辿って戻ることも可能である(40)。つまりテュロスからガデスに向かうフェニキア船の往路においてはカルタゴを経由する機会は稀であり、帰路における選択肢の一つであるアフリカ沿岸ルートの中継点としてのみテュロスから見てのカルタゴやウティカの存在意義があるということになる。

次に、この航海で運搬されたであろう商品の流れを考えてみると、最も重要な取引の対象はやはりスペイン、イベリア半島の鉱物資源、特に銀であったと思われる(41)。ガデスはこれらの鉱山開発を基礎に青銅器時代から栄えていたいわゆるタルテッソス

Tartessos王国に面するフェニキア人側の拠点であった。東からの様々な手工業品・加工品をバーターとしてこれらの鉱物資源を入手し、テュロスへ持ち帰ってオリエントに供給するというのが、フェニキア人の西地中海への展開の主要目的であったとするならば、この航海の帰路の拠点であるカルタゴの成長は、航海の本来の出発点であり終点でもあるテュロスその他のフェニキア地方の都市から見れば副次的な問題であり、場合によっては警戒すべき現象でもあった可能性がある。西からの銀の流れがカルタゴでいったん止められ、カルタゴを終点＝出発点とする第二の循環が生じてしまいかねないからである。伝承におけるカルタゴの建設年代が先述のようにガデス、リクソス、ウティカより後代とされていること、ならびにカルタゴ建設がテュロス王の意志によるのではなくテュロスからの逃亡者――弟王ピグマリオンにより夫を殺害された王姉エリッサElissaとその支持者たち――によるものとされていることは、このような解釈と整合的であるとも言えよう。

エリッサ（別名ディードーDidoは一説では先住民の言語で放浪者を意味する）によるカルタゴ建設伝承は、その他の点でも現実のカルタゴ建設を取り巻く歴史的諸条件を垣間見せてくれる。前一世紀のポンペイウス・トゥログスの歴史書の要約である三世紀の歴史家ユスティヌスの叙述によれば、元老たちと共にテュロスを逃れたエリッサ一行はまずキプロス島に上陸して、子孫を得るためにこの地の娘たちを連れ去り、さらにユピテル（ユノーの誤りともされる）の神官をも伴ってアフリカに向かう。放浪の末、未来のカルタゴの地に到着した一行はこの地の住民から牡牛一頭分の皮で覆えるだけの土地を買う許可を与えられるが、エリッサは牛皮を切って細い皮紐とし、この皮紐で囲っただけの土地、すなわち将来のビュルサByrse（ギリシア語で牛皮を意味する）の丘をわが物として都市を建設する。[42]その後、リビア人の王ヒアルバスHiarbasに求婚されたエリッサは、殺害された先夫に対する贖罪の儀式を行なうと偽って町はずれに薪の山を築かせ、火を点じて自ら身を投じる。[43]以上の伝承では、フェニキア人の西方航路にとっての前哨基地キプロスの重要性、エリッサ一行のテュロス上層民としての特権性等と並んで、エリッサら植民者とカルタゴの地の先住民リビア人との格差が強調されている。フェニキア人の女王の巧妙さと先住民のだまされやすさ、先住民の王の求婚には死んでも応じない女王の誇り高さといった叙述は、植民者の物語としては当然とも言えるが、しかし例えばリウィウスの伝えるトロイアの遺民アエネアス一行によるラウィニウム Lavinium 建設伝承等と比較した場合、「植民者」と「先住民」の関係のあり方における両者の差は明らかである。すなわちアエネアスの方は先住民アボリギネス Aborigines の王ラティヌス Latinus と会談の末（一説では戦って打ち負かした後）、和約を結び、ラティヌスの娘ラウィニアと結婚して、都市を建設し、妻の名にちなんでラウィニウムと命名する。(44) ローマ市建国の発端にあたるラウィニウム市建設譚において「植民者」と「先住民」は共同し、混血して新国民を形成していくのに対し、カルタゴ建設譚における植民者と先住民は画然と分かたれたまま、植民者カルタゴが先住民に土地の賃借料を払い続けるという形で対峙の構図を再生産していく。エリッサの自殺に関する伝承は危機に際してのカルタゴの支配者の自己犠牲の伝統やいわゆる幼児犠牲の儀式の由来を説明するものとしてギリシア・ローマ人の著作の中で受け継がれていたものと思われるが、(45) 新生カルタゴにとっての最初の危機が近隣の先住民王からの結婚の強要であり、女王がこの誘いを拒絶してテュロスのメルカルトの大神官の未亡人としての立場を守り抜くことが都市の繁栄の基礎であると理解されている点は注目すべきである。(46)

ギリシア・ローマの古典史料は建国以降のカルタゴに関して、前六世紀前半のマルクス Malchus なる将軍(47)の登場までの期間については何ひとつ語らないが、考古学は初期のカルタゴについて以下のような点を明らかにしている。伝承はエリッサによる建国を前九世紀の後半に置いているが、現在までにカルタゴから出土している最古のギリシア式陶器の年代は古く見積もっても前八世紀の中葉とされている。これらの陶器のいくつかは、ギリシア自体からではなく、ナポリ沖のイスキア島の工房から来たものと推測されており、(48) 初期のカルタゴとイタリアのギリシア人との交流を示すものとして興味深い。一九七〇年代以降、ドイツの考古学隊等によって、ビュルサの丘・ユノーの丘の東の海岸地帯で初期のカルタゴ市の遺構の発掘が進み、そのある部分は前八世紀末に遡ることが明らかになった(49)。前七世紀にはカルタゴは既に計画された街路と金属細工・陶器・織物・染色・象牙細工等の工房を備えた発達した都市であり、東方のテュロスやおそらくは西方のガデスとの交易と並んで、シチリアを介してギリシア文化圏とも交流があり、またエトルリア南部やラティウムの海岸地方とも何らかの接点があったと考えられている(50)。すなわちC（コレット）・ピカールが想定しているような、地中海をめぐるフェニキア人の三つの航路（カルタゴ―エジプト―テュロス―ギリシア―シチリア―カルタゴと巡る東方航路、カルタゴ―サルディニア―バレアレス諸島―ガデス・リクソス―アフリカ北岸―カルタゴと巡る西方航路、カルタゴ―シチリア―イタリア半島西岸―サルディニア―カルタゴと巡る北方航路）がかなり早期に成立し、カルタゴはそれらの共通の起点として次第に他のフェニキア人の拠点をしのぐ発展を遂げていったと思われる(51)。前七世紀前半にテュロスがアッシリア王エサルハドン Esarhaddon によって攻撃され、テュロスからカルタゴへの避難民が増えてフェニキア人の交易活動の重心が西地中海へ移ったこともこの傾向を強める方向に働いた(52)。

しかしながら、ここからただちにいわゆるカルタゴ「帝国」が出現するわけではない。ディオドルス・シクルスによれば(53)、イビサ島へのカルタゴの植民は建国の一六〇年後、つまり前六五四年とされ、これがカルタゴの海外拡張の開始とされることが多いが、考古学的には前七世紀のイビサ島の遺跡は西方フェニキア人の小規模な定住地というだけで、カルタゴのものとは特定できず、同島が明らかにカルタゴの影響下に入るのは前五世紀である(54)。早くからスルキス Sulcis、タロス Tharros などのフェニキア人植民市が栄えたサルディニア島がカルタゴの影響下に入るのは前六世紀、完全に支配下に置かれるのは前五世紀とされ(55)、またトゥキュディデスによれば(56)、以前からフェニキア人の定住が広く見られたシチリアで、ギリシア人の到来後、島の西部のモテュア、パレルモ等へ集中したフェニキア人たちがカルタゴの影響下に入るのも前六世紀末である。[57] すなわち前六世紀が、フェニキア人の拡大と区別された意味でのカルタゴの拡大の開始期であると考えられるが、これは前五三五年のアラリアの海戦（エトルリア・カルタゴ連合軍がコルシカ島のアラリア Alalia でフォカイア人を破った戦い）[58] に見られるように西地中海におけるフェニキア人とギリシア人の軍事的対決が頻発する時期に重なる（ギリシア人によるカルタゴ関係の叙述の大部分はこの時期以降の事件を扱ったものである）。西方フェニキア人の歴史の中でのカルタゴ「帝国」（カルタゴの影響力の増大）の時期とは、西地中海がもはやフェニキア商船の独占物ではなくなる可能性が生じる中で、西方フェニキア人が軍事的・政治的に優越したカルタゴへの依存を強めていく時代であり、いわばフェニキア人の「軍事化」が進む段階であったと言える。交易・商業都市としての性格が強いガデスに比べて、カルタゴがテュロス貴族層の宗教的権威を強調する保守的都市であったことが、地中海の軍事的要衝に位置するという条件と並んで、この都市がこの時期のフェニキア人の軍事的・政治的組織化の中心を担っていく上で意味を持ったであろうと考えられる。[59] 前六世紀以降のカルタゴの歴史は概ね次のように時代区分し得る。

(i) マゴ「王朝」の時代の前半（前五五〇年頃から前四八〇年のヒメラ Himera の戦いまで）
(ii) マゴ「王朝」の時代の後半（前四八〇年から前三九六年の「王」ヒミルコ Himilco の敗北、自殺まで）
(iii) 「寡頭制」の時代（前三九六年から前二六四年の第一次ポエニ戦争開始まで）
(iv) 第一次ポエニ戦争期（前二六四年―二四一年）
(v) 傭兵戦争とバルカ家による改革の時代（前二四一年―二一九年）
(vi) 第二次ポエニ戦争とハンニバルによる改革の時代（前二一八年―一九五年）
(vii) ヌミディア王国との抗争と第三次ポエニ戦争の時代（前一九五年―一四六年）

(iv)以降は有名なローマとの戦争・滅亡に至る時期であり、(i)—(iii)がカルタゴの全盛期の諸段階である。この中で、カルタゴが自らの後背地であるアフリカに目を向けるのは(ii)の時期以降である。前四八〇年のヒメラの戦いでシチリアのギリシア勢力の代表であるシラクサの僭主ゲロン Gelon とアクラガスの僭主テロン Theron の連合軍に惨敗を喫したカルタゴはシチリア全島支配の展望を失い、アフリカ内陸の征服と大西洋岸の航路開拓・植民へ転じたとされる。[60] ヒメラで敗れ火中に身を投じたマゴ家の「王」ハミルカル Hamilcar の息子ハンノ Hanno Sabellius（いわゆる航海王ハンノ）がこのような動きの指導者であった。ディオン・クリュソストモスはおそらくこのハンノについて「彼はカルタゴ人をテュロス人からアフリカ人へと変えた。彼のおかげで彼らはフェニキアというよりもアフリカに住むようになり、大変裕福になり、多くの市場と港と三段櫂船を得、遠く陸も海も支配するようになった」[61] と述べている。一連の変動はデメテル信仰の導入、バアル＝ハモン神と並ぶタニト女神信仰の高まりのような宗教上の変革を伴いつつ、[62] 新たな商人・土地貴族層を生み出し、それまでの「王朝」的段階を徐々に終わらせて、アリストテレスが評価しているような国制（寡頭制へのいくつかの逸脱を伴った貴族制）[63] の成立に導いたと考えられる。海上勢力としてのカルタゴのある種の挫折と方向転換の先にアフリカ経営があったと言い得るのであるが、そこで形成されたカルタゴとアフリカの関係はいかなる特徴を示しているのであろうか。

第三節　カルタゴとアフリカ

一　カルタゴのアフリカ経営

ポリュビオス等のギリシア人の著作に登場するアフリカ（リビア）の住民のうちカルタゴの直接支配下にあった部分は主としてリビア人と呼ばれ、ノマデス（ギリシア語で「遊牧民」の意）はカルタゴ領の縁辺にいるものとして意識されている。さらにより西方のジブラルタル海峡から大西洋岸にかけてはローマ人がマウリー人 Mauri（いわゆるムーア人 Moors の語源と思われる。彼らの国がマウレタニア Mauretania である）と呼んだ人々の居住地であり、ヌミディアとマウレタニアの南にはガエトゥリー人 Gaetuli、ガラマンテス人 Garamantes（ともにラテン語表記）等の存在が記述されている。これらの住民はリビア語 le libyque という同一の言語群に属するとされ、この言語は現代のベルベル諸語 Berber languages の祖であり、カナン語と同じアフロ＝アジア語族に分類される。彼ら古代ベルベル人は少なくとも新石器時代以降サハラ以北の北アフリカに分布し、古代エジプト人とも近縁とされる。(64) ベルベル先史考古学者G・カンプス Camps は形質的に見た場合、いわゆるカプサ文化の担い手たちと現代北アフリカのベルベル系、ならびに「アラブ系」住民はあまり違わない、と述べ、これらはいずれも近東から来た可能性があるとしている。(65) 原始・古代の人口移動の実態は解明し難いとは言え、古代北アフリカの住民が西地中海周辺の他の地域の住民と比較して、フェニキア人から見て少なくとも言語の面でより近い存在であったことは、カルタゴ文化のリビア人・ヌミディア（ヌミダエ）人への伝播を考える上で意味があるかもしれない。

ユスティヌスは前五世紀前半のカルタゴによる後背地アフリカの征服の開始に関して、「［カルタゴ人が］マウリー人とヌミディア人に戦いをしかけ、アフリカ人 Afri はカルタゴ建設以来受け取っていた貢納 stipendium への権利を放棄させられた(66)」と記す。すなわちこの時点まで、カルタゴの市壁の外のリビア人（ユスティヌスのいうアフリカ人）はカルタゴ市の土地の「賃貸料」を受け取る立場であり、カルタゴとの関係は少なくとも対等であったのが、これ以後両者の立場は逆転していくと考えられる。前五世紀末については、カルタゴ軍中に徴兵されたとみられるリビア人の存在が言及されており、(67) 既にリビア人の従属化が進んでいたと思われる。前四世紀初頭にはシチリアでのシラクサに対するヒミルコの敗北（前三九六年）の直後、カルタゴの圧政とヒミルコらの裏切り（ヒミルコらカルタゴ人はリビア人を含む残余の軍隊をシチリアに置き去りにして逃亡した）に怒ったリビアの「同盟者」たちの反乱が起こり、奴隷をも含んだ二万の反乱軍がチュニスを占拠してカルタゴ市を封鎖する事件が起こっている。(68) 先に述べたデメテルとコレー信仰の導入はカルタゴ人がこのリビア人反乱に際して神々の怒りを鎮めようとして行なったものと記されている。リビア人反乱は前三七九年にも起こっているが、これ以降は前二四一年まで反乱はみられず、すなわち前四世紀前半頃にカルタゴのアフリカ領支配が確立され、安定期に入ったと考えられる。

図2はG・シャルル＝ピカールによって復元されたカルタゴのアフリカ統治の管区（ラテン語でパグス pagus、ギリシア語で chora、ポエニ語ではʾRṢT と表記される）を示すものである。(69) これはマクタル Mactar の北のマスージェ Massouge 山上のヌミディア王ミキプサ Micipsa の里程標石（ポエニ語）から推定された Tiškat 管区（図のパグス＝トゥスカエ pagus Tuscae）の範囲を手がかりとするもので、(70) 多分に仮説的なものではあるが、これによれば、カルタゴのアフリカ領には Tiškat（Tuscae）管区の他、Gunzuzi, Zeugei, Muxsi（エリッサに求婚した先住民王ヒアルバスの種族 Maxitani との関係が指摘されている）、Gurzensis（図のハドゥルメトゥム付近）、Byzacena, Magni Campi（ラテン語で「大平原」、ポエニ語にさかのぼる管区名は不明）、さらにおそらくボン岬 Cap Bon（管区名不明）の七管区があり、その区分はほぼ自然の境界に一致した。Tiškat 管区は五〇、Gunzuzi 管区は一四の「都市」を含んだとされ、他の管区も同様にリビア人の「都市」を下部単位として含んでいたと考えられる。

各管区には長官が置かれ、彼らを徴税などにも協力する都督（ギリシア語で boetharchos）が監視し、また彼らの

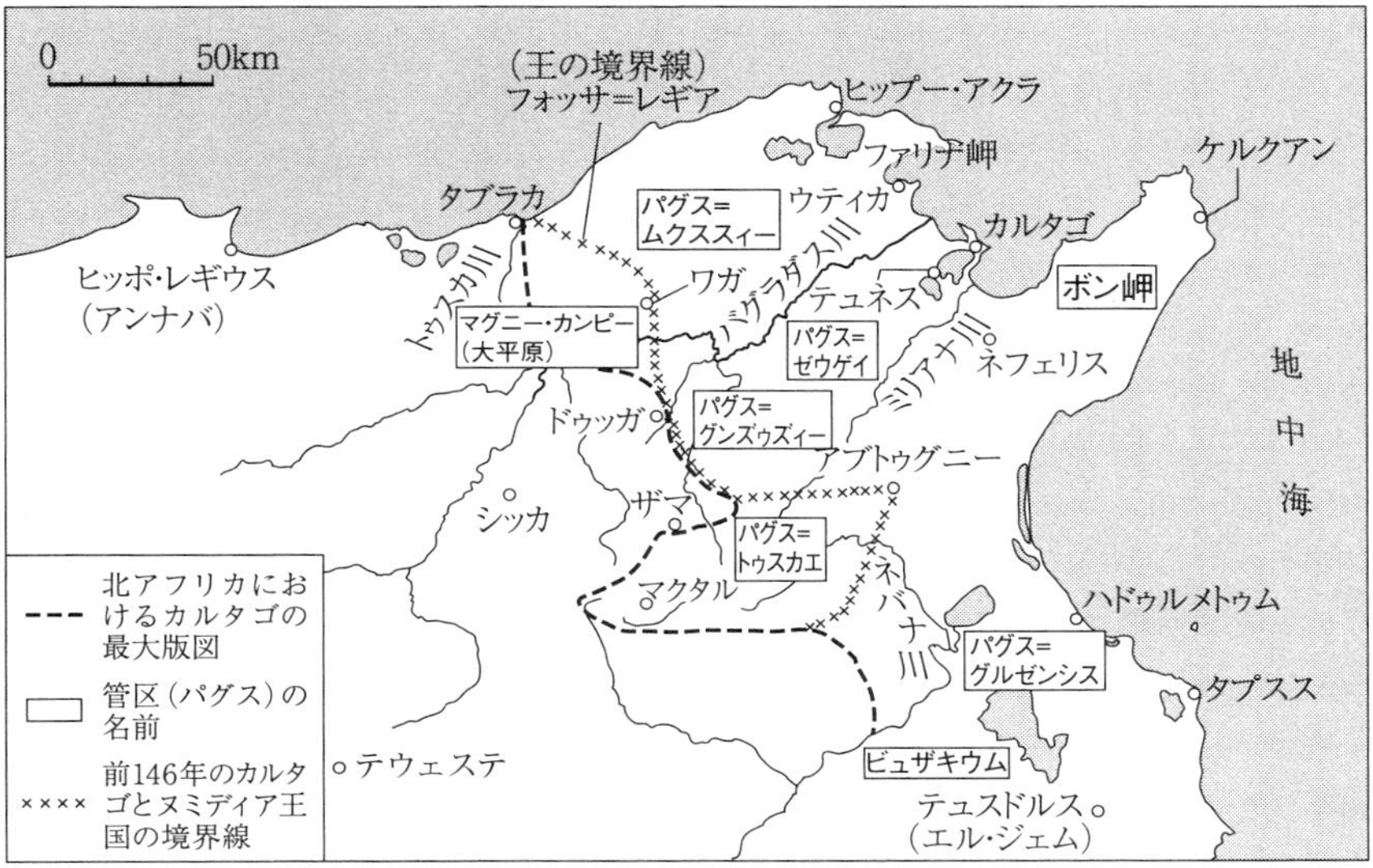

図2　カルタゴのアフリカ領の管区
(G. Charles-Picard, "Die Territorialverwaltung Karthagos", in W. Huss (hrsg.), *Karthago*, Darmstadt, 1992, S. 295 の図をもとに作成)

下にはカルタゴの中産市民出身の下級役人が配置されていたと推定されている(71)。アリストテレスは『政治学』の中でカルタゴについて「その国制は寡頭制的であるが、しかしその人民の一部を従属国に送り出し、かくて彼らをつぎつぎに富ますことによって寡頭制の禍を非常によく避けている(72)」、「以上のような仕方でカルケドン人たちは政治をすることによって、民衆を味方としている。すなわち民衆のうちの幾人かを属領へ送り出し、それによって富裕なものにしているのである(73)」と述べているが、これらがアフリカ領をも意識しているとすれば、カルタゴ民衆出身者が何らかの仕方でリビア人からの徴税等にかかわっていた可能性もある。リビア人への課税は、理論上の土地所有者であるカルタゴ国家が小作人としてのリビア人から取り立てた地代とも(74)、従属民に課した賦課とも考えられるが、その率はポリュビオスによれば第一次ポエニ戦争中は収穫の二分の一であり、これは平時の率が倍増されたものと考えられるので、[75] 通常は収穫の四分の一が農民から徴収されていたとみなされている。[76] 都市のリビア人からも様々な徴税がなされ、戦時には倍にされたことがポリュビオスの同じ箇所からわかる。リビア人の「都市」自体はある程度の自治を許され、いくつかの都市ではフェニキア人の都市のスフェテス sufetes 制度に似たものが行なわれていたと思われるが、[77] 詳細は不明である。

以上のようにカルタゴのアフリカ統治は、例えば共和政ローマとイタリアとの間の関係と比べた場合に、より中央集権的で、上からの支配という性格が強く、リビア人との水平的な同盟という色彩は薄いと言えよう。G・シャルル＝ピカールはこれを「土着民に対し征服者の側から押しつけられた植民地行政」[78] として当然予期されることとしている。アフリカ領からの収入はカルタゴ人の日常の食糧をまかなうと同時に軍備・兵站に必要な公的支出にもあてられ、同時にカルタゴ軍の主力を占めつつあった傭兵の給与ともなるものであった。[79] 前五—四世紀以降のカルタゴ「帝国」は、こうして純粋な貿易国家というよりは属領アフリカからの徴税収入に依存しつつ、西地中海各地からの傭兵・リビア人徴集兵を使ってサルディニア・シチリア等の海外拠点を確保し続けるという、一定の軍事的性格を有した。同時におそらくアフリカ領の存在が、カルタゴ人内部の「寡頭制」支配者と民衆との矛盾を緩和し、カルタゴ国制をアリストテレスの言う、寡頭制と民主制への逸脱はあるものの貴族制的な枠組を保った安定的なものとした。アリストテレスはカルタゴの国制とクレタ、ラケダイモン（スパルタ）の国制の類似性を指摘しているが、[80] この類似性を支えるものとしてのスパルタの隷属農民《ヘイロータイ》とリビア人農民の立場の共通性を考えるべきかもしれない。しかしながら軍制の面ではカルタゴとスパルタはまさに対極に位置するようにみえる。スパルタの完全市民がヘイロータイに対する軍事的支配を自ら担う戦士集団であったのに対し、カルタゴ市民は第三次ポエニ戦争や、次に述べる傭兵戦争（リビア戦争）のような非常時を除

け ば 従軍せず、イベリア人、ケルト人、リグリア人、バレアレス人等の傭兵に依存した。同時にリビア人自体が徴兵されてカルタゴ軍の主力を担った。[81] すなわちカルタゴはリビア（アフリカ）支配のための軍事的支配を可能とする軍事力そのものを半ばリビア人に依存するという矛盾を抱えていたことになる。この矛盾はおそらく平時にはカルタゴ文化とリビア人の文化の相互浸透、リビア人のフェニキア化（そのようなフェニキア化されたリビア人をリビュ＝フェニキア人と呼ぶことがある。もっともこの語は本来はリビア在住のフェニキア人一般を指したらしい[82]）、リビア人都市に与えられていた一定の自治等によって目立たなくされていたが、対外戦争の時期、特にカルタゴの軍事的大敗（先述の前三九六年のヒミルコの例）の際に一挙に顕在化した。その最も深刻な――カルタゴのアフリカ経営にとって致命的とも言える――例が第一次ポエニ戦争直後に起こった傭兵戦争（the Mercenary War）、別名リビア戦争とも呼ばれるものであった。

二　傭兵戦争（リビア戦争）

前二四一年の第一次ポエニ戦争の終結と連動して起こり、三年四ヵ月続いたこの戦争についてポリュビオスは『歴史』第一巻の後ろの四分の一をあて、詳細に記している。[83] フロベールがこれに依拠しつつカルタゴの将ハミルカル・バルカの娘とリビア人の反乱指導者マトオ（マトース）Mathos らを主人公としたオリエンタリズムの色彩の強い小説『サランボオ』を仕上げていることは有名である。

ポリュビオスによれば、この戦争＝反乱の発端はローマに敗北したカルタゴのシチリア派遣軍の処遇にあった。シチリアからアフリカへ引き上げてきた傭兵部隊は給与の支払いを求めてカルタゴ門前に集結するが、敗戦とローマへの賠償で余裕を失ったカルタゴは一度に支払うことができず、各人に金一スタテルを与えたのみで、彼らを全員内陸のシッカ Sicca 市へ移動させる。シッカで待機させられた傭兵たちは、カルタゴ市から派遣されたアフリカの騎兵長官ハンノから、要求どおりの支払いは不可能な旨を告げられて（ハンノの説明の内容が、ポエニ語を解さず各々の民族語しかわからぬ兵士たちに充分伝わらぬこともあって）激昂し、ハンノとの交渉を拒否してカルタゴ市に向かって行進し、カルタゴ近郊のチュニスに野営する。この時点での総勢は二万人であった。カルタゴはシチリアでの将軍であり傭兵たちにも好意を持たれていたゲスコン Gescon（ギスコ）を説得のため派遣するが、傭兵たちはローマの逃亡奴隷でカンパニア人のスペンディオス Spendios と自由人で軍に加わっていたリビア人のマトースに煽動されてこの二人を「将軍」に任命し、ゲスコンとその部下を捕らえて、カルタゴに戦いを挑む。マトースはただちに「リビア人の町々に使いを送って自由のために一撃を加えるよう駆り立て」(84)、助力を乞い、これに対しウティカとヒップー・アクラ Hippou Acra 市以外のほとんどの都市が反乱に加わった。シチリア派遣軍の最大の構成要素はリビア人であった点からも(85)、リビア都市の協力は理解できるが、ポリュビオスはリビア全体が対カルタゴ戦に加わった原因として、前節で述べたように、カルタゴ人が第一次ポエニ戦争中に、リビア農民・都市民に対する税を二倍にし、「この人々を穏やかさと人間性をもって扱った将軍たちでなく、ハンノのようにカルタゴのために最大量の糧食とたくわえを調達し、田園 chora に対して最も過酷であった将軍たちを褒めそやし、顕彰した(86)」ことを挙げている。その結果、リビア人の男たちは知らせを受けるや、たちまち反乱に加わり、他方「夫や父たちが税の不払いの故に逮捕されるのを常に目撃してきた女たちは各都市ごとに、自分たちの持ち物を何一つ隠さないとの厳粛な誓いで自らを縛り、装身具をすべて取り外して、惜しむことなく戦いの基金として差し出した(87)」のであった。反乱に加わったリビア人は七万人に達したという(88)。ヌミディア人も反乱に参加した。以後の戦争の経過は反乱軍側、カルタゴ側双方の残忍さによって酸鼻をきわめたものとなり（いわゆる「無慈悲な戦争」）、反乱軍によって陸からの補給を断たれ、同時に新たな傭兵を確保するためのアフリカ領からの収入もとだえたカルタゴは空前の危機に陥ったが、ハンノに代わって指揮権を握ったハミルカル・バルカの辣腕とシラクサやローマの反乱鎮圧への協力等[89]により前二三八年にようやく戦争を終結させた。

以上の戦争の展開は多くの点でディオドルス・シクルスの記す前三九六年の反乱と類似しており、カルタゴのアフリカ領支配の構造と弱点を示すものとなっている。リビア人の文化面・宗教面でのフェニキア化・ポエニ化が進んでいたと思われるにもかかわらず、彼らはカルタゴ人に同化されてはおらず、被支配者としての意識を持たざるを得ない立場にあった。カルタゴ領内のカルタゴ以外のフェニキア人都市でさえウティカ市等二市を除いては反乱に抵抗した形跡がみられない。この二市はこの戦争だけでなくシラクサの僭主アガトクレスのアフリカ侵入や第一次ポエニ戦争中のローマ軍の侵攻に際してもカルタゴの味方として果敢に戦ったのであるが、この二市も結局傭兵戦争の最後に近い段階でリビア人側に寝返っている[90]。カルタゴはアフリカ領に対して、シャルル=ピカールの言う通り一種の「植民地経営」を行なっていたのではあるが、しかしこの「帝国」にはいわば、カルタゴ市壁内という極めて限られた空間を除いては、ローマ帝国にとってのイタリアのような「頭部」がないのである。あるいはカルタゴ「帝国」の頭部はいまだに海上のどこか、カルタゴを結節点とする貿易網上にあったと言うべきかもしれない。

傭兵戦争を鎮圧したカルタゴは、しかしながら巨大な損失を蒙った。戦争中にサルディニア島の傭兵軍も反乱し、ローマに進攻を促した[91]。ローマはいったんはこれを断ったが、戦争終結の頃になってサルディニアに上陸し、これに抗議して反乱者の引き渡しを要求したカルタゴに対し宣戦布告の構えをみせた。傭兵戦争で疲弊したカルタゴはローマに譲歩せざるを得ず、こうして第一次ポエニ戦争の結果シチリアを失ったのみならず、今度はサルディニアをもローマに引き渡すことになったのである[92]。ポリュビオスは傭兵戦争を詳述する理由の一つとして、この時期の諸事件からハンニバル戦争（第二次ポエニ戦争）の原因についての真相がわかるからだ[93]

と述べている。

傭兵戦争のもう一つの特徴は、ここで初めてノマデス（ヌミディア人）の一派がとりあえずはカルタゴの有力な援軍として登場する機会が生じたという点にある。ポリュビオスはノマデスの高貴の生まれの青年ナラヴァス（ナラウアス）Naravas なる者がハミルカル・バルカの陣屋に単身のりこんで、協力を申し出る場面を印象的に描いている。[94] 彼の家系は伝統的にカルタゴ人と接触があったのだが、今、ノマデスの多くが反乱軍に加わるなかで、ハミルカル・バルカへの賞賛に動かされて逆にカルタゴへの加勢を決意したのであった。青年の勇気に感心したハミルカルは彼を受け入れると同時に、もし彼がカルタゴへの忠誠を守れば娘の一人と結婚させると誓う（この娘がフロベールによってサランボオと名付けられ、小説の主人公とされている）。伝説上の建国者エリッサが拒んだ先住民王族とカルタゴ支配層の女性との結婚が実行されるわけである。ナラヴァスとの系譜的関係は明らかではないが、以後第二次ポエニ戦争にかけての時期はノマデス（ヌミディア）諸王権の形成・確立期とみられ、これらの一つマッシュリー人 Massylii の王権の成長が結局第三次ポエニ戦争の原因の一つとなり、カルタゴ国家を消滅させることになる。

三　ヌミディアとカルタゴ

第三次ポエニ戦争が、直接にはヌミディア（マッシュリー）王マシニッサ Massinissa のカルタゴ領侵攻にカルタゴが応戦したことを口実とするローマからの宣戦布告によって始まったことは広く知られている。そういう意味でヌミディア（マシニッサ）はカルタゴの「宿敵」であるが、ではこのヌミディア王権の成立は北アフリカ社会の歴史の中でいかなる段階に属し、またカルタゴのアフリカ統治とはいかに関係しているのであろうか。

図3は第二次ポエニ戦争（ハンニバル戦争）の頃の北アフリカの政治地図を示したものである。

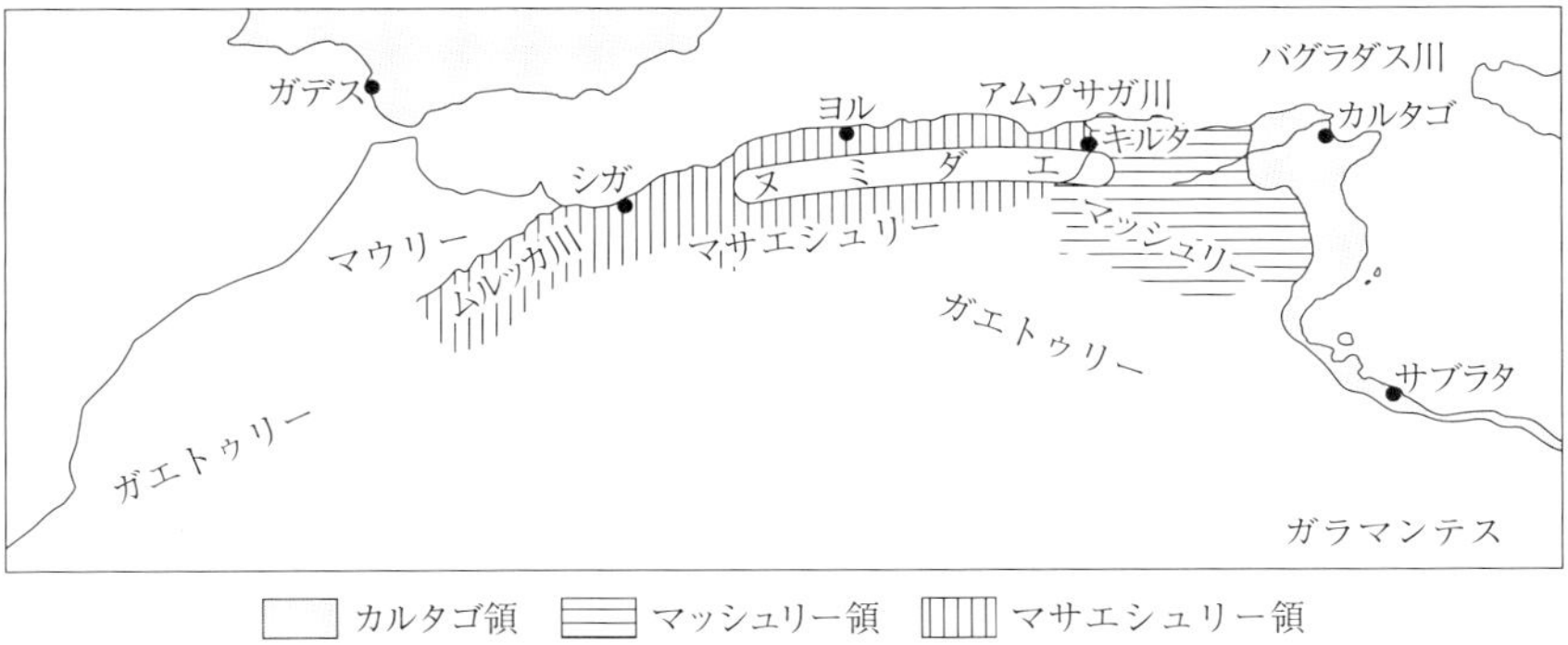

図3　カルタゴの領域とヌミダエ人（マッシュリーとマサエシュリー）の諸王国

この時期までに、カルタゴ領の外の古代ベルベル人はカルタゴに隣接するマッシュリー人、その西のマサエシュリー人Masaesylii、さらに西のジブラルタル海峡付近のマウリー人の、ほぼ三勢力へと凝集していった。[95] これらのうち古典史料において最強とされる[96]のはシュファックスSyphaxを王とするマサエシュリーであり、このマサエシュリー王権と結んだカルタゴが王ガイアGaiaの死後混乱するマッシュリー王国を挟撃する情勢の中で、ガイアの子マシニッサがローマの大スキピオのアフリカ侵攻に協力していくというのが、ハンニバル戦争のアフリカにおける大まかな展開であった。カルタゴ―シュファックス連合軍は敗北し、戦争の終結（前二〇一年）と前後して、マッシュリー王権はマサエシュリーを併呑する。こうして成立したマシニッサの大王国はローマ人の文献ではヌミダエの王国、ヌミディア王国と呼ばれた。[97]

このシュファックス―マシニッサ時代のヌミディアでは巨大な石造の「王墓」の建設がみられる。メドラセンMedracenの円形大墳墓（基底部の直径五八・八六メートル、高さ一八・五メートル）、ドゥッガDougga、エル＝クルーブEl Khroub、サブラタSabrathaおよびシガSigaの塔型霊廟がそれであり、最も古いと思われるメドラセンの遺構は、前四世紀ないし前三世紀の初期にさかのぼるともされている。[98] 塔型霊廟にはハリカルナッソスのマウソレウム（大霊廟）等のヘレニズムの影響がみられるが、同時にこの時代の（ヘレニズムの影響下にあった）カルタゴの建築と共通点があるとされ、ドゥッガの霊廟はカルタゴ市自体の建築がほとんど残存していない現在、カルタゴ建築の一例として紹介されることもある。[99] メドラセンの円形大墳墓は他地域には例を見ないものであるが、墓室の造りの面でギザのピラミッドとの類似が指摘される。時代は少し下ると思われるが、ティパサ Tipasa 近郊にもメドラセンをモデルにしたと思われる一回り大きい円形大墳墓があり、ヌミディア王国の流れを汲むマウレタニア王国のユバ二世の王朝と関連づけられることが多い。[100] ドゥッガ、エル＝クルーブ、サブラタ、メドラセンの遺跡はマッシュリーないしヌミディア王権と、シガ遺跡はマサエシュリーのシュファックスの息子ウェルミナ Vermina と関係づけられる。

以上のように前三世紀頃以降大きな発展をみせた古代ベルベル人の王権について、モロッコの歴史家アブダッラー・ラルウィーは、北アフリカ、マグリブ地方における王権の成立自体をフェニキア―カルタゴ勢力に対する一種の抵抗とみなし、マシニッサによる統一ヌミディア建設、カルタゴ領（カルタゴに従属する古代ベルベル人＝リビア人の居住地）併合計画が、ローマ自体がカルタゴを滅ぼしてその領土の支配に乗り出したために挫折させられたことを北アフリカ史の曲がり角として捉える見方を提出している。[101] この視点に立てば、カルタゴ―ローマは北アフリカに対する古代の植民地主義としていわば同じ側にあるのであり、それらの反対物としての古代マグリブ諸王権が無垢の存在として提示されることになる。確かにマグリブの歴史全体を通観した場合、現地の人々が外部の干渉から比較的独立に国家形成をなし得たケースとして、ヌミディア王国時代は数少ない例の一つである。またヌミディア王権自体のイデオロギーの中に失地回復・「ヌミディア人のヌミディア」のような主張が含まれていた可能性も高い。[102] しかしながら他方で、そのようなイデオロギーを持ったヌミディア王権の現実の階級的基盤を問うてみることも同時に必要である。

ドゥッガには先述の塔型霊廟（いわゆるアテバン Ateban の墓）の他にドゥッガ市民がミキプサ（マシニッサの息子）の治世一〇年目（前一三九年）にマシニッサのために建立した神殿があり、どちらの遺構からもポエニ語とリビア語の二言語併記の碑文が発見されている。神殿の碑文の冒頭の一節は「スフェス ŠFṬ ジラルサン ZLLSN の息子である王 GLDT，ガイア GII の息子である王 GLDT，マシニッサ MSNSN に」[103]と述べる。すなわちここではマシニッサの祖父ジラルサンはカルタゴのスフェス sufes（行政の長。王との異同等については諸説ある）と同じ名称の地位に就いていたものとされている。ジラルサンがカルタゴ領内の何らかの「スフェス」職にあった可能性は低く[104]、碑文の ŠFṬ はマッシュリー人の社会にみられた顕職の一種と思われるが、二言語併記のポエニ語テクストのみならず、リビア語のテクストでも ŠFṬ と記されている点からみて、この職がカルタゴないしリビュ＝フェニキア人のスフェテス制度の影響を受けたものであることはほぼ確実である[105]。またガイアの死後、王位を継承したガイアの弟オエザルケス Oezalces の妻はカルタゴ人で、ハンニバルの姉妹の娘であった[106]。ハンニバルの父ハミルカル・バルカがナラヴァスに約束した娘との結婚が実現したのかどうかは不明だが、一世代後カルタゴに隣接する地域のヌミディア王族はこのように現にバルカ家の娘と結婚している。さらにマシニッサ自身も（おそらく人質として）カルタゴで養育され、ギスコの息子ハスドゥルバルの娘と婚約していた[107]という。この娘ソフォニスバ（ソフォニバ）が、シュファクスの妻となってカルタゴとマサエシュリーを結ぶ絆となり、シュファックスが敗れた後、マシニッサの妻となったが、ローマの身柄引き渡し要求にあって夫に与えられた毒で非業の死を遂げるエピソードは有名である[108]。傭兵戦争におけるナラヴァスと同様に、マッシュリー・マサエシュリー両王権は第二次ポエニ戦争におけるハンニバル軍の騎兵の供給者であり、いわゆるハンニバル戦法はヌミディア騎兵なしには成り立たなかった。このようにマッシュリー・ヌミディア王権は古代ベルベル人の社会がカルタゴ領と接するところで生じたリビュ＝フェニキア色の強い国家であり、その王はカルタゴと通婚してカルタゴ軍を補強し、本来カルタゴ（特にバルカ家）の支配の一翼を担う存在であった。リビア・ヌミディア人農民との関係においては彼らはリビア戦争（傭兵戦争）鎮圧の協力者であったナラヴァスと同じ位置にあったのであり、けっしてその解放者ではなかった。先に紹介したマスージェ山上のミキプサの里程標石からは、マッシュリー王権がカルタゴから前一五二年に奪取したトゥスカ Tiškat 管区を、カルタゴと同様の方式で支配したらしいことが読みとれる。(109) ヌミディア王国の首都キルタ Cirta（現コンスタンティーヌ）はカルタゴ様式の家々で占められ、(110) カルタゴ宗教を特徴づけるトフェトでの儀式を示す碑文が発見されている。(111)

しかしこのような「フェニキア化」にもかかわらずマッシュリー王権が自らをカルタゴの系譜をひくものと考えた形跡はない。むしろ彼らは先住民・アフリカ人であることを強調しつつカルタゴに「奪われた」土地の回復を追求する。サルスティウスが伝えるアフリカの民族誌（Sall., *Iug.*, 17–19）は誰によって書かれたにせよ、フェニキア人の到来以前の北アフリカにおいて、スペインから渡ってきたヘラクレスの部下のペルシア人と先住民ガエトゥリー人の混血によって成立したヌミダエという集団が強大なヌミディア国家を形成していたことを主張している。(112) ヌミダエ以外の古代北アフリカ人、マウリーやガエトゥリーについても各々民族の由来を説明する伝承が伝わっているが、それらの中にフェニキア・カルタゴ人の子孫であると主張するものはない。たびたびの通婚にもかかわらず北アフリカの人々の系譜の中にカルタゴが組み込まれることはなかった。ドゥッガの碑文にみられるような典型的な父系の系譜を持ち、一夫多妻の家父長制家族を営んでいたらしい(113)この時代のベルベル人社会に対して、バルカ家の政略結婚政策がもたらし得た効果は限られていた。こうしてカルタゴの後背地、アフリカという「空所」が、カルタゴ文化によって養われた、しかしカルタゴとは何らの系譜的関係も持たない諸「民族」によって満たされていく頃、アフリカに所在したのに奇妙にもアフリカにはなかったテュロス人の都市国家の、やがて六〇〇年に及ぼうとしていた歴史が終わるのである。

註

（1）"G. Bunnens, "Chronologie", W. Huss（hrsg.）*Karthago*（Wege der Forschung, Bd. 654）, Darmstadt, 1992, S. 26–45（orig. : "L'expansion phénicienne en Méditerranée", in *Études de Philologie, d'Archéologie et Histoire Anciennes*, t. XVII, Bruxelles-Rome, 1979, pp. 315–329）, S. 30–33.（主としてカルタゴ建設をオリンピア暦第一期の三八年前とするティマイオス〔Timaeus, *FGr Hist.* III, B, Nr. 566 F60〕の断片に拠る。）W. Culican, "Phoenicia and Phoenician Colonization", *The Cambridge Ancient History*, 2nd ed., III（以下 *CAH* III² のように略記）Part 2, Cambridge. 1991, p. 491.

（2）Plin. *n.h.*, XVIII, 22. 本書第三章註（2）を見よ。

（3）Gsell, *HAAN*, IV, pp. 212f.

（4）M. Sznycer, "Die punische Literatur", W. Huss（hrsg.）, *Karthago*, S. 321–340（orig. : *Archaeologia viva* I 2, 1968/69, pp. 141–148）, S. 324–325.

（5）G. Charles-Picard, "Die Periplus des Hanno", W. Huss（hrsg.）, *Karthago*, S. 182–192（orig. : "Le Périple d'Hannon", in *Phönizier im Westen*（Madrider Beiträge 8）, H. G. Niemeyer（hrsg.）, Mainz 1982, S. 175–180）. 現存の「航海記」中の特に地名の分析として G. Marcy, "Notes linguistiques autour du périple d'Hannon", *Hesperis*, XX, 1935, pp. 21–72. G. Germain, "Qu'est-ce que le périple d'Hannon? document, amplification littéraire ou faux intégral?" *Hesperis*, XLIV, 1957, pp. 205–248. J. Carcopino, *Le Maroc antique*, Paris, 1943, 1947² pp. 75f. 楠田直樹『カルタゴ史研究序説』青山社、一九九七年、一―二二頁（航海史料のギリシア語原文と貴重な邦訳が含まれている）。

（6）長谷川博隆『カルタゴ人の世界』講談社学術文庫、二〇〇〇年、（原著は筑摩書房、一九九一年）九四―一一七頁。Sznycer, *op. cit.*, S. 337–340.

（7）旧約聖書や古典史料はトフェトで幼児が生きたまま火に投じられ犠牲とされたことを主張するが、他方考古学的にはカルタゴ等のトフェトから出土する焼かれた幼児の骨がいけにえなのか、あるいは自然死した乳幼児を火葬にしたものなのか確定できていないため、本当に幼児犠牲の儀式があったのかどうか学説上の対立がある。トフェトが乳幼児用の墓地にすぎなかった可能性もないとはいえない。またギリシア・ローマにもみられた嬰児遺棄の一形態とみることもできる。「人口過剰」はフェニキア人都市に広くみられ、植民の一因であった（Sall. *Iug.* 19. 1）。詳しくは佐藤育子「カルタゴにおける幼児犠牲――その現状と課題をめぐって」『史艸』三五、一九九四年。栗田伸子・佐藤育子『通商国家カルタゴ』講談社学術文庫、二〇一六年（原著は講談社二〇〇九年刊）の佐藤による「学術文庫版のあとがきにかえて」も参照。

（8）Sznycer, *op. cit.*, S. 328–333 にマルセイユ出土の長文の碑文（いわゆる「税率表」）等の重要な碑文の紹介がある。

（9）M. Dubuisson, "Das Bild des Karthagers in der lateinischen Literatur", W. Huss（hrsg.）, *Karthago*, S. 227–238（orig. : "L'image du Carthaginois dans la littérature latine", in : *Studia Phoenicia* I/II. E. Gubel-E. Lipiński-Brigitte Servais-Soyez（hrsg.）, *Redt Tyrus/Fenicische geschiedenis*, Leuven 1983, pp. 159–167).

（10）M・バーナルはギリシア・ローマ文明の起源に関する論争の書『黒いアテナ』（M. Bernal, *Black Athena : The Afroasiatic Roots of Classical Civilization*, I, London, 1991）の中で、古代ギリシア人自身はむしろ彼らの文明がエジプト・フェニキアからの植民による要素を含んでいたことを認めている（アイスキュロス、プラトンら。これをバーナルは「古代モデル」と呼ぶ）のに対し、一八・一九世紀のギリシア文化愛好・文献批判学・ロマン主義・言語学等が、まずエジプト文明をギリシア人によって乗り越えられねばならなかった停滞的な「前段階」として貶め（pp. 196–201, 224ff.）、ついでフェニキア人とその文化を反セム主義の文脈で否定し去ったのだ（pp. 338ff.）――この結果、「古代モデル」は覆されギリシア・ローマ文明の起源に関するいわゆる「アーリア・モデル」が出現する――と述べている。バーナルの批判はギリシア・ローマ史に関する近現代の歴史学の姿勢と方法全体に向けられたものであり、その当否はにわかには見定め難い。しかし、例えば、フェニキア文化が、近代歴史学の流れの中で「セム系」文化として単純にネガティヴに捉えられているのではなく、エジプト人評価の下落に伴って従来エジプト文明が占めていたギリシア文化の揺籃としての地位を引き継いで「進歩」の担い手として逆に重視されるとの指摘や、フェニキア人が布地の取引・探検・道徳的厳正さの外見等の点でヴィクトリア朝イギリス人に擬せられてきたとの観察（pp. 33, 350, 356）は、現在普及している「フェニキア人＝古代の経済人」という図式の成立過程を解明する上で示唆的である。すなわち、近現代におけるフェニキア人をめぐる言説は、単に反セム主義、オリエンタリズム的偏向の中でなされてきたというだけではなく、資本とは何か、古代に資本主義はあったのか、等々の近代人の自問とも連続した場所でなされてきたと考えられるのである。またカルタゴの商業民としての「弱さ」「貪欲」等々についての先入観もニーブールら近代歴史学成立以来のものである。（W. Huss による *Karthago* の "Einführung", S. 1–9 参照。）これに対し W. Ameling, *Karthago : Studien zu Militär, Staat und Gesellschaft*, München, 1993 はカルタゴ貴族層の軍事的性格に注意を促す。

（11）S. Moscati, "Die phoinikische Expansion im westlichen Mittelmeerraum", W. Huss（hrsg.）, *Karthago*, S. 12–25（orig. : "L'expansione fenicia nel Mediterraneo occidentale," in *Phönizier im Westen*（Madrider Beiträge 8）, H. G. Niemeyer（hrsg.）, Mainz 1982, S. 5–12）, S. 12 ; F. Rakob, "Die internationalen Ausgrabungen in Karthago" in W. Huss（hrsg.）, *Karthago*, S. 46–75（orig. : *Gymnasium* 92, 1985, S. 489–513）, S. 49–50, Anm, 1. J.-P. Morel, "Mission archéologique de Carthage-Byrsa," *Les Nouvelles de l'archéologie*, n°123（-Mars 2011）, pp. 39–43.（一九七〇年代以降のフランス隊によるビュルサの発掘報告の bibliographie もここにある。）ドイツ隊の発掘報告は F. Rakob（hrsg.）*Karthago*（: Die deutschen Ausgrabungen in Karthago〈1975–〉）Mainz am Rhein, Bd. I : 1991, Bd. II : 1997, Bd. III : 1999. チュニジアの考古学者によるカルタゴ全般についての

最近の著作として、A. H. Fantar, *Carthage : Approche d'une civilization*, 2tomes, Tunis, 1993, A. Ferjaoui, *Recherches sur les relations entre l'Orient phénicien et Carthage*, Fribourg, Suisse/Götingen, 1993. 一九七〇年代以前のカルタゴ発掘史の概要については、S. Lancel, *Carthage : A History*, tr. By A. Nevill, Oxford/Cambrige, Massachusetts, 1995, pp. 230–244.

（12）Moscati, *op. cit.*, S. 12 ; 20–23.

（13）佐藤育子、前掲論文（註（7））、同「碑文史料にみられるカルタゴの政務職について」『史艸』三三、一九九二年他。

（14）このような見方は、フェニキア・カルタゴについての専門家のごく一般的な理解であろう。Culican, *op. cit.*, p. 497 は「リビア系」（'Lybian'）ないし「原ベルベル系」（'proto-Berber'）住民が、フェニキア人の入植以前に（現在の）チュニジアにまとまって存在したかどうかを疑問とし、フェニキア人による農業開発の結果、これらの「先住民」人口が労働力として集まった可能性すら示唆する。

（15）A. Laroui, *L'histoire du Maghreb*, 2 tomes, Paris, 1976, I. p. 40 ; 56. 古代の北アフリカ（マグリブ地方）をフェニキア人ローマ人と続く外部からの侵入とこれへの抵抗の歴史と捉える。詳しくは本書第九・十章を見よ。

（16）M. E. Aubet, *The Phoenicians and the West : politics, colonies and trade*, Cambridge, 1993, rep. 1997, pp. 5–8.

（17）R. Drews, *The Greek Accounts of Eastern History*, Washington, D. C., 1973, pp. 15f.

（18）M. S. Drower, "Syria c. 1550–1400 B. C.", *CAH* II³ Part 1, Cambridge, 1973, pp. 425f. Aubet, *op. cit.*, p. 12.

（19）Aubet, *op. cit.*, p. 18.

（20）*Ibid.*, p. 19.

（21）Hdt. II. 44.

（22）Aubet, *op. cit.*, p. 20. これらの書簡の内容については、『通商国家カルタゴ』（講談社学術文庫版）二八―二九頁（佐藤育子執筆部分）で一部紹介されている。W. F. Albright, "The Amarna Letters from Palestine", *CAH* II³ Part 2, Cambridge, 1975, pp. 101–104.

（23）M. S. Drower, "Ugarit", *CAH* II³ Part 2, p. 130（Ras Shamra 出土の粘土板文書）、p. 133（アマルナ文書）。

（24）*Ibid.*, pp. 145–148.

（25）H. J. Franken,（Palestine in the Time of the Nineteenth Dynasty）(b)"Archaeological Evidence", *CAH* II³ Part 2, pp. 331f., pp. 1040f.〔Chronological Tablets（B）〕

（26）Albright, "Syria, the Philistines, and Phoenicia", *CAH* II³ Part 2, pp. 511–517.

（27）*Ibid.*, p. 517. Aubet, *op. cit.*, pp. 12f.

（28）Vell. Pat. I. ii. 3. Cf. Plin. *n. h.* XIX. 63 ; Pomp. Mela, III. 6〔46〕; Strab. I. 3. 2.

(29) *Ibid*., loc. cit.
(30) Sil. Ital. 3. 241–242（シドン人による創建とする）.
(31) Plin. *n.h.* XVI, 216.
(32) Ps. Arist. *De mirab. auscult*., 134.
(33) Plin. *n.h.* XIX. 63, Bunnens, *op. cit*., pp. 27f.
(34) Moscati, *op. cit*., S. 16–18.
(35) Aubet, *op. cit*., pp. 48–76.
(36) ディーツ版三四二頁、第三部第四篇第二〇章「商人資本に関する歴史的事実」、大月版『マルクス・エンゲルス全集』第二五巻第一分冊四一一頁。
(37) P. Cintas, “Fouilles punique à Tipasa”, *Revue Africaine*, XCII, 1948, pp. 263–330, Moscati, *op. cit*., S. 15. Aubet, *op. cit*., pp. 140–145.「サンタス理論」（système-Cintas）についての学説史と海流や原住民の交易網も考慮に入れたその再構築の試みは J. P. Laporte, “Numides et Puniques en Algérie : Notes de lecture”, in A. Ferjaoui（ed.）, *Carthage et les autochtones de son empire du temps de Zama*, Tunis, 2010, pp. 379–393.
(38) Aubet, *op. cit*., pp. 140f.
(39) Moscati, *op. cit*., S. 16.
(40) Aubet, *op. cit*., pp. 159–166.
(41) Moscati, *op. cit*., S. 14.
(42) Iust. XVIII, 4–5.
(43) *Ibid*., XVIII, 6.
(44) Liv. I. 1. 6–11.
(45) G. Charles-Picard/C. Picard, *The Life and Death of Carthage*, London, 1968, p. 47. Cf. Iust. XVIII. 6.
(46) 先にみたように伝承では、カルタゴより古いとされるガデス市やリクソス市におけるヘラクレス（メルカルト）神殿の存在が強調されており、事実メルカルトはテュロス市の守護神であった。ユスティヌスは、メルカルトの大神官であった夫アケルバス Acerbas を殺害されたエリッサが、テュロスから逃れる際にメルカルトに犠牲を捧げたことを特筆している。以上からエリッサの亡命物語はテュロスからカルタゴへのメルカルト信仰の移動を主張しているとも推測できよう。メルカルト神は後のカルタゴではタニト女神、バアル＝ハモン神ほどの重要性をもたなかったが、カルタゴからテュロスへは毎年テュロスのメルカルト神殿への供犠のために使節がたてられ、その際カルタゴ市の収入の十分の一が捧げられたという。Lancel, *op. cit.*, pp. 36f.

(47) Iust. XVIII. 7.

(48) Lancel, *op. cit.*, p. 32.

(49) Rakob, "Die internationalen Ausgrabungen in Karthago", S. 55.

(50) Lancel, *op. cit.*, p. 77.

(51) ただし西方航路に関しては、本文中で述べたようにオラン以西のフェニキア人の拠点が前五世紀以前については発見されていないため、この航路のカルタゴ初期における存在を疑問視する意見もある。Lancel, *op. cit.*, p. 17.

(52) G. C. Picard/C. Picard, *The Life and Death of Carthage*, p. 5, p. 41.

(53) Diod. V. 16.

(54) Lancel, *op. cit.*, p. 82. Aubet, *op. cit.*, p. 272.

(55) S. Moscati, "Die Phoinikische und Punische Durchdringung Sardiniens," W. Huss（hrsg.）, *Karthago*,〔S. 124–181〕（orig : "La penetrazione fenicia e punica in Sardegna", in *Atti della Accademia Nazionale dei Lincei*, 1966. Serie Ottava, Memorie, Classe di Scienze Morali, Storiche e Filologiche, Vol. XII, pp. 215–250）, S. 135, 139, 166ff.

(56) Thuc. VI. 2. 6.

(57) Lancel, *op. cit.*, pp. 82ff.; 88.

(58) V. Krings, *Carthage et Grecs, c. 580–480 av. J.-C, Textes et histoire*, Leiden/Boston/Köln, 1998, pp. 93–160.

(59) Aubet, *op. cit.*, p. 283.

(60) G. C./C. Picard, *The Life and Death of Carthage*, pp. 87f.

(61) Dio Chrys. XXV. 1. 7.

(62) カルタゴの国制、特に王制の有無、スフェス職と王との関係については複雑な学説史がある。佐藤育子「碑文史料にみられるカルタゴの政務職について」、長谷川博隆『カルタゴ人の世界』、講談社学術文庫、二〇〇〇年、一七三―四頁。G. C. Picard/C. Picard, *The Life and Death of Carthage*, pp. 130f.

(63) Arist. *Pol*. II. 11.（山本光雄訳、アリストテレス『政治学』岩波文庫、一九六一年の巻・章区分による。Immanuel Bekker 版〈Berlin, 1831〉の頁数では 1272b–1273b, Loeb 版〈H. Rakham, 1932, rep. 1944〉の II. VIII）

(64) M. Brett/E. Fentress, *The Berbers*, Oxford, 1996, p. 12, 19.

(65) G. Camps, *Berbères : Aux marges d'Histoire*, Toulouse, 1980, pp. 41, 44. Idem, *Les Berbères : Mémoire et identité*, Paris, 1995, pp. 29–31. Cf. Brett/Fentress, *op. cit.*,p. 12.

(66) Iust. XIX. 2. 4

(67) Diod. XIII. 44 ; 54 ; 80.

(68) *Ibid.*, XIV. 77.

(69) G. Charles-Picard, "Die Territorialverwaltung Karthagos", W. Huss（hrsg.）, *Karthago*, S. 291–303（orig. : "L'administration territorial de Carthage", in *Mélanges d'archéologie et d'histoire offerts à Andre Piganiol*, Paris, 1966, pp. 1257–1265）, S. 295. G. C. Picard/C. Picard, *op. cit.*, p. 179. James-G. Février, Paralipomena Punica（suite）, *Cahiers de Byrsa*, Paris, VIII（1957）, pp. 119–124 の裡、pp. 119–121（III.–La borne de Micipsa）.

(70) この里程標石碑文の訳は巻末附録Bを見よ。

(71) G. Charles-Picard, *op. cit.*, S. 302.

(72) Arist. *Pol.* II. 11. 15（1273b . Loeb 版の II. VIII. 9）. 本文中の引用部分は岩波文庫版の山本光雄訳による。次註も同じ。

(73) *Ibid.*, VI. 5. 9（1320b . Loeb 版の VI. III. 5）. 牛田徳子訳（アリストテレス『政治学』京都大学学術出版会、二〇〇一年）では、「民衆のいくにんかをつぎつぎと周辺の従属国に送りだすことによって（傍点筆者）」とテクストの τὰς περιοικίδας が強調されている。

(74) S. Gsell, *HAAN*, II, p. 303.

(75) Polyb. I. 71. 2.

(76) Gsell, loc. cit.

(77) *Ibid.* II, p. 302.

(78) G. Charles-Picard, *op. cit.*, S. 303.

(79) Polyb. I. 71. 1–2.

(80) Arist. *Pol.* II. 11.

(81) Polyb. I. 67. 7.

(82) Gsell, *HAAN*, I. p. 342.

(83) Polyb. I. 65–88.

(84) Polyb. I. 70. 8.

(85) *Ibid.*, I. 67. 7f.

(86) *Ibid.*, I. 72. 3.

(87) *Ibid.*, I. 72. 5.

(88) *Ibid*., I. 73. 3.

(89) G. C. Picard/C. Picard, *The Life and Death of Carthage*, p. 206, Polyb. I. 83.

(90) Polyb. I. 82. 8–9.

(91) *Ibid*., I. 83. 11

(92) *Ibid*., I. 88. 8–12.

(93) *Ibid*., I. 65. 8–9.

(94) *Ibid*., I. 78. 1–9.

(95) Massylii, Masaesylii, Mauri の三勢力（国家形成に至らなかったと考えられる Gaetuli を含めれば四勢力となるが）鼎立を先史時代のマグリブの地域区分と照応させて捉えるのは Camps, *Massinissa*, pp. 127–146（西ベルベリー、中央ベルベリー、東ベルベリー、サハラ的ベルベリーの各地域）, pp. 146–157（マウリー、ヌミダエ＝マサエシュリーとマッシュリー、ガエトゥリー）. 古典史料では Livius はこの三勢力、特に前二者の対抗に注目していると言えるが（本書第四章参照）、Polybios では顕著でなく、Sallustius では、Numidae と Mauri は対比的に示されるが、Massylii, Masaesylii の名は登場しない。Sall. *Iug*. passim.

(96) App. *Lib*. 10.

(97) マシニッサとシュファックスの戦い及びマシニッサの勝利・「ヌミディア王国」成立に至る詳細は本書第四章を見よ。ラテン語のヌミダエ、ヌミディアの語源、ギリシア語のノマデスとの関係、自称か他称か等は、この王国の性格にも関わる問題である。詳しくは本書第三章を見よ。

(98) メドラセン、エル＝クルーブ（Es Soumâa）、ドゥッガについては巻末の写真を参照（前二者は一九八六年八月、後者は二〇〇九年一一月、筆者による撮影）。ドゥッガ、シガ、サブラタ、エル＝クルーブよりも古いとされるメドラセンの建設年代は放射性同位元素炭素14による測定（前三二〇年代？墓室への回廊の木製の梁に拠る）の解釈をめぐって長らく議論の的となっている。前四世紀末—前三世紀前半とすると、ガイア—マシニッサ以前となり、またプトレマイオス朝によるアレクサンドロス大王墓建設（プトレマイオス四世による。前二一五年頃、ただし現存せず。プルタルコス／森谷公俊訳・註『新訳アレクサンドロス大王伝——「プルタルコス英雄伝」より』河出書房新社、二〇一七年、四三九頁）より前となって、メドラセンにポエニ文化経由ではないディアドコイのヘレニズムの直接的影響を見る説は成り立たなくなる。G. Camps, “Modèle hellénistique ou modèle punique? : les destinées culturelles de la numidie”, *Actes du IIIe Congrès international des Études phéniciennes et puniques*,（Tunis, 11–16 nov. 1991）, Paris, 1995,〔pp. 235–248〕, pp. 243–247. Idem., “Nouvelles observations sur l'architecture et l'âge du Médracen, mausolée royale de Numidie”, *CRAI*（Académie des Inscriptions et

Belles-Lettres : *Comptes Rendus des Séances de l'Anne 1973, Juillet-Octobre.*), Paris, 1974, pp. 470–517. Idem., "Afrique du Nord : les mausolées princiers de Numidie et Maurétanie", *Archéologia*, n°298,（Février 1994）, pp. 50–59. これらの文献においてカンプスは第二次ポエニ戦争期（マッシュリーのマシニッサ対マサエシュリーのシュファックスの対決の時代）以前にもマッシュリーの王国の長い存在の歴史があったと想定し、メドラセンをそのようなマシニッサに先行するいずれかの王の墓と見る説に傾いている。メドラセンの墓の形状も、古代ベルベル人の首長墓であるバズィナ bazina と呼ばれる円錐状墳丘墓の流れを引く（そこにポエニ文化とポエニ文化に包摂されているギリシア文化〔シチリア等〕の影響も加わっている）ものと見る。これに対し、アレクサンドロス大王墓の直接的影響を唱えるのは、F. Coarelli and Y. Thebert, "Architecture funéraire et pouvoir. Réflections sur l'hellenisme numide", *MEFRA*（*Mélanges de l'Ecole Francaise de Rome*）t. 100, 1988〔pp. 761–818〕, p. 805. Brett/Fentress, *op. cit.*, pp. 27f.（炭素14の結果を前三世紀あたりと見つつも、建設されたのは半世紀ほど後のマシニッサの治世と考え、エル＝クルーブ、ドゥッガ等の他のマッシュリー王権、――さらにはシガのマサエシュリー王権――の一連の建築にアレクサンドリアの直接の影響を想定する。）Cf. T. Fedak, *Monumental Tombs of the Hellenistic Age*, Toronto/Baffalo/London, 1990, pp. 137–138. バズィナの影響を強調する最近の研究として、バクタ・ムクラエンタ・アベド著、栗田伸子翻訳・解題「アラビア語史料とヌミディア諸王国」『史海』（東京学芸大学史学会）六九号、二〇二三年、四九―七三頁。

またシュファックスと息子 Vermina の都とされるシガ Siga の王墓（Beni Rhenane のマウソレウム）に関しては、M. G. Vuillemot, "Fouilles du mausolée de Beni Rhenane en Oranie", *CRAI*（Académie des Inscriptions et Belles-Lettres : *Comptes Rendus des Séances de l'Année 1964 Février-Juin.*）, Paris, 1965, pp. 41–95 を見よ。エル＝クルーブ（Es-Soumâa）遺跡の年代に関してもマシニッサの墓説とミキプサの墓説の両説があるが、出土したロドス型アンフォラを手がかりとすれば前一三〇―前一一〇年頃の可能性が高い（ミキプサの没年は前一一八年）。C. B. Rüger, "Die Keramik des Grabes von Es Soumâa bei El Khroub", H.-G. Horn, C. B. Rüger（hrsg.）, *Die Numider*,〔S. 339–344〕, S. 343 f. 同遺跡からは他に銀製のポセイドンのレリーフのあるメダリヨン（皿の中央の飾りだったらしい）が発見されてヘレニズム文化の受容を示し、さらに同遺跡と地中海周辺各地、黒海カスピ海周辺、ドナウ方面との関係を示唆する先の尖った鉄製の兜、鎖かたびら等の武具も出土している。E. Künzl, "Zum hellenistischen Silber des Grabes von Es Soumâa bei El Khroub", *Ibid.*, S. 287–304. G. Waurick, "Die Schutzwaffen im numidischen Grab von Es Soumâa", *Ibid.*, S. 305–332. G. Ulbert, "Des Schwert und eisernen Wurfgeschoßspitzen aus dem Grab von Soumâa", *Ibid.*, S. 333–338. ヌミディア王権関係の建造物についての包括的叙述は、F. Rakob, "Numidische Königarchitektur in Nordafrika", *Ibid.*, S. 119–171, S. 138 Anm. 27（メドラセンの年代についての議論）。ヌミディア王国期の遺跡としては、他に王墓というより聖所（神殿）とみなし得る建造物が Chemtou（古代の Simithus）, Kbour

Klib（Chemtou の東。ザマの戦勝記念建造物ともされる）で確認され、ドゥッガにも「マシニッサの神殿（mqdš）」があったとされる。より小規模なマウソレウム型の遺構も複数知られる。ヌミディアの墓制・埋葬関係の遺構全般をカルタゴのそれとの異同に注目しつつ広く取り上げた最近の研究として、Alia Krandel-Ben Younès, *La présence punique en pays numide*, Tunis, 2002 がある。

(99) C. Poinssot, *Les Ruines de Dougga*, Tunis, 1958, p. 59

(100) 現地では「（女性）キリスト教徒の墓」Tombeau de la Chrétienne, ないし「ローマ人（女性）の墓」Kbour Roumia と呼ばれる。S. Gsell, *Les Monuments antiques de l'Algérie*, Paris, 1901, t. I, p. 70（東の偽の扉の、十字架に見える意匠に由来する通称であるとされる。）この円形大墳墓についての概観は、Mounir Bouchenaki, *Le Mausolée royal de Maurétanie*, Alger, 1970. 一九一二年以来のフランスによる修復の記録は、Marcel Christofle, *Le Tombeau de la Chrétienne*, Paris, 1951.

(101) A. Laroui, *L'histoire du Maghreb*, I, pp. 57f. 本書第十章も見よ。

(102) 本書第三章参照。Liv. XXXIV. 62. 11–14 が伝える「アフリカにはカルタゴ本来の土地など存在しない。都市建設時に（先住民から贈り物として）与えられた、牛の皮一枚分の革ひもで囲えるだけの土地（ビュルサ Byrsa の境界内）の外にカルタゴが拡張した土地がどれ程あろうと、それは力と不正によって得たものだ」というマシニッサの使節の言葉は、この前一九三年のカルタゴ・ヌミディア間の土地紛争の実態如何にかかわらず、ヌミディア王権が掲げる先住者としてのアフリカの土地全体への権利の主張をローマ人も——ヌミディア人達のよく使うレトリックとしてであれ——認識していたことを示すだろう。（東方キュレネに向う方にあったらしい問題の土地については、ヌミディア側は「無主物先占」のような論理も展開して、大スキピオによる第二次ポエニ戦争終結時の裁定に関係する故にローマが介入するのが当然とするカルタゴ側の論拠を掘り崩そうともしている。）

(103) （ ）内はリビア文字をアルファベットに転記したものであるが、語の原形ではなくテクスト中の活用形のままである。例えばGLDT（王）の原形はGLDであると思われるが、原形不明のものもあるのでChabotが記す碑文中の形のまま表示した。J.-B. Chabot, *Recueil des inscriptions libyques*（*R. I. L.*）, Paris, 1940–41, pp. 3–4. 詳しくは本書第七章を見よ。

(104) Gsell, *HAAN*, II, p. 302.

(105) *Ibid*, II, p. 292.

(106) *Ibid*, III, p. 190. Liv. XXIX. 29. 6–12.

(107) App. *Lib*. 10.

(108) Gsell, *HAAN*, III, pp. 239f. 本書第四章一八三—一八四頁。

(109) G. Charles-Picard, "Die Territorialverwalting Karthagos", W. Huss (hrsg.), *Karthago*, S. 292.

(110) Brett/Fentress, *op. cit.*, p. 32.

(111) A. Berthier/R. Charlier, *La sanctuaire punique d'El-Hofra à Constantine*, Paris, 1955. これら El-Hofra 出土の主なポエニ語碑文の訳と分析は、H. P. Roschinski, "Die punischen Inschriften", *Die Numider*, S. 103–110. これらは「いと高き聖所」での何らかの犠牲式にかかわり、またポエニ書体 punique からネオ・ポエニ書体 neo-punique への遷移も示すポエニ語研究の重要史料であるが、このようにヌミディア王国の首都で発見されている。「王マシニッサの治世第四六年（前一五七／一五六年）」、「同治世第四一年（前一六二／一六一年）」、「王ミキプサ Mikiwsan、王グルッサ Gulusan、王マスタナバル Mastanaba の治世（マシニッサからの通算）第五六年（前一四八／一四七年）」（碑文番号63）のように紀年された碑文もある。*Ibid.*, S. 109–110. 本書第二章註（97）も参照。

(112) 詳しくは本書第三章を見よ。

(113) Sall. *Iug.* 80. 6–7.

第六章　ナラウアス

――カルタゴ傭兵戦争と「ヌミディア人」の原像

カルタゴ末期——第一次と第二次のポエニ戦争の間に起こった傭兵戦争の時代——、北アフリカ原住民の中から「ヌミディア人」の祖型ともいうべき特異な集団が識別され始める。本章では、この集団を率いる者としてギリシア語史料（ポリュビオス）に登場する一人物に光を当てる。

はじめに

フロベールの小説『サランボオ』（一八六二年）の読者なら、登場人物の中に女主人公であるアミルカアル（ハミルカル・バルカ）の娘サランボオの許婚者《いいなずけ》で、したがって主人公マトオから見れば恋敵となるニュミディア（ヌミディア）人ナラヴァスなる青年がいたことを記憶されているかもしれない。この「青年」は実在の人物で、フロベールが『サランボオ』執筆に際して参考にしたと思われる古代ギリシア人の歴史家ポリュビオスの著作にその名が記されている（ギリシア語としての正確な発音はΝαραύας ナラウアスである）[1]。

小説の背景となっている歴史的事件は、紀元前二四一—二三八／二三七年にカルタゴの北アフリカにおける領土を中心に起こったいわゆる傭兵戦争、別名リビア戦争とも呼ばれる事件である[2]。周知のごとくカルタゴ軍の主力は市民軍ではなくて地中海周辺各地出身の外国人傭兵であったが、これと並んでカルタゴ軍の重要な構成要素であったのは、カルタゴに従属していた北アフリカの先住民であるいわゆる「リビア人」（ポリュビオス等のギリシア語史料にいうΛίβυες リビュエス。「アフリカ人」と訳しても良いかもしれない）であった[3]。リビア兵は戦争終結時に給与の支払いを受けて除隊するのが普通である点で[4]、傭兵（οἱ μισθοφόροι）の一種とも言えるが、ペロポネソス戦争後のギリシアの傭兵のような典型的傭兵とは異なり、自発的応募ではなくカルタゴ国家による何らかの政治的・社会的強制によりカルタゴ軍兵士となるのだと思われるので、彼らの従軍はそれ自体リビア人社会にとっての賦課であり、カルタゴへの従属のしるしであったとみることができる。第一次ポエニ戦争でローマに敗れたカルタゴは、前二四一年、これら外国人傭兵およびリビア兵等から成る軍隊を主戦場であったシチリアからカルタゴ本国へ引き揚げるが、戦争による疲弊に加えてローマへの賠償金支払いにより国庫は涸渇しており、兵士への給与支払いと軍の解散を円滑に行なうことができなかった。この混乱の中で、傭兵の一人であるローマからの逃亡奴隷でカンパニア人のスペンディオスと、自由人でリビア人のマトース（フロベールの「マトォ」）の教唆により始まったとされるのがこの「傭兵戦争」であり、(5)以後、カルタゴの将軍ハミルカル・バルカ（ハンニバルの父）によって鎮圧（前二三八／二三七年）されるまで、四年以上にわたって続いた。すなわちこれは現存史料によって知られる限り最大の対カルタゴ反乱であり、しかもカルタゴ軍中の傭兵・リビア兵だけでなく、リビア人都市、リビュ＝フェニキア人（フェニキア化されたリビア人、ないしはカルタゴ人以外の「在アフリカ」フェニキア人）都市の多くも参加しており、その意味で単なる傭兵反乱ではなく、アフリカのカルタゴ領全土に拡がる、まさしくリビア（アフリカ）戦争と呼ばれ得るような様相を呈した。

ポリュビオスにより「ノマス」（Νομάς ノマデスの単数形）であると説明されるナラウアスは、(6)この戦争中にハミルカル・バルカに感銘を受けて仲間のノマデスと共にハミルカルの陣に投じ、カルタゴへの忠誠の対価としてハミルカルの娘との結婚を約束され、この後、傭兵・リビア軍との戦いに協力して大功を挙げたという。(7)以下、本章では、ポリュビオスの「傭兵戦争」叙述におけるナラウアスの位置づけを他の古典史料との比較と関連の中で明らかにし、さらにこの問題に関する近年の貨幣学上の知見を検討することによって、ポエニ戦争期――カルタゴ時代末期――の北アフリカ社会の歴史の一端を探ろうとする。

第一節　ポリュビオスにおけるナラウアスと「ノマデス」

研究史上、ナラウアスは「ヌミディア人」であるとされ、(8) この前提が疑われることは少ない。ギリシア語の「ノマデス（Νομάδες）」は「遊牧民」を意味する普通名詞（英語の nomads）でもあるが、自ら第三次ポエニ戦争に参加し、ポエニ戦争期の地中海世界史を主要テーマとしたポリュビオスの著作『歴史』の中の「傭兵戦争」等に関する叙述においては、遊牧民（ないし放浪生活者）一般というより、北アフリカに住む、しかもリビア人（リビュエス）とは区別される何らかの集団を指しているように見え、つまり一種の固有名詞として使われているように見える。(9) ポリュビオスを主要史料の一つとして書かれたローマ人の歴史家リウィウスの『ローマ建国以来の歴史』等のラテン語の文献では、平行記事の「ノマデス」に相当する部分が「ヌミダエ」（Numidae）、つまりヌミディア人と表記され、(10) この場合は明らかに一つの民族ないし種族名を示す固有名詞となっている。それゆえ、これらのギリシア・ローマ古典文献研究の総合の上に立つ近代の西洋古典学・古代史学では「ノマデス＝ヌミダエ（という種族名）」との了解が一般的であり、例えばフロベールもこのような了解の下に「リビア人」マトオと「ニュミディア人」ナラヴァスの造形を行なっていると思われる。しかし、事はそう簡単ではない。

なぜなら、「リビュエス」「ノマデス」「ヌミダエ」は上述のごとくすべてギリシア語ないしラテン語であり、カルタゴの言語（フェニキア語、「ポエニ語」）でも、当該先住民諸集団自身の言語でもなく、(11) したがって「リビア人」と「ノマデス（ないしヌミディア人）」の区別は何ら自明のものではない。実際、言語学的には「リビア人」も「ヌミディア人」も、またより西に住む「マウレタニア人」も現存のベルベル諸語と近縁とされる同一の言語を話したと考えられており、この言語が「リビア語」（le libyque）と呼ばれている。[12] また、第二次ポエニ戦争期以降ローマと同盟してカルタゴを滅亡へと導いた王マシニッサ（Massinissa あるいは Masinissa）らのいわゆる「ヌミディア王」（rex Numidarum, rex Numidiae）、彼らの統治する「ヌミディア王国」（regnum Numidiae）も、ラテン語の史料の中でこう呼ばれるだけであり、[13] ヌミディア王権や先住民自身の史料――王権の公用語とされるポエニ語やリビア語の碑文等――では単に「王」（ポエニ語の HMMLKT、リビア語の GLD）何某、[14] あるいは「マッシュリー（人）の王」（マシニッサの子ミキプサの葬送碑文）[15] という表現しかみられない。したがって「リビア人」と「ノマデス（ヌミディア人）」という区分は、カルタゴ時代の北アフリカ先住民社会に本来存在した種族的区分をギリシア語（ないしラテン語）に単純に移し換えたものというよりは、むしろポエニ戦争期における従来のカルタゴ支配の動揺、ギリシア・ローマ世界とカルタゴ領北アフリカとの本格的遭遇の中で生み出された新たな認識枠組、新たな範疇である可能性を想定する必要がある。[16]

このような観点から史料を再検討するとき、この前二四一―二三八／二三七年の戦争の呼称に関するポリュビオスの二箇所の記述が、新しい意味を帯びて来る。先に註（2）で見たように、ポリュビオスは I. 65. 3 でこの戦争について初めて言及するにあたって、「傭兵たちとノマデスと反乱に参加したリビュエスに対する戦争」と述べる。以下、彼は戦争勃発に至る経緯を説明し、その叙述は、I. 70. 6 まで続く。そしてこの部分の締めくくりにあたる I. 70. 7 において「この、傭兵たちに対する、普通リビア戦争の名で呼ばれている戦争はこのような原因でこのようにして始まった」（Ὁ μὲν οὖν πρὸς τοὺς ξένους καὶ Λιβυκὸς ἐπικληθεὶς πόλεμος διὰ ταῦτα καὶ τοιαύτην ἔλαβε τὴν ἀρχήν）と記す。二つの記述を比較検討すると、執筆当時（前二世紀中葉）この戦争は一般には「リビアの（Λιβυκός）」戦争の名で通っていたが、ポリュビオス自身はこれをむしろ「傭兵たちに対する（πρὸς τοὺς ξένους）」戦争と呼び、さらに、最初に言及するにあたっては「傭兵たちとノマデスと反乱に参加したリビュエスに対する戦争」と規定していて、この最初の呼称がおそらくポリュビオスにとっての最も厳密な言い方であるのだと思われる[17]。「ノマデス」が傭兵やリビア人と並んで対カルタゴ戦争の主体の一つに数えられていることが注意をひく。ちなみにポリュビオスの『歴史』における「ノマデス」に関する最初のまとまった記述は、I. 31. 2にみられ[18]、ここでは第一次ポエニ戦争中のローマのアティリウス・レグルスによるアフリカ進攻（前二五六―二五五年）と同じ頃、ノマデスもまたカルタゴを攻撃し、その田園部（τὴν χώραν）にローマ軍にまさるとも劣らぬ被害を与えたことが記されている。

「傭兵戦争」に関する記述の中では、ウティカ市付近での攻防におけるカルタゴの将ハンノの交戦相手として「ノマデスとリビュエス」が登場（I. 74. 7）した後、ヒッパクリタエ（ヒップー・アクラ）市攻囲中の傭兵・リビア軍の将マトースが、「ノマデスとリビュエスに使いを送り、彼を救援しに来るように、そして自由のための好機（τοὺς ὑπὲρ τῆς ἐλευθερίας καιρούς）を逃さないように請うた（I. 77. 3）」と述べられる。リビア人と同じく、これらのノマデスも従来何らかの形でカルタゴの「支配下」にあったであろうことが、ここから読みとれる[19]。この直後、この付近で戦闘中の傭兵軍の将スペンディオスの軍に「ノマデスとリビュエスの援軍」が加わり、ハミルカル・バルカ指揮下のカルタゴ軍を、リビュエスが正面から、ノマデスが背後から、スペンディオス軍が側面から攻撃する（I. 77. 6–7）状況下で、カルタゴ側は完全な窮地に陥った。これを救ったのが、先に述べた「ノマス」ナラウアスのハミルカルへの帰順と協力であり（I. 78. 1–9）、ハミルカルは、二千のノマデスを率いるナラウアスの助けを得て、スペンディオスとアウタリトス（ガリア人傭兵の長）の軍を破り、一万人を殺し四千人を捕えた（I. 78. 9–12）。この記述においてポリュビオスはこの勝利に対するナラウアスの寄与について「戦いは…ハミルカルの勝利に終わった。象たちの善戦とナラウアスの働きによって」と特筆している（I. 78. 11）。この後もハミルカルは、傭兵軍のカルタゴ市包囲の際、田園を巡察してマトースとスペンディオスの軍の補給を妨害するにあたって「この事や他のすべての事においてノマスであるナラウアスの最大の奉仕を受け」（I. 82. 13）たとされ、さらに傭兵軍が「象たちとナラウアスの騎兵を恐れて、ハミルカル軍と平原で戦うことを避けた（I. 84. 4）とも記されている。以上のようにポリュビオスの「傭兵戦争」の記述は全体として、当初傭兵側の構成要素の一つとしてノマデスが重要な役割を果していたことを指摘すると共に、ノマデスの一部がナラウアスに率いられてカルタゴ側に加わったことが、カルタゴによる「傭兵戦争」鎮圧への道を拓く一つの転機となったみなし得るような筋立てとなっているのである。

それでは、ポリュビオスによってその役割を強調されているナラウアスなる人物、ならびに彼が属していたノマデスという集団は一体いかなる存在であったのであろうか。

第二節　カルタゴとノマデス

まず、ポリュビオスが叙述するナラウアスのカルタゴ軍への帰順の場面を少し詳しく読み直してみると、ナラウアスとカルタゴとの関係はこの時点で初めて生じたのではないことがわかる。彼は高貴な身分のノマスであり、軍人精神に溢れており、「父祖以来の絆《きずな》があるので常にカルタゴ人に対して友好的であった」（οὗτος ἀεὶ μὲν οἰκείως διέκειτο πρὸς τοὺς Καρχηδονίους πατρικὴν ἔχων σύστασιν）（I. 78. 1）が、今こそハミルカル・バルカと会見して自己紹介する好機とみて、約百人のノマデスと共にカルタゴ軍の陣に近づいて来、恐れる様子もなく手で合図し、将軍との会見を申し入れ、馬と槍を従者に預けて丸腰で大胆に陣地に入って来た（I. 78. 2–6）のである。ハミルカルとの面談を許されると、ナラウアスは、自分は全カルタゴ人と良くありたいが特にバルカの友情を求めているのだと語って、すべての行動と作戦における助力を申し出る。ハミルカルはこれを聞いて、この青年が自分に会いに来た勇気と面談における率直さとに動かされ、単に助力を受け入れたのみならず、カルタゴに忠実であり続けたら娘を与えるとまで誓った（I. 78. 7–9）。

以上の記述からは、ノマデス一般が傭兵側に立ってカルタゴ軍と戦っていた状況下で、ナラウアスの一族は父祖（あるいは父）の代からのカルタゴとの友好関係を保っており、前節で説明したカルタゴ軍の危機において、[20]自らの協力をハミルカル・バルカに改めて高く売りつける機会をつかんだことが読み取れる（――フロベールの描くナラウァスが最初は傭兵軍に参加していたのとは少し違う――）。ナラウアスに娘を与えるというハミルカルの行為は、[21]バルカ家とナラウアス一族との政略結婚であるが、これもまた、この時が初めてではなく父祖の代からあり得た（バルカ家とではなくとも他のカルタゴの名門との間に）とも考えられる。ヌミディア人やマウレタニア人（マウリー）の間での政略結婚については、前二世紀末の事例に関して、ローマの歴史家サルスティウスが、彼らは一夫多妻であるが故に政略結婚にそれ程の意味はない旨述べているが、[22]他方、最近の研究ではカルタゴ人の社会では父系と並んで母系の出自も重視されたことがわかっている。[23]カルタゴ人ハミルカルの側から見れば、娘とナラウアスの結婚は単なる報酬ではなく、ナラウアスの子供たちを「カルタゴ化」ないし「バルカ化」することによって一層強くカルタゴに結びつける意図に基づいていたとも考えられよう。

ナラウアスの一族とカルタゴとの間の世襲的な友好関係の存在からただちに連想されるのは、ヌミディア王マシニッサの父祖の一族――マッシュリー（Massylii）王家――とカルタゴとの間の類似した関係の例である。リウィウスによれば、マシニッサの父である王ガラ（Gala. 他の史料ではGaia）の死後、ヌミダエ（ヌミディア人）であるマエスリー人の「氏族」（gens Maesuliorum. Massyliiと同じ種族をさす）の王位はガラの弟オエザルケス（Oezalces）に移ったが、この人物もまもなく（高齢のため）死ぬと、王家の遠縁のマザエトゥッルス（Mazaetullus）がオ

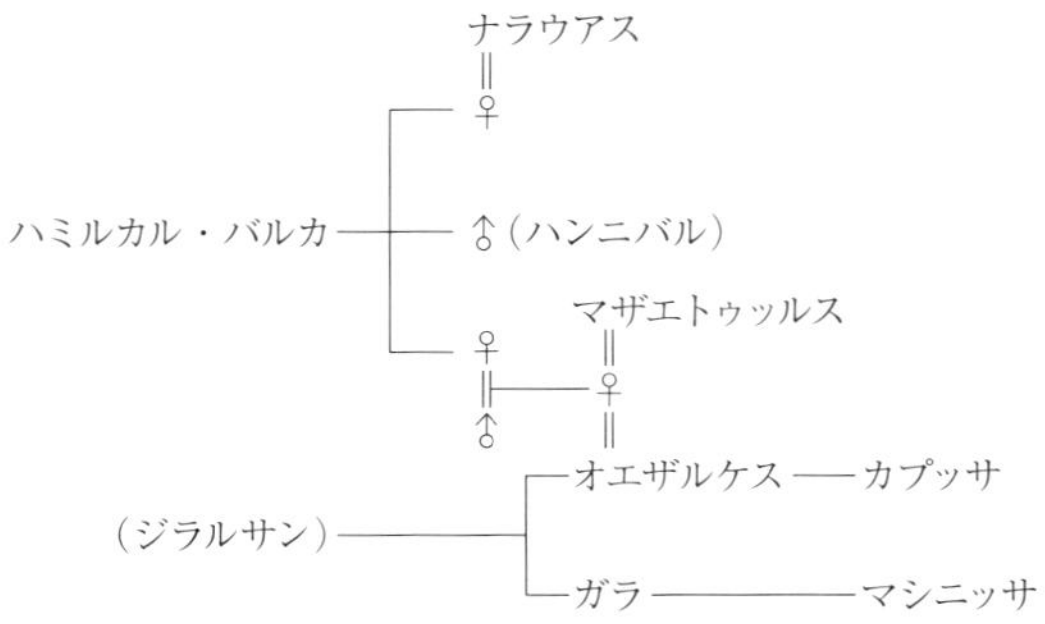

図1　ヌミディア（マッシュリー）王家とカルタゴとの婚姻関係

エザルケスの長男カプッサ（Capussa）を戦闘で倒してマエスリー「氏族」全体を服属させた。しかしマザエトゥッルスは王位を王族の少年ラクマゼス（Lacumazes）に譲って自らは王の後見役になると共に、王オエザルケスの妻であったカルタゴの貴婦人（Carthaginiensem nobilem feminam）と結婚した。この貴婦人はハンニバルの姉妹の娘であり、マザエトゥッルスは「カルタゴとの同盟を希望してこの婚姻を行なった（matrimonio sibi iungit spe Carthaginiensium societatis）」のだという。[24]

この例は、ヌミダエ（ギリシア語のノマデス）の一集団の支配層がカルタゴの名門の娘との婚姻によってカルタゴと結びつこうとした例としてナラウアスの場合と重なるだけではなく、妻となったカルタゴ婦人がハミルカル・バルカの孫娘であるという点で、もっと直接的にナラウアスに関係がある。すなわちバルカ家の娘たちを媒介としてナラウアスとマシニッサは図1のような姻戚関係にあるわけである。

ここからさらに、ナラウアスもマッシュリー（マエスリー）王族なのではないかと論を進めることも可能であり、例えばバルドゥス（Baldus）はG・シャルル＝ピカールに依りつつナラウアスをマシニッサのおじの一人と推測している。[25] この論の根拠は、J.-G. フェブリエ（Fevrier）によって紹介されたポエニ語の碑文[26]にみられるガイア（ガラ）の兄弟と思われる**NRWT**の子音で表記されている人物を、ポリュビオスのいう「ナラウアス」（Narauas）であるとみなす説であると思われるが、[27] これには異論もある。同名異人の可能性は当然考慮する必要があるし、またフス（Huss）は「ナラウアス」の原音がむしろシャボーの『リビア語碑文集成』（*R. T. L.* n° 446）

にみられる人名Nrbs（n）である可能性を示唆している。[28] ポリュビオスはマシニッサに直接会って親しく話したことがあるのに（Polyb. IX. 25. 4-6）、[29] ナラウアスに関する彼の記述の中にマシニッサとの関係が何ら触れられていないこともこの説にとってはやや否定的な材料であろう。

ナラウアスとマシニッサの系譜関係はさておき、ハミルカル・バルカの娘および孫娘との結婚が、ノマデス（ヌミダエ）の貴顕の人々をカルタゴに結びつける手段として、バルカ家とノマデス側の双方から自覚的に追求されたことを、ポリュビオスとリウィウスの記述からとりあえず確認することができる。

また、仮にナラウアスがマッシュリー王族（ないし貴族）に属さないとするならば、カルタゴ人であるバルカ家がノマデス（ヌミダエ）の二集団——ナラウアス一族とマッシュリー一族——をつなぐと同時に競合的関係におく結果になっていることにも注目したい。マシニッサの世代に実現される「ヌミディアの統一」、つまりマッシュリー王家によるヌミダエ（ノマデス）全体への支配は、ヌミダエ（ノマデス）という集合が元来その範囲でまとまることを必然とするような民族的・種族的同一性を持っていたからというよりもむしろ、少なくとも「傭兵戦争」および第二ポエニ戦争期以降、ハミルカル・バルカらの政略結婚策によって、カルタゴの貴婦人を妻とし母とする、その意味で「カルタゴ化」された（あるいは「カルタゴ化」を志向して競争する）ヌミダエ（ノマデス）支配層が種族横断的に形成されたことを一つの条件として達成されたのだとも考えられる。実際、第二次ポエニ戦争期のヌミディア統一過程においては、マッシュリーと対抗関係にあったもう一つのヌミダエの種族マサエシュリー（Masaesylii）の王シュファクス（Syphax）がカルタゴ貴族ギスコの子ハスドゥルバルの娘ソフォニスバ（Sophonisba）と結婚している。ローマと同盟したマシニッサはカルタゴ側についたシュファクスを破ってその領土と共に妻をも手にいれるが、大スキピオの説得によって、カルタゴとの絆を断つべくソフォニスバに毒杯を強いるのである。[30] ナラウアスは史料上カルタゴの貴婦人と結婚した（ないし結婚を約束された）ことが確認される最初のノマスであり、今述べたような意味での最初の「ヌミダ（ヌミディア人）」――マシニッサによって実現されることになるヌミディアという歴史的構造物の原型《プロトタイプ》――であると言えよう。

第三節　ノマデスとは何か？

ナラウアスを「ヌミディア人」のモデルとするような見方は、古代ギリシア・ローマ人自身の間にも存在した可能性がある。リウィウスによって描かれるマシニッサのローマ人の前への初登場の場面が、その可能性を示唆する。リウィウスによれば、マシニッサは第二次ポエニ戦争中、ハンニバルがイタリアへ向った後のスペインにおいてカルタゴ軍のマゴの下でヌミダエ騎兵隊の指揮者として活躍していたが[31]、ローマ軍の捕虜となった甥を大スキピオが送り返してくれた事件[32]をきっかけにローマ軍と接触し始め、スキピオと直接会って手を握って誓約を固めることを望み（Liv. XXVIII. 35. 1）、口実をもうけてガデス市の島から大陸（スペイン本土）に渡り、そこで会見を果たす。マシニッサは少数の護衛と共に打ち合わせてあった場所に現われ（XXVIII. 35. 4）、かねてからスキピオへの賛美に満たされていたのが（XXVIII. 35. 5）、スキピオの優れた容姿を見て一層幻惑され（35. 5–8）、彼とローマ人への奉仕を誓う（35. 9）。スキピオも、敵の全騎兵の中でマシニッサこそその頭（caput）であると知っていたので、会見を喜ぶ（35. 12）のである。この叙述とポリュビオスの描くナラウアスのハミルカル・バルカとの会見の場面は明らかに類似しており、リウィウスがポリュビオスを参照しつつマシニッサ・スキピオ会見の場を叙述した可能性は高いと思われる[33]。注目すべきなのは、両者の類似が単に会見の場面そのものの描写の類似にとどまらず、会見を取り巻く状況、戦局全体の中での両会見の占める位置の類似性に及んでいることである。カルタゴ軍のヌミダエ騎兵隊の中核であり、カルタゴの後背地のマッシュリー人の王族でもあるマシニッサが大スキピオに忠誠を誓ったことは、この後、スキピオ率いるローマ軍がアフリカに進攻する上での大きな布石であり、ザマにおけるハンニバルの敗北の一大条件となる――少なくともリウィウスの叙述はそのように構成されている(34)――のである。ナラウアスのハミルカルへの帰順をカルタゴによる傭兵・リビア軍鎮圧成功の要因の一つとして強調するポリュビオスの叙述と、マシニッサと第二次ポエニ戦争をめぐるリウィウスの叙述は見事な相似形をなしている。あるいはポリュビオスの叙述を承ける形でリウィウスの叙述が成り立っている。つまり、リウィウスはポリュビオスのナラウアス記述を意識しつつ、いかにしてカルタゴがハミルカルによって得られたノマデス（ヌミダエ）の協力を失うかという経緯を、ヌミダエ（マシニッサ）をローマ側へと転じさせた大スキピオの功績を際立たせつつ物語っていると考えられるのである。

以上から明らかなように、ギリシア人ポリュビオスとローマ人リウィウスは共に、ノマデスないしヌミダエをまず第一に優秀な騎兵集団として――その動向が勝敗の帰趨を決するような重要な軍事的要素として捉えている。ヌミダエ（ノマデス）が民族・種族名であることをアプリオリに前提とする近現代の研究史の中では、(35)「ヌミディア人」という種族がまず存在し、この種族が騎兵としても優秀であった、という順序で論じられがちであるが、ポリュビオス（および、それよりは少ない程度においてかもしれないがリウィウスも）の視座は、逆である。最初に彼がノマデスと呼ぶ軍事的に重要な騎兵集団が認識され、いわばその「後」にこの騎兵集団の供給源としての種族的集団が意識されるのである。

第二次ポエニ戦争におけるハンニバルのイタリア遠征への出立を叙述するにあたって、ポリュビオスはスペインに残留したハンニバルの弟ハスドゥルバルの部隊について（ハンニバル自身が、イタリア遠征中に残した青銅板の銘に拠ると明言しつつ）こう説明する。「彼（ハンニバル）は彼（ハスドゥルバル）にさらに騎兵として、リビュ＝フェニキア人とリビュエスを四五〇名、レルゲタイを三〇〇名、マシュリオイとマサイシュリオイとマッコイオイとマウルスィオイ——彼らはオケアノスの近くに住んでいるのだが——から成るノマデスを一八〇〇名（Νομάδων δὲ Μασσυλίων καὶ Μασαισυλίων καὶ Μακκοίων καὶ Μαυρουσίων τῶν παρὰ τὸν Ὠκεανὸν χιλίους ὀκτακοσίους）、そして歩兵として一一八五〇名のリュビエス、三〇〇名のリグリア人、五〇〇名のバレアレス人、それに二一頭の象をも与えた（Polyb. III. 33. 15–16）。」ここでは「ノマデス」という語はリビュエスやレルゲタイと並んでいわば騎兵部隊の種類（それが同時に種族であるにしても）を示すように見え、この「ノマデス部隊」がどんな種族から成るのかが、マシュリオイ（マッシュリー）、マサイシュリオイ（マサエシュリー）、マッコイオイ、マウルスィオイと改めて言い直されているのである。他のギリシア・ラテン語史料で、ノマデス（ヌミダエ）とは別の、それと並び立つ北アフリカの大種族集団として現れるマウルスィオイ（ラテン語ではMauri、つまりマウレタニア人。「ムーア人」の語源とされる）が[36]、ここではマッシュリー等と共に「ノマデス」に含められていることからも[37]、この箇所における「ノマデス」がヌミディア人という一種族をさす固有名詞というよりは、より普通名詞的な——「遊牧部族」の訳の方がふさわしいかもしれないような——使い方をされていることを推定し得る。ポリュビオスの『歴史』の現存部分の中で、Νομάδες およびその形容詞形 Νομαδικός は筆者が見た限り、先に挙げた「傭兵戦争」とナラウアスに関わる箇所を除いて全部で一七箇所あるが[38]、そのほぼすべてが戦闘におけるノマデスの部隊としての活躍に関わるものである。うち六箇所では「ノマデスの騎兵」（τῶν Νομαδικῶν ἱππέων）と明記されており（III. 44. 3 他）、他の箇所も大部分が前後関係から騎兵であるノマデスを意味することが明らかである。特にハンニバル軍中のノマデス騎兵に関する叙述の多さが目立つ。「ノマデス」の語が部隊というより種族・民族的な使われ方をしているとみなし得るのは、「傭兵戦争」の主体としてのノマデスの他には、先に挙げたI. 31. 2のレグルスのアフリカ上陸の頃同時にカルタゴを攻撃したノマデスの例があるだけであるが、これらの箇所も強いて「ノマデス＝ヌミディア人」と解さずに、単に「遊牧部族」ととっても充分意味が通じるように思われる(39)。

以上の分析から、ポリュビオスの叙述における「ノマデス」とナラウアスについて次のような仮説を立てることが許されよう。

(a)ポリュビオスにとっての「ノマデス」とは、第一にカルタゴ軍中の騎兵部隊の精華ともいうべき集団であった。この集団を彼は「遊牧民」ないし「放浪者たち」の意味のある νομάδες の語で呼んで、他の騎兵集団（例えばリビュエス《アフリカ人》の騎兵）から区別した。（したがってポリュビオスにおけるノマデスは、叙述の舞台となっている北アフリカの「遊牧民」を「非遊牧民」のアフリカ人＝リビュエスから分けることを主眼とした概念であり(40)、完全な固有名詞とは言えない。）

(b)このような北アフリカ「遊牧部族」騎兵がいかにしてカルタゴのコントロール下に入ったのか、という問題は、「プラグマティック」な歴史（I. 1. 4 : πραγματεία. 因果の連鎖を詳《つまび》らかにした体系的全体史の意(41)）をめざしたポリュビオスにとっては重要な関心事であり、「傭兵戦争」期における「遊牧民（ノマス）」ナラウアスのハミルカル・バルカへの心服と帰順、その娘との結婚（の約束）の叙述は、この問題に対する彼自身の一つの解答であった。

さらに、リウィウスを通じて知られるローマ支配層のヌミダエ（ノマデス）観について言えば——

(c)ポリュビオスが注目した、カルタゴに懐柔され、その手足となっている「ノマデス」を、いかにしてカルタゴから切り離して「独立」させ、同時にローマの同盟者として確保するのかがローマの関心事であり、その成功例がマッシュリー王マシニッサであった。ローマとマシニッサおよびその後継者たちとの同盟形成の過程で、ギリシア語 Νομάδες に対応するラテン語 Numidae という、より固有名詞性の明確な集団概念が生まれた。（これはおそらくローマ人の上記のような課題意識が反映された結果であった。しかし、これがローマの側からの一方的な命名なのか、マッシュリー王権側の主張や先住民社会の実体がある程度反映されたものなのかは、Numidae の語源如何という難問に関わる問題であり、さらに検討を要する。(42)）

ポリュビオスの描くナラウアスに結実している勇猛果敢なノマス（ヌミダ）青年像は、第二次ポエニ戦争期のローマが勝利を得るために必ず手中におさめなければならない敵カルタゴの切札であり、それが現実となったものが大スキピオに帰順したマシニッサであった。その意味でナラウアスとマシニッサは、仮に実際の血縁関係はなくとも、ギリシア・ローマ人の考える同一の歴史上の系譜に属するのである。

第四節　カルタゴ貨幣にみられる「ノマデスの馬」

最後に、本章の考察を補強してくれるかもしれない貨幣学上の知見を検討したい。バルドゥスは一九八一年の論文の中で、カルタゴの鋳貨の裏面にみられる馬の刻像について研究し、とりわけ前三世紀の半ば以降に出現する「首帯（Halsgurt）」付きの馬の像に注目する。すなわち前四―前三世紀の標準的なカルタゴ貨幣には、馬具を何もつけない「野生馬（つまり裸馬）」――その意味についてはカルタゴの建国神話に関わるとも、海神ないし太陽神に関わるとも、あるいは名馬の産地としてのアフリカのシンボルであるとも言われる——が刻されているのに対し、前三世紀半ばには首の所に二本のベルト状に表現された一種の首帯（バルドゥスのAbb. 7, 8参照）をつけ、頭をうしろに向けた馬を表わしたカルタゴ・シェケル貨が現われ、さらに前三世紀末には同じく首帯つきの大青銅貨、カルタゴ滅亡を前にした前二世紀の第1四半紀にも三種類の首帯つきの馬の貨幣がみられるという。(43)

バルドゥスは貨幣の出土状況、他のカルタゴ貨幣との年代的、図像学的比較によって、ブッラ・レギア出土の前三世紀半ばの最初の首帯つき馬のカルタゴ・シュケル貨が、まさに「傭兵戦争」の最後の年である前二三

図2　「ノマデスの馬」

「ノマデスの馬」を描いたカルタゴ貨幣：H. R. Baldus, “Naravas und seine Reiter. Numismatische Zeugnisse numidischer Kavallerie im Karthagischen Heer”, *Deutscher Numismatikertag*, München, 1981, Tafel 1, Abb. 7–8により作成した。7は貨幣の原寸大。8は縦横2倍に拡大されている（下の3つの図は栗田による描きおこし）。

八／七年に出現した可能性が高いことを論証し、(44) 同時にミュラーの研究等に依りつつ、この首帯は地理学者ストラボンが北アフリカの住民の騎乗法について述べている「木（木綿が靭皮《じんぴ》）か毛で造った首帯」であって、(45) つまりこの馬は「ベルベル」馬——マウレタニア人やヌミディア人といった北アフリカ先住民の馬——を示すものだと主張する。彼はさらにこのような、小靭（Trense）や手綱（Zügel）の代わりに首帯という原初的な馬具をつけた馬が、ロストフツェフによって公表された前三世紀のヌミディア騎兵像（テラコッタ製）や、より新しくはトラヤヌス帝の記念円柱のマウレタニア騎兵像にも見られることを紹介しつつ、最後に、このような「ヌミディア馬（Numiderpferd）」がカルタゴ貨幣に登場した理由を、前二三八／二三七年にナラウアスがカルタゴ軍の援軍として果した大きな役割に求める。(46)「リビア人反乱」の鎮圧過程におけるカルタゴ軍中のナラウアスの二千の騎兵の活躍が、このカルタゴ・シュケル貨鋳造の背景にあるとみなすのである。(47)

　このバルドゥスの主張が正しいとすれば、この「首帯つきの馬」に騎乗する習慣を持った人々こそが、本稿で明らかにしようと努めたポリュビオスのいわゆる「ノマデス」の本来的定義に他ならないと言えよう。「ノマデス」とは、この簡単な「首帯」（むしろ首輪？）だけで犬のようによく飼い馴らした（Strab. XVII. 3. 7）馬を操る、その点で他の騎兵隊と区別される「北アフリカ遊牧騎兵部隊」であった。(48) カルタゴ貨幣への「首帯つきの馬」の出現が前二三八／二三七年であることが確かだとすれば、ギリシア人ポリュビオスが叙述する「ノマス」ナラウアスの騎兵隊出現の画期性は、ポリュビオス以前に「傭兵戦争」期の同時代のカルタゴ人自身によってまず第一に認識されたということになる。(49)「ノマデス」とはこのように、カルタゴによるアフリカ支配が動揺し始めるポエニ戦争期、特に「ノマデス」自身の反乱がみられた「傭兵戦争」期にカルタゴ側とローマ（ポリュビオスを含む）側の双方によって、その存在を意識された新たな「軍事的＝種族的」資源であった。そしてナラウアスは、傭兵軍・リビア軍ではなくてカルタゴ軍に協力することによって「ノマデス」集団を（カル

タゴ、ギリシア・ローマ双方の）支配層に認知させた、機を見るに敏な「ヌミディア人」の祖ということになるのである。(50)

註

（1）Polyb. I. 78. 1. フロベール著、神部孝訳『サランボオ』（上下）角川文庫、一九五三年（上巻）、一九五四年（下巻）。

（2）ポリュビオスはこの戦争を、カルタゴ人の「傭兵たちとノマデスと反乱に参加したリビュエスに対する戦争（ὁ πρὸς τοὺς ξένους καὶ τοὺς Νομάδας καὶ τοὺς ἅμα τούτοις ἀποστάντας Λίβυας, Polyb. I. 65. 3）」と呼ぶ。以下本稿では煩雑さを避けるために仮に「傭兵戦争」とするが、もちろんこの戦争の「リビア戦争」「ノマデス戦争」としての面を否定するものではない。詳しくは次節参照。ちなみにこの戦争に関する最近の研究書である Luigi Loreto, *La grande insurrezione libica contro Cartagine del 241–237 a. C.*, Roma, 1995 は題名の通り「リビア大反乱」と呼んでいる。

（3）Polyb. I. 67. 8. ここでは前二四一年の反乱直前のカルタゴ軍の構成に関して、イベリア人、バレアレス諸島人、多数の混血ギリシア人（その多くは逃亡奴隷である）を挙げた上で、「しかし最大の割合を占めていたのはリビュエスであった」と述べている。前註のようにこの「リビュエス」は同じくアフリカの住民集団をさすと思われる「ノマデス」と併置される存在であるが（「狭義の」リビア人）、他方、地名としてのギリシア語 Λιβύη（リビア）はヨーロッパやアジアと並ぶアフリカ大陸をさす例が多くみられる。

（4）Polyb. I. 70. 3. ここでは受けとるはずの給与の支払いの遅れをめぐるトラブルからこの「傭兵戦争」が起こる過程が叙述されている。

（5）Polyb. I. 69–70.

（6）*Ibid.*, I. 78. 1.

（7）*Ibid.*, I. 78. 1–11 ; 82. 13 ; 84. 4 ; 86. 1.

（8）S. Gsell, *Histoire ancienne de l'Afrique du Nord*, Paris, 8 tomes,（Reimpression de l'edition 1921–1928, Osnabrück, 1972, 以下 Gsell, *HAAN* と略記）III, pp. 113 ; 119, n. 1（chef numide Naravas）. Loreto, *La grande insurrezione*, p. 154, n. 28.

（9）註（2）および本章の以下の叙述参照。Loeb 版の英訳ではポリュビオスの「ノマデス」を the Numidians と訳している。Polybius, *The Histories*,（with an English translation by W. R. Paton）, London, 1922, rep., 1979, vol. I, p. 175 et passim. ま

た H. G. Liddell and R. Scott, *A Greek-English Lexicon*, Oxford, 1968, の νομάς の項も I. 3.として 'pr. n. Numidian' とし、Polyb. I. 19. 3（τῶν Νομάδων）を出典としている（p. 1178）。Gsell, *HAAN*, V, p. 105 参照。

（10）Liv. XXI. 29. 1. *et passim*.

（11）Gsell, *HAAN*, V, 106 のようにこれが多数説であるが、他方彼が同じ箇所の n. 3 で説明している通り、ベルベリー地方（マグリブ）に「ノマデス」「ヌミダエ」に近い発音の自称を持った種族がいた可能性も複数の学者によって指摘されている。ローマ帝政期のアルジェリア東部の Khamissa には gens Numidarum が居り、より西方にも別の gens Numidarum が居た、Gsell, *HAAN*, V, p. 106, n. 5. さらに G. Camps, *Massinissa*, p. 152, n. 475（bis）参照。第二章註（51）、第三章末補註も見よ。

（12）リビア語に関しては本書第七章でも触れる。

（13）Liv. *Per*. L（Masinissa Numidiae rex）；Sall. *Iug*. 5. 1（Iugurtha rege Numidarum）. 14. 1（regni Numidiae）.

（14）本書第七章参照。

（15）Camps, *Massinissa*, p. 284, n. 879 に依る。巻末附録C参照。

（16）この点では筆者の立場は Numidae の語源に関する多数説〔註（11）〕寄りに見えるかもしれないがギリシア語話者による「ノマデス」集団識別のあり方を問うており、言語学の問題としての語源を扱っているのではない。

（17）もう一箇所の、「傭兵戦争」の終結を記した箇所ではポリュビオスはリビア戦争の名を採用している。Polyb. I. 88. 5（Ὁ μὲν οὖν Λιβυκὸς πόλεμος）. I. 13. 3 ; III. 27. 7 も同様。Cf. II. 1. 3.

（18）この前に、I. 19. 2-3 のハンノの軍中のノマデス騎兵に関する記事がある。

（19）ただし通説では、カルタゴに従属していた「リビア人」と、従属していなかった「ヌミディア人」を対比的に捉えることが多い。

（20）Polyb. I. 77. 7.

（21）ただしハミルカルが約束した娘（フロベールはこれをサランボオと名付けた）とナラウアスの結婚が実現したのかどうかについてはポリュビオスは何も述べていない。

（22）*Iug*. 80. 6-7. ここではヌミディア王ユグルタの娘とマウレタニア王ボックス（あるいは逆にユグルタとボックスの娘）の政略結婚に関して、「しかしこのような絆はヌミディア人やマウレタニア人の間では軽く考えられている。なぜなら各人が資力の許す限りできるだけ多くの妻を持ち、あるいは一〇人、他の者はより多く、王たちはもっと多く持つ。かくして心は大勢にふり向けられ、一人も伴侶とはみなされず、全員が等しく蔑まれる」と説明されている。

（23）佐藤育子「碑文史料にみられるカルタゴの政務職について」『史艸』三三、一九九二年、三五―三八頁。ただしこれはカルタゴの奉納碑文における女性奉納者の出自に関してである。

（24）Liv. XXIX. 29. 6–12. このガラ（ガイア）の系図についてはドゥッガのマシニッサ神殿のリビア・ポエニ二言語碑文から Zilalsan の息子が王 Gaia, Gaia の息子が Massinissa という系譜が判明している。本書第七章参照。

（25）H. R. Baldus, "Naravas und seine Reiter. Numismatische Zeugnisse numidischer Kavallerie im karthagischen Heer", *Deutscher Numismatikertag*, München, 1981,〔S. 9–19〕, S. 9 ; 18, Anm. 2.

（26）マスージェ山上のミキプサの里程標石碑文。巻末附録Bの二行目。J.-G. Février, "Paralipomena punica", *Cahiers de Byrsa* 7, 1957,〔pp. 119–124〕p. 121.

（27）W. Huss, *Geschichte der Karthager*, München, 1985, S. 260, Anm. 65.

（28）*Ibid.*

（29）ここでの二人の話題はハンニバルについてであった。

（30）Liv. XXIX. 23. 4 ; XXX. 12. 11 ; 21 ; XXX. 15. 4–8. またマシニッサ自身がシュファクスより前にソフォニスバと婚約していたとの記述も他の古典史料に見られる。Gsell, *HAAN*, III, p. 187, n. 2.

（31）Liv. XXVIII. 13. 6.

（32）Liv. XXVII. 19. 9 ; XXVIII. 35. 8. この甥は Massiva と言いマシニッサの姉妹あるいは兄弟の息子であった。

（33）この箇所に限らずリウィウスはポリュビオスを多くの部分で参照しつつ執筆したと思われる。リウィウスの史料問題に関しては Loeb 版の Livy, I（tr. by B. O. Foster）, London, 1919, rep., 1988, xxviii–xxx. より詳しくは、H. Nissen, *Kritische Untersuchungen über die Quellen der vierten und fünften Dekade des Livius*, 1863, を参照。

（34）例えばザマの戦いにおけるマシニッサの活躍について、Liv. XXX. 33. 2 ; 13 ; 35. 1.

（35）註（9）参照。

（36）マウリーに関しては、Gsell, *HAAN*, V, pp. 88 ff.

（37）Gsell, *HAAN*, V, p. 107, n. 5. ただし Gsell はここでの「ノマデス」をやや固有名詞的に捉えている。Cf. Liv. XXI. 22. 3 の平行記事（Numidae Maurique, accolae Oceani,）。*Ibid.* XXIV. 49. 5（in *Maurusios* ex acie *Numidas*—extremi prope Oceanum adversus Gadis colunt—refugit,〈主語はシュファックス〉）. 後代の史料ではあるがマウリー人の王（ギリシア語では「Μαυρούσιοι の王」であろうが、プルタルコスはなぜか、固有名詞を使わないで βαρβάρων βασιλεὺς と言う）ボックスをノマスと呼ぶ例（Plut. *Mar.* XXXII. 2 : Βόκχος ὁ Νομάς, Cf. *Ibid.*, X, 2）が見られる。

（38）Polyb. I. 19. 2–3（カルタゴ軍中のノマデス騎兵）; I. 31. 2（ノマデスのカルタゴ攻撃）; III. 33. 15（前述のハスドゥルバル軍の構成）; III. 44. 3（ハンニバル軍中のノマデス騎兵）; III. 45. 1（同、ノマデスの偵察隊）; 55. 8（ハンニバル軍中のノマデス）III. 65. 6 ; 10–11（ハンニバル軍中のノマデス騎兵）、III. 68. 1（同）; III. 69. 6（同）; III. 72. 10（同軍中のノマデス）; III. 73. 3（同）; III. 116. 6–7（カルタゴ軍中のノマデス）; III. 116. 12（同）、117. 12（同）; XI. 21. 1（マシニッサ率いるノマデス）; XV. 3. 5（全アフリカ最強の騎兵を持つテュカイオスというノマス）; XV. 9. 8（マシニッサ率いるノマデス）。

(39) ポリュビオスはシュファクスに勝利して王となった後のマシニッサについては「リビュエスの王マシニッサ」（III. 5. 1）;「リビアにおけるマシニッサ」（XXI. 11. 7; XXXI. 21. 1）と述べ、「ノマデスの王」とは呼ばない。

(40) もちろんポリュビオスの「ノマデス」の生活実態が真に遊牧生活であったかどうかは別の問題である。

(41) Loeb版 Polybius, *The Histories*, xi.

(42) ヌミディア王権の「ヌミダエ」観がサルスティウスの叙述の一部に反映されている可能性について拙稿、"The 'libri Punici', King Hiempsal and the Numidians," *KODAI*, V, 1994 で論じた。本書第三章も参照。ポリュビオスの執筆の時点（前二世紀中葉）に既に Numidae 概念が（例えばスキピオ家において）存在したのかどうかはわからない。

(43) Baldus, "Naravas und seine Reiter," S. 10.

(44) *Ibid*. S. 11–12.

(45) Strab. XVII. 3. 7（*περιτραχήλια δὲ ξύλινα ἢ τρίχινα*）、また飯尾都人氏の訳（ストラボン『ギリシア・ローマ世界地誌』II、龍渓書舎、一九九四年、六一六頁）も参照。ちなみにここでストラボンは、マウルスィオイ、マサイシュリオイおよびリビュエス（アフリカ人）一般に共通する服装・習慣について述べている。

(46) Baldus, *op. cit*., S. 14.

(47) 前三世紀末と前二世紀の初めにも首帯つきの馬の貨幣が現われることについてバルドゥスは前者をハンニバル軍中のヌミディア騎兵の活躍の反映であるとしつつも、後者（つまりマシニッサがローマと同盟した後）の説明については様々な可能性を挙げている。Baldus, *op. cit*., S. 15. 他方、傭兵と共に蜂起したリビア人側もこの間、貨幣を発行している。J. Alexandropoulos, *Les monnaies de l'Afrique antique:400 av. J.-C. -40 ap. J.-C.*, Toulouse, 2007, 66–72番の貨幣（66–69にはΛΙΒΥΩΝの銘がある。*Ibid*., p. 89）Cf. Lorento, *op. cit*., pp. 110–111.

(48) カルタゴ人自身の騎兵は手綱や小鞍を備えた標準的な馬具を使用していたという。Baldus, *op. cit*., S. 13.

(49) ポエニ語史料に「ノマデス」に相当する語があるかどうかが問題となるが、この点は今後の課題としたい。先述の Polyb. III. 33. 15–16 の典拠とされる、ポリュビオスがラキニア岬で見たハンニバルの青銅板の碑銘（*Ibid*., III. 33. 17–18）は、通常ポエニ語・ギリシア語の二言語併記碑文であったとみなされていることも一つの手がかりとなるだろう。Gsell, *HAAN*, V. p. 86.

(50)　バルドゥスも述べるように (S. 13)、ヌミディア王族の墓と思われるドゥッガの塔型墓（いわゆるアテバンの墓）にも騎馬像および四頭立て戦車のレリーフがみられる（本書第七章二六一頁および註（41）参照）が、損傷が激しく馬具の様子はわからない。巻末写真⑩⑪⑱を見よ。しかしヌミディアの王家の人物が騎馬像を自らの墓を飾るモチーフとして選んだことには意味があると思われる。

第七章　ドゥッガとヌミディア王権

――リビア語・ポエニ語併記碑文の分析

ヌミディア王国の北東端、カルタゴ領との境界の都市ドゥッガからはヌミディア王権側が残したほとんど唯一の史料である二組のポエニ語・リビア語併記碑文が発見されている。本章はこの二組の碑文——「アテバンの墓」の碑文と「（マシニッサ？）神殿」の碑文を分析することによってギリシア・ローマ西洋古典史料の外側からヌミディア諸王権の実像に迫ろうとする。

はじめに

ドゥッガ（Dougga）はチュニス市の西南方約一〇〇キロメートル余りのチュニジア内陸に位置する集落である。古代ローマ時代にはトゥッガ（Thugga）と表記され、数々の神殿や公共建築、凱旋門、貯水施設[1]等を備えた一大都市であったので、そのローマ期遺跡としての重要性はトラヤヌス帝のタムガディ（Thamugadi）市にも劣らない。同時にこの都市はローマ期以前、すなわちカルタゴ時代および古代北アフリカ先住民の王権であるヌミディア王国時代の遺構を含んでいる点で、北アフリカ古代史を連続的に解明する上での貴重な手がかりを提供していると思われる。とりわけ、この地で発見された古代リビア語とポエニ（カルタゴ）語の二言語併記の碑文二点は、リウィウス等のギリシア・ローマ古典史料において印象的ではあるが半ば神話めいた描かれ方をしているヌミディア王国初期の歴史[2]についての第一次史料として、極めて重要である。

本章は、ドゥッガに残されたこれらの考古学史料を利用して、ローマ支配以前の北アフリカ社会、とりわけ先住民王権のあり方を考察するための準備作業の一つである。上記の二言語碑文の内容の紹介と検討が中心課題であるが、これらの碑文を考える上で必要と思われるドゥッガ市の歴史についての概観、関連する主要遺構についての知見の整理も行いたい。〔なお、本章の叙述は碑文史料の分析に加え、同遺跡を実地に訪れ見学（二〇〇九年十一月）した際に得られた情報にも基いているが、筆者は考古学に関して専門的訓練を受けておらず、また短期間の見学であって本格的調査を実施してはいないので、あくまでその制約の中での分析である。〕

第一節　ドゥッガ市――略史および主要遺構

既述の通りエジプトより西の古代北アフリカの先住民を古典史料は、リビア人（希 Libyes この語はカルタゴに隣接する先住民を指す場合と、広くアフリカ人一般を指す場合とがある）、ヌミディア人（羅 Numidae）、マウレタニア人（羅 Mauri）等々と区別して呼んでいるが、これらは言語の面では同一の種族に属していたと考えられ、彼らの言語をリビア語（le libyque）と称する。リビア語は現在のモロッコ、アルジェリア、チュニジア等に分布するいわゆるベルベル諸方言の祖と考えられるため、古代のこの種族をもベルベル人の名で総称する例が多く見られる。(3) 本章ではリビア語を使用した古代のこの集団を、仮に古代ベルベル人と呼んでおく。

ベルベル先史考古学の第一人者カンプス（G. Camps）によれば、チュニジア・アルジェリア・モロッコの北部一帯のいわゆるベルベリー地方（La Berbérie）では先史時代に既に各々異なった考古学上の特徴を示す東ベルベリー、中央ベルベリー、西ベルベリーという地域区分が成立していたとされ、このうち東ベルベリー地方の特徴の一つは、シチリア・サルディニアおよびイタリア半島南部から伝わったと考えられる haouanet 型ならびにドルメン型の墓所であるとされる。(4) ドゥッガはこの東ベルベリー地方に属し、事実ドゥッガ遺跡のある高地の北東端のローマ以前の市壁に隣接して一群のドルメン型の遺構が存在する。(5) これらのドルメンの厳密な年代測定はなされていないが、様々な時期にわたって複数のドルメンが造られたとみられ、その開始期は北アフリカにおける同型墓一般の建造開始期である前三世紀にほぼ一致すると考えられる。(6) ドゥッガのドルメンの墓室のあるものからはカルタゴおよびヌミディアの貨幣が出土しており、(7) 少なくとも前二世紀以前の墓であることはほぼ確かだと思われる。ローマ以前の市壁の方の年代の確定がされていないので、ドゥッガ市の成立とドルメン群との関係を厳密に述べることは難しいが、ディオドルス・シクルスが前四世紀末のドゥッガと思われる町トカイ（希 Tocai）(8) について「大都市」と形容していることが、(9) カルタゴ・ヌミディア時代のドゥッガ市の成立年代を考える上での参考となる。すなわちドゥッガ市とドルメン群は同時に存在していた可能性が高いのであり、とすれば市壁との位置関係からみてこれらのドルメンは同市と密接な関係をもった、おそらくは同市の有力者の墓所である可能性が高い。この意味でドゥッガ市の住民の少なくとも一部は東ベルベリー人ということになるであろう。

しかしながら、ローマ期以前の他の北アフリカ都市、例えばキルタ（Cirta. 現コンスタンティーヌ市）等と同様に(10) ドゥッガ市もまた古代ベルベル人の都市であると同時にカルタゴ文化圏の都市であるという特徴を有する。カルタゴ市がフェニキア都市テュロスからの植民によって建設されたのは伝承上は前九世紀とされ、実際には前八世紀中葉と推定されているが、カルタゴがその市壁の外、アフリカ内陸への支配を開始したのはより後の前五世紀前半、その本格化は前四世紀前半以降と考えられている。(11) ドゥッガ等のチュニジア内陸都市が、カルタゴの内陸進攻・アフリカ領経営の開始と何らかの形で関連しつつ成立・発展した可能性は高いと言わねばならない。カルタゴが直接勢力下においたアフリカでの領土の範囲に関しては、G. C. ピカール（Picard）の一九六〇年代の研究が定説となっており、(12) その著書にある地図ではドゥッガは六ないし七つあるカルタゴの行政管区の外、西のはずれに位置するように描かれているが、(13) 他方、最近のランセル（S. Lancel）による地図ではドゥッガはカルタゴ領に含まれており、[14] またドゥッガ遺跡についての本格的な調査報告を書いているポワンソー（C. Poinssot）もドゥッガを久しくカルタゴに従属していたものと見做している。[15] いずれにせよドゥッガ市の住民が或る面でカルタゴ化ないしフェニキア化されていたことは、上述のカルタゴ期の貨幣の出土によっても、またローマ期のサトゥルヌス神殿の遺構の下から発見されたバアル神の神域跡からも明らかである。[16] この神域からはいわゆる néo-punique の石碑が出土しており、そこにはタニトの印と通称される人形《ひとがた》や、月、太陽、犠牲獣と思われる牡羊・牡牛が描かれている。ただしこの神域はカルタゴの宗教を特徴づけるとされるいわゆるトフェト（tophet. 通説では幼児犠牲の場とされる聖域）[17] そのものであるとは見做されていないようである。カルタゴの内陸経営の詳細が明らかになっていない現在、ドゥッガ市とカルタゴの関係、その従属の度合いを正確に述べることはできないが、ドゥッガがアフリカにおけるカルタゴ領の境界的な地域、先住民領へのカルタゴの支配の拡大の先端に近いあたりに位置していたと言うことはできよう。グセル（Gsell）は先のディオドルスの叙述に依りつつ、トカイないしドゥッガを前四世紀末におけるカルタゴ領と先住民（ノマデス）領の境界を示す目印と見做しているが、今なお首肯し得る説と思われる。[18]

このように古代ベルベル社会とカルタゴ・リビュ＝フェニキア人（カルタゴ化されたリビア人をこのように呼ぶ）社会の境界域に存在したドゥッガ市は、前三世紀以降のポエニ戦争期における古代ベルベル・ヌミディア王権の勢力伸長の局面においては、逆にベルベル王権側のカルタゴ領への食い込みの橋頭堡となったと思われる。先に述べたようにドゥッガのドルメン型墓所の一つからはヌミディア王国の貨幣が出土しており、この墓が第二次ポエニ戦争期のローマの同盟者でヌミディアの「統一者」であるマシニッサ（Massinissa）によるドゥッガの征服以降のものであることを物語る。[19] 本稿で扱う二言語併記の碑文二点は、いずれも大まかに言えば、ドゥッガ市が古代ベルベル・ヌミディア王権側の拠点として整備されていく、この前三世紀以降の時期（おそらくは前二世紀中葉）に属する。すなわち第一の碑文は、ドゥッガ市のローマ期における市域の南端にある通称アテバン（'Ateban）の墓と呼ばれるマウソレウム型の遺構に属するものであり、第二の碑文は同市の中央部にあったと思われるマシニッサに献げられた神殿に関するものである。これらの遺構については次節で詳述する。第三次ポエニ戦争によってカルタゴが滅亡（前一四六年）した後も、ドゥッガはローマ領とはならず、ヌミディア王国領にとどまった。ヌミディア時代のドゥッガはおそらく相当繁栄し[20]、またマシニッサの王朝（ヌミディアの諸王権の中で、マシニッサの属した王権をマッシュリー王権と呼ぶ）にとって重要な政治的・宗教的意義を有したであろうことが、このマシニッサ神殿の存在から推定できる。サルスティウスは前二世紀後半のヌミディア（マッシュリー）王国に関して、その西部（マウレタニアに近い方）が人口も土地もより、豊富であるが、東部の方が港や建造物に富むと述べているが[21]、ドゥッガ市のヌミディア期遺構もこのような東部ヌミディアを特徴づける建造物（aedificium）の一部であったとみることができよう。ただし、サルスティウスの『ユグルタ戦争』自体の中にはドゥッガに関する記述は見あたらない。ドゥッガの繁栄はヌミディア王国末期まで続いたらしく、王国がカエサルによって滅亡させられた（前四六年）後の前四二年、旧王国領に創設された属州アフリカ＝ノウァ州の総督セクスティウスがドゥッガに居を構えていた可能性が指摘されている[22]。アフリカ＝ノウァ州の首府は普通ザマ（Zama）であったとされるが、ドゥッガもこれに次ぐ地位にあったことがうかがわれる。

ローマ時代のドゥッガについては本稿の主題からはずれるので略述にとどめるが、カルタゴ・ヌミディア時代の旧市街（civitas）の南西にローマ市民の居住するパグス（pagus Thuggensis）が形成され[23]、このパグスは行政上はローマによって再建されたカルタゴ市に属した。ドゥッガがカルタゴ・ヌミディア時代からの大所領分布地域に隣接し、これらの大所領がローマ皇帝領として受け継がれたことが、ドゥッガの繁栄とローマ化の重要な条件になったと思われる。後に市全体のローマ化の進展に伴って都市の二重性は解消され、二〇五年にドゥッガはムニキピウム（Municipium Thuggense）となり、さらに二六一年にはコロニア（Colonia Licinia Septima Aurelia Alexandriana Thuggensis）に昇格している。現在ローマ時代の遺構として残っているユノー＝カエレスティス神殿等の神殿群、劇場、中央広場、円形競技場等は、ドゥッガの経済的繁栄とローマ化が顕著になった二世紀から三世紀のかけての建造物である[24]。しかし三世紀末から四世紀には、ドゥッガ市は既に衰退に向かう。市の繁栄を支えてきた有力家族の没落・減少がその原因とされるが、ローマ帝国全体の政治経済状況の悪化や、北アフリカを舞台としたドナティストの運動もこれに拍車をかけたと思われる[25]。その後、四世紀末のワレンティニアヌス一世の下での短い復興の時期を経た後、五世紀のドゥッガはヴァンダル族の侵入の影響もあって何度かの略奪を蒙って荒廃し、人口のかなりの部分を失った。ビザンツ期には放棄された建造物の石材を使用して要塞の建設が行われ、これが古代都市としてのドゥッガでの最後の建造物となった。ただし、この後もドゥッガでの都市生活は完全に死滅したわけではなく、既存の建物を利用した残った住民による生活が、アラブの侵入後も細々ではあるが大きな変化を蒙ることなく続き、古代都市の名を保ったまま近代に到ったと考えられる[26]。

地理的に言えば、ドゥッガはカルタゴの位置する海岸地帯とヌミディアの大平原の中間にあって、この一帯の中では肥沃な地域であり、年間四〇〇ミリ以上の降雨量があるため天水による農耕が可能であって、カルタゴ、ヌミディア、ローマ時代を通して穀倉地帯の一部をなしていたと考えられる[27]。したがって「ヌミディア」からギリシア語のノマデス（nomades）、英語の nomad を連想し、遊牧的先住民社会を想定する通念はここにはあてはまらない。カルタゴ・ヌミディア時代のドゥッガが、他の先住民都市と比べて際立っている点は、先述の「アテバンの墓」の存在と、リビア語碑文の出土例の多さにある。一九四〇年にリビア語の碑文集成を刊行したシャボー（J.-B. Chabot）によれば、ドゥッガ付近は、より南のマクタル（Mactar）付近と並ぶ重要なリビア語碑文出土地域である[28]。シャボーの碑文集成に収められているリビア語碑文は総数一一二三点であり、うちドゥッガとその周辺地域からのものは一八点であるから、数の上で圧倒的とは言えないが、字数の比較的多い大型の碑文が含まれ、とりわけリビア文字解読のきっかけとなった上述のリビア・ポエニ二言語併記碑文二点が出土した意義は大きい。普通マシニッサ時代のヌミディア王国の中心地とされるキルタ（現コンスタンティーヌ）付近がリビア語碑文の出土という点では目立たないのと対照的であり、ヌミディア（マッシュリー）王国時代のドゥッガの性格を考える上で重要と思われる。解読されたリビア文字は形状こそ特異な幾何学的なものであるが、原理的にはポエニ文字と同様セム語式のアルファベットの一種であることが明らかとなっている(29)。シャボーは二二文字からなるリビア・アルファベットとポエニ・アルファベットの対照表を示しているが(30)、この他にもなお二つの未解読の文字が残っており、リビア語の文法自体はいまだ不明の点が多いようである。リビア文字はポエニ文字やアラビア文字等と同じように右から左へ横に書かれる場合と、縦書きに下から上へと書かれる場合がある。本稿で紹介する二言語碑文は二点とも横書きの例である。

第二節　「アテバンの墓」とマシニッサ神殿――その遺構と二言語碑文

一　「アテバンの墓」

有名なハリカルナッソスのマウソレウムを想わせるこの建造物は、ドゥッガ市のローマ時代の市街の南のはずれ（したがってカルタゴ・ヌミディア時代の市街よりはずっと南）にあり、その形状は底面がほぼ正方形で三層の構造を持つ高さ約二一メートルの塔形をなしている。下から第一層目は五段の階段状基台の上にあり、第二層目は三段の基台の上にあり、第三層目も同様であるがこの層の基台の四隅は騎馬像を載せた台座で固められている。第一層目の四隅はロータスの花の装飾を持つアイオリス式柱頭付きのつけ柱で飾られ、第二層目はイオニア式柱頭を持つ柱で飾られさらにエジプト式の凹型繰形がみられる。第三層目は他の二層に比べて細長く、その四隅は第一層と同様のつけ柱で飾られ、また第二層と同様のエジプト式繰形がみられる。第三層目の各面第一段目の石組みには、四頭立ての二輪戦車を描いた浅浮彫りがはめ込まれている。この第三層の上に角錐状の尖塔があり、その四隅は海の精の像で飾られている。塔の頂上にはライオンの座像が載せてあるが、これはマウソレウムの周辺から発見されたものを復元時に据え付けたものである[31]。

問題の二言語碑文は塔の東側正面のどこかに掲げられていたとされ、一六三一年にプロヴァンス生まれの航海者 Thomas d'Arcos によってその存在がヨーロッパに紹介された[32]。このマウソレウムは十六世紀末まではほぼ完全な形で立っていたとされるが[33]、その後何度かの破壊を蒙った。一七六五年の J. Bruce によるスケッチでは[34]、マウソレウムは第二層までは完全であるが、第三層目はかなり崩壊した姿であった。その後、一八四二年に当時のイギリス領事トーマス・リード（Thomas Read）が二言語碑文をイギリスに持ち去った際にマウソレウムは大きな損傷を受け、第二層目も大部分崩壊してしまった[35]。マウソレウムを現在の形に復元したのは、二〇世紀初め以来のポワンソーらの業績である[36]。

碑文の本格的解読は一八四三年に F. de Saulcy によってなされ[37]、以後数々の研究があるが、現在のところ先述のシャボーの研究が広く受け入れられている。以下にシャボーの『リビア語碑文集成』に収められている（*R.I.L.*, 碑文番号1）形に従って、この碑文の①リビア語の部分、②ポエニ語の部分、③リビア文字をラテン文字に転記したもの、を順次示し〔図1〕[38]、最後に②のポエニ語の部分についてのシャボーのラテン語訳を邦訳したものを付す。碑文の形状はリビア語の部分、ポエニ語の部分共に高さ〇・七メートルで、本来はリビア語が右、ポエニ語が左に横に並んでいたものである。横の長さはリビア語の方が〇・九九メートル、ポエニ語の方が一・一四メートルである。リビア語・ポエニ語共、横書きに右から左へと書かれており、行数（七行）や各行の長さも両碑文で対応している。シャボーはリビア語が原文、ポエニ語がその訳とみているが、文字の右から左へという流れからみておそらく正しいであろう。なお一九九七年に訪英した際に大英博物館に収蔵されているこの碑文を実見した所、リビア語碑文の第四行目右から四文字目の文字（ᛊ）と、第六行目末尾の文字

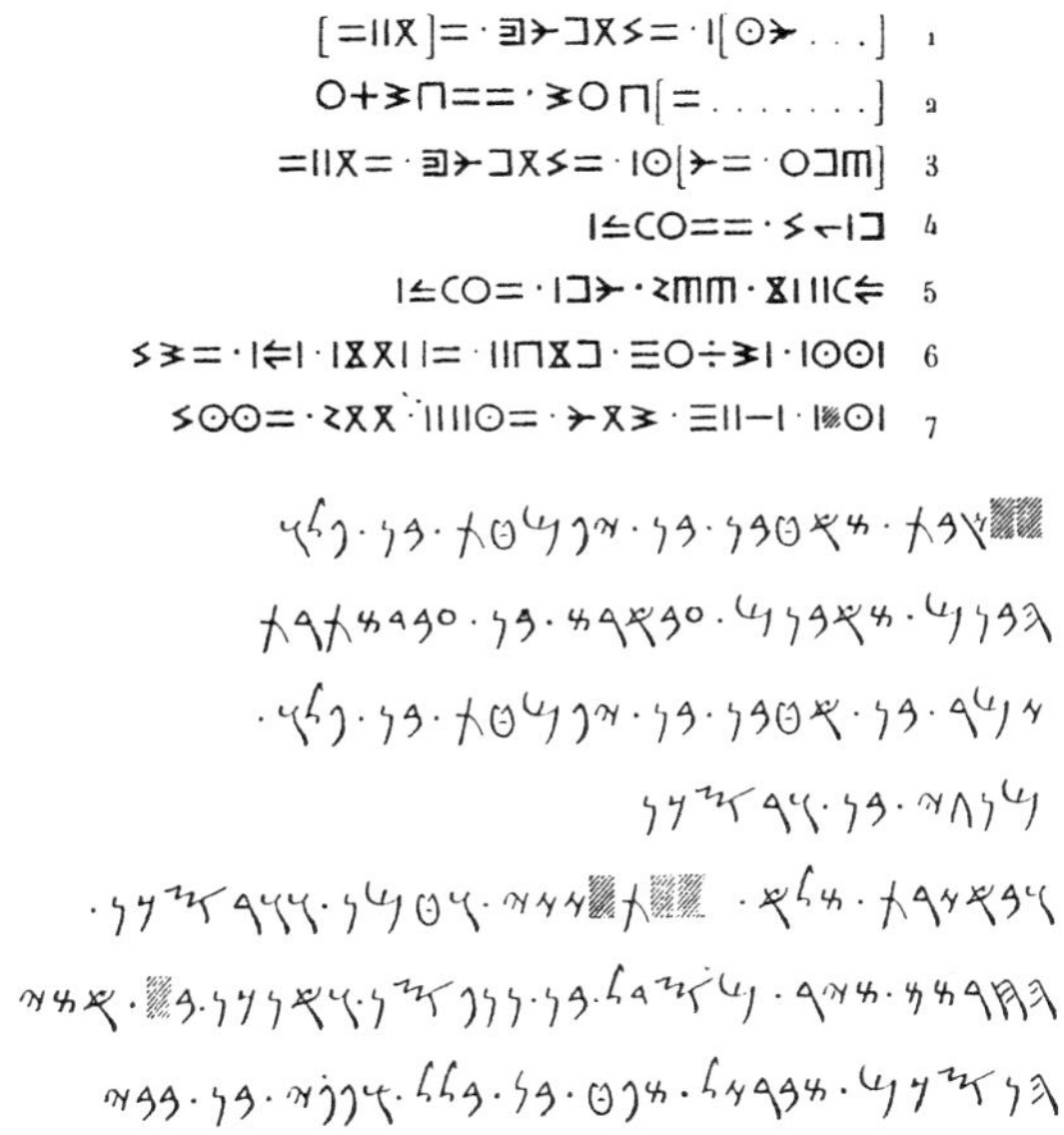

1 [NṬB]N · UIFMṬT · U[FLU]

2 [· U]DRŠ · UUDŠTR

3 [ŻMR · UṬ]BN · UIFMṬT · UFLU

4 MNGI · UURSKN

5 KSLNS · ŻŻI · ṬMN · URSKN

6 NBBN · NŠ[Q]RH · MSDL · UNNFSN · NKN · UŠI

7 NB N · NZLH · ŠFṬ · UBLL · FFI · UBBI

図１　「アテバンの墓」の二言語併記碑文

（ᛊ）は共に左右の向きがシャボーの刊本とは逆（ᛊ）になっていた。この記号はラテン文字でいえばｉ（ｙ）の音を表すとされている。字の向きが逆になる例があることの意味ならびにシャボーの訂正の意味は筆者にはわからない（巻末のリビア文字・アラビア文字対照表を参照）。リビア語・ポエニ語両碑文とも第一行目の文字が第二行目以下よりやや大きく、また第一行目と第二行目の間が約一行分ほど空いており、第一行目が一種の「表題」的なものであることを推定させる。

〔ポエニ語部分の邦訳(39)〕

1．一、Palu の息子 Iepmaṭath の息子 ʼAṭeban の記念物（monumentum）。
二、石の建設者（aedificatores）は：ʻAbdaštart の息子 ʻAbariš；
三、Palu の息子 Iepmaṭath の息子 ʼAṭeban の息子 Zumar；
四、Varsacan の息子 Mangi。
五、そしてその装飾における職人は（あるいは「彼らの協力者は」）：Zizai と Ṭaman と Varsacan。
六、木の職人は：Nanfasan の息子 Masdal と ʼAšai の息子 Anakan。
七、鉄の注入者は：Bilel の息子 Šafoṭ と Babai の息子 Paphai。

このマウソレウムが「アテバンの墓」と称されるのは第一行目の記述による。ただしリビア語の部分の第一行目は四～六字分欠けており、ポエニ語の方の第一行目も二字分ほど欠けている。したがってこの訳にはかなりの推定が含まれている。第二～四行目は「石の建設者」として三人の人名を挙げているが、このうち二人目は明らかに第一行目のアテバンの息子である。グセルはこの三人について、一人目はこの建造物の建築家であって、これは名前からみてカルタゴ系であり、二人目はこの建造物によって記念されている当人（アテバン）

の息子であってリビア系であり、三人目もリビア系であると考え、このリビア系の二人は建築・設計自体というより、別の何らかの仕方で建設にかかわった人物、例えば出資者と監督者ではないかとみている[40]。すなわち、このマウソレウムはリビア系（古代ベルベル系）の施主がカルタゴ系の建築家に依頼して建立したものであるとの推定であり、先住民有力者の文化面での外来文化への依存性・混血性を示すものとの評価である。しかし近年ラコーブ（F. Rakob）らによって支持されている説では[41]、第一行目のアテバンは被記念者・被葬者ではなくてリビア系の建築家であり、つまりこの碑文は建造物の建築家とその技術者一同の陣容を示したものであって、施主や被記念者（マウソレウムの主）については何も語っていないとされる。これらの説では、このマウソレウムと次に紹介するマシニッサ神殿の年代がほぼ同時代と考えられていることに着目しつつ、このマウソレウムをヌミディア王マシニッサ自身の cenotaph（空の墓）とする例もあるようである。この説の当否を明らかにするためにはポエニ語のテクストの精読や、ヌミディア各地の王権に関係すると思われる建造物全体の総合的検討が必要であり、いずれも筆者の手に余るが、もし当たっているとすれば、ドゥッガ市とヌミディア（マッシュリー）王権の関係は従来考えられて来た以上に密接であることになる。

二　マシニッサ神殿

この神殿の存在はその建設について記された以下に紹介する二言語併記碑文によって知られる。神殿自体は現存しない。ローマ時代のドゥッガ市の中央南西寄りにあるビザンツ期の砦の城壁にはめ込まれた形でいくつかのポエニ期建築の破片が発見されており、それらの中にロータスの花の装飾付きの隅のつけ柱、エジプト式の繰形、イオニア式の柱頭という、「アテバンの墓」のマウソレウムの各部と類似したものがみられるため、これがこの二言語碑文のいうマシニッサ神殿ではないかと推測されている[42]。神殿の所在地はローマ時代のフォ

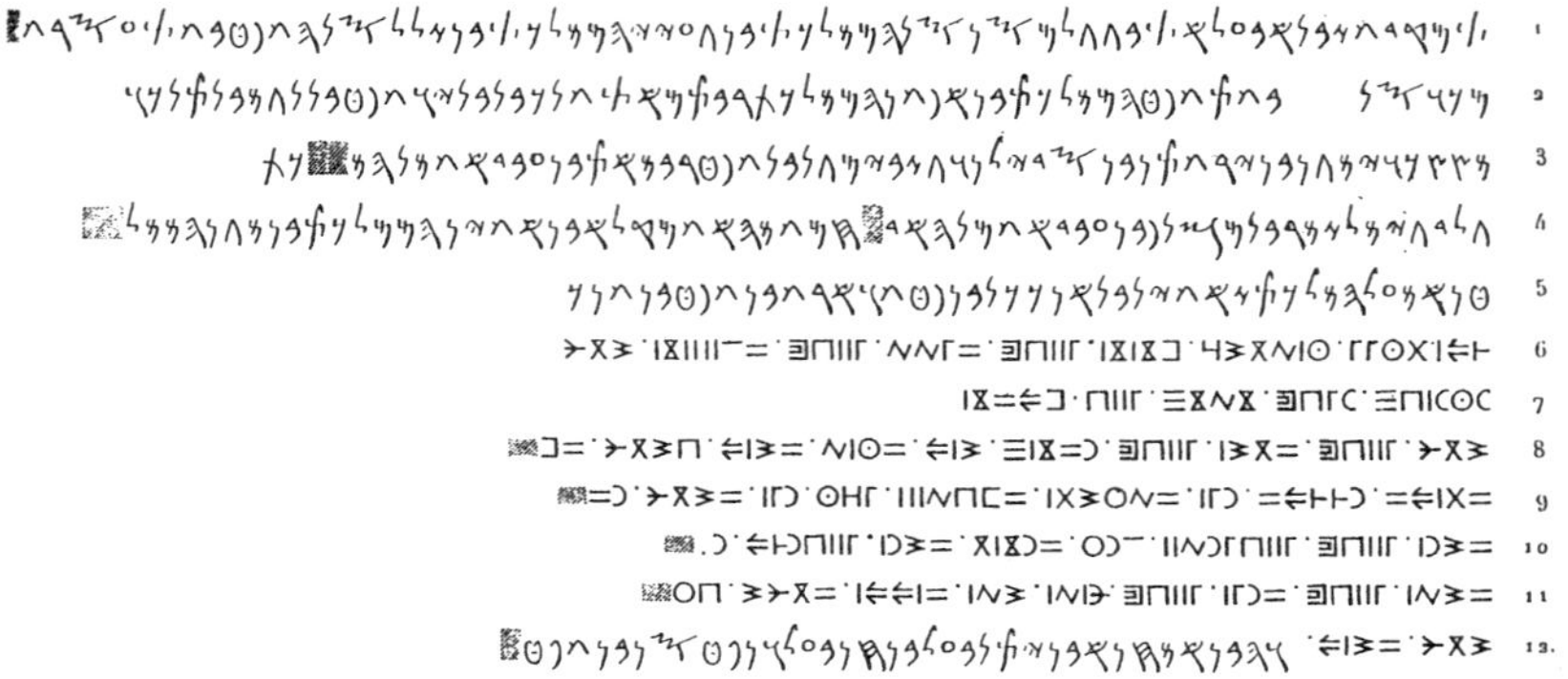

6 ÇK[N] · TBGG · BNIFŠ[?] · MSNSN · GLDT · UGII · GLDT · UZLLSN · ŠFṬ
7 SBSNDH · GLDT · SISH · GLD · MKUSN
8 ŠFṬ · GLDT · UFŠN · GLDT · MUSNH · ŠNK · UBNI · UŠNK · DŠFṬ · UM
9 UTNKU · MÇÇKU · MGN · UIRŠTN · USDILN · GẒB · MGN · UŠFṬ · MU[SNH]
10 UŠMN · GLDT · GLDGMIL · ZMR · UMSNF · UŠMN · GLDMÇK · M
11 UŠIN · GLDT · UMGN · GLDT · ṬNIN · ŠIN · UNKKN · UFṬŠ · DR[Š]
12 ŠFṬ · UŠNK ·

図2　「マシニッサ神殿」の二言語併記碑文

ルムの北側と考えられている。碑文は一九〇四年にサドゥー（M. Sadoux）によって発見され、現在バルドー博物館に収蔵されている。横幅〇・六八メートル、高さ〇・三三メートル、厚さ〇・二五メートルで、まず上部にポエニ語が五行、次にリビア語が七行書かれ、リビア語の七行目（全体の一二行目）の後半は再びポエニ語となっている。(43)以下にシャボーが挙げる形（*R.I.L.*, 碑文番号2）で、①ポエニ語およびリビア語のテクスト、②リビア語のラテン文字表記、の順に示し(44)〔図2〕、ならびに、ポエニ語の部分についてのシャボーのフランス語訳を邦訳したものを示す。ちなみにリビア語第一行目によりドゥッガの原綴がTBGGであることが判明する。

〔ポエニ語の部分の邦訳(45)〕

一、ドゥッガの市民たちがこの神殿mqdšをスフェス（役職名）Zilalsan

の息子である王 Gaia の息子マシニッサ Massinissa のために建てた。〔王〕

二、Micipsa の第一〇年に。——王 Afšan の息子である王 Šafoṭ の年。百人会の長（であったのは）：〔Šanak の息子〕Banai の息子 Šanak と、Tanakwa の息子 Ganam（Magon?）の息子 Šafoṭ。

三、mṣṣkwi（であったのは）：Sadylan の息子 Iaristan の息子 Magon。gzbi（であったのは）：王 ’Abdešmun の息子で百人会の長 Šafoṭ の息子 Magon。

四、gldgiml（であったのは）：’Abdešmun の息子である Masnaf の息子 Zumar。五〇人の長（であったのは）：王 Magon の息子である王 ’Ašyan の息子 Maquelo。

五、この仕事に任じられたのは：Paṭaš の息子 ’Ankikan の息子 ’Ašyan と、Šanak の息子 Šafoṭ の息子 ’Ariš。

（六～一一行はリビア語）

十二、そして建築家（は）Hanniba‘al の息子 Iatonba‘al の息子 Ḥanno と、Šafoṭ の息子 Nipṭasan。

第一行目は古典史料では知られていないマシニッサの祖父 Zilalsan の名を伝え、かつその職名がカルタゴの筆頭職と同じスフェス（リビア語第一行目でも SFṬ と表記されている）と表記されている点で極めて重要である。(46) このスフェス職をどこの、どのレベルのものと考えるかによってヌミディア（マッシュリー）王権の起源問題は大きく変わってくると考えられる。また訳文中「王」としたものはリビア語では、GLD ないし GLDṬ と表記されている語で、(47) 第一行目ではマッシュリー王家の王を、第二行目以下ではおそらくドゥッガ市の「王」を示している。第二行目の Micipsa はサルスティウスの『ユグルタ戦争』等でも知られるマシニッサの息子であるヌミディア（マッシュリー）王で、その第一〇年とは前一三九年をさすと考えられている。[48] 第四行目の「五〇人の長（préfet de cinquante hommes）」に関しては、フェントレス（E. Fentress）によれば最近説では 'prefect in charge of construction'（建設の任にある長）と修正されているとのことである。[49]

この碑文についてフェントレスは次のような観察を述べている。まず全部ではないが多くの固有名詞がポエニ語であるのに対し、称号はポエニ語ではなく（古代）ベルベル人の制度を示すらしいこと。中でも顕著なのがGLDという称号で、これは近現代ベルベルの aguellid（最高位の部族長）と同語根と思われること。GLDである者の多くが同称号の父を持つところから、この地位は世襲であるらしいこと、しかしたかだか三世代ほどと思われるこの碑文からわかる期間に多数のGLDがみられるのでこれは終身職ではなく、また彼らの大部分が明白な親戚でもないらしいことから、この職はおそらく毎年の eponymous magistrate であって、またカルタゴのスフェス職的（ただしポエニ語のテクストではスフェスの語はあてていない）なものであるらしいこと。さらにそのようなおそらく一時的な職の保持者がやはりそうした職の保持者の子孫であることは、ドゥッガ市におけるGLD職就任の有資格者が家の長たちであって、またこの職が市の主要家族の間で回り持ちされていたことを暗示し、これは近現代ベルベル人における族長職の回り持ちとも関係があると思われること。[50]

フェントレスの所見は古代ベルベル人の都市ドゥッガの諸制度と近現代ベルベル社会の連続性を示唆するものであるが、私見によればこの碑文から観察し得るのは、ドゥッガ市が寡頭政的な政体を有していたらしいという点、ならびにドゥッガの役職名（「王」）とヌミディア（マッシュリー）王権の「王」を示す語とが同じであるという点にとどまるように思われ、GLD（「王」）職の就任資格が familia の長たちに限られていることや、GLDが近現代の aguellid と同様に部族制的構造の上に立脚した族長職なものであることまではただちには論証し難いように思われる。[51] むしろ百人会の存在など、ドゥッガの政体とカルタゴの政体との比較、あるいは他のリビュ＝フェニキア人の都市のあり方との比較が必要だと考えられるが、その作業は別稿に譲りたい。

おわりに

以上で述べてきたように、ドゥッガ市は地理的にはヌミディア（マッシュリー）王国の東端、カルタゴ領との境界域に位置し、王国の首都キルタからは隔たっているにもかかわらず、マッシュリー王権、特に王マシニッサ本人と相当深いかかわりがあったらしいことがうかがえる。同時に、前二世紀後半において、ドゥッガ市が王権から一応区別される自治的組織（ドゥッガ市なりの「王」制）を有していたことも、第二碑文から推定できる。この碑文を手がかりとしてヌミディアの国制・社会を考えてゆく上では、マッシュリー王権の構造とドゥッガ市の「王」制の構造の間に共通点を見出して、ドゥッガ市のような組織の内部からヌミディア全体をカヴァーするような王権も出現してゆくという風にみるのか、逆にドゥッガ市を古代ベルベル社会にくい込んだカルタゴ的「異物」とみて、マッシュリー王権が自らにとっては外的なものである自治的都市ドゥッガを支配するためにとった手段として上述のマシニッサ神殿建立等を理解するのかが、考察の分岐点となると思われる。第一碑文と「アテバンの墓」の遺構の問題も難解であり、従来説のようにこれを有力者アテバンの記念構造物とみるのならば、王墓的規模を有するこのような建物を建立し得た「アテバン王朝」をヌミディア諸王権の系譜の中にどう位置づけるのかが問題とならざるを得ない。新説のようにこれをマシニッサ自身の記念物とみるのであれば、ヌミディア（マッシュリー）王国におけるドゥッガの地位は普通首都とされるキルタ以上に中心的であることにもなり、マッシュリー王権形成史全体の見直しが必要となろう。本章の考察ではこれらについて判断を下すには至らなかったが、古代ベルベル社会において一般に都市とは何か、王権と都市とはどのように接合されているのか等を古典史料を整理して考えていくことによって、今後これらの問題に答えたいと思っている。ヌミディア王権を「アテバンの墓」の外見が示すような一種のヘレニズムの現象として理解し得るのかどうかが、その際一つのポイントとなるであろう。[52]

註

（1）いわゆる citerne と呼ばれる貯水槽。

（2）ローマ人の側から見た第二次ポエニ戦争期のヌミディアおよび王マシニッサ像に関しては、本書第四章で詳述している。

（3）G. Camps, *Berbères, Aux marges de l'Histoire*. Toulouse, 1980, M. Brett / E. Fentress, *The Berbers*, Oxford, 1996 等。ベルベル諸方言は広くはアフロ＝アジア諸語に含まれる。Fentress, *op. cit.*, p. 14.

（4）Camps, *op. cit.*, p. 78 : haouanet 型墓所の写真は同書 p. 74, ドルメンの写真は p. 79 にみられる。

（5）C. Poinssot, *Les ruines de Dougga*, Tunis, 1958, p. 68, Pl. xxi, Gsell, *HAAN*, II, p. 110, n. 10.

（6）Poinssot, *op. cit.*, p. 68.

（7）*Ibid.* 墓所からはこの他に骨、遺骨壷、イタリア陶器の断片等が発見されている。

（8）Gsell, *HAAN*, II, p. 95.

（9）Diod. XX. 57. 4.

（10）例えばコンスタンティーヌ市の El-Hofra 遺跡からはポエニ語で書かれたバアル＝ハモン神、タニト女神への奉献石碑が多数出土している。本書第一章註（35）、第二章註（97）参照。Horn, Rüger (hrsg.), *Die Numider*, S. 548–570.

（11）本書第五章二〇八頁。

（12）G. Charles-Picard, "L'administration territoriale de Carthage", in *Mélanges d' archéologie et d'histoire offers à Andre Piganiol*, Paris, 1966, pp. 1257–1265.

（13）G. C. Picard / C. Picard, tr. by D. Collon, *The Life and Death of Carthage*, London, 1968 の見開きの地図等。

（14）S. Lancel, *Carthage*, Paris, 1992, p. 281.

（15）Poinssot, *op. cit.*, p. 9.

（16）*Ibid.*, p. 9, pp. 65–66.

（17）しかしこの通説に対しては異説もある。本書第五章註（7）参照。

（18）Gsell, *HAAN*, II, p. 101.

（19）Gsell, *HAAN*, II, p. 110, n. 10, V, p. 263, n. 8. ただしドゥッガがどの時点でマシニッサのものとなったのかについてはGsellらが根拠としているアッピアノス（*Lib.* 68）の解釈について異説があり、確定し難い。G. C. Picard, "L'administration"..., を参照せよ。

（20）Gsell, *HAAN*, V, pp. 263–264.

（21）*Iug.* 16. 5.

（22）Gsell, *HAAN*, VIII, P. 166, n. 2.

（23）Poinssot, *op. cit.*, p. 10.

（24）*Ibid*, pp. 12–13.

（25）*Ibid.*, p. 14.

（26）*Ibid.*

（27）村川堅太郎『羅馬大土地所有制』日本評論社、一九四九年、の分析対象となっているアフリカのローマ皇帝領・大所領の分布地域もドゥッガに近接している。T. Frank, "The Inscriptions of the Imperial Domains of Africa", *AJPh*, XLVII, 1926, p. 62.

（28）J.-B. Chabot, *Recueil des inscriptions libyques*（*R.I.L.*）, Paris, 1940. p. 1.

（29）詳しくはChabotの前書き（*R.I.L.* Paris, 1941〈fascicule second〉I–XII）を参照せよ。最近の文献としてO. Rössler, "Die Numider. Herkuft-Schrift-Sprache", in Horn, Rüger（hrsg.）, *Die Numider*, S. 89–97.

（30）Chabot, *R.I.L.*,（1941）V.

（31）以上の「アテバンの墓」の形状についての叙述全体はPoinssot, *op. cit.*, pp. 58–59による。巻末写真⑩を見よ。Poinssotはこの遺構をMausolée libyco-puniqueと呼んでいる。このマウソレウムは現在ほぼ完全な形で見ることができるカルタゴの技術を伝える建築としてほとんど唯一のものであるため、ヌミディア王権関係の建造物としての意義以上に、カルタゴ文化についての資料として注目されることが多い。建築様式としてはヘレニズム的要素とオリエント的なものとの混合というべきであろう。Gsell, *HAAN*, VI, p. 86. ただし、この建造物が小アジアのマウソレウムと同じ宗教上の機能を持つものなのかどうか、墓なのか記念碑なのかいわゆる cenotaph なのか等は不明である。ヌミディアにはこのドゥッガのマウソレウムの他にも、コンスタンティーヌ市の南の El Khroub, Medracen, より西の海岸の Siga, Tipasa, 東の Sabratha（現在のリビアにある）等に王権にかかわると思われる建造物が分布している。詳しくは第五章註（98）を見よ。J. Fedak, *Monumental Tombs of the Hellenistic Age : A Study of Selected Tombs from the Pre-classical to Early Imperial Era*, Toronto/Buffalo/London, 1990, pp. 133–140.

（32）Poinssot, *op. cit.*, p. 17.

（33）*Ibid.*, p. 59.

（34）*Ibid.*, p. 60.

（35）*Ibid.*, p. 59 の XVII の a が復元前の写真である。

（36）Lancel, *op. cit.*, p. 328.

（37）Chabot, *R.I.L.*, p. 2. F. de Saulcy, "Lettre sur l'inscription bilingue de Thugga", *Journ. asiat.*, 1843, I, pp. 85–126.

（38）Chabot, *R.I.L.*, n°1 の碑文（pp. 1-3）。以下の碑文の形状についてのデータも Chabot による。また n°1 と n°2 の碑文の写真も *R.I.L.*, Pl. I にみられる。

（39）この碑文の現代語訳としては Horn, Rüger（hrsg.）, *Die Numider*, S. 576–577 にドイツ語訳がある。

（40）Gsell, *HAAN*, VI, pp. 86–87.

（41）Rakob, *op. cit.*, S. 158, n. 69, Fedak, *op. cit.*, p. 225, n. 150. この「アテバンの墓（?）」の碑文（*R.I.L.*, n°1）に関しては、もう一つのリビア・ポエニ語併記碑文が一九世紀初期までは見られたことが、一八一五年にドゥッガを訪れた Camille Borgia（Borgia 伯爵）の手稿（Leyde 博物館蔵）から知られる。Jean Ferron, "L'inscription du mausolée de Dougga", *Africa*, t. III et IV,（1969–1970）, Tunis, 1972,［pp. 83–98, Pl. I-VII］p. 83（Pl. VI に左右2つの二言語併記碑文――図によれば *R.I.L.*, n°1〈現存の大英博物館の碑文〉は右側である。すなわち東側（?）基壇の中央部の「窓」をはさんで右に第1碑文（現存碑文）のポエニ語部分・（その右に）リビア語部分、左に今はない第2碑文のポエニ語部分・（その左に）今はないリビア語部分が配置されている。この二組の碑文の関係：「各々独立した内容なのか、続いているのか、続いているとした場合、現存碑文はその前半なのか後半なのか等」が現存碑文の読解にも大きく関係する――の Borgia による写しに基づく復元図がある）。現存しない（Borgia は第1碑文しか模写していない）この「アテバンの墓（?）」の第2の碑文についての研究は当然ながらほとんどなされていない（Ferron はこれこそがこの「墓」の被葬者の名前を記した部分だと考えているが）。Février がこの第2の碑文にも触れつつ現存碑文について検討し直している。J.-G. Février, "L'inscription du mausolée dit d'Atban（Dougga）", *Karthago*, t. X, 1959, pp. 53–57.（ここに大英博物館蔵のこの碑文（*R.I.L.*, n°1）のポエニ語、リビア語両方の部分の鮮明な写真がある。）アテバンを墓の主ではなく建築家とする説は主としてこの Février と Ferron の研究に拠る。「アテバンの墓（？）」をはじめとする 'Numidian royal architecture' についての最近の概観的研究として J. C. Quinn, "Monumental Power: 'Numidian royal architecture' in context", in J. R. W. Prag and J. C. Quinn (eds.), *The Hellenistic West: Rethinking the Ancient Mediterranean*, Cambridge, 2013, pp. 179–215 がある。ここではアテバンの塔の第三層の四頭立ての戦車（高い席に座る人物——被葬者（死者）ないし神（？）——と御者も描かれている）のレリーフについてペルシアのイコノロジー（ペルシア支配期のシドンの貨幣〈前三四二—三三九〉に見られるような）との類似と同時に、前三世紀のローマ貨幣の四頭立て戦車〈前二二五—二一二〉との類似性も言及され、汎地中海的な権力者の図像として考察する姿勢が見られる（前一世紀半ばのコンマゲネ王アンティオコス一世の Nemrud Dagh の建造物とヌミディアの建造物の比較という興味深い記述もある）。*Ibid.*, pp. 180–183, 211–215. 巻末写真⑪を見よ。

(42) Poinssot, *op. cit.*, pp. 40–41. 神殿（maqdēš）についてのこの碑文（*R.I.L.*, n°2）自体は、ドゥッガのアゴラ（フォルム）の東寄りの建造物（24a）の近くで発見された。Samir Aounallah, Véronique Brouquier-Reddé et al., "Dougga numide: Les avancées des recherches depuis 1979", *L'exposition "Die Numider", 40 ans après: Bilan et perspectives des recherches sur les Numides*, Tunis, 2021, 〔pp. 321–349〕, p. 328.

(43) Chabot, *R.I.L.*, p. 3.

(44) Chabot, *R.I.L.*, n°2 の碑文（pp. 3–4）。

(45) この碑文の現代語訳としては Chabot 以外に Fentress, *op. cit.*, p. 39 がある。ただし第一行目の Zilalsan を Zilasan としたり、第一二行目を第六行目であるかのように表記するなど、やや不正確である。

(46) Camps, *Berbères: Aux marges de l'Histoire*, p. 95 はこの碑文等をもとにしてマッシュリー（ヌミディア）王家の系図を作成している。

(47) これらはポエニ語では MMLKT = mamleket と表記されている。Gsell, *HAAN*, V, p. 127, n. 5, p. 133.

(48) Gsell, *HAAN*, V, p. 133.

(49) Fentress, *op. cit.*, pp. 288–9, n. 57. *R.I.L.*, n°2 および n°3 を中心とするドゥッガの行政的碑文（n°2 はここで見たようにリビア語・ポエニ語併記、n°3～n°11 はリビア語。既述のように各地で発見されるリビア語（文字）碑文の多くが縦書き——下から上へが普通——であるのに対し、ドゥッガの行政機構にかかわるこれらの碑文は例外的に横書き——右から左へ——である）に関する重要な研究として、J. G. Février, "La constitution municipal de Dougga à l'époque numide", *Mélanges de Carthage* (*offerts à Charles Saumagne, Louis Poinssot, Maurice Picard*), Paris, 1964–1965, pp. 85–91 がある。ここでは GLD（以下大文字はリビア語）= mmlkt（以下小文字はポエニ語）=「王」ないし「首長」（ベルベル語の agel-

lid), MUSNH（あるいはMUSN）= rbt m't =「百人（会?）の長」、マシニッサの祖父であるZilalsanの称号として記されている 'sufes', MÇÇKU = mşşkwy =「五〇人（役? 会?）の長ないし長官」、GŻB = GLDMÇK（?·Fèvrierはこう推測）= 'dr ḥmšm h'š =「一五人（役?）の長ないし長官」（何らかの会計役?）等のドゥッガの役職について詳細な分析がなされている。全体としてドゥッガの行政制度へのカルタゴ・ポエニの影響の大きさが見て取れる。

(50) Fentress, *op. cit.*, pp. 39–40.

(51) この碑文のGLD（guellid）の語が後のベルベル諸方言のaguellidにつながっていることはFentressの指摘以前に既にGsell, *HAAN*, V, p. 127（Février, "La constitution municipal"も）が述べている。ただGsellはaguellidがイブン・ハルドゥーンによってスルタンとほぼ同義とされていることを紹介し、またポエニ語のmelek, mamleket, ギリシア語のbasileus, ラテン語のrex, regulusとの関係を検討するなど、より慎重である。

Cf. *Encyc.ber.*, II, A92. Agellid,《roi》, pp. 248–249（S. Chaker, G. Camps).

(52) ローマ帝政期のドゥッガを地域の構造と文化史の文脈で捉えた最近の研究として、井福剛『古代ローマ帝国期における北アフリカ——カルタゴ周辺地域における文化と記憶』関西学院大学出版会、二〇一八年、がある。

第三部　ローマ支配下における「発展」と抵抗

第八章　ローマ帝国と「低開発」
——A・ドゥマンと批判者たち

一九六〇年代後半以降、アジア・アフリカの植民地独立の影響も受けつつ、古代ローマ帝国の属州支配・地中海周辺諸地域支配に対する批判的研究の方法が模索され始める。本章ではその最初の例の一つであるＡ・ドゥマンの問題提起とこれに対する主要な反対説を検討する。

第一節　二つのローマン・アフリカ像

ローマの「異民族支配」（論者によって「帝国主義」と規定されたり、あるいはこの規定の有効性を疑問視されたりしている事象）にかかわる研究は、多くの場合、ローマの帝国支配形成の局面を主たる分析対象として来た。言い換えれば、地中海周辺の諸地域・諸民族・諸共同体は、ローマの支配構造の完全に外にある状態から、内側にある――支配構造の一端に組み込まれた――状態への転形の場面においてのみ、各々の社会発展の方向の固有性を視野に入れた研究の対象とされて来たのであり、いったんローマという一大階級社会の構成部分となってしまうと、ローマの市民権政策・都市化政策の対象としての「原住民共同体一般」というような問題の立て方はされるとしても、各原住民社会固有の発展の方向性がローマの支配とのかかわりで問題とされることは、極めて稀であったのである。ローマ帝国の各構成部分の地域的異質性がもう一度注目を浴びるのは、「原住民反乱」の場合、つまり帝国支配の内から外への脱出の局面においてであった。

このように、「異民族支配」の問題が、もっぱら自由から従属、従属から自由へ、という通過点においてのみ捉えられ――つまり現象的には、諸民族とローマの武器による闘いの場面においてのみ捉えられ――軍事的制圧の完了のその日から始まるであろう日常の従属の深化は視野の外に置かれるという傾向は、日本だけでなく欧米の学界にも多かれ少なかれ共通に見出されるものである。属州史研究のめざましい進展にもかかわらず、そこで獲得されて来た原住民社会に関する詳細な個別的知識を、ローマの帝国支配の全体構造の中で見直すといった作業は、着実に行なわれているとは言い難いのである。

ところで、ここに一つの例外がある。ローマン・アフリカ史の分野、つまりローマ支配下のアフリカ大陸北西部（いわゆるマグリブ地方）を対象とする分野では、一九六〇年代半ば以来、服属後の原住民社会の変化を「従属化」と捉え、「ローマ化」・「都市化」過程をアフリカの発展という視点から批判的に捉え直す努力が続けられて来た。この動きは、一九六七年にハレで開かれた国際コロキウム「アフリカとローマ」を一つの契機として、西欧のいわゆる「実証史学」の中からもベナブ（Marcel Bénabou）の業績に代表される新たな流れを生み出すに至っている。(1)

ローマン・アフリカ史研究の最近のこのような動向は、一九五〇年代までのローマン・アフリカ史研究があまりにも直接にヨーロッパ列強の北アフリカ植民地化と一体化していたことの、裏返しの反映と見ることができる。一九世紀後半のアルジェリアでラテン碑文を調査中のルニエ（Léon Renier フランスの著名な古典・碑文学者）が、近隣の族長《シャイフ》に「この言葉が読めるのか」ときかれ、もちろん読める、これは自分の母国語だ、と答えて暗にフランスのマグリブに対する既得権を主張したというエピソードに鮮やかに示されるように、フランス帝国主義にとって古代ローマの北アフリカ支配は自己の北アフリカ支配正当化の拠り所であり、マグリブのローマ遺跡の発掘を介して行なわれたのは、植民地権力として今まさにフランスがそこに存在することの、その根拠の発掘であった。ローマの遺跡は単なる考古学的資料ではなく、ローマ人の「子孫たち」がそこに戻って来ることを正当化する、「祖先」の存在の跡、千五百年後の「子孫たち」に対して与えられた「帰還」の道しるべであった。要するに、フランス植民地支配と当時のローマン・アフリカ史研究との関係は、単に前者が後者に(2)

物質的便宜を与えるといったレベルにとどまるものではなく、むしろ後者の成果によって前者の存立の基盤が刻々強化されていくところに、その核心があったのである。

こうした状況の故に、独立後のマグリブ諸国の研究者が古代ローマ史の、とりわけローマン・アフリカ史の「脱植民地化」を緊急の課題とみなしたのは当然のなりゆきであった。その際、彼らの批判の方向は、批判対象の論理構造そのものによって影響を受けることとなった。旧いローマン・アフリカ史観は、ローマン・アフリカ社会の構成員を「原住民（『ベルベル系』を中心とする）」と「ローマ人（イタリア等からの移住者を中心とする）」に二分し、後者が前者に及ぼしていく「文明化」・「都市化」・「ローマ化」の恩恵を強調するところに特徴を有していた。「脱植民地化」のローマン・アフリカ史観は、この二分法を基本的には受け継ぎつつ、「文明化」・「都市化」・「ローマ化」に対する価値判断の座標軸を従来とは一八〇度逆転させようとしたのである。

『マグリブ史』（これは欧文で読むことのできる「脱植民地化」の立場からのマグリブ通史としてほとんど唯一のものである）の著者ラルウィー（Abdallah Laroui）はローマのアフリカ統治について次のように言う。「アフリカは……小麦の生産地としてしかローマ人の関心を惹かなかった」。原住民「ローマ化」の中心的機構である軍隊組織は、同時に植民市建設＝「植民地化」の急先鋒に他ならなかった。帝政期を通じて穀物収奪の矢面に立たされたアフリカ人がようやく一息つくのは、「四世紀末の Gildon の反乱や、とりわけヴァンダル族による占領時代のように、イタリアとの諸関係が一時的に断ちきられている期間に限られた」。土地所有は「皇帝と名門貴族の手に極端なまでに集中」され、カルタゴ、ユグルタ、タクファリナス等に対する戦争とヌミディア人・マウレタニア人の数知れぬ反乱は、「ローマ人の利益のための大規模な土地没収の原因であり結果であった」。そして、そのローマ人たちたるや、「大部分はアフリカにとってよそ者であり、彼らのうちのアフリカ生まれの者も最初の昇進の機会を利用してアフリカを立ち去って行くのであった」。これら不在地主の土地は「古くからローマ化された地方では、隷農（serf）か日雇いを労働力として、管理人を通して経営された」が、より新しく征服された地方では、旧来の保有者が貢租納入を条件に公有地（ager publicus）の利用を許されることも多かった。そして四世紀に入ると、「衰退した国家からその権限の多くを受け継いだ大土地所有者は、これら自由・半自由の小経営者に annona（首都の食糧供給のための現物税）支払い義務を転嫁していった」。「このように生産は全くローマ本位に行なわれたが、分配もまた、これにおとらなかった。小麦・オリーヴ油・陶器……の流通は、組織体と呼び得るような negotiatores（イタリア人事業家〔筆者註〕）の集団に牛耳られていた」。それゆえ、ローマン・アフリカ都市部の「繁栄」に目を奪われてはならない。「ローマ貨幣のアフリカへの流入や、……大・中都市での贅沢な出費は、うわべのローマ化を示すものであっても、物質面・精神面の現実の進歩を証明するものではないのである」(3)。

植民地時代のローマン・アフリカ像に対する植民地解放の立場からのこうした断罪は、従来、古代ローマ史研究を事実上独占していた欧米学界に、複雑な反応を呼び起こした。「脱植民地化」の提唱それ自体に対する公然たる反対意見は現われなかった。「ローマン・アフリカの繁栄」説を支持するフライス（Helmut Freis）でさえ、「ローマは他民族に平和な秩序とより高度な文明を与えた、というようなローマ人の素朴な信念は、ヨーロッパの植民地帝国が清算されていく時代には、もはや無批判に継承されるべきではない」ことを認めている(4)。しかしこのことは、ラルウィー的歴史把握に対する旧いローマン・アフリカ観の屈伏を示すものでも、「脱植民地化」の主張にこめられているような現実の課題意識と歴史認識の結びつけ方に対する「実証史学」の譲歩を示すものでもなかった。ベルギーの研究者ドゥマン（Albert Deman）とミシェル（Jacques-Henri Michel）が、マグリブからの「脱植民地化」の提唱を受けとめつつ、古代ローマによる北アフリカの「低開発化」を証明しようとしたとき、この仕事に向けられた批判の数々は、直接にはこの二人の方法論・史料操作への疑問という形をとりながら、その実、「実証史学」が「脱植民地化」のような問題提起に対してこれまで抱いていた違和感を浮き彫りにしてみせる結果となったのである。

第二節　北アフリカの「低開発化」

ローマの北アフリカ支配に関してドゥマンが発表したものは筆者の知る限り次の二つである。第一は先述の国際コロキウムでの口頭報告を文章化した『ローマによる北アフリカ搾取とその結果』で、一九六八年に出ており、(5)第二は『ローマ帝国諸属州における発展と低開発の研究のための材料と考察』で、こちらの方は一九七五年に西欧ローマ史学の集大成ともいうべき『ローマ世界の興亡』シリーズの第二部第三巻巻頭に収められている。(6)第二のものは一〇〇頁に近い大作であり、ヒスパニア諸属州に関するミシェルによる補遺を含んでいるが、基本的構成は第一のものと大差なく、ただその論証部分を大幅に加筆してあるにすぎない。

ドゥマンの問題提起の特徴は、第一論文の表題に示される通り、ローマの北アフリカ支配の、当時における抑圧的性格を云々する以上に、この支配がその後の北アフリカ社会の発展に及ぼしていく結果を重視する点にある。論文の結論部で彼は次のように言う。「歴史的原因に基づく北アフリカの発展の遅れは、古代ローマ時代にその淵源を有する。以後、弱者の上昇を許さぬ国家間関係・階級関係のシステムの中で、この遅れはもはや取りかえしのつかぬものとなっていく。しかしながら、新しい世界が覚醒しつつある二〇世紀の現在にこそ、我々はこのようなシステムの消滅を期待することができるのである」(7)。

第二論文では、この主張はガリアという対照群を配して一層鮮明に打ち出される。マグリブはローマの帝国支配によって「低開発化」され、以後の発展の途を閉ざされた。ではローマの支配が及んだ地域はすべて正常な発展を阻害されたのか。「ローマの存在が経済発展の桎梏・障壁とならなかった地域はないのか」[8]。北ガリアがそれである、とドゥマンは言う。北ガリアの発展の順調さは、この地域が1．封建制（féodalisme）の形成と伝播の中心となったこと、2．既にローマ時代からガリアの他の部分や帝国の他の地域に比して経済、技術、とりわけ農業的基盤の面において一定の歴史的進歩を示していたこと、にあらわれる。この進歩とはドゥマンによれば、ガラス細工・金属加工・毛織物業等、様々な手工業の存在、畜力を用いる刈入れ機・有輪犂（plau-moratum）等の農業技術の進歩、製粉・手工業部門での水車の利用、である[9]。

そしてガリアのこの相対的優越は、そのまま近代における西欧の優越につながっていくものとされる。「ガリアの生産力水準はローマ帝国の他の部分で見出されるものよりも質的に優越している。それゆえ、ガリアが産業革命へ、現代へと導く歴史の進行を――歴史発展の道程を――続けるには、ただ後期帝国の危機、蛮族侵入による破壊と無秩序を単に量的に克服するだけで充分だったのである」。これは一見、封建制成立の契機をめぐる議論の系と見えるかもしれない。しかしドゥマンの主張の特異性は、1．（封建制の形成）と2．（生産力水準の相対的優越）の連関づけの面で明白になる。「私にとっては、ガリア発展の問題は生産様式の術語の問題ではない。ガリアは、封建制がまずそこに誕生したが故に発展の過程にくみ込まれたのではない。ガリアがこの過程に入ったのは、ローマの存在に基づく有利な歴史的諸条件に益せられたために他ならない。平和、組織、そして何よりもライン河沿いの取引――これらはすべて、ガリア社会にとって外的な、ほとんど偶然と言える程の、条件であった」[10]。つまりドゥマンにおいては封建制成立は、ガリア発展の原因ではなくむしろ結果に属するのであり、封建制をもその不可欠の一段階として含み込んだ西欧（＝ガリア）を中心とする資本主義展開のコース全体が、ローマの帝国支配の下で既に方向を定められたとされるのである。これはほとんど、ローマ帝国を近代資本主義成立のための本源的蓄積の場とみなすというのに等しい。事実、第一論文には「富裕な国と貧しい国の間の不幸なゆがみは、ローマ（のヨーロッパ）がアフリカに自らの運命を委ね、奴隷制に移行した時に始まる」との言及がみられる。[11] 第二論文結論部の見出し――「1．ローマはアフリカの低開発とアフリカの歴史的後進性に対して責任を有する」「2．ローマはガリアの発展と西欧の歴史的先進性に対して責任を有する」[12]――にはドゥマンのこのような主張が凝縮されているとみてよいであろう。

では、これらの主張の論証はどのようになされているであろうか。またローマの帝国支配の下における不均等発展創出のメカニズムはどのように説明されているであろうか。

問題提起の独創性にもかかわらず、この点ではドゥマンは一貫して、フランスのマルクス主義地理学者ラコスト（Yves Lacoste）による低開発の現状分析のための指標に依拠し続ける。この指標は1．栄養不良、2．生産力の可能性の粗放的利用及び浪費、3．生産性の低い農民の多さ、その結果としての域内商業の限界性、4．工業化の限界性、5．第三種産業の肥大と寄生性、6．経済的・政治的従属、7．社会的不平等の著しさ、8．慢性的不完全雇用、9．伝統的構造の崩壊、10．（以上の状態についての――筆者）自覚、の一〇項目からなっているが[13]、ドゥマンはこのうち1～7だけを古代ローマン・アフリカ分析になじむものとしてとりあげるのである。

こうして第一、第二論文とも、その論証部分は、古代のローマン・アフリカが1～7の各項目に関してそれぞれ該当する徴候を示していることの例示にあてられることになる。引用される事例の数は第二論文の方が格段に多いけれども、論証の手順は全く同じである。「ローマン・アフリカの住民は貧困と飢餓で苦しんでいた」か。その通り、とドゥマンは言う。ローマン・アフリカ各地から出土した碑文類（自費で穀物を購入して都市民衆に分配した人物の顕彰や、都市への食糧輸送の安全確保にかかわる）が、「まさにこの帝国の穀倉の真中で、しばしば食糧欠乏や、小麦価格騰貴や、食糧補給困難に結びつくような状況一般がみられたこと」の証拠として提出される[14]。生産力浪費の例として挙げられるのは、キレナイカ地方のsilphion（ういきょうに似た植物。茎と根から採った乳液を薬種・薬味として使う）、マウレタニア地方の象牙とthuya（このてがしわ）材がローマ富裕者向けの略奪的採取の結果、枯渇した事実である。とりわけドゥマンはこれらの原材料が未加工のままアフリカから輸出され、もっぱらイタリアで加工されたことを重くみて、これを現代のダイアモンド加工（南アフリカ産原石の大部分がアントワープまたはアムステルダムで研磨される）になぞらえ、現地手工業未発達の原因とみなす[15]。以下、逐一の紹介は省くが、各項目に関して挙げられた例は、いずれも、各々の要件に合致しないこともないが、別の解釈も充分可能であるような性格のものである。こうして1~7各項の「実例」の提示によってローマン・アフリカ「低開発化」は証明されたとされるのである。

最後にローマン・アフリカをこのような「低開発」状態に導いた要因（不均等発展創出のメカニズム）に関するドゥマンの見解を拾い出しておこう。

「アフリカは……ローマ人の下でローマ人によって低開発化された[16]」のような表現に端的に示される通り、ドゥマンにとって「低開発」はローマの帝国支配の再生産過程の無意識的運動の所産というよりは、ローマ当局の意図的政策の結果である。この点はラコストの指標1（栄養不良）の論証において特に鮮明にされる。

帝国の穀倉たるアフリカが飢えている。原因は何か。降雨量の不安定性や食糧輸送上の困難を挙げる通説に対して、ドゥマンが指摘するのはローマのアフリカ支配の三つの面、すなわち（a）ローマ市民入植による植民市《コロニア》建設政策（politique de colonisation）、（b）原住民の撃退・隔離政策、（c）農業生産の組織、と飢餓の連関である[17]。

「アフリカが主要な植民地（入植先）であったことは詳述を要さない」と彼は言う。前一二二年のガイウス・

グラックスの植民計画以来、アフリカはローマ有力政治家による、退役兵を中心とした集中的植民の場となっていった。アウグストゥスの死（紀元後一四年）までにイタリア半島の外に建設された一〇三の植民市《コロニア》のうち三四までがアフリカにつくられた。しかも入植者一人あたりの割当面積も、アフリカの場合二〇〇ユゲラあるいは一〇〇ユゲラとイタリア半島内への植民に比して極めて広かった。つまりこの時期の植民実現のためには広大な土地がアフリカに確保される必要があったわけであるが、ではそれは具体的にはどのような過程であったのか、とドゥマンは問い、原住民からの大規模で事実上無補償に近い土地奪取を想定する。皇帝や元老院身分の大所領（saltus）も同様の過程の産物であった。では、土地を失った原住民の方はどうなるのか。山間部の不毛地におい立てられた彼らを待ちうけるのは近代北米で「インディアン」に対して、南アフリカでバントゥー黒人に対してとられているような保留地への押し込め政策であった、と彼は言う。(18) タクファリナスを指導者とするムスラミイー族の反乱（一七—二四年）は、この過程で僻地においやられた原住民農民の蜂起に他ならないのであり、反乱の主体をローマの定住化・農耕民化に反対する遊牧民とみなすのは、近代の仏領アルジェリアで、はるか以前から農耕を営み立派に収穫をあげていた原住民農民に対して行なわれたのと同様の、植民地主義者お得意のレッテル張りなのである。(19) こうして生活基盤を破壊された原住民は結局コロヌスや季節労働者等、退役兵入植者の土地や大所領で使われる労働力へと転化していく。アフリカをローマだけのための穀倉としていこうとするローマの意図は、かくして実現される。ここに成立するのは近代植民地時代のプランテーションにも似た穀物モノカルチャーの体制であり、これを支えるのは、Henchir Mettich 等の大所領出土の碑文から知られる農業生産の組織のあり方である。ドゥマンによれば「この組織の否定的側面は、大所領システムやコロヌス制展開そのものにあるのではなく」むしろ「この経済が植民地型従属の典型だという点」にあった。「バグラダス河谷はローマの食糧供給に奉仕し、従僕のごとく穀物単作栽培に甘んずべきものである。ローマは、それが荒れた劣等地で行なわれるのでない限り、この谷間でオリーヴ・ブドウ栽培がローマの統制なしに拡大することを望まない。このシステムは小作人の利益に基づいたものではなく、彼らには作物の種類を決める権利すらない。このような条件下では、大部分非ローマ市民である小作人たちは入植者たちの土地要求や、プロクラートルの暴力や、中央当局と皇帝の実効のない偽善的な善意に対して身を守るすべを持たない」[20]。

こうしてアフリカの穀物生産がもっぱら、輸出用に「海岸にむかって」編成され[21]、アフリカ内陸住民のための食糧供給がなおざりにされる結果が、碑文から知られる飢餓である。つまりドゥマンによれば、アフリカは帝国の穀倉なのに飢えていた、のではなく、まさしく穀倉であったが故に飢えさせられていた（飢餓輸出）ということになる。

栄養不良の場合ほど詳細に述べられてはいないが、ラコストの指標2以下も基本的にはローマ帝国における穀物（及びオリーヴ）モノカルチャー地帯としてのアフリカの地位と関係づけられている。「農業生産の組織は北アフリカをローマの穀倉、ローマの油槽としたが、同時に低開発地帯ともしたのである」[22]。

第三節　ドゥマン批判の視座

ドゥマンの仕事に対する最初の包括的批判は第二論文発表の五年後にあらわれた。『ローマン・アフリカは低開発地帯か』と題するフライスの論文[23]は、その名の通りドゥマンの主張への真向からの否定であり、かつ、それが理論面ではなく実証面の不備を逐一指摘するという手法で行なわれている点で、いい意味でも悪い意味でも「実証史学」の面目躍如たるものがある。

ローマによる大規模な植民活動が北アフリカ「低開発化」の決定的要因だとドゥマンは言うが、はたしてこの植民は本当にそれ程大規模だったろうか、とフライスは問いかける。(24) なるほどグラックスやマリウスの植民計画では、入植者一人当りの土地割当は彼らの原住民に対する優位を確立するほど広大だったかもしれない。だが、これは不慣れな環境を考慮した例外的優遇措置にすぎない。植民の最盛期である三頭政治時代には、北アフリカ入植者への割当も既にイタリア半島内の場合同様二〇―二五ユゲラに縮小されていた可能性が強い。次に北アフリカの植民市《コロニア》一つあたりの退役兵入植者の数はどの位か。一つの手掛りとしてこういう例がある。アウグストゥスは第七軍団という一つの軍団の退役兵を三つの植民市《コロニア》に定住させた。一軍団約五千名中、退役時まで生き残った者を三千と仮定すれば、一植民市《コロニア》あたりでは千名足らずである。さらにフライスは他の幾例かについても同様の計算を行なって、千名という数もやや過大評価であり、アフリカの平均的植民市《コロニア》はたった五〇〇名の退役兵からなるにすぎないと結論する。

植民市《コロニア》建設に必要な土地の総面積はこのように問題とするほどではない。しかも、この土地の確保の仕方もけっしてドゥマンの想像するような、先住者の無補償追い立てなどというものではなかった、とフライスは論を進める。彼は北アフリカへの植民の例を、グラックスの場合、マリウスの場合…と順次検討していって、どの場合にも大規模な先住者放逐は想像しにくいことを示す。特にアウグストゥスの場合は本人が『業績録』の中で、属州の土地購入のために二六〇億セステルティウス支出したと述べているではないか。属州の土地一ユゲラが四〇〇セステルティウスで買えると仮定すれば、二六〇億では二六〇〇〇名の兵士に各二五ユゲラ用意できるはずである。北アフリカの原住民は無補償どころか、同規模の地片購入に充分な金額とひきかえに土地を手放したのである。(25)

いやそれどころか、と彼は続ける。北アフリカ原住民は新植民市《コロニア》にローマ市民権を得て住みつくことさえ稀ではなかった。このことは植民市《コロニア》居住者の姓名の分析によって明らかになる。ローマ市民権を付与された原住民上層の例は枚挙にいとまがない。「アフリカへの植民市《コロニア》建設で原住民上層がローマ市民権を得たことは極めて確かであり、それ以外の原住民も部分的には市民権にありついたように思われる」。しかも原住民のローマ市民層への上昇＝イタリアからの移住者との同質化は植民市《コロニア》設置の際に限られない。原住民集落がそのままムニキピウムに昇格する例も二世紀には目立ってくる。これらの都市ではイタリアからの移住者は少数派であり、都市行政はローマ市民権を得た原住民上層によって担われることになる。そしてこれら二つの住民集団（移住者グループと、原住民出身新市民グループ）は碑文からわかる限り盛んに通婚しており、前者が後者に対して閉鎖的であったなどとは到底言えない[26]。

このように〝大量植民↓原住民困窮〟の図式を否定した後フライスは「低開発化」の要因としてドゥマンが挙げる最大の論拠「穀物モノカルチャー」説に挑戦する[27]。確かに首都の食糧の三分の二はアフリカに依存しており、大所領での搾取も相当高率だったかもしれない。しかしそれはローマ時代に始まったことだろうか、カルタゴやヌミディア王国の支配下でも状況は同じではなかったか。またローマの他の属州――例えばエジプト――でもアフリカを上回る搾取がありはしなかったか。さらにローマは北アフリカ住民の食糧供給にも一定の配慮を示している。「ユグルタ戦争中にはローマ軍は現地（属州アフリカ）調達ではなく輸入で食糧をまかなった」ではないか。また四世紀の大凶作の折には国庫の穀物がアフリカに送られた例すらあるではないか。ローマはアフリカを「低開発化」するどころか、その繁栄のため心をくだいたのだ[28]、とフライスは述べる。

ドゥマンの他の論点に対しても同種の批判が展開される。ローマはイタリア農業保護のために属州でのブドウ・オリーヴ栽培を統制し、イタリア地下資源温存のために属州の鉱山を掘りつくし、しかも原材料の現地加工をさせないで属州手工業の発展を阻害した、という。が、これらに関してドゥマンが挙げる証拠にはいずれももっと適当な別の説明が可能である。大体「土地にしか関心のないローマの元老院身分が、そんな先見の明のある政策を鉱山業や手工業の分野で実行する」はずもないではないか(29)。現に帝政期アフリカでは、オリーヴ油生産と平行してアンフォラや陶製ランプ等の陶器製造が隆盛にむかうのであり、穀物モノカルチャーは既に過去のものと化している(30)。結局ドゥマンのローマン・アフリカ像は「共和政末の一時的状況を全時期におしひろげた一面的なもの」であり、従来の帝政期アフリカ像に何ら転換をせまり得るものではない、とフライスは結論するのである(31)。

フライスの批判がもっぱら実証面に集中するのに対して、二年後にトンプソン（Lloyd A. Thompson）が行なったドゥマン批判は、より理論的であり、それだけに説得力を持つ(32)。

まず彼は北アフリカ「低開発化」についてドゥマンの論証が同時代の他属州との比較なしになされていることに注意を促す。栄養不良といい、社会的不平等といい、非生産的浪費といい、実はローマ世界全体に蔓延していたのではなかったか。それらが特に北アフリカで他に抜きんでて顕著だったことを、はたしてドゥマンは証明できているだろうか。しかも仮にこれらが証明できたとしても、だからといってローマが北アフリカを「低開発化」したと言えるだろうか、とトンプソンの論は進む。「脱植民地」的歴史学の要諦は、植民地化された側の視点から書かねばならぬ、ということにつきるだろう。とすれば、ローマン・アフリカの歴史は現代のマグリブ人民の眼ではなく当時のローマン・アフリカ人の眼で見なければならないはずである。ドゥマンらの「脱植民地」史学ではこの点があいまいにされ、現代の民族主義の立場が前面に押し出されている。だからこそ、ローマ史全体の見直しと言いながら、帝国領内のアジアやヨーロッパ地域の運命には目もくれず、アフリカばかりを問題にすることになるのだ(33)。古代の「低開発」を語るなら、ラコストの指標の如き、工業化以後の価値基準――GNPによる富裕な国と貧しい国の分類を底流とする――などではなく、古代人自身の価値基準に沿った独自の「低開発」概念を抽出すべきである。

こう述べた後トンプソンはストラボン等古代の地理学的叙述を分析し、古代の「発展」「低開発」の指標を洗い出していく。彼によればローマン・アフリカを含む当時の社会一般の究極的目標は、現実には都市の少数エリートしか享受していない「良き生活」であった。「発展」している、とは「良き生活」の物的基礎たる快適な都市の存在を可能にする諸条件——豊かな土壌、水利、鉱物資源、港……——が完備した状態であり、逆に「おくれている」とはこれらが欠如した状態に他ならない。こういう基準からすればローマン・アフリカの諸地方は少なくとも帝政初期には同時代人によってガリアより「おくれた」地域とはみなされていない(34)。結局、ローマの帝国支配は地方エリートによる属州農民層の継続的搾取体制であり、ローマン・アフリカにもまた、そのような搾取の上に立った「良き生活」があった。そして、このことは当時の人々の眼から見れば立派に「発展」の徴候だったのである。

さて、以上の論争——まだ一方通行ではあるが——から我々は何をひきだすことができるであろうか。

ドゥマン論文の実証的根拠の弱さはフライスの指摘を待つまでもなく、明らかである。同種の史料全体の検討を必要とする部分で、彼の証明は、たまたま彼の主張に合致する史料の拾い出しだけに終わってしまっている。他属州との比較こそ肝要だとの（トンプソンの）指摘は、この点全く正しい。

しかし我々は実証にこだわるフライスの批判自体、詳細に見れば必ずしも実証的でないこと、——例えばアウグストゥスから補償金をもらって土地を手放したという原住民は、本当に元の土地と同条件同面積の地片を入手できたであろうか。土地を手放した原住民全員にゆき渡るだけの地片が、植民市《コロニア》建設予定地とは別にアフリカ諸州内に存在しただろうか——また、特に原住民のローマ市民への上昇に関して、的はずれな議論に深入りしてしまっている点に注意すべきであろう。ローマの植民政策が北アフリカ「低開発化」の一大要因となったとするドゥマンに対してフライスは原住民だってローマ市民権を取得できた（特に原住民上層は）ではないか、と反論する。ドゥマンの言う北アフリカ「低開発」が、「古代ローマ時代、閉鎖的なイタリアからの移住者集団が多数の原住民の犠牲の上に安逸をむさぼっていた」という以上の内容を含まないならば、この反論も有効かもしれない。なるほどドゥマンには、マグリブの研究者にも共通の「原住民」・「ローマ人（イタリアからの移民）」二分法――階級対立よりも民族対立として事態を捉えがちな――があり、ローマによる北アフリカ支配を単純に「ローマ市等イタリアからの移住者による原住民支配」と等置してしまいかねない危うさがあるのは確かである。しかし、にもかかわらず理論の大筋においては彼は「当時の北アフリカ原住民の抑圧」ではなく、「近代の植民地体制に道を拓くような北アフリカという地域の低開発」を問題にしているのであり、この主張にとって肝要なのは、北アフリカ社会が「低開発」地帯特有の富裕者層と貧民層との間の極端な分離を示しているかどうかである。富裕者層の方が完全に移住者だけからなっているかどうか（原住民上層からの上昇が行なわれたかどうか）は副次的問題にすぎない。

同様の傾向はトンプソンにも見られる。古代ローマ帝国分析には古代の「低開発」概念を、と言うとき、彼は古代史を近代史から完全に切り離して論じている。つまり近代の植民地支配体制と植民地の低開発化との間につながりが見つかったので、今度は似たようなつながりを古代ローマの帝国支配と属州の状態の間に探してみよう、と言っているにすぎない。ところがドゥマンの問題提起の眼目はその是非はともかくとして、このようなところにはなく、古代ローマ帝国の存在が、近代植民地体制をどこまで準備したかを検証するところにあるのだから、「低開発」の現状分析用の指標が使われるのもむしろ当然と言うべきであり、古代人自身の価値基準云云はこの場合（ドゥマンへの批判としては）的はずれなのである。

ドゥマンらの仕事を正しく評価するためには、まず彼らの主張のこの特徴――〝近代へと受け継がれていく不均等発展創出の場としてのローマ帝国〟――という問題提起の有効性について判断を下さなければならない。

筆者は、この問題提起は最も根本的な部分においては正しいと考えている。むしろこのような視角だけが現代に身をおいて古代ローマを研究することの積極的意義を見せてくれるというべきかもしれない。しかしこの視角を生かすにはドゥマンの議論にいくつかの修正を加える必要があると思う。第一にドゥマンにおいてはガリアの「発展」と北アフリカの「低開発」は既に古代のうちに決定されてしまった感があるが、これはどうみても、世界史の転回点をローマ一点におく「ローマ中心史観」といわざるをえない。近代を準備した不均等発展が古代に創出されたとしても、この不均等発展のプラス・マイナスの方向を測る座標軸は、古代・中世・近代各々の段階で変換されていった、とみるべきではないだろうか。この意味では北アフリカは古代には「発展」地域だったという言い方は間違いではない。第二に、ドゥマンには、ローマン・アフリカを地中海全域をおおう一大階級社会の部分としてみる視点が欠けており、それゆえ、北アフリカ「低開発化」のメカニズムはすべて北アフリカを対象とするローマ中央当局の意図的政策のレベルで説明しつくされなければならなくなっている。しかし、ローマン・アフリカ社会の発展の方向は、複数の生産関係の複合体たるローマ帝国の、（北アフリカ原住民上層まで含んだ）総支配階級ブロック対被支配諸階級の対抗の中で決まっていくはずであり、ローマ当局の対アフリカ政策は（確かに重要な部分であるとはいえ）このような諸運動の総体の部分にすぎないと思われるのである。

結局問題は、この一大階級社会としてのローマ帝国の質をどう規定していくか――この階級社会を生み出した運動法則と、この階級社会がその内部に地域的不均等発展を創出していく運動法則とを統一的に把握できるような仕方でそれをやるには何がわかればいいのか、である。しかし、この点について筆者はいまだ答えを得ていない。

註

（1）Marcel Bénabou, *La résistance africaine à la romanisation* , Paris, 1976.

（2）*Ibid*., p. 11, n. 9.

（3）Abdallah Laroui, *L' histoire du Maghreb. Un essai de synthèse*, Paris, 1970, rep. 1976, I, pp. 31–33.

（4）Helmut Freis, "Das römische Nordafrika–ein unterentwickeltes Land?", *Chiron* X, 1980〔S.357–390〕, S. 357.

（5）Albert Deman, "Die Ausbeutung Nordafrikas durch Rom und ihre Folgen", *Jahrbuch für Wirtschaftsgeschichte*, III（1968）, S. 341–353.（"Ausbeutung" と略記）

（6）Idem., "Matériaux et réflexions pour servir à une étude du développement et du sous-développment dans les provinces de l'empire romain", *ANRW*（*Aufstieg und Niedergang der römischen Welt*）, II 3, Tempolini, H. et al. eds., Berlin/New York, 1975, pp. 3–97.（"Matériaux" と略記）

（7）"Ausbeutung", S. 353.

（8）"Matériaux", p. 7.

（9）*Ibid*., pp. 8–11

（10）*Ibid*., p. 12.

（11）"Ausbeutung", S. 344.

（12）"Matériaux", pp. 81–83.

（13）"Matériaux", pp. 13–14.

（14）*Ibid*., pp. 26–27.

（15）*Ibid*., pp. 46–47.

（16）*Ibid*., p. 13

（17）*Ibid*., p. 28.

（18）*Ibid*., pp. 28–36.
（19）"Ausbeutung", S. 346.
（20）"Matériaux", pp. 41–43.
（21）"Ausbeutung", S. 347.
（22）"Matériaux", pp. 36–37.
（23）註（4）参照。
（24）Freis, *op. cit*., S. 360 ff.
（25）*Ibid*., S. 364–365.
（26）*Ibid*., S. 370–372.
（27）*Ibid*., S. 376 ff.
（28）*Ibid*., S. 378.
（29）*Ibid*., S. 380.
（30）*Ibid*., S. 383–385.
（31）*Ibid*., S. 390.
（32）Lloyd A. Thompson, "On 'Development' and 'Underdevelopment' in the Early Roman Empire", *Klio*, 64, 1982, ii, pp. 383–401.
（33）*Ibid*., p. 387.
（34）*Ibid*., p. 400.

第九章　「脱植民地史学」の展開とアフリカの「抵抗」

古代ローマ帝国研究に伏在する植民地主義的傾向からの脱却を唱える諸研究は、論争を巻き起こしながら、属州社会の側の抵抗の諸形態を探ろうとするM・ベナブの研究に代表される一定の達成を見るに至る。本章は前章のドゥマンに加えて、マグリブ出身の研究者であるベナブとA・ラルウィーの所論を分析しつつ、「脱植民地史学」への再批判（D・J・マッティンリら）の妥当性を検討する。

はじめに

一九六〇年代後半からの約一〇年間、ローマ時代の北アフリカ（エジプトおよびキレナイカを除く、いわゆるマグリブ諸地方）に関する歴史叙述は大きく塗り替えられ始めたかに見えた。すなわち、それまで学界の暗黙の前提として存在していたと思われる、ローマの北アフリカ支配とその諸結果を繁栄の諸相としてだけとらえるような傾向に対して初めて本格的な批判がなされ、それと同時に、それまでローマ人が推進する繁栄の道に立ちふさがる邪魔者ないし愚か者として扱われがちであった北アフリカの先住民たちの行動の意味が、自らの文化的諸価値を守る、大義ある抵抗として読みかえられ始めたように見えたのである。

このような研究動向のおおよそ一九八〇年代までの展開に関しては筆者は既にこれらの動向とそれらに対するヨーロッパの学界の反応の分析を試みた(1)。本章ではその後の展開を検討したい。この間の世界と社会、そして学界の激しい変動の中で、あの研究の新しい流れ――一九六〇年代のアフリカを中心とする植民地解放運動と分かち難く結びついていたと思われるが故に脱植民地化（décoloniser）の歴史学とも呼びうるであろう諸主張――は、今どのように扱われているのであろうか。そしていかに扱われるべきなのであろうか。

第一節　マッティンリによる総括とその特徴

考察の手がかりとなるかもしれない一例として次のような事実がある。イギリスの代表的なローマ史研究の専門誌 *The Journal of Roman Studies* は一九九五年、マッティンリ（D. J. Mattingly）とヒッチナー（R. B. Hitchner）によるローマ時代アフリカ研究の「考古学的回顧」――とは言うものの歴史学の文献も豊富に紹介されている――を掲載したが、[2] その中で六〇〜七〇年代の「脱植民地史学」の潮流に属すると見なしうる三人の歴史家、ベルギーのドゥマン（Albert Deman）、モロッコのアブダッラー・ラルウィー（Abdallah Laroui）、フランスの（モロッコ系の）ベナブ（Marcel Bénabou）は三人三様の、かなり異なった扱いを受けている。この「回顧」自体は「脱植民地史学」を中心テーマとしたものではなく、したがって三人への言及も断片的、ないし通りすがり的な性格のものなのではあるが、しかし三人それぞれの歴史家としてのあり方とその処遇のされ方の間にはなかなか興味深いある種の傾向が存在するようである。

まずドゥマンであるが、マッティンリは過去の（フランスやイタリアの）植民地主義がローマ時代北アフリカに関する考古学・歴史学に与えた否定的影響を批判する文脈で、[3]「植民地主義者のイデオロギーは、ローマ時代アフリカのポジティヴな諸成果をすべて移入者たちに帰し、アフリカ人をより優越した文化の受け身の受容者、ないし自ら統治する能力のない遊牧的で無法の民として描き出すことによって、北アフリカの諸民族を彼らの文化から廃嫡した」と述べた後で、「何人かの学者はローマ時代アフリカについての極端にヨーロッパ中心的な見方を維持し続けている」とし、この部分への注でドゥマンの業績について「ローマ時代のアフリカがローマ時代のガリアと比較して徹底的に低開発化された、との現代の偏見をもとに議論しようとしたが、ラセール（J.-M. Lassère）とトンプソン（L. A. Thompson）によって穏当にも反駁された」と言及している。(4)

一読して受ける印象はあたかもドゥマンがローマ時代アフリカのポジティヴな諸成果を移入者（ローマ、イタリア人）に帰している張本人であるかのようであるが、事実は逆であって、一九八三年の拙稿で詳しく紹介したように、ドゥマンはローマ人が北アフリカを構造的低開発状態に導いた、と論じたのであり、つまりローマ時代北アフリカのネガティヴな諸成果をローマ人という移入者たちに帰しているのである。すなわちマッティンリにおいては文脈上は植民地主義者に向けられるべき批判が、読者の予想に反して、「脱植民地史家」の中でも最もストレートにローマの植民地主義的収奪を指摘したドゥマンに向けられている。マッティンリをしてこのように誤解を与えるような、（ややアンフェアとも言える）言及をなさしめた学界状況とはいかなるものであるのか。

次にラルウィーとベナブであるが、彼らの業績は本文中で正面から言及され、その点ドゥマンとは違って一応の敬意をもって扱われていると言える。マッティンリは右に引用した植民地主義的イデオロギーに関する（ドゥマンに言及した注の付された）一節に続く文章で、今も影響力を持つ（植民地主義的で）不埒な見解への公式の否認がほとんどなされない状況下ではマグリブ人歴史家の現世代の間でローマ研究に関するポストコロニアルなバックラッシュ（反動）が見られるのは驚くにはあたらない、と述べ、次の節の冒頭で植民地後（ポストコロニアル）の時代の最初の画期的研究としてラルウィーのマグリブ史叙述を紹介している。その後に続くコメントは意味深長である。

「ラルウィーはローマ時代アフリカ史を外国支配に対する継続的な『ナショナリスト』の抵抗の歴史として解釈し直し、同時にローマ時代アフリカの諸達成（諸都市、富の創出、芸術）を極小化することによって、植民地主義的なステレオタイプを倒立させた」。

ここでベナブが登場させられる。

「ベナブはアフリカ人が外国支配に軍事的闘争によってだけではなく文化的抵抗によっても反対しようとしたと示唆することによってこの議論を次の段階へ進めた」(5)。

続く文章でマッティンリは両者――とりわけベナブ――に対する学界の猛反発（例えば「彼らの見解は最近のナショナリズム的経験に立脚したアナクロニズムである、アフリカが他のローマ属州から文化的に分岐したのは抵抗の所産と言うより通常のローマ化の産物である」）を紹介した上で、ラルウィーとベナブへの反発は不当に激しいものだったと述べ、アフリカにおけるローマの影響と意味に関する議論は開かれたものであるべきだとして両者を一見かばいつつ、最後に、抵抗というテーマだけが唯一の追究すべき価値あるテーマではないと釘をさしている(6)。

「脱植民地史学」に関するマッティンリのある程度まとまった言及は以上のようなものであり、ここではドゥマンと、ラルウィー、ベナブの間に、扱いの上での一線が画されていることが特徴である。後の二者がモロッコ人ないしモロッコ出身の学者であって研究対象である問題の北アフリカ住民の後裔と見なされうることとマッティンリのこのような姿勢とは無関係ではないだろう。さらにこの箇所以外のより断片的言及に関してみれば、ラルウィーとベナブのうち、ベナブの業績は注の中で再三引用されるのに対し(7)、ラルウィーについてはこれ以上詳細に触れられることはない。つまり開かれた議論を主張するマッティンリ自身は、ベナブの議論に対しては確かに耳を傾けているが、ラルウィーの主張についてはそれほどでもない、という傾向を指摘することができるようである。このようにマッティンリの「回顧」における三人の「脱植民地史家」への評価は、ドゥマンに対する全面的否定、ラルウィーとベナブに対する「寛容」、さらにベナブについての一定の摂取、というふうに分かれるのであるが、この叙述の傾向から私たちは何を読みとることができるのであろうか。

第二節　ドゥマンの主張とその特徴

初めに最も冷遇されているドゥマンについて、その主張をマッティンリの批判を考慮しつつ再検討することが全体の構図を明らかにする上で有益であるだろう。マッティンリによって言及されている一九七五年の文献の中で[(8)]、ドゥマンはアフリカの低開発と歴史的後進性に対してローマが有する責任を明らかにしようとするとともに、逆にローマによって発展と歴史的先進性を約束された地域としてガリアを挙げている。この結論だけに注目して、これを学界の現下の流行である「ヨーロッパ中心主義批判」の定規で測れば、「ドゥマン＝ヨーロッパ中心主義者」という等式ができあがる。

しかしながら以下に説明するように、これはやはり、速断というべきである。本書第八章で紹介したように、ドゥマンをして「ローマによるアフリカの低開発化」というテーゼに至らしめた学問的動機は、紛れもなく現代的な課題――現に今、飢餓や極端な貧富の差に代表される悲惨な「後進性」の中にあるアフリカ地域の、その「遅れ」の淵源を究明しようとする問題意識――であり、この「遅れ」をローマ時代以来固定・増幅してきた「弱者の上昇を許さぬ国家間・階級間のシステム」が「新しい世界が覚醒しつつある二十世紀の現在」においてこそ克服されるだろうとの期待をもって一つの論文（一九六八年）を結ぶ[9]ドゥマンの動機が、ヨーロッパの古代以来の優越性の宣伝でないことは自明である。もちろんドゥマンの動機がdetachmentの点で問題を含むという批判は可能であろうけれども。

同時にドゥマンのアフリカに対する姿勢が、近現代ヨーロッパのアフリカに対する侵略史への自省の上に立った倫理的性質のものであること――であるが故に彼はアフリカの「後進性」の原因を徹底的にアフリカの外に求め、アフリカをアフリカの後進性の責任から完全に免罪している――もまた、論文本体を読めば明らかで、そのような姿勢をまとめて「ヨーロッパ中心主義」と呼ぶのは、言葉の乱用の気味があるだろう（ただし、日本でなら「自虐史観」批判として現れるであろうところのものがヨーロッパでは「ヨーロッパ中心主義」批判として表現されている点は、ヨーロッパの知識界の洗練を示していて興味深い）。ドゥマンがガリアの、しかも特に北ガリアのローマ時代[10]における「発展」を云々するのは、ベルギーの人である彼自身がアフリカ収奪の急先鋒となった近代ベルギーのそのような「近代化」の原点を探っているというべきで、「先進性」[11]をそのまま自慢しているわけではない。

次にマッティンリがドゥマンに関する注の中で挙げているラセールとトンプソン[12]のドゥマン批判について検討してみよう。ラセールの批判は一連のドゥマン批判論文の中では最も大部なもので、極めて実証的であり、ドゥマン（及び共同執筆者ミシェルJ-H. Michel）の実証面での弱さを徹底的に洗い出すことに成功している点で、ローマ時代アフリカ研究の中心であり続けているフランスの研究者の実力を示すものとなっている。ドゥマンの「アフリカ」の地理的範囲の不明確さ[13]、ローマのアフリカ支配を時代区分もせずに論じている点[14]、への批判はもっともであるし、ドゥマンの主張の中核部分であるローマの穀倉としてのアフリカを支えた農業生産組織の叙述については、ほとんど一行ごとにその不正確さが明らかにされている。[15]

また古代の「低開発」を測定するのになぜラコスト（Y. Lacoste）の現代の低開発の指標が使われるのかとい

う疑問――この点に関してはトンプソンがより詳しく論じている――は、おそらくドゥマンの読者のほとんどが共通に抱くものであろう[16]。現代の眼からみるならばアフリカだけでなくローマ帝国の全地域・全属州に「低開発」の兆候が発見できるだろう、との指摘[17]や、「低開発」の原因を植民地主義に求めるドゥマン（ラコスト）に対する、スペイン、ポルトガル、トルコ、イランは植民者側の国なのに低開発であり、カナダ、オーストラリア、ニュージーランド、アメリカ合衆国は植民地だったのに発展しているではないか、というような反論[18]も、やや揚げ足とり的な感はあるもの[19]のドゥマンの立論の弱点を突いているとも言えるであろう。

ここでラセールが示しているような認識をより体系的に述べたものがトンプソンの批判であると言うことができる。トンプソンはドゥマンが「低開発」の指標として挙げている「栄養不良」や「社会的不平等」、「非生産的浪費」などはローマ世界全体に蔓延していたものだ、とした上で、アフリカにも当然見られたであろうそれらの兆候は、古代人の基準で測るならば都市のエリートが快適な「良き生活」を営むことができているという、古代なりの「発展」の兆候なのであると述べている[20]。

このトンプソンの指摘は古代ローマ史を主として古典史料（その多くは古代の都市エリートの手になる）を手がかりとして研究している私たち古代史家にとっては大変受け入れやすいものである。しかし古代ギリシア・ローマ史研究の現段階とは、まさに都市ではなくて周辺の田園・村落、上層民ではなくて下層民、非都市民の史料を考古学・碑文学・地形学・貨幣学・固有名詞学等を総動員して発見・整理しつつある段階であり（ローマ時代アフリカ研究もその例外ではないことはマッティンリの「考古学的回顧」そのものが示している）、トンプソンのように「古代人」（古代都市エリート）の価値基準に寄り添って考えるという姿勢は、ドゥマン的問題提起を当面沈黙させる効果はあるとしても、非常に前向きのものとは言えないであろう[21]。

むしろドゥマンの主張を検討するなかで浮かび上がってこざるを得ない次のような問題群に応える史料的手

段は今こそ準備されつつあるのではないか。[22]すなわち、アフリカ諸属州がローマの穀倉であり、皇帝領の集中する地域であったという事実は、ローマ時代アフリカの都市とその領域、さらにその外に広がる非都市域のあり方、それらの空間での農業・手工業・商業・牧畜の存在様式、「先住民」のあり方、それら相互の連結のされ方、都市内外での消費のあり方、軍団の配置、「ローマ化」のあり方、等々とどのように関係しているのか。「穀倉」ではなかったローマ世界の他の諸地域あるいは同じく「穀倉」であったシチリアやエジプトとの間に以上のような点で何らかの差異が（プラス、マイナスの評価は別として）見られるのかどうか、それらの差異がローマ滅亡後も、そのまま、あるいはかたちを変えて維持・拡大されていった可能性があるのかどうか。

第三節　ラルウィーの主張とその特徴

次にマッティンリが（彼の「回顧」の出発点としている）一九七〇年の画期的出来事の一つとして挙げながら、詳しい内容には触れないで、いわば敬して遠ざけるかたちになっているラルウィーの業績[23]について検討してみよう。

三人の「脱植民地史家」の中ではラルウィーは最もわかりやすいかたちで政治的であり、その著作も、現代アラブ世界の政治史の流れの中で書かれているので、マッティンリの「敬遠」の原因もあるいはそのあたりにあるのかもしれない。ラルウィーは一九三三年生まれのモロッコ人で、ラバトのリセを出たあとパリに学び、外交官、カリフォルニア大学ロサンゼルス分校の客員教授を経て、ラバト大の歴史学の教授となった。マッティンリが言及している『マグリブ史』以外に、『現代アラブ・イデオロギー』（パリ、一九六七年）、『アラブ知識人の危機』（パリ、一九七四年）。『イデオロギーの概念』（ベイルート、一九八〇年）、『イスラームと近代性』（パリ、一九八七年）、などの著作があり、そのいくつかは英訳されている。[24]

近現代アラブ世界の歴史叙述を国民国家との関係で論じたユーセフ・M・シュエイリー（Youssef M. Choueiri）の著書の最後の章は全体がラルウィーの仕事の検討にあてられている。[25] シュエイリーによればラルウィーの思想に深い影響を与えているのは一九四〇―六〇年代のモロッコの政治家メフディー・ベン・バルカ Mehdi Ben Barka であり、[26] さらにはベン・バルカ、エジプトのナセル、アルジェリアの初代大統領ベン・ベラといった政治指導者らとの交流の経験（および彼らの業績への評価と批判の試み）を通じて捉え直されたマルクス主義（"historicist Marxism" ないし、"Marxist historicism"）とされる。[27] 彼の『マグリブ史』は古代から現代までを通観した書物であるが、単なる通史ではなく、いわばE・H・カーのいわゆる過去に対する建設的見方とでもいうべきものに貫かれている。そこで常に意識されているのはマグリブ社会の統一と「国民国家」形成の課題であり、そのためのマグリブ人の主体形成の成否であると言える。

このような観点に基づいてラルウィーがマグリブ史の分岐点として特に注目するのは、フェニキア勢力との対抗の中でモロッコとマグリブ東部に先住民の王権が形成された時期（このうち東部のヌミディア王国は目的達成の入口でローマに従属させられる）[28] および、イスラム化（九世紀）と軌を一にする商業化とそれに伴う社会発展が一種の挫折に直面する一四―一六世紀である。[29] この後者は、ファーティマ朝、ズィール朝、ムラービト朝、ムワッヒド朝によるマグリブ統一及び「国家と社会の和解」の試みが失敗したあとに続く「慢性的後退」の時期であり、同時にバヌー・ヒラール諸部族のエジプトからの移住、西欧諸国の攻勢の開始など、新しい（否定的に働く？）諸条件が立ち現れる時期でもあるのだが、ラルウィーはこの一四―一六世紀に現在の北アフリカの政治区分を予示する「永続的な内なるフロンティア」が形成されたのであり、同時にグラナダ陥落後のアンダルシアからの避難民による「ブルジョア革命」やバヌー・ヒラールの族長たちの「封建諸侯」化の可能性があり得た（どちらの可能性も未完に終わるのだが）と見ているようである。(30)

以上を読む限り、ラルウィーの歴史家としての特質は、単にナショナリストの立場から従来の（主としてフランスの歴史家による）ローマ時代アフリカ史及びその後のマグリブ史を読みかえた点だけにではなく、社会的統一という目標が外国勢力出現を前にした危機の中で一瞬達成されそうになりながら、寸前で事態が暗転していくプロセスへの深い関心にあると言えそうである。マグリブの過去に対する運動史的な省察は感銘を与えるが、このような特徴が「暗転」後の外国支配の構造そのもの、その収奪の体制そのもの――ドゥマンが問題の中心に据えようとしつつ実証面で失敗しているところのもの――は案外、正面からは分析されない、という傾向と両立しているのも事実である。ある意味では、古いタイプのローマ時代のアフリカ史とラルウィーのマグリブ史の間には、鋭い緊張関係はありながら同時に一種の「すみわけ」が成立してしまっているのかもしれない。

もう一つ、『マグリブ史』を読んでローマ史研究者として感じることは、当然のことではあるが、北アフリカにはローマ滅亡後にも近代までの長いジグザグの社会発展の歴史があるのだということであり、その間には九世紀、一四―一六世紀のような大きな方向転換の時代もあるのだから、ドゥマン説のように古代ローマの段階で「低開発化」が決定されてしまうとみるのはやはり単純すぎるであろうという予測である。

第四節　ベナブの主張とその特徴

最後に、三人の「脱植民地史家」の中で、ただ一人ヨーロッパのアカデミズムにおける市民権を得ていると見なしうるベナブの場合を考えてみよう。

マルセル・ベナブはモロッコのメクネス生まれでその家系は四〇〇年前に遡り、ラビ（ユダヤ教律法学者）やカバリスト（ユダヤ教神秘主義者）を含むという。近代においては彼の一族はフランス文化の深い影響を受け、彼自身もパリの高等師範学校とソルボンヌに学び、パリ第七大学の教授となった。一九六九年には Ouvroir de Littérature Potentielle（通称 Oulipo. 一九六〇年に結成された、文学の形態論に関心を持つ作家と数学者のグループ）に加わり、狭義の歴史学以外の文筆活動にも携わっている。(31)

マッティンリによって取り上げられている『ローマ化に対するアフリカの抵抗』（パリ。一九七六年）(32)は、ローマに対するではなく、ローマ化に対する「抵抗」を主題としている点に大きな特徴がある。この書物においてベナブは「征服」と「植民地化」と「ローマ化」を区別して、前二者をアフリカ人の社会そのものには大した影響を与えない現象とし、(33)最後の「ローマ化」過程におけるアフリカ的伝統の維持・再生産を「抵抗」と呼んで、とりわけ宗教・都市の実態・部族制・言語・人名などの面における「文化的レジスタンス」について詳述している。したがってラルウィーが注目するような、先住民王国がまだ存在していてローマ文化の浸透は顕著でない段階でのローマの政治的・軍事的支配に対する抵抗は分析の対象とはならない。アフリカ人の「政府」は既になくアフリカ「民衆」社会だけがローマ帝国の中に取り残されているような状態が、ベナブの叙述の舞台である。そして彼の叙述は三世紀末ごろで終わっており、つまりローマの政治的・軍事的支配が動揺し始めて再び政治的・軍事的主体としての「アフリカ人」を語れそうになる段階は考察の外に置かれる。ラルウィーとベナブの叙述のこの「すみわけ」もまた興味深い。

マッティンリはこのようなベナブの「文化的レジスタンス」（と文化変容――ベナブはこの語を使わないが――）に

ついての考えが門前払い扱いされたことが、古典古代文化にますます何の美点も見出し得なくなっていくポストコロニアル陣営の人々と新植民地主義として糾弾される危険をおかしつつアフリカにおけるローマ文明の重要性を論じようとする人々とに議論を分極化させる傾向を生んだと述べ、不幸な結果となったと総括している(34)。ちなみにマッティンリ自身の立場は、ベナブが「文化的抵抗」としてとらえようとした諸現象を「文化変容」(acculturation)現象の中へ引き戻して考え、ローマ文化とアフリカ文化が相互作用しつつ過去ともローマ帝国の他の部分とも異質な新世界が創出される場としてローマ時代アフリカを描き出そうという(35)、日本で通常言われるところの「ポストコロニアル」な立場に近いものである。このベナブとマッティンリの関係を考えていくと、現在私たちが直面している学界状況とは、以上のように政治史・軍事史・経済史的な言説がなぜか言いづらいものとなるなかで「文化」の諸分野が中立で安全そうな場所として残っている——ところがそこでは「中立的」言葉の使用が試験として課され、ベナブのような「抵抗」さえ、やんわりとたしなめられる——というふうなものであると感じられる。

　もっとも、この状況は言葉の客観化の訓練の場としてなかなか良い環境であると言えるし、またローマ時代アフリカの問題に話を戻せば、文献史学者ではなくてマッティンリのような考古学畑の研究者によってローマ時代アフリカ史が総括されざるを得ない段階に伴う必然的状況とも言える（言い方の保守性、事実の評価の方向性を気にしないことにするならば、マッティンリが見出しているローマ時代アフリカ社会の諸現象の多くはベナブが〔そして遊牧の発展のような部分についてはラルウィーが〕七〇年代に人々に見せようとしたところのものと重なる。執筆の時点でラルウィーはもとよりベナブもまたマッティンリのようには欧米の歴史学・考古学の伝統と成果を自在に活用し得ておらず、その分が思弁で補われていることを考えれば、このような重なりは「脱植民地史家」たちの、今となっては不細工に見える思想という武器が結構頼りになるものであることを示しているのかもしれない）。むしろより重要な疑問は、acculturationだけが唯一の追究すべき価値のあるテーマではないであろうに結果としてそうなってしまうのはどうしてなのかという点であるが、この疑問に植民地後で冷戦後だからどうしてもそうなる式の没理論に陥らずに応えるのは難しい。即物的にとらえれば、一九七〇年代と九〇年代の間の時期に学問、特に大学における学問環境が大きく変化するなかで発生した事態の一つなのではあろうが。

先に私はドゥマンの問題意識から想起されるような問題群に応える史料的手段は準備されつつあるのではないかと述べたが、仮にそうであるとしてそのような研究が展開していくのを妨げている要因の一つはおそらくこのあたりにもあるのであり、解決は簡単ではない。しかし何でも言えるという建前なのに各々の文化的背景の庇護なしには（ローマが地中海周辺を「支配した」とさえ）言うことが許されない世界へと変容してしまわないように私たちが取り組むべき課題がいろいろあり、その中にこの複合作業——acculturation 問題への議論の収斂の原因を解明できるような精度の「政治史的・軍事史的・経済史的」歴史の言語を獲得しながら、「脱植民地史家」たちの問題提起をその新たな歴史言語のレベルで客観化し、実証できるものは実証する——も入っていることは確かなように思われる。

註

（1）本書第八章参照。

（2）David J. Mattingly and R. Bruce Hitchner, "Roman Africa : An Archaeological Review", *JRS*（*The Journal of Roman Studies*）LXXXV, 1995, pp. 165–213.

（3）*Ibid.*, p. 169.

（4）*Ibid.*, p. 169, n. 51.

（5） *Ibid.*, p. 170.
（6） *Ibid.*, p. 170.
（7） *Ibid.*, n. 56, n. 66, n. 105, n. 398, n. 428 など。
（8） Albert Deman（avec un appendice par Jacques-Henri Michel）, “Matériaux et réflexions pour servir à une éude du développement et du sous-développement dans les provinces de l empire romain”, *ANRW,* II 3, Temporini, H. et al.（eds.）, Berlin/New York, 1975（以下、“Matériaux”）, pp. 3–97.
（9） Deman, “Die Ausbetung Nordafrikas durch Rom und ihre Folgen”, *Jahrbuch für Wirtschaftsgeschichte*, III, 1968, S. 341–353.
（10） Deman, “Materiaux”, p. 7.
（11） J.-M. Lassère, “Rome et le ‘sous-développement’ de l’Afrique”, *REA*（*Revue des Études Anciennes*）, 81, 1979, pp. 67–104.
（12） Lloyed A. Thompson, “On ‘development’ and ‘underdevelopment’ in the Early Roman Empire”, *Klio,* 64, 1982, ii, pp. 383–401.
（13） Lassère, *op. cit.*, p. 68.
（14） *Ibid.*, p. 69.
（15） *Ibid.*, pp. 84–85.
（16） *Ibid*, pp. 71–72. この点に関しては本書第八章での分析も参照。
（17） Lassère, *op. cit.*, p. 96.
（18） *Ibid.*
（19） すなわちここでは、Demanらの使うcolonialismeという語の言葉じりをとらえて、わざと典型的な例（例えば植民者側の「先進国」イギリス、フランス、植民地側の「後進国」インド、アフリカ諸国、など）からはずれた事例が挙げられている。また「白人植民地」とそれ以外の差が故意に無視されている。
（20） Thompson, *op. cit.*, p. 400. 本書第八章二九二頁。
（21） もっとも、ある社会の支配層のイデオロギーは、下層諸集団のそれに優越し、その社会の現実の体制をより客観的に描き出す全体性を有するのだ、という意味では、Thompsonの言う通りでよいのである。
（22） 例えば、ローマ人が北アフリカに建設した水利施設が北アフリカの自然環境には不適合なムダな土木事業であったことを論証しようとするBrent D. Shawの研究（“Water and society in the ancient Maghrib : technology, property and development”, *Environment and Society in Roman North Africa : Studies in History and Archaeology*, Aldershot and Brookfield, 1995, chap. V は、Demanの「非生産的消費」の一例を提供するものかもしれない。
（23） Abdallah Laroui, *L’ histoire du Maghreb. Un essai de synthèseen*, 2 tomes, Paris, 1970, rep. 1976.

(24) *Who's Who in the Arab World 1990–1991*,（10th ed.）München・New York・London・Paris, 1990 の記述による。
(25) Youssef M. Choueiri, *Arab History and the Nationstate : A Study in Modern Arab Historiography 1820–1980*, London and New York, 1989, pp. 165–188.
(26) Ben Barka の経歴と思想に関しては，Anouar Abdel-Malek（ed.）, *Contemporary Arab Political Thought*, London, 1983, pp. 81–87 を見よ。
(27) Choueiri, *op. cit.*, pp. 170–171.
(28) Laroui, *op. cit.*, I, 57–58.
(29) *Ibid.*, II, pp. 5–37.
(30) Choueiri, *op. cit.*, p. 176 のまとめを参考にした。
(31) Marcel Bénabou, *Why I Have Not Written Any of My Books*,（translated by David Kornacker）, Lincoln and London, 1996, viii–ix による。
(32) Bénabou, *La résistance africaine à la romanisation*, Paris, 1976.
(33) *Ibid.*, pp. 26–29.
(34) Mattingly, *op. cit.*, p. 204.
(35) *Ibid.*, p. 205.

第十章　「ローマの平和」とアフリカ社会

帝政期のいわゆる「ローマの平和」の時代、北アフリカのローマ諸属州は繁栄し、「都市化」「ローマ化」「文明化」の主要な舞台の一つとなったとされる。他方、前二章で見たようにこのような認識に対する重要な批判も行なわれている。本章ではこれらの相反する見解について各々の論理構造を明らかにした上で、この時期の北アフリカ社会、特に原住民集団について史料上検証し得る変動とは何かを探る。穀倉としての北アフリカをめぐる問題群――北アフリカ農業の起源問題、ラルウィーの唱える「再遊牧化」現象の真相等――が考察対象となる。

第一節 「繁栄」「穀倉」「遊牧」

一 「繁栄」するアフリカ

ローマ支配下のアフリカについて語られている一見対照的な三つの事態の相互連関を問うこと、これが本章の主題である。〈確認しておくと、以下、本章で言う「アフリカ」あるいは「北アフリカ」とは、ローマ帝国（imperium Romanum）の支配下におかれたアフリカ大陸サハラ以北一帯からエジプトとキュレネ地方を除いた、いわゆるマグリブ地方――現在のリビア西部、チュニジア、アルジェリア、モロッコの北辺＝地中海沿岸である。この地方は、ベルベル Berbère 系住民の社会を土台とし、かつ、ローマ時代以前にカルタゴ等フェニキア系都市の分布をみている点で共通している。ローマ帝政盛期、ここにはアフリカ＝プロコンスラリス州、〈軍管区〉ヌミディア、マウレタニア＝カエサリエンシス州、マウレタニア＝ティンギタナ州の四つの統治上の区分が設けられていた。〉(1)

アフリカは、「ローマの平和（pax Romana）」が属州諸地方にもたらしたとされる「繁栄」salus の古典的実例を提供するものと言われてきた。[2] 属州「繁栄」の度合が、軍事的支配の安定（「平和」）、イタリアからの入植者を核とするローマ的・「古典古代的」都市の形成（「都市化」）と（とりわけ農業生産の安定を基礎とする）経済発展、都市民化した原住民へのローマ・ラテン文化および市民権の普及（「ローマ化」）等々の徴候によって計られるとするならば、紀元後一世紀と二世紀のアフリカ諸州こそは「繁栄」のチャンピオンともいうべき存在であるとされてきた。事実、この時期のアフリカに関してしばしば挙げられる、「都市」数五〇〇以上という数字は、[3] ガリア、ヒスパニア等、他の西部諸州を引き離してぬきん出たものといえるし、出土しているローマ期碑文の相対的「多さ」（約五万点）も、[4] アフリカ諸州が一定の安定と成熟に達していた証拠といえなくもないであろう。また農業生産に関していえば、一—二世紀のアフリカが穀物、ついでオリーヴ・ブドウ栽培の一大中心地であったことは周知の事実であり、その帝国「経済」（政治）における重要性は、首都ローマの年間穀物消費量の八ヵ月分がアフリカからもたらされるとの、ヨセフスの有名な記事[5]によっても明らかである。しかも内外の反ローマ的勢力に対する軍事的優位の確立という点についてみれば、[6] 一—二世紀を通じて原住民であるベルベル系諸種族との紛争が続きはするものの、それらは時とともにますます北アフリカの「辺境」＝マウレタニア（西）・サハラ（南）方面へと限定されてゆく戦いであり、真にローマの支配を動揺させ得るような、属州中枢部（北東）での反乱は、帝政初期のタクファリナス（Tacfarinas）の乱（一七—二四年）[7]を最後に跡を絶っているように見えるのである。この点、アフリカ諸州の状況は、ドナウ・ライン等の方面が「三世紀の危機」の到来を待たずして既に二世紀のうちから緊迫の度を加えていったのとは明確に区別される。要するに以上のような観点からすれば、アフリカ諸州がローマ帝国の支配の総体の中で占めていた位置は、「周辺」どころかまさしく中核的とみなし得るのであり、帝政期アフリカ社会の諸相には、属州統治「成功」のモデル地区めいた気配さえ漂っているのである〈＝単純な「属州繁栄」史観〉。

二　「穀倉」としてのアフリカ

にもかかわらず、別の観点からすればアフリカは、この「繁栄」の一方でやはり「周辺」であり「周辺」を宿していたといわれる。まず第一に、アフリカ諸州は巨視的に見れば、所詮、都市ローマ（そしてイタリアという特定の地域）を主要な結集の場とする支配層の獲得物に他ならず、アフリカが帝国の「穀倉」だという意味は単にこの土地が豊穣だというだけではなく、その収穫物が地租（十分の一税）としてであれ皇帝領小作料（収穫の三分の一）としてであれ、ローマ権力の側からの何らの代償もなしに首都をうるおし続けているということに他ならなかった。ローマ（イタリア）―アフリカ間の物資流通の様々な流れの基底に、このアフリカからローマ（イタリア）への一方的穀物収取のパイプが太々と通じていた事実は、先のような単純・平板な「属州繁栄」史観に対する批判の視座を与える。(8) アフリカの「ローマ化」がどれ程進行し、帝国内におけるローマ（イタリア）社会とアフリカ社会の「同質化」（社会的諸事象の表面的類似性の増大）がどれ程達成されようとも、このパイプが存在する限りにおいて両者は依然として上下関係にあるのであり、ローマ帝国という一つの構造物の「中心」（頂点）と「周辺」（底辺）なのであって、けっして独立・対等の関係で併存する（したがって単純な比較が可能であるような）二つの社会であるのではない。ローマ時代のアフリカ諸州の「繁栄」についての研究は、それゆえこの観点からすれば当然に、ローマ帝国内におけるアフリカ社会の位置のこの特質（主要な収奪対象であるという）との連関を問題として、例えば、「繁栄」と見えるものは収奪者（ローマ・イタリアに本拠をもつ「不在地主」その他）の繁栄にすぎず、「繁栄」の華々しさは単にアフリカでの収奪の他地域に勝る苛烈さを示すにすぎない(9)（偽りの繁栄）とみるべきなのか、それとも収奪体系の存在にもかかわらず、それを補う何らかの好条件に救われて被収奪者まで含めたアフリカ社会全体が他地域を凌ぐ繁栄を享受し得ていた(10)（真の繁栄）とみるべきなのかを問うというような形で研究されざるを得ないし、現に研究されてきた（この文脈で、繁栄の虚構性の証拠として注目されるのが、特に皇帝領で頻発したとされるコロヌスの闘争であった)[11]。ローマ史研究の「脱植民地化」を提唱する立場から従来の「幸福なアフリカ」像に批判を加えるドゥマン（A. Deman）の場合はいうまでもなく、クルトワ（Ch. Courtois）[12]やフレンド（W. H. C. Frend）[13]のような、帝政後期アフリカ（したがってアフリカにおけるローマ支配の解体期）研究の成果をふまえて「繁栄」の「脆さ」を指摘する実証史家の場合も、その問題意識の根底には、帝国の「穀倉」（主要な収奪対象）が同時に真の繁栄の中心でもあるなどということが、はたして可能なのかどうかという懐疑が潜んでいるとみてよいであろう〈＝単純な「属州収奪」史観〉。

三　「遊牧」の「残存」するアフリカ

ところでアフリカは以上のような意味で総体として「周辺」（底辺）とみなされ得るのみならず、それ自体の中に「周辺」を、つまり「平和」がおよばず「都市化」も「ローマ化」もされない部分を含み続けた（「周辺」を宿していた）とされる。いわゆる「遊牧民」「半遊牧民」「移牧民」の「残存」と、田園地帯（したがって農耕民）をも含む非都市域全体での原住民＝ベルベル文化の根強い「持続」がそれである[14]。

先に述べた通り、一―二世紀のアフリカでは、反ローマ闘争の担い手が次第に西南部の、より「遊牧的」な諸種族に限定されていく傾向がみられ、「都市化」の進んだ中枢地域（旧カルタゴ領を中心とする北東部および東ヌミディア）での蜂起はタクファリナスの乱を頂点に下降線をたどって、トラヤヌス帝（在位九八―一一七年）のムニキピウム（ローマ市民自治市）設置・原住民隔離・「定着」政策以後ほぼ終息したと言われる[15]。しかし、これはあくまでも「ほぼ」であり、蜂起がローマの支配に重大な支障をおよぼさない限度に抑えこまれたというにすぎないのであって、この限度内では闘争は継続された。そしてこの限度とは、空間的にはアフリカ＝プロコンスラリス州およびヌミディアの南部＝サハラ地方とアウレス（オーレス）山系等、山間部、および両マウレタニア州の全域であり、住民の生活様式で言えば、「山地移牧民」「半遊牧民」「遊牧民」といった非定着農耕民のほとんどすべてであった。[16] つまり「ローマの平和」は、（反ローマ蜂起抑止の軍事体制としては四統治区分全域を視野に収めていたものの）住民の実効的把握を条件とする政治体制としては前記の中枢地域内のとりわけ定着農耕民に対してしか成立していなかったと言い得るのであり、「都市化」「ローマ化」の展開もこの範囲を大きく越えることはなかった。

しかも、こと「ローマ化」に限って言えば、その達成は中枢地域の内でさえ、つつましいものであった。「穀倉」アフリカの直接生産者である原住民農民（皇帝領およびローマ有力者の私領のコロヌス、公有地上の農民、季節労働者等）の大部分は依然としてベルベル系方言（le libyque）を話し、古代ベルベルの宗教・文化・習俗・社会組織の要素の多くを維持した。彼らが摂取し血肉化している外来文化があるとすれば、それはラテン文化ではなくて、カルタゴの文化、ポエニ＝ヘレニズム文化であった。[17] 結局、「ローマ化」が実現されている範囲とは、「都市」――それも典型的には（ローマ以前からのポエニ系、ポエニ＝ベルベル系の都市を除く）ローマが新たに創設した都市の中心部（中心市以外では都市領域内でさえ、ベルベル的集落の「残存」が想定される……）に限られたのであり、それ以外の、とりわけ反ローマ闘争継続地域では古代ベルベル社会の「伝統」が強固に「保存」された。

そして三世紀、「ローマの平和」が帝国全域で崩壊に直面するころともなれば、この「伝統的」ベルベル「遊牧」社会は一―二世紀に許容されていた限度を超えて中枢地域を侵食し、これを包囲する。[18] 闘争継続地域のただ中にありながら、これまではローマの支配が貫徹していたとみられるマウレタニアの諸都市（例えばウォルビリス Volubilis）も、この時期には近隣族長の保護下に入り、闘争継続地域（面積にしてアフリカ諸州のほぼ三分の一に当たる一一万平方キロメートル）は、ついに全体としてローマの勢力圏から脱落する。[19] 一八五年（ディオクレティアヌス登場）以降のアフリカの長城《リメス》（ローマの防衛線）は、一―二世紀のように諸属州すべての南境とサハラの間を区切る（したがってこの段階では闘争継続地域もなお、リメスの内側＝ローマの守備範囲内に入っている）のではなくて、中枢地域と旧闘争継続地域の間を区切るもの（したがってこの段階では中枢地域のみがローマの守備範囲に入り、闘争継続地域は既にローマから「解放」されている）へと後退し、「ローマの平和」がもはや軍事体制としてすら北アフリカ全域を覆うものではなくなった事実を端的に示すのである。以上を単純化すれば、ローマ時代の北アフリカ史とは、「ローマ化」を拒み続ける（「遊牧民」に代表される）原住民の不屈の抵抗が、ついにローマ勢力から一定の解放を勝ち得るに至る道程に他ならないことになる〈＝単純な「抵抗」史観〉。

四　「文明化」論の定立

こうしてアフリカは、ローマ帝国の下で同時に三つの異なった相を呈しているわけである。――「都市化」「ローマ化」が「典型的」に進行する「繁栄」の顔と、収奪される「穀倉」の顔と、しぶとく抵抗を続ける「遊牧」の顔と。そしてローマ時代アフリカの特徴を記述するに当たって、この三相のいずれを強調し、三相の相互連関をどう把握するかは、そのまま記述者である歴史研究者のローマ史に対する基本的立場の表明ともなってきた。

トゥタン（J. Toutain）やG・シャルル＝ピカール（G. Charles-Picard）や最近ではラセール（J.-M. Lassère）のように、ローマのアフリカ支配を文字通りの「文明化」過程として肯定的に評価する立場の人々は[20]、当然「繁栄」の顔を強調した。「繁栄」強調論＝「文明化」論は欧米の実証史学界において、常に多数派を構成してきた。しかも注意すべきは、これら「文明化」論が「収奪」史観・「抵抗」史観と単純に対抗関係にあるのではなくて、むしろ「穀倉」アフリカ・「遊牧の」アフリカの視点をも一応組み込みつつ立論され、そのことが「文明化」論の「収奪」史観・「抵抗」史観に対する外見上の優位を確保してきたという点である。すなわちこの種の

「文明化」論においては、アフリカが収奪される「穀倉」であったという事実は、むしろそのような収奪が可能となるほどにローマが「不毛の荒野」アフリカを農耕地帯へと育て上げた証として、「繁栄」「文明化」の業績の一つに数え上げられるのであった。(21) ベルベル社会の頑強な抵抗もまた、それが「遊牧社会」の抵抗であるとされる限りにおいて、「文明化」論にとって不利な材料ではなかった。それは「北アフリカ原住民＝根っからの遊牧民＝内発的には定着農耕へと移行できない（あるいは移行したがらない）人々」という等式に根拠を与え、収奪に対する原住民の抵抗を、あたかもローマの「定住化政策」に対する抵抗であるかのごとくみせる材料であり、そのことによって逆に、ローマのアフリカ侵略を「外からの農耕化」のための不可避の暴力として免罪する効果をさえもち得たのである。(22)

他方、ドゥマンやクルトワやフレンドや、要するに「ローマによるアフリカ文明化」なる図式を留保なしに受け容れることを拒むすべての研究者において、「収奪」の面の規定的重要性への直感が出発点にあることは既に述べた。ただし、「文明化」論が右のようにローマの「農耕普及者」としての役割を強調する（つまり「収奪」を「穀倉化」と、「抵抗」を「遊牧の残存」と言い換える）ことで、「収奪」や「抵抗」の相をそれなりに自説の補強材料に利用しつつ立ち現れることに対応して、これら「文明化」論批判者の反論も、単に「収奪」や「抵抗」の事実を強調するだけの次元には長く留まり得ず、〈北アフリカにおける農耕の発生と遊牧〉の問題に踏みこんで展開されることとなった。一九七〇年の『マグリブ史』の中で、モロッコの歴史家アブダッラー・ラルウィーが繰り広げている議論は、(23) こうした、より深い次元での「文明化」論批判の最新の例を示していると言える。

第二節　「分散化」「退行的抵抗」「再遊牧化」

一　「文明化」論批判の視座

ラルウィーの批判の矛先は、単に「ローマ時代の北アフリカ」に関する「繁栄」強調型の評価に対してだけ向けられているのではなく、北アフリカ古代史を外部からの相次ぐ「侵入」「征服」の歴史の総和（すなわち、「カルタゴ時代」＋「ローマ時代」＋「ヴァンダル時代」＋「ビザンツ時代」＝北アフリカ古代史）と見るような枠組全体に対して向けられており、そのような認識の底に流れる植民地主義的偏向（――この枠組においては、取り上げる価値のある事績・制度・文明は、常に「外」から北アフリカにもたらされるものとされ、アフリカ社会の内発的発展の契機は無視される。「北アフリカ原住民＝ベルベル系住民」が主題とされる場合でさえ、その視角は常に「ベルベル人はどこから来たか？　東方起源か西方起源か？」のような由来問題に限定されがちであった――）の全面的剔抉が意図されている[24]。したがってその議論は極めて多岐にわたっているが、ここではあえて〈農耕―遊牧〉問題に的を絞りつつ論点を整理しておこう。

まず、北アフリカにおける農耕の起源それ自体の問題に関して、ラルウィーは「文明化」論者の唱える外部起源説（フェニキア起源説とローマ起源説）の実証的根拠の弱さを容赦なく暴露する。農耕の普及者をローマとする説は（少なくとも専門研究者のレベルでは）、既に「文明化」論陣営内部でも少数派となり、現在では「実証史家」をもって任ずる研究者の多くはフェニキア・カルタゴ起源説の検討を主題としている（例えばカンプス）[25]のであるが、確かに言語学上の知見は農耕技術の東方起源（――ただしフェニキアかどうかは特定できない。一般論としては、西地中海文明のすべては「東方起源」であろう――）を示すものの、他方、考古学は北アフリカのオリーヴもイチジクもブドウも、フェニキア起源ではないことを示すのであり、カンプス自身もある箇所では「北アフリカにおける農耕の発達とベルベル社会の形成は同時」（したがってカルタゴ建設のはるか以前。ラルウィーによればベルベル人の定住は前二〇〇〇年紀にさかのぼる……）と認めざるを得ないのが真相である(26)。しかも「根っからの遊牧民」であるはずの古代ベルベル人の遺跡からは、羊等の遊牧獣や狩猟獣の骨はほとんど出土せぬ一方、牛骨や（陶製の）大椀（bol）、大規模な墓地等、定住生活を示唆する出土品が相次ぎ、「ベルベル社会＝遊牧社会」説はこの面でも既に破綻している(27)。にもかかわらず「ベルベリー（マグリブ）地方では、もっとも簡単な農耕技術すらすべて外来であり、この地の住民の側のいかなるイニシアティヴにも依らなかったとでも言うのか」とカンプスが'punicophiles'（カルタゴびいき派）の先入観に疑問を呈さざるを得ないとき、そのような外部（フェニキア）起源説は、植民地主義的偏向に裏打ちされたア・プリオリな「北アフリカ原住民＝遊牧民」説の反映でなくて何であろうか(28)。

こうして「実証史家」の農耕外部起源説の非実証性を指摘する中で、ラルウィーはこの種の偏向が近代の植民地主義の所産であると同時に、「実証」の典拠とされる古典史料＝「古代人」の文献そのものに内在することを明らかにしていく。普通、「古代人」の証言とされるものはそのじつ、北アフリカ土着の古代人＝古代ベルベル人の証言ではなく、北アフリカに対する古代における侵入者（あるいは侵入の意図を秘めた外部からの観察者）ローマ人（およびギリシア人）の証言に他ならない（――ローマ人に先行する侵入者、フェニキア人・カルタゴ人の場合は、彼ら自身の手に成る文献がほとんど残っていない――）が、そのギリシア人・ローマ人が自らに屈服・同化せぬベルベル系住民を「ノマデス」Nomades（ギリシア語で「遊牧民」。北アフリカ原住民をさす固有名詞として使われる。ノマデスのラテン語形がヌミダエ Numidae で、いわゆるヌミディア人）(29)と呼び、「カルタゴ時代」から「ローマ時代」にかけての北アフリカ古代史を、「ノマデス定住化」のための外来者による様々な努力（まず、カルタゴ人の、次いでローマに支援されたヌミディア王マシニッサ Massinissa の、最後にローマ人自身の……）の歴史として描き出すとき、このような証言ははたして「古代人」なりの「植民地主義的」偏向から自由なのであろうか、とラルウィーは問い、古典史料に対する史料批判の徹底を訴える(30)。

二　「王権＝統一的抵抗主体」対「分散化」

ラルウィーによれば、古典史料からこうしたギリシア人・ローマ人なりの「文明化」論的歪みを消去していった場合、最後に残る真実――「カルタゴ時代」と「ローマ時代」のベルベル社会に関して読みとり得る唯一信頼すべき情報――とは、「時代とともに加速される社会の分散化」の傾向であるという(31)。もとより、「ベルベル社会の分散的傾向」という命題自体は別段目新しいものではない(32)。それどころか先史から現代まで連続する、宿命的な後進性の要因を抱えた社会としての「ベルベル社会」なる枠組を設定し、その「停滞」の要因をこの社会の「基礎細胞」たる「部族」tribu の孤立性・固定性・割拠性（したがって社会全体の特徴としては分散性）に求めるような認識こそは、「文明化」論定立の前提に他ならなかった。ラルウィーの主張の斬新さは、このいわば周知の「分散性」を「分散化」と捉え直すこと――すなわち、別の状況下であれば社会発展とともに解消されていったであろう部族社会固有の諸特徴（それ自体としては、ベルベル社会に限らず、原始段階のすべての社会によって共有されていた諸特徴）が、「侵入」「征服」の連鎖としての北アフリカ古代史の特殊な発展の中で後天的に再生産され固定されてゆく過程として捉えること――のうちに存するのである。

事態は次のように進行したとされる(33)。

(i)第Ⅰ期（原始からフェニキア人の到来＝前二〇〇〇年紀末まで）……サハラ乾燥化以前に東方（ナイル方面から）陸・路マグリブ地方へ移動・拡大して来た、言語的・文化的に同質なベルベル人の社会が、前三〇〇〇年紀に入ってオリエント諸文明の海からの伝播の下で「地中海的」マグリブと旧来の「サハラ的」（したがってナイル的な、新石器時代からの連続性を保った）マグリブへと二分化する（ラルウィーによれば古典史料では前者の住民をリビュエース（リビュエス）人 Libyes、後者の住民をガエトゥリー人 Gaetuli と区別することがある）。「地中海的」ベルベル社会は以後、自給自足的農業・定住村落・地中海周辺諸地域との商品交換・ベルベル語を表記するための固有の文字（リビア文字）を具備した定着農耕社会として発展する。この段階でのこのベルベル農耕社会の特徴は、同じく東地中海先進文明の影響下に形成された西地中海のすべての原始農耕社会となお共通である。

(ii)第Ⅱ期（フェニキア人植民・カルタゴ建国からポエニ戦争期＝前三―前二世紀まで）……ベルベル農耕社会形成後、この農耕社会と（東地中海の）都市商業とを媒介するフェニキア人の植民市建設が始まり、その結果、ベルベル社会は西地中海の他の諸地域から切り離されて、もっぱらオリエントとの交流を深める。フェニキア植民市の影響下、ベルベル人の都市集住も開始される。こうしたフェニキア勢の圧力に対する反動として、前六世紀にはマグリブ各地（モロッコとカルタゴ周辺）に巨大な墳墓を伴う王権が早熟的に（したがって通常の社会発展の帰結としてではなく、対外抵抗の結集の表現として）形成される（「君主制の形をとった反カルタゴ運動」！）が、カルタゴの反攻（前五―前四世紀）により東部の王国は崩壊。一歩西方に後退した地点のヌミディア諸王国がこれにとって代わる。ヌミディア諸王国もポエニ戦争期に至るまで「カルタゴ領奪回」を王権の大義として掲げ続けるが、主としてカルタゴの分断策により、諸王国間（マッシュリー王家対マサエシュリー王家）の反目・異質化も深まっていく。

(iii)第Ⅲ期（カルタゴ滅亡以降。すなわち「ローマ時代」）……ポエニ戦争によるカルタゴ・フェニキア勢力の衰退の中で、マグリブ最西部のマウレタニア（現在のモロッコ付近）諸王がカルタゴ系港湾の奪回に成功し、イベリア半島との交流を開始するが、他方、東部ではヌミディア（マッシュリー）王国のカルタゴ領奪回がローマによって阻まれ（ローマのカルタゴ併合・属州アフリカ設定）未完に終わる。以後ローマは、一貫してヌミディアとマウレタニアの間の反目を煽りつつ、両王国をローマの植民者・商人・兵士によって包囲し、各個に廃絶・併合していく。ポエニ戦争期以来二五〇年間続いた、このローマによる分断策で、ベルベル社会の側の統一的抵抗主体としての王権の土台は完全に破砕され、この後のベルベルの対外抵抗は、普遍性と共通の基盤を欠いた、分派的でネガティヴな運動（山岳地帯やサハラへの逃亡、宗教上の分離派形成……）へと退化・萎縮する。[34]

こうしてラルウィーにおいては、「ローマ時代」へと収斂する北アフリカ（マグリブ）古代史の展開は、いわば以後のマグリブ史の「質的限界（閾《いき》）」seuil qualitatif を画するような枠組が次第に形をとっていく過程として把握される。すなわち「分散化」の完成（王権の最終的解体＝部族を超える統一的抵抗主体の消滅）により、状況を全面的に打開し得る可能性が遠のいた後の北アフリカでは、「ローマ、そして後には教会が掲げる『普遍性』universalité とは隷従の普遍化にすぎず、他方『自由』とは原始への回帰の別名」にすぎないという苦渋にみちた二律背反の構造がみられ、[35]「発展」が従属と、「自由」が退行と不可分に結びつくのである。中世以降の北アフリカにおける特徴的な諸現象——「遊牧」の優越・社会の「部族制的」編成原理の優越——は、原始社会の特徴の「残存」「延長」などではけっしてなく、まさしくこの二律背反構造下での「退行的抵抗」の不幸な副産物、つまりは「再遊牧化」re-nomadisation[36]の結果に他ならないとされる〈＝古代北アフリカにおける「時代閉塞」〉。

三　ラルウィーにおける「民族主義」

以上のようにラルウィーの「文明化」論批判は、単なるあげ足取りに堕することなく、〈農耕―遊牧〉問題に関して従来の「文明化」論的解釈に代わる独自の解釈を与えるものであり、現代マグリブ諸国における「脱植民地主義」史学の理論水準を示すものとなっている。それは、「カルタゴ・ローマ時代以前にさかのぼるベルベル農耕社会存在の可能性」という、欧米「実証」史家が見て見ぬふりをしてきた戦後考古学の成果と、これとは一見矛盾する「歴史時代における遊牧の優越」現象とを、〈マグリブ史に固有の、発展の逆説性〉（という仮説）によって、ともに整合的に説明する方途を示すものであるが故に、欧米人研究者の間にさえ早くも支持者を見出している。(37) この点「ラルウィー理論」は単純な「収奪」史観や「抵抗」史観とは明らかに異なった質を獲得しており、俗流的な意味での（自民族の抵抗運動への無条件の共感を特徴とするような）「民族主義」とは無縁であると言える。にもかかわらずここにはやはり「民族主義」的思考に特有のドグマが（欧米「実証」史学＝欧米植民地主義史学（?）と比較すれば遥かに抑制されているとはいえ）強固に存在するのを見てとらねばならない――すなわち「王権＝統一的抵抗主体」のドグマである。

問題は「ラルウィー理論」のキーワード、「社会の分散化」éparpillement social の契機にかかわる。先に要約した「分散化」過程の叙述から明らかなごとく、ラルウィーは「マグリブ史の質的限界」に結びつくような「分散化」を、「王権＝統一的抵抗主体」に対する侵入者カルタゴ（第Ⅱ期）およびローマ（第Ⅲ期）の分断策成功の結果として捉えている（第Ⅰ期、つまり外部からの本格的侵入の開始以前にも「地中海的」と「サハラ的」への分化がみられるが、それはなお西地中海周辺のどこにでもあるような種類の地域差と理解されている）。言い換えれば、「質的限界」

創出の要因は、もっぱら「外圧」——あるいは古代北アフリカのおかれた地政学的な位置——に求められるのであって、ベルベル社会の側は全体として、土着権力＝王権まで含めて、いわば「後進化」の「責任」から免罪されている。ベルベル王権の発生が、階級社会における敵対的諸関係の表現としてではなく、「外圧」に直面した無階級社会の対外結集として捉えられる（第Ⅱ期の叙述）こと自体、既に問題をはらんでいるが、さらに特徴的なのは、王権のこの「無階級的性格」があたかも王権の最終的解体の日まで無垢のまま保持されたかのごとき論理構成となっている（第Ⅲ期の叙述）点である〈＝王権理想化の可能性〉。

このように民族的抵抗主体としての王権の理想化が、ラルウィーにおける「民族主義」的限界の第一の表われであるとするならば[38]、第二の表われは、「再遊牧化」（に代表される、二律背反構造下での退行現象）の位置づけにかかわる。この部分でのラルウィーの叙述は、事件史的な意味での歴史過程の分析というより、その過程の総体を理念化して、象徴的に示すというスタイルをとっており、したがって「再遊牧化」と言った場合、彼が具体的には（つまり史料に現われるような事象のレベルでは）どのような過程を想定しているのか読み切れない面を残す。しかし、少なくとも確かだと思われるのは、ここには「再遊牧化」を王権解体後の抵抗者（ベルベル）たちの苦渋にみちた二者択一的選択（「発展」か「自由」か）の問題としてのみ扱う（「山岳地帯やサハラへの逃亡」）傾向があることで、その背後には「再遊牧化」をローマの支配とは完全に対抗関係にある（つまり、ローマの支配構造の外に脱出していく）ような事柄とする認識があるとみなければならない。それゆえ、歴史時代の「遊牧民」は、その退行的面への否定的評価にもかかわらず、「自由」の問題に関する限り真正に自由な、（ローマ支配から）解放された存在として理想化される可能性を残すことになる[39]。「再遊牧化」がそれ自体として北アフリカにおけるローマの支配構造の一環をなしていたかもしれない（抵抗者たちの「再遊牧化」が、ローマ権力にベルベル農耕社会支配正当化の枠組＝「遊牧民からの農耕民保護」を与えたのではないか……あるいは、ベルベル農民の「離農」＝「再遊牧化」の、ある特定のあり方が「ローマ時代」におけるアフリカの「都市化」「穀倉化」達成の不可欠の条件となったのではないか……要するに「再遊牧化」は「ローマ化」への抵抗というより、むしろその前提として進行したのではないか……）というような問題意識はラルウィーには稀薄であり、結局、ローマ支配の問題は依然、抵抗主体にとって外的な、したがってまた、その質（いかなる社会的関係の中で、いかなる形態をとって実現される収奪・支配なのか?）を問われることの少ない（程度の烈しさこそ強調されるものの……）事柄として残っていくことになる(40)〈＝「再遊牧化」理想化の可能性〉。

次に示すのは「ラルウィー理論」の以上二点にわたる――ただし「民族主義」的思考枠組に特有の「内＝善」「外＝悪」二項対立図式の現われとして、実は単一の――限界を意識しつつ書かれた、筆者自身の〈農耕―遊牧〉問題についての仮説構築のための準備作業である。「ローマの平和」を北アフリカにおいて実現せしめた社会構造の質とは何か――それを解く糸口を、あるいはここから発見できるのではないかと思う。事柄の性質上、研究史の現段階で史料的に実証し得る部分は少ない。論理的整合性の追求のみが、ほとんど唯一の導きの糸である。

第三節　変動・危機管理・生産

一　「マウリー、マサエシュリーの退場」

「ローマ時代」の北アフリカ原住民社会において、ラルウィーが「分散化」「再遊牧化」の語で表現しようとしたような、一種の「退行的」変動が起こっていたのではないか、という仮説を当面の出発点とした場合、これに対応する何らかの記事を古典史料中に見出し得るであろうか。

共和末から元首政期――つまり第二次ポエニ戦争以降、ベルベル（ヌミディア）王権との同盟の形で既に始まっているローマの北アフリカ支配[41]が、ヌミディア、マウレタニア両王国の廃絶・諸属州体制への移行をもって「本格化」したとされる時期――について、我々はストラボン（前六四／六三―後二五年）の『地理誌』第一七巻および大プリニウス（後二三年―七九年）の『博物誌』第五巻に、比較的多くのアフリカ原住民関係の記事を読むことができる[42]。両書とも執筆時のアフリカの現勢を叙述するスタイルをとっているが、その中から〈比較的近い過去に起こった原住民社会の変動〉にかかわると思われる部分を敢えて拾い出してみると、まずプリニウスが、両マウレタニア州に関して（海岸線を概ね西から東へと辿りつつ）言及している一節（Plin. *n.h.* V. 17）で次のように述べているのが目を惹く。

「ティンギタナ州は長さ一七〇ローマ=マイル。この地の諸種族 gentes について―マウリー（地名マウレタニアはこれに由来）人 Mauri（多くの著者はマウルスィー人 Maurusii と呼んでいる）が以前は他に抜きん出ていたが、戦争によって激減し、少数の家族 familiae を残すのみとなった。彼らに隣接していたのがマサエシュリー人 Masaesyli であるが、同様に絶滅した。現在ではガエトゥリー系諸種族 Gaetulae gentes が住みついている。すなわちバニューラエ人 Baniurae、もっとも強力なアウトテレース人 Autoteles、および以前はその一部であったが分離してアエティオペース人 Aethiopes に近い方で独立の種族を形成したネスィミー人 Nesimi である」。（（　）内もプリニウス）

要するにこの箇所では、この地方の主要勢力が従来のマウリー人・マサエシュリー人〔この二者は他の史料からポエニ戦争期にマッシュリー人 Massyli とともにベルベル社会を三分する勢力であったことが知られる[43]。マウリーの「国家」がマウレタニア王国、マッシュリーがマサエシュリーを併合した結果生まれたのがヌミディア王国であり、共和政ローマはヌミディアとは第二次ポエニ戦争以来、マウレタニアとはユグルタ戦争〔後出〕以来、「友好関係」amicitia（という名の支配―被支配関係）にあった。ヌミディアは共和末の内乱期(44)に、マウレタニアはガイウス帝末期(45)に廃絶され、属州化される。マウリー、マサエシュリー、マッシュリーは三者とも、相当高度の定着農耕社会を形成していたと考えられている」から、ある時点以降（戦争を契機として）ガエトゥリー系に交替した、とされているわけである。この「ガエトゥリー」なる語がプリニウスにおいていかなるニュアンスを伴っているかをみるべく他の箇所を拾っていくと――。

「アフリカ内陸を南へ、ガエトゥリー人たちの向う側へと巡っていくと、砂漠をはさんで、すべてのうちで、まずリビュエース＝アエギュプティー人 Libyes Aegyptii、次に『白い』アエティオペース人 Leucae Aethiopes が居住している」。(*n.h.* V. 43)

のように、ガエトゥリー人は全体としては本来的にアフリカ内陸の、しかも砂漠（サハラ？）よりは北に帯状に分布しているごとくに叙述され、さらに地名ガエトゥリアに関しても、アムプサガ Ampsaga 川以東キュレナイカ州以西のアフリカに住む、ローマ支配下の五一六種の民 populi の概略を紹介している箇所で――。

「残りの数のうち大部分は単に civitates（国あるいは都市）と言うより、正しくは民族 nationes と言うべきもので、すなわちナタブデース人 Natabudes、カプスィタニー人 Capsitani、ムスラミイー人 Muslami、……マッシュリー人 Massyli……、マルクビー人 Marchubi、そしてニグリス Nigris 川に至る全ガエトゥリア tota Gaetulia である。このニグリス川がアフリカをアエティオピアから区切る」。(*n.h.* V. 30)

このように、ガエトゥリア地方はアフリカ大陸のうちローマの支配がおよぶ範囲（プリニウスのいう「アフリカ」）の最南（?）端に位置するものとして叙述されている。[46] つまり、以上を総合すれば、最初に挙げたプリニウスの記事の背後には、過去のある時点における〈それまで地中海沿岸の大勢力（ベルベル農耕社会の代表）であったマウリー、マサエシュリーの死滅→より南のサハラ方面に分布していたガエトゥリー系諸種族の進出〉という変動が想定されていると考えられるのである。

次にストラボンを見ると（執筆時期はプリニウスより数十年早いが）、既にここでもガエトゥリー（ガイトゥーロイ）人は「リビア（アフリカ）の諸民族 ethnos 中最大」（Strab. XVII. 3. 2; 9）とされている一方、北アフリカ地中海沿岸はなお、マサエシュリー（マサイシュリオイ）とマウリー（マウルスィオイ）およびマッシュリー（マシュリオイ）の住む所とされ（XVII. 3. 2; 7; 9）、ガエトゥリーはこれらの種族の居住地のずっと奥にいる（XVII. 3. 2; 9）ものとされている。マウリーやマサエシュリーはまだ一応健在のように描かれているが、興味深いのは、同じ沿岸地域でローマの介入による住民配置の激変が過去に繰り返し起こっていると示唆されている点である。すなわち――。

「この海岸〔ストラボンの区分ではモロカト Molochath 川からトゥレートン Treton 岬までがマサエシューリア地方で、ここではそのマサエシューリアの海岸〕にヨーロノマ Iolonoma という都市があったが、プトレマイオスの父〔マウレタニア王〕ユバ Iuba〔二世〕が再建し、カイサレイア Caesareia と改名した。この都市には港があり、港の前面に小さな島もある。カイサレイアとトゥレートンの間にはサルダ Salda という大きな港があり、これが現在ではユバ領とローマ領の境界となっている。というのも、この地方の区分はたびたび変動したからで、住民が各種いた上に、ローマ人がそれらを様々な機会に様々なやり方で――ある者は友として、ある者は敵として――取り扱ったため、土地の様々な部分が様々な者から取り上げられ様々な者に与えられ、しかもそれがそれぞれ相異なった仕方でなされることとなったのである」。（XVII. 3. 12.〔　〕内筆者）

この記事には、プリニウスにおけるマウリーやマサエシュリーの「戦争による死滅」の具体的プロセスのある部分を復元する手掛りが含まれているようにみえる。

二　「ガエトゥリーの登場」

ローマ支配下のアフリカ社会における「退行的」変動を、さしあたり史料上は〈地中海沿岸のより「先進的」（ラルウィーの言う「地中海的」な、既に高度の定着農耕社会を形成している）ベルベル社会の破砕、これに代わる内陸の、より「後進的」（ラルウィーの言う「サハラ的」な、新石器時代との連続性を保っているという意味でより非定着農耕民的な）ベルベル諸種族の沿岸への進出〉のような事象の形をとって現れるものとした場合、この種の変動の起点をどこに定めたらよいであろうか。

右に挙げたストラボンの記事は事態の出発点をローマ権力の直接行動（外交・軍事・戦後処理……）そのものに求める見解を支持するもののようであるが、他方、共和末の二つの史料、サルスティウス（前八六年―前三五年頃）の『ユグルタ戦争』と作者不詳（カエサル派の部将？）の『アフリカ戦記』（前四〇年頃）は、この変動の一端がローマのその地域での直接行動以前に、いわば原住民社会の「内部」から始まっていて、ローマの直接行動はむしろ、この深部より噴出する矛盾への後手に回った対応としての性格をもつのではないかとの印象を与える。

最初にサルスティウスから見ていくと、次の一節はユグルタ戦争[47]（前一一一―前一〇五年。ヌミディア王位をめぐる内紛にローマが介入し、内紛の勝利者ユグルタ Iugurtha とローマの戦争へとエスカレートしたもの。ユグルタの敗北・処刑、ローマによるユグルタの兄弟ガウダ Gauda の擁立をもって終わる）におけるローマとガエトゥリーの史上最初の遭遇を伝える点で重要である。

「ユグルタはタラ Thala 市を失った後、何物もメテッルス Metellus〔前一〇九年のコンスル。対ユグルタ戦の指揮官〕の前では充分に強固ではないと考えて、わずかな人数と共に広大な荒れ地を進んでガエトゥリー人たちの所に至った。これは野蛮で未開 ferum incultumque な種族で、この時までローマの威名を知らなかった。彼らの大群衆 multitudo をユグルタは一箇所に集め、徐々に隊列を組むことや軍旗に従うこと、命令を守ること、その他、軍務に服することに慣れさせた」。（Sall. *Iug*. 80. 1-2.〔　〕内筆者）

ちなみにユグルタ戦争のこの時期（前一〇八―前一〇七年）には、ユグルタは既に初期の支持層に見離され（*Iug*. 54. 4）、側近の間にも動揺が生じ（*Iug*. 70-72. 1）ており、[48] したがってユグルタがヌミディア王であることがただちに内陸のガエトゥリー人たちに対ローマ戦参加を強制する根拠となり得たとは考えにくい。そもそも、この記事が伝える時点以前には、ヌミディア（マッシュリー）王権がガエトゥリアを実質的に包摂していた証拠を示す史料はないのであり、例えば統一ヌミディア初代の王マシニッサ Massinissa の事績に詳しいポリュビオスやリウィウスにもガエトゥリーはこの文脈では登場しない。[49] 要するに『ユグルタ戦争』のこの箇所でのガエトゥリー大量動員の背景には、ガエトゥリーの側の一定の「自発性」（ないし、ユグルタに従ってローマと戦うことを選ぶ何らかの積極的動機）を想定せざるを得ないのである。実際ガエトゥリー部隊は、この後ユグルタ軍の主力として戦争末期まで活躍する（*Iug*. 88. 3 ; 97. 4 ; 99. 2）。

こうしてユグルタ戦争期に「反ローマ」的文脈でローマ―ヌミディア関係の中にはじめて現れるガエトゥリーは、『アフリカ戦記』の――したがって共和政期末のカエサル派対ポンペイウス派の内乱（前四九―前四五年）の――時期までには既にヌミディア王権の支配体制の重要な構成要素となっている。すなわち、ポンペイウス派に与したヌミディア王ユバ（一世。前出のマウレタニア王ユバ二世の父）の騎兵隊には「名の知られたガエトゥリー人たち」Gaetuli nobiliores が多く含まれ、騎兵隊長たち praefecti equitum 自身がガエトゥリー人であり（*Bell. Afr.* 56）、『アフリカ戦記』の筆者は、ガエトゥリーのユバ＝ポンペイウス派陣営からの寝返りをカエサル勝利の条件の一つとみて、その敵陣からの脱走を繰り返し記録している（*Bell. Afr.* 32 ; 35 ; 56）のである。

しかもこれらの箇所で注目すべきは、ヌミディア王国へのガエトゥリーのこの組み込みが、以下にみるごとく先のユグルタ戦争においてガエトゥリーの出現に直面したローマ（の指揮官マリウス）の側の、一連の対応措置を土台にしているとされていることである。

「……この間、ヌミダエ人とガエトゥリー人が連日スキピオ〔Q. Caecilius Metellus Pius Scipio 前五二年のコンスル。アフリカ戦争における反カエサル派の総指揮官〕の陣地から脱走する。その一部は〔ヌミディア〕王国へ向かうが、他の一部は、彼ら自身あるいは彼らの父祖がガイウス・マリウスの恩恵を受けており、カエサルがマリウスの縁者だと聞き知っていたので、カエサルの陣地へとひきもきらず群をなして逃亡して来る。これらの者のうちからカエサルは特に高貴な人々を選び出し、彼らの同胞に宛てた書簡を託し、決起して自らと自らの民を守れ、仇敵の命令に従うな、と励まして送り出す」。（*Bell. Afr.* 32.〔　〕内筆者）

カエサルのこの工作の結果はどうであったかといえば――。

「この間、ガエトゥリーの脱走者たち――この者たちがカエサルによって書簡を託されて送り出された次第は先に述べた通りだが――は同胞のもとへ到着する。同胞らはこの者たちの権威に動かされ、カエサルの名に説き伏せられてユバ王から離反する。そして誰もがすぐさま武器を執り、ためらうことなく王にたち向かう……」。（*Bell. Afr.* 55）

では、このガエトゥリー人たちの父祖がユグルタ戦争期にマリウスから受けた恩恵 beneficium の具体的内容は何であったかというと――。

「……この〔カエサルが自軍を旧陣地から新陣地へ移動中であるという〕機会を利用して、〔敵軍の〕もっとも高貴なもっとも著名な者たちが友人や縁者たちに一目会いたいと懇願し、彼らと言葉を交わし合うのであった。この事態がどれ程好都合かがカエサルにわからないはずはなかった。そして実際、王の騎兵隊中の名の知られた、そのある者は騎兵隊長〔複数〕でもあるガエトゥリー人たち――彼らの父親たちは、かつてマリウスとともに従軍し、彼の恩恵によって土地と境界 agri finisque を与えられたが、スッラの勝利の後、王ヒエムプサル Hiempsal〔二世。ユバ一世の父〕の権力 potestas の下に置かれた――は機会をつかんで、夜、火ともしごろに、馬匹および従卒約一〇〇〇名とともに、ウズィッタ Uzitta 近郊の平原に位置するカエサルの陣地に逃亡して来る」。（*Bell. Afr.* 56. 傍点および〔　〕内筆者）

これらの記事を総合すると、ヌミディア王国へのガエトゥリー編入過程として（1）ユグルタ戦争期、ユグルタに加担する「ガエトゥリー」なる内陸のベルベル集団の出現に直面したローマ（前一〇七年のコンスル、マリウス。前一〇五年の戦争終結まで対ユグルタ戦を指揮）が、ガエトゥリーの一部を自軍にとり込み、戦後は彼らに「土地」（ヌミディア王国の一部であろうか？）を「付与」して影響下に置いたが、[50]（2）ローマ政界におけるマリウス派の敗北・スッラの勝利（前八一年）により、今度はヌミディア王権（ローマに擁立され即位したガウダの子ヒエムプサル二世）が、これらの「マリウス派」ガエトゥリーを包摂した。（3）ただし「王の権力の下に置かれた」とは言っても、これらのガエトゥリーは「王の騎兵隊長」のような、いわばヌミディア王国の要職を占め、計一〇〇〇名の従卒を使う立場にあり、ガエトゥリー社会内部でも多数の人々を動員し得る権威 auctoritas を保持し続けた、という概略が浮かび上がってくる。

ここから明らかなのは、ユグルタ戦争以降共和政期末にかけてのガエトゥリー社会が、「野蛮で未開な」というサルスティウスの表現から想像されるような「原始共同体」的無階級社会の域を大きくはみ出し、その上層が「土地と境界」の保有者、多数の従卒の用益者として立ち現れ得るような（――もちろんマリウス＝ローマの介入がそのような状況を生み出す直接の契機となったことは確かであるが、ローマがそれをよくなし得るためには、ガエトゥリー社会内部に既に一定の敵対的諸関係が生じていなければならない――）社会発展の段階にあったということである。ローマ共和政期末ガエトゥリー社会の階級分化の一端は、これらの「上層」の存在の一方で、ポンペイウス派の部将ワルス P. Attius Varus によって艦隊の漕ぎ手および水兵 remiges epibataeque として使われる（したがって、おそらくは故郷ガエトゥリアでの生活基盤を喪失した）「下層」のガエトゥリー人たちが登場する（*Bell. Afr.* 62）ことからも窺われる。それでは、ガエトゥリー社会のこの分解は何に因るのか、いかなる種類の敵対的諸関係がこの社会に生じているのか――この問題が解決されるならば、「ローマ時代」アフリカ社会における「退行的」変動の正体も明らかになるはずである。

三　「ローマの」支配とアフリカの平和

しかしながら、探索はここで一つの困難にぶつかる。ユグルタ戦争期のガエトゥリー社会に関する古典史料が、右に挙げたもの以外皆無に近いためばかりではなく、論理的整合性を追求するにも、その出発点となるべき基本的事実――このガエトゥリー社会を原始的にせよ定着農耕社会とみるのか、定住以前の社会とみるのか、専門化した（つまり定着農耕社会との交換が既に前提されている）遊牧社会とみるのか[51]――を確定する材料がないのである（帝政期におけるベルベルの反ローマ抵抗を研究するラシェ（M. Rachet）は、古代ベルベル人の生活様式を定着農耕・大遊牧・半遊牧・移牧に区分し、ガエトゥリー系諸種族を大遊牧民の典型としているが、確たる史料的根拠があるわけではない[52]。むしろグセル（S. Gsell）以来のフランス語圏のベルベル研究者の通弊である、近現代のベルベル社会に関する知見を無批判に古代にあてはめる手法に依っていると思われる）。

唯一の手掛りとなるのは（a）ユグルタ戦争期のヌミディア王国におけるユグルタ陣営が、一般的傾向としてはそれ以前の――つまり初代マシニッサおよび第二代ミキプサ Micipsa 時代までの――ヌミディア王権に対する「反体制派」的性格を有していると考えられ、[53]（b）このユグルタ陣営によって標的とされたヌミディア「旧体制」の構造には（ヌミディア産穀物を取り扱うとされる）ローマ・イタリア系事業家たち negotiatores の活動が不可欠の要素として介在していると考えられるが故に、この王権「旧体制」全体が結局は北アフリカにおける「ローマ」支配そのものを体現しているとみなせる……[54]という、いわばガエトゥリー「出現」の場としてのユグルタ戦争の歴史的位置にかかわる認識と、（c）元首政期の対ローマ反乱の最初の二つ（前二五年の、ユバ二世のマウレタニア王位登極に際してのマウリー人とガエトゥリー人の反乱。[55]後六年のムスラミイー人とガエトゥリー人の反乱[56]）においてガエトゥリーが、より沿岸部に近い、より「農耕民的」な種族と「共闘」する形で参加しており、（d）この観点から見直せば、ユグルタの下でのガエトゥリー「大群衆」の対ローマ戦参加も、この同じパターン（ヌミディア王国内反体制派支持層＝〈王権・negotiatores ブロックの収奪対象たる穀物生産者的臣民〉[57]との共闘）の一種と考えられる……という一連の認識にすぎない。

にもかかわらず、以上の探求から「変動」の全体図をあえて描こうと試みるとき、ぼんやりと形をとってくるのは次のような構図である[58]――。

（i）「ローマ」支配の原型としてのヌミディア王権の成立が、（おそらくはこの支配体制が negotiatores の存在を前提として構築されざるを得ない点に集約される諸矛盾の故に）北アフリカの、互いに空間的に隔たった小社会＝沿岸部の定着農耕社会→山間部の（移牧を伴う？）農耕社会→内陸・サハラ縁辺のガエトゥリー（遊牧？・農耕？）社会＝に連鎖的な変動を惹き起こす（――それゆえ、この変動の震源たる「ローマ」支配への「抵抗戦線」がこの三者の間に繰り返し成立し得る――）……。

(ii)その結果、従来ヌミディア王権の支配の辺境に位置していたガエトゥリー社会は激しい両極分解を開始して王権の基礎を揺るがす存在となり、この過程で創出されるガエトゥリー「下層」（＝「大群衆」）を支持基盤の一つとしつつユグルタ派の「反体制」・「反ローマ」闘争が展開される……。

(iii)危機に直面した「ローマ」（の名の下に結集するヌミディア・マウレタニア支配層をも含む支配ブロック）は、まずガエトゥリー「上層」を「取りこみ」、ガエトゥリー「下層」の沿岸部への「流入」を容認しつつ、結局この「ガエトゥリーの登場」（ガエトゥリー社会のローマ的再編）を逆に梃子として使って、もはや支配体制として有効に機能しなくなったヌミディア（次にマウレタニア）王権を葬り去る……。

(iv)こうして、北アフリカの自生的定着農耕社会の諸構造がいわば削ぎ落とされた下から現れる傷だらけの「地金」（＝「再遊牧」社会）を強権（軍団・軍道網・軍事的植民市……）をもって西南内陸部に封じ込め、あとに生じた「空隙」に花開くものこそが、あの「繁栄」するアフリカである――。

とするならば、「ローマの平和」とは、それ以前、「地中海的」ベルベル社会と「サハラ的」ベルベル社会との間に、そして両ベルベル社会の内部に、ともかくも保たれていた一定の均衡（＝「アフリカの平和」？）が突き崩された上にはじめて成立する、全地中海的支配を前提とした強制による「危機管理体制」ともみなし得るのであり、三世紀後半以降「遊牧民の逆襲」に追いつめられてゆく「ローマ」とは、まさしく自らが創り出した「退行」を自らの強制装置によっては既に管理しおおせなくなった者の姿であると言うことができよう。

註

(1) 現在マグリブ地方の主として山間部に分布するベルベル人（とアラブ人に呼ばれる人々）と言語的に同系の民族が、古代においては東はナイル川から西は大西洋岸まで、北は地中海岸から南はニジェール川までの広大な地域を占めていたとするのが学界の定説であり、この民族は研究者によって「(古代) ベルベル人」Berbères とも、「リビア人」Libyans とも呼ばれる。サハラ中部のトゥアレグ人の間に今も保存されているティフィナグ tifinagh 文字は古代ベルベル人のリビア文字 libyque に起源をもつという。栗田伸子「学界展望〈ローマ法〉Gabriel CAMPS, *Berbères : aux marges de l'Histoire*, Toulouse, 1980.」『国家学会雑誌』第九六巻一・二号、一九八三年、一五三頁参照。

(2) ローマ時代アフリカの「繁栄」に関するより具体的な叙述としては、高橋秀「地中海世界のローマ化と都市化」『岩波講座・世界歴史2　地中海世界II』岩波書店、一九六九年、四二一—四四一頁及びそこに引用されている諸文献を参照。

(3) 同論文、四二二頁。

(4) Jean-Marie Lassère, *Ubique Populus. Peuplement et mouvements de population dans l' Afrique romaine de la chute de Carthage à la fin de la dynastie des Severes (146 a. C.-235 p. C.)*, Paris, 1977, p. 20.

(5) Ioseph. *Bell. Iud.* II. 383–385（巻末附録H参照）. G. Rickman, *The Corn Supply of Ancient Rome*, Oxford, 1980, pp. 68–71.（エジプトも重要だが帝政期を通じてアフリカがローマの穀物供給にとっての生命線であった、とする）。帝政期の貨幣ではアフリカはアレクサンドリアと同じく穀物の意匠を伴って表現される。*Ibid.*, p. 264.

(6) (古代) ベルベル人の（特に帝政期の）反ローマ闘争に関しては、Marguerite Rachet, *Rome et les Berbères. Un probleme militaire d' Auguste à Diocletien*, Bruxelles, 1970.

(7) *Ibid.*, pp. 86–126.

(8) このような視座からローマ時代アフリカの「繁栄」を見直そうとする試みの一つが、Deman の仕事である。本書第八章参照。

(9) 本書第八章参照。

(10) 高橋、前掲論文、四二八—四三七頁。ただし高橋氏はここで、オリーヴ栽培の発展がアフリカの繁栄の基礎であるとするG・シャルル＝ピカールの説に主として依拠しつつ論を進めており、シャルル＝ピカールは「ローマ支配はアフリカに穀物供出を課したが、アフリカはこの負担を耕地の拡大によって切り抜けた。ところで、開拓が進むにつれて、アフリカの先進地帯（東のアフリカ＝プロコンスラリス）は、西部などの後進地帯（西のヌミディア、マウレタニア）に穀物供出の負担を押しつけ、自らは利益の大きいオリーヴ栽培によって繁栄を享受した」（高橋氏の要約。前掲論文、四三一頁。傍点筆者）と主張しているのであるから、もしこの「後進地帯」の立場を強調するならば、「経済的発展」も「富の比較的な均分」も、やはり「偽り」ということにならざるを得ないであろう。

（11）A. Deman, "Matériaux et reflexions pour servir à une étude développement et du sous-développement dans les provinces de l' empire romain"（"Matériaux" と略記）, 1975, pp. 36–46. トラヤヌス、ハドリアヌス、コンモドゥス帝時代のアフリカ皇帝領農民の対総小作人・皇帝領係官闘争の過程で作られたと思われる碑文が四箇所から出土しており、皇帝領の法規・農民の存在形態の研究の絶好の史料とされている。村川堅太郎「羅馬大土地所有制」『社会構成史体系』日本評論社、一九四九年、一三八頁。坂口明「ローマ帝政前半期の土地と農民」弓削達・伊藤貞夫編『ギリシアとローマ——古典古代の比較史的考察』第四章第二節、一七五—一九六頁。

（12）Ch. Courtois, *Les Vandales et l' Afrique*, Paris, 1955, pp. 65–152.

（13）W. H. C. Frend, *The Donatist Church : a Movement of Protest in Roman North-Africa*, 2 ed., Oxford, 1971.

（14）北アフリカ史のその後の展開から振りかえれば本来自明のはずのこの現象を、本格的に取り上げた初の研究として、Bénabou, *La résistance africaine à la romanisation*, Paris, 1976 がある。

（15）Rachet, *Rome et les Berbères*, pp. 160–166.

（16）*Ibid.*, pp. 166–169 ; pp. 177–230.

（17）Camps, *Berbères : aux marges de l' Histoire*, Toulouse, 1980, pp. 146–157.

（18）Rachet, *Rome et les Berbères*, pp. 231–258（ch. II : La revanche du nomadisme saharien : le repli de la frontière).

（19）いわゆる 'Afrique abandonée' の問題。この説は Carcopino, *Le Maroc antique*, pp. 231f. にさかのぼるが、より本格的には、Courtois, *op. cit.*, pp. 66–67 ; pp. 90–91. 彼によれば北アフリカにおけるローマの支配領域は最大版図を記録したセウェルス朝期（三世紀初頭）でさえ、マグリブ全域（九〇万平方キロメートル）の半分に満たない約三五万平方キロメートルであったが、「三世紀の危機」の過程で激減して、ディオクレティアヌス帝時代（在位二八四—三〇五年）には二四万平方キロメートルとなった。ただしディオクレティアヌス帝期のローマのマウレタニア諸州に対する支配は、クルトワが想定するほどの総崩れ的状況ではなかったともされる。Bènabou, *La résistance*, pp. 237–239. 大清水裕『ディオクレティアヌス時代のローマ帝国—ラテン碑文に見る帝国統治の継続と変容』山川出版、二〇一二年、一八五—一九九頁（この問題に言及していない）。

（20）Lassère, *Ubique Populus*, pp. 17–19. これら「繁栄」強調論の植民地主義・帝国主義的背景に関して、Bénabou, *La résistance*, pp. 10–12.

（21）G. Charles-Picard, "Neron et le blé d' Afrique", *CT*（*Les Cahiers de Tunisie*), IV, 1956, p. 172 によれば、ネロ帝（在位五四年—六八年）時代のアフリカの小麦総生産高は年一億二六〇〇万ボワソー（約一六四万キロリットル）、うち輸出高（アフリカ外への収奪分）は年一八〇〇万ボワソー（約二三万キロリットル）と見積もられている。ちなみにこの数値の意味するところは Deman, "Matériaux", p. 45 によれば（播種分を考慮にいれると）アフリカの全人口約三四〇万人が一人平均して年にわずか二八ボワソー（中世末のフランス農民の場合、四五―七〇ボワソー）の小麦消費に甘んじていたということである。

(22) 例えば Rachet のベルベル抵抗史研究は、精緻なものであるとはいえベルベル原住民をその生活様式に従って定住民（sedentaires）・大遊牧民（grands nomads）・半遊牧民（semi-nomads）・移牧民（transhumants）に分類し、半遊牧民・移牧民と大遊牧民を抵抗の中心とする点で、客観的には「文明化」論を補強しかねない危うさを持ってる。

(23) Abdallah Laroui, *L' histoire du Maghreb. Un essai de synthèse*, 2 tomes., Paris, 1970, rep. 1976.

(24) *Ibid.*, I, pp. 6–10.

(25) Camps, *Massinissa*, pp. 46f.; pp. 69–90.〔ただし、Laroui は言及していないが、Camps はこれらの箇所において多くの学者が採用するオリーヴ等果樹栽培のポエニ起源説に反対し（p. 89）、また穀物栽培に関して、カルタゴの支配領域に組み込まれる以前からのリビア人農耕民（穀物栽培者）の存在や、農耕・交換を前提としなければ理解できない内陸の都市（多くはリビア語起源の地名を持つ）の存在に注意を促している（pp. 48f.）。また、北アフリカ独特の木製の取手付き無輪犂の分布の重なりを示す地図（p. 84）も、Laroui が批判している先史時代から現在のベルベル社会までの不変の構造のような理解を示しているとは言え、ベルベル社会の先史時代からの農耕社会的性格を実証しようとしている点で重要であろう。Camps, *Les Berbères : Mémoire et identité*, pp. 54–55（特に p. 55 の陶器類を含む墳墓と乾地農法の穀物栽培の広がりを示す地図）も見よ。〕

(26) Laroui, *op. cit.*, I, p. 40.

(27) *Ibid.*, p. 56. Camps, *Massinissa*, pp. 101f.; 117.

(28) *Ibid.*, p. 40. Cf. Laroui, *The History of the Maghrib*, Princeton, 1977, p. 43. Camps, *Massinissa*, p. 90. 実際、近年は、欧米の研究者の間でもフェニキア人・ローマ人の到来以前の原住民の農耕の存在を指摘する例が散見される。P. Mackendrick, *The North African Stones Speak*, Chapell Hill, NC, 1980, p. 188, D. Cherry, *Frontier and Society in Roman North Africa*, Oxford, 1998, p. 15. Cf. E. W. B. Fentress, *Numidia and the Roman Army : Social, Military and Economic Aspects of the Frontier Zone*, Oxford, 1979, p. 25, 36. B. D. Shaw, "Soldiers and Society : The Army in Numidia", Opus, 2/1, 1983〔pp. 133–60〕= Shaw, *Rulers, Nomads and Christians in Roman North Africa*, Aldershot, Hampshire, 1995, IX, p. 135（乾燥と植生の乏しさが農耕具が未発達な状況下では逆に穀物生産にとって有利な条件となり得ること）。

(29) ただしラテン語 Numida の語源については、これを「ノマデス」とせず、ベルベル原住民の種族名の一つの転形とする異説がある。Camps, *Massinissa*, pp. 150–153. 本書第三章章末補註参照。

(30) Laroui, *op. cit.*, I, pp. 41–42 ; p. 55.

(31) *Ibid.* すなわち「ヘロドトス、ポリュビオス、サルスティウスにおける peuples（民族）から、ストラボン、タキトゥス、アンミアヌス・マルケリヌスにおける confédérations（部族連合）を経て、プロコピウス、コリップスにおける tribus（部族）へ」と史料に記述される原住民の単位の細分化が進むという。

(32) Rachet, *op. cit.*, pp. 22–23.

(33) Laroui, *op. cit.*, I, pp. 55–58. ただし、「第Ⅰ期……」の時期区分は本書での説明の都合上、筆者が付したもの。

(34) このような過程の結果（——第Ⅰ期のマグリブが経済活動の面では「地中海的」と「サハラ的」に二分されつつも、なお言語的・文化的同質性＝ベルベル文化を保っていたのに対して——）第Ⅲ期のマグリブでは政治・経済・文化・言語・地理等すべての分野に共通の、固定的な三分（tripartisme）化が顕著となった。すなわち、（ローマへの）同化者——同化しない従属者——自由な土着民〔政治＝社会的三分〕、都市——田園——砂漠〔地理的三分〕、商業——農業——遊牧〔経済的三分〕、ラテン語——ポエニ＝ベルベル語——ベルベル語〔言語的三分〕。Laroui はこれらの三分化における価値の階層性が分野によって逆転していること（例えば経済面では都市商業の方が田園の農業よりも砂漠の遊牧よりもポジティヴな価値を体現しているのに、政治的自由の面では砂漠の遊牧的土着民がもっとも「自由」である……）に注目し、ここに、発展（évolution）が退行（involution）を伴わざるを得なくなった第Ⅲ期以降のマグリブの「時代閉塞」状況をみている。Laroui, *op. cit.*, I, pp. 59–60.

(35) *Ibid.*, p. 58.

(36) *Ibid.*, p. 59.

(37) 例えば、International Symposium for Studies on Ancient Worlds（古代世界研究国際シンポジウム。一九八六年一月五—八日。於富士教育研修所）での Dieter Metzler（当時の西ドイツ）の報告（“Widerstand von Nomaden gegen zentralistische Staaten im Altertum” in Toru Yuge and Masaoki Doi (eds.), *Forms of Control and Subordination in Antiquity*, Published jointly by : The Society for Studies on Resistance Movements in Antiquity, Tokyo, and E. J. Brill, Leiden, 1988, pp. 85–95）は Laroui への強い共感に裏付けられたものである。

(38) ただし Laroui の置かれた学問環境（君主政体をとる「民族主義」国家モロッコ）を考慮にいれる必要がある。これは現代史の問題であるかもしれないのである。

(39) このような傾向は Laroui 自身よりも Metzler（註〔37〕）にいっそう顕著である。

(40) つまり、ここにはなお、〔ローマ「民族」（ないしはイタリア「地域」）がベルベル「民族」（ないしは北アフリカ「地域」）を支配した」というような、「民族」「地域」概念の実体化の上に立つ空疎な二項対立図式の残滓がみられ、「支配」の階級的質を問う視点が欠けているということである。もっとも、この種の二項対立図式は本来、「文明化」論に固有の（「ローマ人がベルベル人を文明化した……」）ものであり、批判者の視座が批判対象の構造に規定される限りにおいてLarouiにも継受されていると言うべきかもしれない。

（41）いかなる理由で、この同盟（「友好関係」amicitia）を単なる外交関係ではなく「ローマ」の支配とみなし得るのかについては、本書第一章、第二章参照。

（42）もちろん、この両書がすべてではない。本章で試論として述べることを真に実証するためには、これ以外にヘロドトス、ポリュビオス、プトレマイオス等のアフリカ叙述の包括的検討に加えて、Jehan Desanges, *Catalogue des tribus africaines de l' antiquité classique à l'ouest du Nil*, Dakar, 1962 に代表される従来のアフリカ「部族」誌研究の批判的検討が必要となる。

（43）Camps, *Massinissa*, pp. 145–157.

（44）すなわち、ヌミディア王ユバ Juba 一世が、ローマ内乱に際してポンペイウス派（元老院側）に属したため、アフリカ戦争でのカエサルの勝利・ユバの敗死（前四六年）に伴って、王国の大半が没収され属州（アフリカ・ノウァ）化された。

（45）紀元四〇年、ガイウス帝の招待を受けたマウレタニア王プトレマイオス（父はマウレタニア王ユバ二世〔ヌミディア王ユバ一世の息子〕。母はクレオパトラ・セレネ〔三頭政治家マルクス・アントニウスとエジプト女王クレオパトラの娘〕。したがってプトレマイオスは皇帝の親族でもある）が、ガイウス帝によって殺害され、マウレタニア属州化が図られた。これに対し、王家の解放奴隷アエデモン Aedemon の指揮下、反乱が起こったが、クラウディウス帝初年（後四二—四四年）には鎮圧され、カエサリエンシス、ティンギタナ両州が設置された。

（46）サルスティウスのガエトゥリー認識もこれと類似している。「……（北アフリカ地中海沿岸からフェニキア系都市分布地域を除いた）残りの部分はマウレタニアに達するまでヌミダエ人のものである。そしてヒスパニアのすぐ近くにはマウリー人がいる。ヌミディアの向う（南？）にはガエトゥリー人がいて、或る者は小屋で暮らし、他の者達はより未開な放浪生活を送っているという。さらに向こうにはアエティオペース人。その向こうには太陽の熱に焼き尽くされた土地……」（Sall. *Iug.* 19. 4–6）。

（47）詳しくは本書第二章参照。

（48）本書第二章参照。

（49）ポリュビオスにはガエトゥリー（ガイトゥーロイ）の語は全く登場せず、リウィウスではただ一箇所、第二次ポエニ戦争期のハンニバル軍にガエトゥリー人が加わっていたことが見える（Liv. XXIII 18. 1）。また同じくタラ市喪失後のユグルタの動向を伝えるフロルスの記事、「彼（メテッルス）は、いまや町々を奪われ既に自分の領地や王国からも逃げ出した王（ユグルタ）をマウリー人たちの間やガエトゥリア中追い回した……」（Florus, I. 36. 12）も、ガエトゥリアがユグルタの本来の支配領域には属さなかったことを示唆する。

(50) S. Gsell, *HAAN*, VII, pp. 263–264 はマリウス軍中のガエトゥリー人が、ローマ市民権を付与され、ヌミディア王国中枢部のティバリス Thibaris とウキ・マイウス Uchi Maius 付近に土地を与えられたとする。しかし、ここで見過ごされている問題は、この「ガエトゥリー植民」が故地におけるガエトゥリーの社会諸関係をどう変えたのか、という点である。

(51) 註（46）のサルスティウスのガエトゥリー記述を参照。

(52) Rachet, *Rome et les Berbères*, pp. 23–28.

(53) 本書第二章参照。

(54) 同上。

(55) Rachet, *Rome et les Berbères*, p. 69.

(56) *Ibid.*, pp. 75–80.

(57) ユグルタ軍の主力はムトゥル Muthul 河畔の戦い（前一〇九年）以降、以前のヌミディア西部の族長層から、「戦いより農地や家畜になじんだ人々」に交替していた。Sall. *Iug*. 54. 3.

(58) ただし、この構図によって示そうとするのは、〈農耕―遊牧〉問題への「文明化」論的解答の虚構性のみであって、北アフリカにおける「ローマ」支配の階級的質の問題はなお未解決のまま残る。この問題が解決されるのは、ここに登場するガエトゥリー「下層」・破砕された定着農耕社会の構成員……が収奪の場面において negotiatores・旧原住民（マッシュリー・マサエシュリー・マウリー）王族・ガエトゥリー「上層」・植民されるローマ退役兵・ポエニ＝ベルベル系都市民……との間にとり結ぶ諸関係を、「変動」（を生み出す生産の全体構造）との連関の中で明らかにし得た時である。

第十一章　北アフリカにおけるローマ支配の拡大と限界

ヌミディア王国の「友好関係」の形をとった従属化（共和政期）に始まり、帝政期には北アフリカ全域に拡大したローマによる支配の歴史総体は結局どのような過程として理解され得るのか、あるいはポエニ圏の構成要素でもあった原住民社会（古代「ベルベル人」の社会）はどう変容させられ、その諸抵抗の先に待っていたのはいかなる状況であったか。本章では北アフリカのローマ期における支配の全体像を時期区分を設けつつ示し、このヌミディア史の一応の結末としたい。

はじめに

ローマの北アフリカ支配は前後八〇〇年以上にわたる長大な歴史過程である。それは、第三次ポエニ戦争（前一四九年―前一四六年）によってカルタゴが滅亡した紀元前二世紀に始まり、カエサル・アウグストゥス期から紀元後二世紀にかけて大規模な地理的拡大を遂げ、ローマ帝国全体の危機の世紀である三世紀にも比較的安定的に維持され、五世紀のヴァンダルの侵入による中断を経てユスティニアヌス帝時代に再開され、七世紀のアラブ・イスラム勢力の侵入によってようやく終わりを告げる。このローマン・アフリカの歴史の消長を都市として体現したのは、再びカルタゴ――ただしローマ人によって復活させられたカルタゴ――であった。カルタゴ市はユリウス・カエサルによってローマのコロニア（植民市）として再建（実現はカエサルの死後）されて以降、帝政期にはアフリカ＝プロコンスラリス州の首府として繁栄し、後期ローマ帝国においては、ローマ市と並ぶキリスト教界の中心であった。[1] このローマ人のカルタゴが六九三年から六九八年にかけてウマイヤ朝軍によって陥落させられ、他方現在のチュニジア中部に以後のイスラム化の拠点となる軍営都市カイラワーンが建設された（六七〇年）ことは、(2)北アフリカにおけるローマ・ビザンツ時代の終わり、アラブ・イスラム時代の開幕を如実に示す事件であった。

このウマイヤ朝の北アフリカ征服の際、アラブ軍の最大の敵となったのは、ビザンツ軍ではなく、北アフリカの現地民である「ベルベル人」の部族軍であった。カイラワーンを建設し、モロッコまで遠征して大西洋に達したウマイヤ朝の北アフリカ総督ウクバ・ブン・ナーフィウ ʿUqba b. Nāfiʿ は、カイラワーンへの帰路、ベルベルの首長クサイラ Kusaʾila（Kasīla とも）の軍に襲われ敗死する。(3)クサイラは現在のアルジェリア東部にあるアウレス（オーレス）山地のキリスト教化された定住ベルベル部族アウラバ Awraba を率いていたとみなされている。またカルタゴ市は、イブン・アン・ヌウマーン Ibn al-Nuʿmān 指揮下のアラブ軍によって六九二／六九三年頃にいったん攻略されたが、アラブ軍がカーヒナ al-Kāhina（アラビア語で女祭司の意）と呼ばれる女王に率いられたアウレス山地東部のユダヤ教の部族ジャラーワ Djarāwa に敗北してキレナイカへ撤退した結果、六九七年ビザンツ軍により奪回された。翌六九八年、再度侵入したイブン・アン・ヌウマーン軍はアウレス山中でカーヒナを殺し、(4)カルタゴ市は彼らによって再征服されることになる。このように古代末期の北アフリカにおいてはローマ系住民・ローマ化された住民から一応区別された「部族」的諸集団の存在を確認することができ、それらはローマ人の到来以前――さらにはおそらく前九―前八世紀のフェニキア人の到来とカルタゴの建設以前――から北アフリカに先住していた住民層である「ベルベル人」であるとみなされている。

以上のような事実はローマ帝国の北アフリカ支配の実態如何、とりわけそこでの「ローマ化」の成否といったような問題が簡単には答え難いものであることを予想させる。クサイラやカーヒナがアラブ軍と戦いつつ守ろうとしたものは、はたして「ローマ」であったであろうか。七世紀末に見られるこれらの「ベルベル部族」は、ローマが北アフリカの支配へと踏み出した前三―前一世紀に見られる「ベルベル系諸王国」、すなわちシュファックスやマシニッサのヌミディア諸王国、ボックス、ボグドのマウレタニア諸王国とどの程度の共通性をもつのであろうか。ローマによる八〇〇余年の支配は北アフリカ社会の何を変え、何を変えなかったのか、そしてそれらの「変化」あるいは「不変」の事実に対して私たちはどのような観点から歴史学としての評価を下すべきであるのか。

本章はこのような北アフリカにおけるローマの存在の全体像をめぐる問題群を意識しつつ、主として紀元後一—二世紀のいわゆる「ローマの平和《パクス・ロマーナ》」のピークとされる時期に論を限定し、その時点でのローマの支配と先住民社会、その間で生起する従来大雑把に「ローマ化」として一括りにされてきたような諸事象を考察しようとするものである。ローマの部族「隔離」政策といわれるものをめぐる問題が分析の中心となるが、しかし本論に入る前にまず、ローマ支配下の諸地方・諸属州に関する研究史の中で、北アフリカ諸地方の研究がたどってきた独特の軌跡について述べる必要があるであろう。

第一節　研究史における北アフリカと「ローマ化」

ローマ時代の北アフリカの現実の歴史そのものが独特であったかどうかは自明の問題ではない。カルタゴがローマの地中海征服過程における代表的な強敵であったことは確かであるが、かといって、カルタゴの後背地としての北アフリカに対するローマ人の支配が地中海周辺の他の部分に対する支配と比べて著しく異なっていた、とみなすべき証拠があるわけではない。やや大まかに言えば、北アフリカへの支配はイベリア半島、ガリア諸地方への支配と並んで、ローマの西地中海諸地域支配の類型に分類されうる。そこに共通する特徴は、東地中海諸地域やシチリア島とは違って、ローマ支配下に入る以前にギリシア人の都市国家・文明の洗礼を受けた度合いが比較的希薄であったために、これらの地域におけるローマ支配の進展を即「都市化」「ローマ化」の進展――つまりいわば「白地図上」へのローマ人自身による都市建設の進展――として語ることが容易だという点にある（同じアフリカ大陸には属するが、エジプトおよびキュレネ市以東のリビアは、地理的に東にあるというだけではなく、プトレマイオス朝の存在が示すようにローマ以前におけるギリシア・ヘレニズムの影響がより直接的であったという点でも東地中海諸地域に分類されるべきであり、本稿で言う北アフリカとは一応区別される）。西地中海諸地域では、ローマ人との接触によって先住民社会から直接に「ローマ的社会」への変容が起こったとみなされており、その典型的結果は、ローマ的都市の広範な分布、それらの都市を中心とした、おそらくはギリシア・ローマ型の奴隷使用への傾斜をも含む経済発展、ウィラ（農園付邸宅）の形成、ローマ市民権の普及、社会・文化そのものの「ローマ化」――例えば言語生活自体のラテン語化の進展――であったとされる。実際、帝政中後期において、帝国東半分の「ギリシア語圏」に対して西半分の諸地域は「ラテン語圏」を構成し、そしてこの「ラテン語圏」の中での北アフリカのラテン語化の度合いは、少なくとも先端の知識人のレベルで見る限りガリア等に比べてけっして見劣りするものではなかった。マルクス・アウレリウス帝のラテン語の師であったフロントーや、小説『黄金のろば』の作者とされ、その他にも『弁明の書（別名：魔術について）』等を残したアプレイウスは、いずれも二世紀半ばに活躍した北アフリカ出身の文章家であるし、後期ローマ帝国における北アフリカおよび北アフリカ出身の著述家の重要性については、聖アウグスティヌスの名をあげれば充分であろう。ローマ支配下の北アフリカはこのように「ローマ化」に関する限り、一見したところ西地中海諸地域の中でもむしろ模範生の部類に属するのであり、「ローマの平和」によって帝国内諸地域が経済的・文化的に繁栄したという教科書的認識の好個の事例を提供するものである。北アフリカに関する研究史の動向を独特なものとしてきたのは、したがって、古代の現実そのものというより、古代の現実についての近現代の歴史研究――それらの歴史研究がおこなわれた場である近現代の歴史の現実――であった。

帝国主義・植民地主義が近現代人の歴史意識を規定し、歴史研究の方法と成果にその影を落としているということは、現在既に一種の常識として多くの研究者に共有されている認識であろう。古代ローマ時代の北アフリカ、いわゆるローマン・アフリカに関する近現代の研究史は、帝国主義・植民地主義のヨーロッパにおける担い手たちの自己表出の歴史とも言うべき観を呈しており、そのため逆に植民地主義が過去のものとなったと称されている二〇世紀末の現在（本稿執筆時点）では、ポストコロニアル批評的な研究史回顧を試みる者にとっての格好の草刈り場と化している。北アフリカに対する帝国主義的侵略の急先鋒であったのは、アルジェリア、チュニジア、モロッコを支配下に収めたフランスであった。同時にフランスの歴史学・考古学界は、ローマ時代を中心とする古代北アフリカ研究における主導的地位を一九世紀以来現在まで保ってきた。そこでこれらの歴史学・考古学研究に見られる植民地主義者の自己正当化の論理を指摘し、従来の学説史を批判的に検討することは、古代北アフリカ研究者にとってぜひ必要な作業であるし、実際一九六二年のアルジェリア独立以降の「脱植民地主義」を志向する諸文献、さらには最近の英語圏の文献でもしばしばおこなわれていることである。

チェリー（David Cherry）は近著の中で、一九二九年出版のブロートン（T. R. S. Broughton）著『アフリカ＝プロコンスラリス州のローマ化（*The Romanisation of Africa Proconsularis*）』の先駆的意義を評価しつつ、アフリカの「ローマ化」の度合いについて慎重な姿勢を示すこの書物が正当な注意を払われてこなかったのは、その結論の多くが、出版当時広く支持されていた見解――すなわち、ローマの北アフリカ征服を「文明化の度合いの低い」土着の人々にとっての恩恵であるとみなし、同時にローマ人が北アフリカの経済と社会を根本的に改造したものと考えるような見解――に反するものだったからだと述べている。[5] 自らを意識的あるいは無意識のうちに古代ローマ人の後継者の位置に置き、他方、北アフリカ史におけるローマ人以外の構成要素――すなわち史料上リビア人、アフリカ人、ヌミディア人、マウレタニア人等々としてあらわれるローマ以前の住民、ローマ支配の終わった後の北アフリカに居住し続けて、アラブの侵入とイスラム化を経つつフランスによる侵略以前のマグリブ社会を築き上げたローマ以後の住民――をひとしなみに「土着民」「先住民」として一括して、歴史のたんなる舞台装置、「環境」の一部のようにみなしてしまう視座こそは植民地主義に特有のものであった（付言すれば、本稿でも便宜上使わざるをえなかった「ベルベル人」という用語は、このようなローマ以前と以後、古代と中世・近代の北アフリカの先住民層を似たりよったりのものとして一まとめにする語であるという点で、その語源〔「蛮族＝バルバロイ」に由来するとの説が有力である〕以外の点でも大きな問題をはらんでいる[6]）。

　植民地主義的心理が及ぼした影響は、単に歴史「叙述」の面――歴史家が史実をゆがめる、というようなレベルの問題――にとどまるものではなかった。チェリーらがあげている例に拠れば、フランス統治時代のアルジェリアでおこなわれた考古学調査においては、「すべての遺跡」を当然ローマ人が遺したものとみなすことが広くまかりとおっていたと言われる。[7] その結果、長らくローマ人の建造物と信じられてきたある水利施設が後になって詳細に調査してみれば実は一三世紀から一五世紀にかけてのハフス朝期の農民の手になるものであった、また同じくローマ人のものとされていたある地方のテラス状耕地は実はより後世のもので一八世紀中頃まで放棄されずに使用されていたことが判明した、というような例も報告されている。[8]

　ローマ時代の北アフリカについての「史実」そのものが、植民地主義的先入観によって、これほどまでに事実から乖離させられていることが学界の共通認識となりつつある現在、それらの「史実」の上に組み立てられていた従来の「ローマン・アフリカ」像も急速に過去のものとなりつつある。ローマ以前の住民を遊牧生活を中心とするものとみなし、北アフリカにおける本格的な定住・農耕・文明生活開始の功績をローマ人に帰すような見解はいまや否定され、代わって、ローマ以前から北アフリカの環境に適合した方法で営々と農業、牧畜、交易、都市生活等々を営んでいたであろう先住民「ベルベル人」の存在に光があてられつつある。そしてこの先住民の生活は、ローマによる征服以後も「ローマ化」による文化変容をこうむりつつも絶えることなく続き、古代末期を迎えたものと考えるのが最近の傾向である。このような意味で、先に言及したブロートンに代表される、ローマ人の北アフリカにおける諸分野での達成を最小限に見積もる、いわゆるミニマリスト的な見方が、七〇年の歳月を経ていまや主流になりつつあると言うことができよう。

これらの変化は基本的には肯定すべきものである。しかしこれに伴って、他方で次のような新たな問題を含んだ傾向が現れつつあることも事実である。

第一は、ローマ化（Romanisation）概念の消極化、曖昧化とでも呼ばれるべき傾向である。北アフリカに限らず、ローマ支配下の諸地域において現地の文化・社会・制度が遂げた変容を「ローマ化」と名づけることについて、現在の学界にはためらいが見られる。「ローマ化」を一方向のみの現象として捉えるべきではなく、双方向の変化、すなわち「ローマ化」と「アフリカ化（Africanization）」の同時進行のような現象として考えるべきだとの主張[9]もここから生まれている。文化変容過程の精密描写としては、このような、遭遇した両文化の相互浸透という側面を指摘することは重要であろう。しかしながらこうした主張には、分析の対象たるローマ、アフリカ両文化の遭遇・接触の場がローマ市ではなくてアフリカであるということ――ローマ帝国とは、少なくともその出発点においては、ローマ人がアフリカ、地中海周辺諸地域に侵入することによって成立したのであって、その逆ではない、という当然の前提――を見えにくくする効果があるように思われる。「ローマ化」の第一原因はローマの支配であるという単純だが明白な事実をもう一度歴史的分析の出発点に据える必要を感じる。

第二の傾向は、ローマ時代の北アフリカを扱う際の問題意識が脱政治化・脱軍事化しつつあることである。これは例えば北アフリカにおけるローマ軍団の研究が活気を失っているというようなことではない[10]。そうではなくて同じく軍団・軍隊を対象とする場合にも、研究の重心が、北アフリカにおけるローマの戦略、軍事作戦、先住民政策等々からローマ軍の存在の社会的・文化的影響、ローマ兵と先住民の婚姻等々へ移動しているということである[11]。このような傾向には、植民地主義の時代の「ローマン・アフリカ」研究が植民地主義の先達としてのローマ軍の先住民掃討・馴致作戦への感情移入を多く含んでいたことへの反動という面があり[12]、また「軍」を社会の中の存在として分析する視点をもっている点で一定の進歩的（反軍国主義的）な内容が含まれている。しかしながら、かつての親ローマ的軍事史・政治史にとって代わりつつあるこれら「社会史的」な傾向を含む研究の潮流が、一般的に言って、先住民社会の反ローマ的な諸行動――諸「抵抗」――の問題に対して冷淡であることも確かである。特に先住民の軍事的な抵抗に関して、植民地時代の歴史叙述は、ローマ軍の掃討の対象としての反ローマ的な頑固な先住民の存在を当然前提としていたのに対し、最近の研究のいくつかは、例えばアウレス山地が先住民の抵抗の砦であったという点にも疑問を呈している[13]。アウレス山地が開発・ローマ化からとり残された原因は、ローマの側の技術的問題にすぎないというわけである。このようにローマと先住民社会との闘争の側面が極力矮小化され、両者の共存・「共生」が強調されることによって、ローマの支配がアフリカ社会にもたらしたかもしれない負の遺産は、またしても（植民地時代の歴史学の場合と同様に）視界の外へ追いやられる結果となる。植民地主義と戦争によって傷ついた二〇世紀の末（本章の初出時点）に共生が理想とされることはある意味で自然であるが、その理想は「ローマの平和」の美点を現代風のやり方で古代ローマ人とともに唱和することによっては達成されえないであろう。

したがって研究史の現段階で求められているのは、ローマの支配が北アフリカ社会に惹き起こした変化を改めて具体的に明らかにすることである。その際、軍団の派遣のようなローマ支配層の直接の政策的行為と、それらの行為によって北アフリカがローマ社会の一端に組み込まれていく過程で生じるおそらく非政策的な諸結果――「変容」「共生」とを区別して考えることは、無意識のローマ賛美に立ち戻らぬようにするためにも必要な前提である。軍事的制圧と徴税、退役兵を中心とする植民市の建設等の他に、ローマが意図的におこなった対北アフリカ政策として注目すべきものに、先住民の居住地に関する一連の措置がある。植民地時代の研究史の中ではこれらはローマによる先住民の「定住化（sedentarization）」政策として位置づけられ、すなわち、遊牧民たる「ベルベル人」の農民化がこれによって試みられたとされた。フランスの北アフリカ植民地支配が終わった一九六〇代以降、「ローマン・アフリカ」研究の「脱植民地化（décolonisation）」が主張されるなかで、これらの措置は「定住化」ではなく「隔離（cantonnement）」であったとの解釈が生まれ、ローマ人による先住民からの土地収用の手段としての面が強調されることになる。(14) 以下の諸節はこのローマの先住民「隔離」政策の内容と、それが置かれた歴史的文脈を明らかにしようとする試みである。まずこれらの措置がとられた一世紀後半から二世紀前半の時期が、ローマと北アフリカとの関係の歴史においていかなる段階にあたるのかを、政治・軍事史的クロノロジーの中で明らかにすることから始めなければならない。

第二節　時代区分の試み

ポエニ戦争期から三世紀の危機にいたるまでのローマの北アフリカ支配の歴史は次のように区分することが

できる。

第一期――ポエニ戦争期～前二世紀末

ローマの北アフリカ支配は、他の多くの地域への支配と同様、現地勢力の一部との同盟という形で始まった。第二次ポエニ戦争（前二一八年―前二〇一年）の過程で、共和政ローマがカルタゴの後背地であるヌミディア地方の「王」たちと結んだ同盟がその端緒である。[15] ザマの戦い（前二〇二年）でローマのハンニバルに対する勝利に貢献したマッシュリー人の王マシニッサは、北アフリカのこれらの先住民王たちの中の最有力者ではなかったが、[16] ローマとの同盟に拠りつつ西隣のマサエシュリー人の王国を征服し、カルタゴ領の多くをも併合して、いわゆるヌミディア王国を建設した。以後、歴代のヌミディア王は、通常の場合、ローマ元老院によって「ローマ人民の友人にして同盟者」との呼称を与えられ、[17] 同時に（ザマの勝者である）大アフリカヌス以来のスキピオ家の庇護を受け、[18] これら二重の紐帯《ちゅうたい》によってローマの「対外クリエンテーラ」（ローマと外国の間の「保護者―庇護民」的関係）のもとにつなぎ止められた。[19] 共和政期のローマの北アフリカ政策は、常にこの同盟国ヌミディアを梃子《てこ》として遂行されてゆく。第三次ポエニ戦争が、マシニッサのカルタゴ領侵入とカルタゴ側の応戦をきっかけとしてローマによって始められ、カルタゴの文字通りの殲滅《せんめつ》に終わった（前一四六年）[20] のはその一例である。滅亡時のカルタゴ領はほぼそのままローマの属州（属州アフリカ）とされ、ウティカ市に総督が常駐するようになるが、この属州の維持にとっても隣接するヌミディア王国の存在、とりわけその軍事力は重要であった。カルタゴ時代にはこの地域で何度か見られたリビア人（先住民のうちカルタゴに服属していた人々がギリシア語史料でこう呼ばれる）の蜂起は、ローマ共和政期には史料上確認されないが、属州のこのような「平穏」は、ローマ自身の威信によると同時に、直接的にはローマの忠実な同盟者であるヌミディア王国軍の存在によって担保されていたと思われる。[21] 共和政期の属州アフリカにローマ軍団が常駐したかどうかは疑わしいからである（属州の農民からの貢納は、収穫の約三分の一であったとされ、[22] これはカルタゴ時代、平時に収穫の四分の一、戦時〔第一次ポエニ戦争：前二六四年—前二四一年〕に二分の一であったのと比較しても、[23] 同程度かそれ以上の厳しい収奪であったと考えられる。ローマが善政を敷いたので「平穏」であったのではない）。このように、ローマの北アフリカ支配の最初のパターンは、「同盟国ヌミディア＋属州アフリカ」とでも表現されるべき体制であった。[24]

第二期——前二世紀末〜アウグストゥス期（前二五年）

しかしながらこの体制は、ヌミディア王国の社会における矛盾の蓄積によって障害に直面する。前二世紀のローマの地中海諸地方征服戦争に際して、補助軍の派遣、穀物の供給等の形で絶えず協力を強いられ、またローマの騎士身分の事業家たちの営利活動の場ともされたヌミディアでは、王位継承者の一人ユグルタが王家へのヌミディア人の不満を吸収しつつ他の二人の王を倒して、単独政権樹立を試み、ローマがこれに介入してユグルタ戦争（前一一一年—前一〇五年）となった。[25] ユグルタの捕縛によってこの戦争が終わった後も、ヌミディア王国の動揺はヒエムプサル二世に対する王位僭称者ヒアルバスの乱のような形をとって続き、[26] この分裂にローマ自体のマリウス対スッラのような党派抗争が結びついて共和政末にいたる。いわゆる共和政末期の内乱は、ヌミディア王ユバ一世を頼みとしてアフリカに渡ったポンペイウス派の残党を、ヌミディア王国南方の「ガエトゥリー人」と結んだカエサルがタプススの戦いで破り、降伏を拒んだ小カトーがカエサル軍包囲下のウティカで自殺する（前四六年）ことによって一応の結末を迎えるのである。この戦いでユバ一世も敗北して死に、ヌミディア王国の主要部はカエサルによって属州化された[27]（いわゆるアフリカ＝ノウァ州。これに対し従来の属州アフリカをアフリカ＝ウェトゥスと呼んで区別する）。

マリウス時代以来のローマ「民衆派」（ポプラーレス）の味方である「ガエトゥリー人」と並んでカエサルのアフリカにおける勝利に貢献したのは、ヌミディアの西隣のマウレタニアの兄弟王、ボックス二世とボグド（二世？）であった。[28] マウレタニア王とローマ人との協力は、ユグルタ戦争時にユグルタの娘婿であったマウレタニア王ボックス（一世）が、スッラの仲介でユグルタを裏切り、これをローマに引き渡してローマの同盟者として迎えられたのに端を発する。[29] したがって前二世紀末からの一連の動きは、ローマが、「ヌミディア問題」として顕在化した第一期のアフリカ支配体制の矛盾を、ヌミディア王国解体と新たな同盟者マウレタニア諸王の発見という形で解決していく過程であったとも見ることができる。[30] ヌミディア解体後はマウレタニア諸王自体がカエサル暗殺後のローマ内乱に「巻き込まれ」て消滅過程に入り、アントニウスに就《つ》いたボグドが殺され、[31] オクタウィアヌスに就いたボックスが後継者なしに死んだ（前三三年）[32] 後、マウレタニア全体が一時オクタウィアヌスの管轄下に置かれた。にもかかわらず、オクタウィアヌス（アウグストゥス）は北アフリカ全土がローマの直接支配下にあるこの状態を永続させようとはせず、前二五年、最後のヌミディア王ユバ一世の息子で、ローマで養育されたユバ二世をマウレタニア王位に就けた。[33] またローマ属州であるアフリカ＝ウェトゥスとアフリカ＝ノウァは統合されてアフリカ＝プロコンスラリス州となり、さらにこれに旧ヌミディア王国東方（現在のリビア北部）のトリポリタニアが加えられた。こうして北アフリカにおけるアウグストゥス体制、すなわち「アフリカ＝プロコンスラリス州＋同盟国マウレタニア」という枠組みが出現する。[34]

第三期――アウグストゥス期～ユリウス・クラウディウス朝末期

ローマ史の常識としては「ローマの平和」[35] が確立されているはずのこの時期は、北アフリカではむしろ最も顕著に反ローマ蜂起が見られる時期である。その多くは旧ヌミディアを舞台とし、その最大のものは次節で詳述するタクファリナスの蜂起（後一七年―二四年）であった。

この反乱は、主要史料であるタキトゥスの『年代記』の叙述に拠れば、ローマ軍の陣営からの脱走兵であるヌミディア人タクファリナスに率いられたムスラミイー（ヌミディアの一種族）の戦いに、隣接するマウリー（マウレタニア）人等が呼応したものであって、まさしく先に述べた「アフリカ＝プロコンスラリス州＋同盟国マウレタニア」という支配体制を裏返したような構造になっている。マウリー人の反乱参加の動機についてタキトゥスは、「彼らは、ユバ（二世）の息子プトレマエウスが年少のため無関心であったので、王の解放奴隷たちの奴隷的な支配よりも戦争の方をとったのである」（Tac. *Ann.* IV. 23）と説明している。第二期のヌミディア王国で見られたような「反王家＝反ローマ」的動きが、第三期のマウレタニア王国で再現されたと言えよう。[36] タクファリナス自身およびムスラミイー、キニティー等のアフリカ＝プロコンスラリス州内の「部族」が蜂起にいたった原因については諸説あるが、[37] 指導者タクファリナスの経歴が示すように、いまやローマの軍団（第三アウグスタ軍団）がアンマエダラ（現在のハイドラ）に常駐し、[38] また共和末内乱の退役兵の多くがアウグストゥスによってアフリカに植民されているという条件を見落とすことはできない。[39] 第一期・第二期とは質量ともに異なる「ローマの存在」に直面したアフリカ（旧ヌミディア）社会の反応の一つがタクファリナスの蜂起であった。タクファリナス軍の掠奪行の標的となったのはレプティス、キルタ等の都市とその周辺であった（Tac. *Ann.* III. 74）が、これらはヌミディア王国以来の（キルタは王国の首都）、本来はカルタゴの影響下で形成された都市であり、[40] この時期には「ローマ化」が進んでいた（キルタにはカエサルの部下プブリウス・シッティウスの退役兵が植民されてコロニア〔植民市〕となり、[41] レプティス・マグナはトリポリタニアの他の二都市サブラタ、オエアとともにおそらくは自由市〔キウィタス・リベラ〕となっていた）。[42]

二四年のタクファリナスの蜂起鎮圧後、ローマは旧ヌミディアの「部族」対策のための新たな一歩を踏み出したように見える。総督ガイウス・ウィビウス・マルススは軍団に命じてニュブゲニイー(族)の領域の境界を定めさせた(CIL, VIII, 22786 a, e, f, k の碑文)が、これが「部族隔離」に関する知られている最古の例(三〇年)である。[43]アフリカ・プロコンスラリス州においてこれら一連の戦後処理が進む一方で、不安定化した同盟国マウレタニアは、国王プトレマエウスがカリグラ帝によって殺害され、ローマに併合される(四〇年)という形で処分された。[44]カリグラはまた、第三アウグスタ軍団の指揮権をプロコンスラリス州総督から切り離して勅任の司令官(レガートゥス)に委ねることで、元老院管轄属州であるプロコンスラリス州総督の権限を弱め、ヌミディア地方を事実上皇帝直轄の軍事的ゾーンへと変えた。[45]マウレタニアでは、プトレマエウス殺害への復讐を呼号する王室解放奴隷アエデモンに率いられてローマへの併合に対する戦いが起こったが、クラウディウス帝時代に平定され(四二年)、[46]マウレタニア＝カエサリエンシス(ユバ二世の王都カエサレアを首府とする)州と、マウレタニア＝ティンギタナ(ティンギスを首府とする)州の二州が成立した。[47]こうして北アフリカからは先住民の同盟国が姿を消して、「アウグストゥス」体制が終わりを告げ、トリポリタニア(さらにはその東のキレナイカ、エジプト)からティンギタナ州にいたるアフリカ大陸の北岸全域をローマが自前の軍事・政治機構によって確保せざるをえない段階を迎える。ネロ帝末年の混乱(六八年―六九年)を経た後、ウェスパシアヌス帝の登場とともにローマ軍団による北アフリカの軍事的な再編成、「再征服」とでも名づけるべき過程が始まるのである。

第四期――フラウィウス朝時代(六九―九六年)

この時期のローマ軍の最初の作戦対象となったのは、トリポリタニアのレプティス・マグナ等の都市にとっての脅威であり、また先のタクファリナスの蜂起にも参加したガラマンテス(族)であった。[48]軍団司令官ワレリウス・フェストゥスのガラマンテスに対する勝利は、ローマ軍がこれまでの相手であったムスラミイーのような「半遊牧民（semi-nomade）」ではなく、サハラの「大遊牧民」との戦争に突入したという点でも重要であった[49]。続いて、その東の大シュルティス湾の南に居住していたナサモネス（族）がドミティアヌス帝時代に制圧され[50]、アフリカ＝プロコンスラリス州東方の安定が確保されるとともに、この地域から内陸（「エティオピア」）への探検が試みられたのも、第四期の特徴である。おそらく第三アウグスタ軍団の司令官だったらしいセプティミウス・フラックスのガラマンテスの地とエティオピアへの探検、大商人であったらしいユリウス・マテルヌスのレプティス・マグナからガラマ（ガラマンテスの都）を経てエティオピアのアギシュムバ（所在不明）にいたる探検が、地理学者プトレマイオスによって報告されている（Ptolem. I. 8. 4-5）。

さらに重要なのは、プロコンスラリス州の中枢部およびヌミディア地方の再編成がおこなわれたことである。従来アンマエダラに置かれていた第三アウグスタ軍団はより内陸（南西）のテウェステへと移り（七五年）、さらに七一年以来、軍団の一部がより西方のランバエシスに駐屯した[51]。またテウェステと海岸のヒッポ・レギウスを結ぶルートをはじめとする新たな軍道が建設されるとともに、テウェステとランバエシスの中間地点であるマスクラ付近等の内陸各地に軍事拠点が作られ[52]、ヌミディア地方をローマ軍が自由自在に往来しうる条件が整えられた。アウレス山地の北のリメス（一種の「境界」。軍道であることも、「長城」であることもある）建設はその仕上げであり、この線以北の諸「部族」はローマによって囲い込まれたような状態となった。同時にマダウロス等への退役兵の植民、コロニアの建設もこの時期に活発化した。他方、マウレタニア両州でも、七五年以来ローマの軍事作戦が続いたが、未完に終わったようである[53]。

第五期――ネルウァ～コンモドゥス帝時代（九六―一九二年）

この時期は第四期にやり残された課題、すなわちアウレス山地以南の平定とマウレタニアの諸「部族」の制圧がおこなわれる段階である。前者はトラヤヌス帝によって遂行され、後者はハドリアヌス帝以降、とりわけアントニヌス諸帝時代に取り組まれた。アウレス山地の北の入口、タムカディへのコロニア建設（一〇〇年）、アウレスの南でのリメス建設（一〇五年）、これらのリメスと既存の軍道の連結によって、アウレス山地やその西のホドナ山地は周囲を取り囲まれて分断され、この地域での先住民の「抵抗」はほぼこの期間に無力化された。(54) これに対し、マウレタニアでは、ハドリアヌスの作戦以降も完全な諸「部族」制圧にはいたらず、慢性的な戦闘状態が続いたまま三世紀に入った。(55)

全体として見れば第五期は北アフリカにおけるローマの軍事的支配の一応の完成期であり、同時に、「都市化」「ローマ化」「文明化」の最高段階であった。ショー（Brent D. Shaw）が著書『ローマ期北アフリカにおける環境と社会』の中で指摘しているようなカルタゴ市、カエサレア市等の大都市での水の大量消費施設すなわち噴水、大浴場等の建設（例えば一四五―一六二年のカルタゴのアントニヌス浴場）と、それを可能にする水道橋の建設ブームもこの時期にあたっている。(56) 先に紹介したフロントーやアプレイウスもこの時代の人であり、後者の残した『弁明の書』は、マダウロスの出身であるアプレイウスが総督による裁判に臨んで、自らがギリシア哲学に通暁《つうぎょう》した洗練された文化人であることを示しつつ、同じアフリカ出身者である原告側の無知蒙昧ぶりを証明することによって勝利を獲得しようとした興味深い記録である。(57) このように「ローマ化」は海岸部の大都市に限られていたわけではなく、マダウロスのようなヌミディア地方の内陸都市にも確実に及んでいた。そしてこれらの都市の多くは、軍団の駐屯地、あるいは退役兵の入植地という性格をもっていたにもかかわらず、必ずしも退役兵中心の「軍営都市」ではなく、退役兵集団から区別された、(58) いわば既存の都市上層が存在したことが、ランバエシスに関する最近の研究によって明らかにされている。ローマ（軍団）による直接的政策とは別に、社会経済的現象としての「都市化」「ローマ化」が進行して、第五期の北アフリカを長期的な「繁栄」

のコースに乗せたかに見えた。

実際、三世紀におけるローマ帝国全体の危機と衰退のなかでも、アフリカ諸州は相対的な安定を保った。レプティス・マグナ出身のセプティミウス・セウェルス帝の登場（一九三年）、ローマのキリスト教化の過程における北アフリカの重要性、三世紀以降にむしろ最盛期を迎えるローマン・モザイクのアフリカでの華麗な展開等は、(59)第五期に形成された北アフリカの「ローマ化」された社会が、帝政後期にもなお健在であったことを示している。

第三節　タキトゥスとタクファリナス

いわゆる「部族隔離」ないし「定住化」、より中立的な言い方をするならば「境界設定（limitation）」に関する碑文は、以上の時代区分における第四期と第五期に集中している。ベナブ Marcel Bénabou が作成した表に従えば、碑文の年代と「境界（terminusあるいはfinis）」を設定された「部族」の一覧は、次ページの表の通りである。

これらの「部族」が「境界設定」によっていかなる変化を遂げたのかについては、小シュルティス湾岸のニュブゲニイーの場合のように、その後の都市的発展が確認できるものとそうでないものがある。ニュブゲニイーの境界設定は前節で述べたようにタクファリナスの蜂起鎮圧後の二九―三〇年に始まり、トラヤヌス帝によってタカパエ（現ガベス）市との間の境界が定められた後、(60)「タマッレニーの塔」と呼ばれる何らかの砦を中心とするキウィタス（都市的集落）が成長し、ハドリアヌス帝によってムニキピウム（自治市）に昇格させられた。(61)最も多くの碑文が出土しているムスラミイーの場合は、(62)これらの境界設定はアンマエダラのコロニア、

表　境界設定の対象となった種族集団とその年代

碑文の年代	部族名
80/81年	スブルブレス（族、以下略）とニキウェス
80/81年	スッペンセスとウォフリケンセス
87年	ムドゥキウウィイーとザムキイー
トラヤヌス期	ニュブゲニイー
100/103年	ムスラミイー
104/105年	
116年	
116/117年	スブルブレス
128年	ズィミゼス
137年	ヌミダエ(広義のヌミディア人・ヌミダエとは別の小集団らしい)
138年	ムスラミイー

（M. Bénabou, *La résistance aficaine à la roanisation*, p. 433 から作成）

皇帝領であるマッシピアヌス所領、個人の私領であるベグエンシス所領への土地併合に関連していた[63]。境界設定の命令者は、ヌミディア地方の場合はレガートゥス（勅任司令官）、皇帝管轄属州であるマウレタニア＝カエサリエンシス州内の場合は属州管理官（プロクラートル）であることが碑文からわかり、いずれにせよ皇帝自身の意志が（たとえ形式的にせよ）かかわる措置であった。

境界設定の実施が、「部族」からの暴力的な土地奪取、残された狭隘《きょうあい》な土地への「部族」の隔離であったのか、当該地域社会のより「平和的」な、社会経済史的な発展・変容に伴うローマ政府の調整的行為なのかは簡単に判断できることではない。しかしながら、タクファリナス戦争に関するタキトゥスの記述の分析が、間接的にではあるがいくつかの示唆を与えてくれる[64]。

タクファリナス戦争（一七―二四年）は、ティベリウス帝時代の事件であり、一方タキトゥスがこれを『年代記』に記したのはトラヤヌス帝時代である。すなわちこの叙述は、前節の時代区分の第三期に起こった反乱に対する第五期の元老院議員歴史家の視点を示しているという点で、第五期になされたムスラミイーの境界設定について考える手がかりとなりうる。ムスラミイーこそはタキトゥスによればタクファリナス勢の中心勢力であったからである。

タクファリナス戦争（タキトゥスの言い方では単に「アフリカの戦争」）に関するタキトゥスの叙述には次の特徴がある。

(1)反乱の主体はヌミディア人（Numida）であってかつてローマの陣営で補助軍兵士として軍務についていたタクファリナスと、その一党である。彼はじきに脱走し、追剥《おいはぎ》を習慣としている放浪者たちを掠奪と強盗のために集め、ついで軍隊式に編成し、ついに「無秩序な群れではなくムスラミイーの指導者（dux）」となった。ムスラミイーは「アフリカの砂漠の近くの強力な種族」であり「その頃でさえ都市の生活様式を何らもたなかった」。このムスラミイーが武器をとって隣のマウリー（マウレタニア人）を戦争にひき込み、そのマウリーの指導者はマズィッパであった。兵力は二分され、タクファリナスは選び出した兵士たちをローマ式に武装させ、陣営にとどめて規律と命令に慣れさせ、他方マズィッパは軽装部隊を率いて放火と殺戮と恐怖をまき散らした。この当初の反乱軍にキニティー（族）が加えられるが、その段階の反乱軍全体をタキトゥスは「ヌミダエとマウリーの大群」と形容する（Tac. *Ann.* II. 52）。この後、アウゼア砦の近くにおける反乱軍の最後の場面にいたるまで、タクファリナスが直接率いている部隊はヌミダエ（ヌミディア人）と呼ばれる（Tac. *Ann.* III. 21 ; IV. 25）。タクファリナスが指揮する、ムスラミイーを中心とする「ヌミダエ軍」がタキトゥスの記述における反乱の主役である。

(2)タクファリナスはティベリウス帝に使節を送り、自分自身と自分の軍隊に「居住地（sedes）」を与えよと要求し、さもなければ出口のない戦争になるぞと脅した。この侮辱に怒ったティベリウスは、かつてセルトリウスとミトリダテスとの戦争で動揺していたときでさえ国家（共和政ローマ）はスパルタクスに条約による帰順を認めなかったのに、今「ローマ国民の栄光の頂点において盗賊タクファリナスが平和と土地の譲渡によって贖《あがな》われることなどあってはならない」と語って、反乱軍のうちの他の者たちは懐柔し、首領だけはなんとしても捕えるように命じた（Tac. *Ann.* III. 73）。(1)とあわせて見れば、sedes を必要としているのはタクファリナスの軍隊、つまりムスラミイーの精兵を中心とする「ヌミダエ軍」であるように読める。

(3)タクファリナスは反乱の首領であるが、それなりに「英雄的」に描かれている。戦争の叙述全体には、盗賊的反乱に手こずるティベリウス帝への風刺が感じられ、これに対し、最後にローマ軍に四方から囲まれ、槍ぶすまの中に身を投じて戦死し、捕虜となるのを免れるタクファリナスは「あっぱれ」とでも言いうるような描かれ方である。

タキトゥスのタクファリナスの蜂起に関する叙述に、時事的関心、つまりタキトゥス自身の時代の北アフリカ、ヌミディア地方の情勢についての関心が反映されている可能性は既にサイム（Ronald Syme）の論文によって示唆されている。(65)サイムはムスラミイーを遊牧的な「ガエトゥリー」諸部族の一部とした上で、(66)タクファリナスの蜂起を、ローマが「不平不満の中心地」であるヌミディア高地のムスラミイーの領域を平定していく、アウグストゥス期からトラヤヌス期におよぶ長いプロセスのなかに位置づけている。(67)彼によれば、ムスラミイーにかかわるローマの軍事行動は後六年のガエトゥリー戦争に始まるが、(68)特に重要なのは一四―一一五年における第三アウグスタ軍団の駐屯地アンマエダラからカプサを経てタカパエにいたる軍道の建設であった。(69)フラウィウス朝期における軍団のテウェステへの移動、マスクラへの軍事拠点建設、アンマエダラとマダウロスへのコロニア建設はムスラミイー対策の第二段階であり、[70] ムスラミイーは両コロニアによって南北を囲まれた。ヌミディア地方の最終的鎮圧・再編はトラヤヌス期に完成した。タムガディとテウェステへのコロニア建設、ランバエシスへの軍団の移動がおこなわれ、ランバエシスから南西へ、そこからさらに東へ延びる軍道によってアウレス山地の西端が囲まれ、テウェステからランバエシスへの軍道はムスラミイーと南のアウレス山地との間を区切った。[71] サイムは、こうして、もはやヌミディア農民を襲うことができなくなり、農民化していくムスラミイーの土地の境界を定めたものがトラヤヌス期の一連の境界設定だと考えている。一一三年頃、この地域の集落トゥブルシクがムニキピウム（自治市）になることによって、このプロセスは完結する。[72]『年代記』のタクファリナス叙述の終わり近くに登場するトゥブスクムの町（Tac. *Ann.* IV. 24）こそはその前身であった、というのがサイム論文の主眼点である。

ムスラミイーの居住した地域は実際には半農・半牧畜的地帯であり、[73]「遊牧から定住へ」というサイムの把握は正確ではないと思われる。しかしその他の点では、この論文はトラヤヌス期の境界設定の性格――長期にわたる軍事作戦の最終局面でのムスラミイーの土地の確定――をよく描き出している。タキトゥスがタクファリナスの sedes 要求に言及しているのは、彼が自分の同時代に起こっているムスラミイーの境界設定を意識した上でのことだとも思えるのである。『年代記』の執筆時期は一〇〇―一一五年頃とされ、ムスラミイーの境界設定は一〇〇―一一六年にわたっており、両者の時期はまさに重なっている。元老院議員であるタキトゥスが、同時代に進行しているムスラミイー「処分」について全く無知であったとは思えないし、[74] 彼は小プリニウスと共同で、アフリカ総督マリウス・プリスクスの不正を弾劾（九八年―一〇〇年）してもいるのである。[75]

トラヤヌスの名においておこなわれたこれらの境界設定（*ILS*, 5958, 5959 等）に、タキトゥスが「反対」であったとは考えられない。むしろ、ティベリウス帝の失態との対比においてトラヤヌス時代を称えるのが、彼の叙述の本旨であったかもしれない。しかし『アグリコラ』においてブリタニア人の指導者カルガクスの演説という形で「彼ら（ローマ人）は破壊と、殺戮と、掠奪を、偽って『支配』と呼び、荒涼たる世界を作りあげたとき、それをごまかして『平和』と名づける」（国原吉之助訳）(76)と記したタキトゥスは、ムスラミイーの地の境界設定と「都市化」にも単純な肯定ではないまなざしを向けていたのではないかと想像したくなる。

最後に「ローマ化」と「アフリカ化」の問題に触れておこう。第五期以降頂点に達する「ローマ化」は同時にアフリカ的要素の成長という面を含んでおり、特にセウェルス朝期以降、ローマ・アフリカ両要素が混在する独特の社会が現出したと言われる。このような現象は、論者によってアフリカの文化的「抵抗」とされたり、ローマ人とアフリカ人の「共生」の証拠とされたり様々であるが、「境界設定」はそれとどうかかわるのであろうか。第五期以降の北アフリカにおいて先住民がすべて境界で囲まれた居留地に押し込められていたように考えるのは難しい。境界設定の対象となったのは、ベナブの表を見てもわかるように一〇程度の「部族」であり、未発見の碑文を考慮に入れても、北アフリカの全先住民の中に占める割合は大きくなかったであろう。相対的に少数の境界設定を受けた「部族」のかたわらに、相対的に多数の「親ローマ的」な「部族」、同盟者である先住民がいたのであり、彼らは境界設定による「反ローマ部族」からの土地収用のむしろ受益者であったかもしれない。境界設定によってもとの「反ローマ部族」の土地に生まれた都市的集落の住民は、そうしたよそ者の先住民であった可能性が高い。おそらくそのような人々が諸「部族」の文化の混合物である「アフリカ的」な新文化のにない手であり、それらの都市集落がムニキピウムへ昇格するにつれて「ローマ的」要素がこれに加わったと考えられる。これを北アフリカのローマ人社会の側から見れば、ローマ文化への「アフリカ」文化の混入ということになる。(77)

図　捕われの「ベルベル人」家族（ティパサ博物館蔵）
T. Bechert, *Die provinzen des Römischen Reiches : Einführung und Überblick*, Mainz am Rhein, 1999, S. 159 より。

マウレタニアのカエサレア市（現シェルシェル）の近くにティパサという町があり、その博物館にひときわ目立つ形で一枚のモザイク画が展示されている[78]。捕われの身となった「ベルベル人」の男とその妻子を描いたこのモザイクは三世紀のものであり、ティパサ市のバシリカの床を飾っていた。ローマ人と「アフリカ人」が共生する北アフリカのローマ化された都市とは、人々がこのようなモザイクを鑑賞しつつ生活する空間であった。

註

（1）後藤篤子「ローマ帝国の『キリスト教化』をめぐって――ローマン=アフリカの場合」『法政史学』第四四号（一九九二年）、一九―三九頁。

（2）M. Brett / E. Fentress, *The Berbers*, Oxford, 1996, pp. 84f.

（3）*Ibid.* p. 84. Jamil M. Abun-Nasr, *A History of the Maghrib*, Cambridge, 1971, p. 69. M. Talbi, *The Encyclopaedia of Islam*（new edition）, Leiden, 1986, vol. V, pp. 517–518, s. v. Kusayla によれば彼はウクバの前任者とは協調し、イスラムに改宗していた。彼の「王国」はトレムセン（古代の Pomaria）を首都とし、Walila（Volubilis）まで広がっていたという。

（4）Abun-Nasr によれば、アウレス山中の Bir al-Kahina「カーヒナの井戸」と呼ばれる場所で（*op. cit.*, p. 70）。これには異説もある。M. Talbi〔*op. cit.*, vol. IV, Leiden, 1978, pp. 422f. s. v. Al-Kahina〕は、カーヒナ自身はビザンツ（ギリシア）系の血統をひいており、キリスト教化されていたとする。

（5）D. Cherry, *Frontier and Society in Roman North Africa*, Oxford, 1998, vii–viii. T. R. S. Broughton, *The Romanization of Africa Proconsularis*, Baltimore, 1929.

（6）M. Bénabou, *La résistance africaine à la romanisation*, Paris, 1976, p. 427 et passim.

（7）Cherry, *op. cit.* p. 16（水利施設およびその技術を 'Roman era' に帰す傾向について）、Brent D. Shaw, *Environment and Society in Roman North Africa*, Aldershot（Great Britian）, 1995, V. pp. 128f.（特に水利関係の遺構について）。

（8）*Ibid.* V. p. 129

（9）特にローマ宗教の「アフリカ化」について Bénabou, *La résistance*, pp. 331ff. の鋭い洞察を見よ。

（10）例えば北アフリカへの退役兵植民についての最近の業績として、柴野浩樹「ローマ元首制期における退役兵と都市社会――北アフリカの事例から――」『西洋史研究』新輯第二七号（一九九八年）六〇―九三頁がある。また第三アウグスタ軍団についての包括的研究として Yann Le Bohec, *La troisième legion Aususte*, Paris, 1989（*La troisième legion* と略記）を参照。

（11）*Ibid.*, pp. 531ff. Cherry の関心も同じ方向を示す。Cherry, *op. cit.* pp. 101–140（フロンティア・ゾーンにおける通婚状況）, pp. 142–153（軍団の存在と農業発展の関係の有無）等。

（12）R. Cagnat の古典的著作（*L'armée romaine d'Afrique et l'occupation militaire de l'Afrique sous les empereurs*, 1883, 1913, 2e ed.）には、アルジェリアで作戦中のフランス軍への献辞がある。

（13）Le Bohec, *La troisième legion*, pp. 405f.

（14）Bénabou, *La résistance*, pp. 429–439.

(15) 本書第四章参照。

(16) 本書第四章。Polyb. XXI. 11. 6–7 ; 21. 2

(17) Liv. XXX. 15. 7–11 ; 17. 10. Sall. *Iug.* 5. 4（マシニッサの例）、14（アドヘルバル演説中の言及——巻末附録A参照）。

(18) Liv. XXX. 15. 11 ; *Per.* L（マシニッサ死後の小スキピオによる三人の王子への王権分与）. Sall. *Iug.* 9. 2（ヌマンティアでのユグルタの活躍を称える小スキピオのミキプサ宛ての手紙）. 最後の王ユバ一世も結局スキピオ家とカエキリウス・メテッルス家の裔メテッルス・スキピオと共にカエサル軍と戦う。本書補論参照。

(19) 本書第一章参照。ローマ・ヌミディア間の「対外クリエンテーラ」を機能せしめた、——すなわちローマ人の「クリエンテーラ」概念ないしamicitia概念を必ずしも共有していたとは限らない歴代ヌミディア王に、にもかかわらずローマから見て総じて忠実であり続けることを余儀なくさせた——社会経済的条件を探っている。

(20) 栗田伸子・佐藤育子『通商国家カルタゴ』講談社二〇〇九年（講談社学術文庫二〇一六年）第九章（栗田執筆部分）三六六—三八九頁（文庫版三八六—四一〇頁）参照。

(21) 本書第一章および補論参照。

(22) 皇帝領のコロヌスの納付割合に関する例（Henchir Mettich出土碑文：*CIL*, VIII 25902, 他）についてのJ. Kolendo, *Le colonat*, pp. 55f. の解釈を参照。Rachet, *Rome et les Berbères*, p. 165, n. 1

(23) 栗田『通商国家カルタゴ』二七八頁（文庫版二九二頁）以下、Polyb. I. 72. 2.

(24) 従来の研究史においては、共和政期ローマの北アフリカ支配は、属州アフリカ（滅亡時のカルタゴ領）のみに着目して論じられ、ヌミディア王国に対する「対外クリエンテーラ」ないしamicitia（「友好関係」）の形式をとった支配は、「支配」とは別範疇のものと捉えられがちであった。本書第一章。このような認識に対し、本書はむしろ「友好国・同盟国」ヌミディアに対するような支配のあり方の方が、ローマの対外支配の型としては先行しており、この支配の展開とゆらぎによって徐々にいわゆる「属州支配」が生成されて来るという見方を提示している。

(25) 本書第二章。

(26) App. *b.c.* I. 62, Plut. *Mar.* XL ; *Pomp.* XII, Liv. *Per.* LXXXIX. 本書第三章。

(27) 本書補論。

(28) Dio Cass. XLI. 42. 7（カエサルの「元老院」がユバを公敵とし、ボックスとボグドをユバに敵対しているが故に王と呼ぶ。）*Bell. Alex.* 59. 2 ; 62（ボグドがスペインのカエサル派の総督カッシウス・ロンギヌス救護に赴く。）*Bell. Afr.* 23 ; 25. 3–4（ボックスとP. シッティウスがユバの王国に侵入。キルタを陥落させる。）

(29) Sall. *Iug.* 80. 6 ; 102 ; 108–113. Cf. Plut. *Mar.* X. 2–4.

（30）カエサルとポンペイウス（元老院側）の内戦の際、マウレタニア両王がカエサル側についた背景には、同地で活動していたカンパニア地方出身の騎士身分の事業家で冒険軍人のシッティウス P. Sittius Nucerinus の影響があると思われる。App. *b.c.* IV. 54 ; Dio Cass. XLIII. 3. 1. 彼は財産家で（Cic. *Pro Sulla*, 20. 58）、マウレタニア王と大きな取引をしており（*Ibid*., 20. 56）、そのうちに巨額の借財のために同類の仲間と共にイタリアから出奔し（キケロのシッティウス宛手紙、*Ad fam*., V. 17）、ヒスパニア＝ウルテリオルを経てマウレタニアに至り（前六四年）、王の下で軍を率いていた。当時進行中のカティリーナの陰謀にも加担していた（Sall. *Cat*. 21. 3）という。註（28）のように、前四六年、マウレタニア東部（ヌミディアと接する方）の王であったボックスはシッティウスと共に大軍を率いてユバの王国に侵入し、ユバの対カエサル戦への注力を妨げる。アフリカ戦役におけるカエサル側の勝機の一つはシッティウス軍の到着とユバの部将サブッラ軍の撃滅であった（Dio Cass. *loc. cit*., *Bell. Afr*. 36. 4 ; 48 ; 93 ; 95–96）。このシッティウスはローマへの穀物供給に関わっていたらしい。J. Heurgon, "Les origins campaniennes de la confédération cirtéenne", *Libyca*, 5（1957）, pp. 9f. Cic. *Ad fam*., V. 17. 2（穀物価格高騰によるシッティウスの不評に言及している――前五二年）。マウレタニア王たちの対ローマ姿勢にも、第一章で見たヌミディアの場合と類似した、穀物とイタリア人事業家を核とした経済的利害が作用している可能性がある（特にボックスが治めていたマウレタニア王国東部はユグルタ戦争まではヌミディア王国領であった。Sall. *Iug*. 97. 2「ヌミディアの第三の部分」; 102. 13）. Gsell, *HAAN*, VII, pp. 291–292. また前四六年のボックスとシッティウスのユバ領侵入の際、ユバの王国とボックスの王国の間（マウレタニア王国とアムプサガ川の間）にあったとされる「西ヌミディア王国」（王は Masinissa といった）は征服され、カエサルはその一部をボックスに、残りは、キルタ（旧ユバ領だった）市周辺と共にシッティウスとその部下たち（Sittiani）に委ねた。Bénabou, *La résistance*, pp. 39f. しかしカエサル暗殺直後（前四四年）、スペインでセクストゥス・ポンペイウスの軍に加わっていたマシニッサ（上記）の息子 Arabion がヌミディアに戻り、ボックスを逐い、シッティウスを殺害して（App. *b.c.* IV. 54）「西ヌミディア王国」を再興した。しかし Sittiani はキルタを保持し続けたらしく、まもなくキルタはローマ植民市とされる。Gsell, *HAAN*, VIII, pp. 157–159. アラビオンの敗北（前四一年）後は、彼の王国はボックス領となり、ボグド領も併合（次註）したボックスは一時はアムプサガ川（キルタの西）からジブラルタルの果てまでを治める大王国の王となった。

（31）すなわち、ボグドの再度のスペイン遠征中に彼の王国（マウレタニア王国西部）の中心都市 Tingis の市民が蜂起し、帰国したボグドはオクタウィアヌス側の将軍たちとボックスに敗れ（前三八年）、東方のアントニウスの陣に加わり、メトーネーという所で、オクタウィアヌスの将アグリッパによって殺害された（前三一年）。Dio Cass. XLIII. 45, 1–3 ; L. 11, Strab. VIII. 4. 3. 彼の王国はボックスが併合し、他方ティンギィス市民はローマ市民権を付与された。Dio Cass. *loc. cit*., Gsell, *HAAN*, VIII, p. 200.

（32）Dio Cass. XLX. 43. 7（ボックスの死とその王国の属州化）. Cf. *Ibid.*, XLIII. 36. 1（ボックスが息子たちをスペインのポンペイウス軍に派遣したとするが、モムゼンらはこれを誤記とする。Gsell, VIII. p. 157.）

（33）Dio Cass. LIII. 26 ; Strab. XVII. 3. 7 ; Gsell, *HAAN*, VIII, pp. 208–214. 前四六年のタプススの敗戦と父ユバ一世の死後、ユバは他の兄弟と共にローマに連行され、カエサルの凱旋式に引き出された後、ユリウス一族のもとで養育され（Plut. *Caes.* LV. 3）、ローマ市民権も付与されて（C. Iulius の名。Gsell, p. 207）いた。アウグストゥスはこのユバ二世に父（ユバ一世）の支配権の代わりとしてガエトゥリアの一部〔Gsell はストラボンの記述を生かしつつ、これを旧ヌミディア王国内（南部）のガエトゥリーの地と見ている。Cf. J. Desanges, "Les territoires gétules de Juba II", *REA*, 66, 1964, [pp. 33–47], pp. 42–43 ; M. Coltelloni-Trannoy, *Le royaume*, pp. 74f.〕を与えた。Dio Cass. LIII, 26. 2. 同時にアウグストゥスはこのマウレタニア王ユバ二世を前三〇年に死んだクレオパトラのアントニウスとの間の娘クレオパトラ・セレネと結婚させた。Dio Cass. LI. 15. 6. クレオパトラ・セレネのユバ二世に対する一種の優越的ないし独立的地位（彼女の名を冠した貨幣が鋳造されており、その銘はギリシア語。夫ユバ二世の貨幣の銘はラテン語であるのに、等）、ユバ二世の第二の妃Glaphyra（カッパドキア王アルケラオスの娘。ユバとの結婚前は王ヘロデの子アレクサンドロスの妻。Ioseph. *Ant. Iud.* XVI. 7. 2 ; 8. 6 ; 10. 7）を介してのマウレタニア王家とユダヤ王家の因縁等については G. H. Macurdy, *Hellenistic Queens*, Baltimore/London, 1932, pp. 224–228. 本書第三章註（23）も参照。このユバ二世とクレオパトラ・セレネと関連づけられるマウレタニア王家の墓（ヌミディアのメドラセンの王墓とよく似ている）が前述（第五章註（98））の通り Tipasa 近郊に現存する。巻末写真⑧⑨を見よ。前三三年のボックスの死（前註）から前二五年のユバの即位までの空白期間におけるマウレタニアの状況・法的位置については、Coltelloni-Trannoy, *Le royaume de Mauretanie sous Juba II et Ptolémée*（*25 av. J.-C. -40 ap. J. -C*）, Paris, 1997, pp. 22–27. ユバ二世は学者としても有名で、またユバの著作がプルタルコスらによってしばしば言及されており（Plut. *Rom.* XIV. 6, XV. 3, XVII. 5 他）、ナイル川水源問題についての古代の地理学者の主な情報源であったらしい。Coltelloni-Trannoy, p. 185, n. 171, p. 138, n. 6. Plin. V. 51–53.

（34）Bénabou, *La résistance*, pp. 43–50. この「アウグストゥス体制」はマウレタニア王国という、共和政期のヌミディア王国を踏襲するような（王家の系譜としては紛れもなくマッシュリー王家そのものである）「クリエンテーラ」型支配を、属州アフリカ＝プロコンスラリスと組み合わせている点で、カエサルが計画していたらしいより全面的な直接支配（カルタゴ市周辺とキルタ市周辺への大植民等）からは一歩「後退」ないし柔軟化した政策であるかもしれない。しかし、カエサル—オクタウィアヌス（アウグストゥス）期の属州アフリカ、旧ヌミディア王国、およびボックスとボグドの王国への数多くの植民市（コロニア）建設——Curubis, Clupea 等の属州アフリカ（ウェトゥス）内のカエサル期の植民、Igilgili, Saldas, 等のボックス領の六都市、Colonia Iulia Constantia Zulil（Zilis）, Colonia Iulia Campestris Babba, Colonia Iulia Valentia

Banasa（有名なバナサ碑文の出土地）のボグド領の植民市、およびキルタとその周辺の Sittiani の植民——は、明らかに共和政期とは異なった様相を呈する。Gsell, *HAAN*, VIII, pp. 178ff., pp. 202–204. ベナブは「アフリカの抵抗」を主として原住民の伝統的生活に影響を及ぼすような文化・宗教面も含んだ「ローマ化」への抵抗に注目して分析し、その叙述を主としてこの「アウグストゥス体制」以降の局面から始めている（したがってユグルタもユバ一世もアラビオンもボグドも本格的な分析対象にならない。

(35)　前三四、三三、二八、二一、一九年の一連のアフリカでの戦勝将軍たちの凱旋式（Bénabou, *La résistance*, pp. 58f.）、後六年の対ユバ二世反乱（Dio Cass. LV. 28. 3–4）等。これらのアフリカにおける戦争とローマ市の食糧危機の関連性については、ピーター・ガーンジィ著、松本宣郎・阪本浩訳『古代ギリシア・ローマの飢饉と食糧供給』白水社、一九九八年、二九七頁。

(36)　タキトゥスは解放奴隷たちの統治の専横・腐敗を強調しているように見える。同時代のローマ皇帝家でも解放奴隷による実権掌握が見られたことに注意を促すのは Coltelloni-Trannoy, *Le royaume*, pp. 206f. 首都カエサリア（シェルシェル）出土のマウレタニア王家の解放奴隷が残した葬送碑文、特に哀歌（エレゲイア）体の詩形式のものの分析として、C. Hamdoune, "Les disques élégiaques de Césarée et la *familia* des rois de Maurétanie", *Antiquités africainnes*, 49, 2013, pp. 5–17.（本書巻末附録F参照）

(37)　以下本章の第三節を見よ。

(38)　Bénabou, *La résistance*, p. 65. Bohec, *La troisième legion*, p. 58.

(39)　註（34）参照。

(40)　Cirta（現コンスタンティーヌ市）の El-Hofra 遺跡から出土した一連の主としてポエニ語の奉献碑文については第一章註（35）、第二章（97）を見よ。Leptis（Lepcis とも）Magna についてはそのフェニキア起源（「シドンの植民市」）についてのサルスティウスの有名な叙述がある。Sall., *Iug.* 78. 1.

(41)　註（30）参照。キルタとその周辺地域における Sittius 名（nomen）の多さについては、H.-G. Pflaum, "Onomastique de Cirta", in Pflaum, *L'Afrique romaine : Études épigraphique*, Paris, 1978, pp. 168–198 も見よ。なお、キルタとその近郊の Rusicade, Chullu, Milev は早々にローマのコロニア（Colonia Iulia Iuvenalis Honoris et Virtutis Cirta, Veneria Rusicade, Minervia Chullu, Sarnensis Milev）となり、この四市は研究史上 Confédération cirtéenne と呼ばれる。この地域のローマ市民たち（いわゆる Sittiani）による「ポエニ—ベルベル的」カエレスティス（月神、すなわちタニト女神）とサトゥルヌス（バアル・ハモン神）信仰の受容はローマ支配下におけるローマとアフリカの宗教の習合の例としてしばしば取り上げられる。Bénabou, *La résistance*, p. 40, pp. 367 ff. M. Leglay, *Saturne africain, Histoire*, Paris, 1966, pp. 77f. *ILAlg.*, II, 807（Caelestis

Sittian (a)「シッティウス（集団）のカエレスティス」の神官であった P. Iulius Publianus なる人物）, *ILAlg.*, II, 804（templi Sittianae「シッティウス（集団）（の女神）の聖域」：カエレスティスのこととされる）。ただしこの Sittiani（「シッティウスの部下」の子孫たち）がローマ市民権は持っていても血統的にローマ人（イタリア出身者）だけから成るとは限らない。J. Gascou, "Le cognomen Gaetulus, Gaetulicus en Afrique romaine", *MEFR*, LXXXII, 1970, 2,〔pp. 723–736〕, p. 733 はキルタでの 'P. Sittius Gaetulus（*ILAlg.*, II, 1705）' の名のある碑文の存在を指摘して、シッティウスがキルタ付近の2つのガエトゥリーの町を奪取した（*Bell. Afr.* XXV. 2）際シッティウス軍に加わったガエトゥリー人がいた可能性を示唆する。Bénabou, *op. cit.*, p. 367. 私見によれば、Sittiani は元々、ボックス（二世）のもとでシッティウスが率いていた傭兵軍であるので北アフリカ出身者、特にボックスの王国（「マウレタニア」東部、つまりユグルタ時代までのヌミディア王国の西部）出身の武装集団が多数を占めていた可能性もあるのではないか。ユグルタ戦争当時のヌミディア（東部であるが）の Vaga 市では J. Carcopino によって Caelestis（あるいは Cereres）信仰とも推測されている神の盛大な祭り（「全アフリカで盛んな祭り」festus celebratusque per omnem Africam, Sall. *Iug.* 66. 3）が祝われていた。このようなアフリカ各地出身の月の礼拝者たちがシッティウスらの下でローマ式軍事訓練を受けてラテン語話者ともなりローマ市民権を得た後で「シッティウス集団のカエレスティス」祭祀をその根城となったキルタで営むに至るのは自然な流れとも思える。ヌミディア（Henchir Ghayadha の近郊）で近年（一九九七年）発見された一〇点のサトゥルヌス（バアル・ハモン）（ほどこされた浮き彫りは、タニトの印、カドゥケウス——犠牲式に使われる杖——、二羽の鳥の間の樹、ソル（太陽）とルナ（月）の間の triskele, 等、カルタゴの 'tophet' の石碑と似た特徴を示す）への奉献碑文（stèle）についての Arij Liman, "Stèles à Saturne trouvées au voisinage de la nécropole nord, à Henchir Ghayadha," *Antiquités africaines*, 44, 2008, pp. 169–185 を参照。これらの石碑の年代は、前五〇—後五〇年頃（"neo-punique" 期に属する）と考えられている（いずれにも碑銘は付いていない）。このネオ・ポエニ期（カルタゴ滅亡後、前一世紀頃までに成立した neo-punique と呼ばれる少し変化した書体のポエニ文字の使用によって特徴づけられる時期。その下限については議論がある）——すなわちローマ帝政期のある時期まで——における北アフリカの諸都市・集落のポエニ的諸制度（会食 epulum＝カルタゴのシュシティア？・等）の継続に関しては、本村凌二「〈クリア〉の歴史的性格——帝政期北アフリカ属州史の一断面」弓削達・伊藤貞夫編『古典古代の社会と国家』東京大学出版会、一九七七年、二六五—三〇一頁が多くの先駆的な洞察を示す。

(42) タクファリナスの乱のレプティス・マグナへの波及については、アフリカ＝プロコンスラリス州総督 P. Cornelius Dolabella（*Prosopographia Imperii Romani*）〔*PIR*. saec. I. II. III. pars II, Berlin, 1936, S. 319（CORNELIVS 1348）〕による Victoria Augusta への奉献碑文（*AE*, 1936, no. 107）に「タクファリナスの殺害により…」（occiso Tacfarinate）の一句があることが証拠とされる。R. B. Bandinelli et al., *The Buried City, Excavation at Leptis Magna*, NY/Washington, 1966, p. 51. レプ

ティス・マグナ市の Via Triumphalis に建てられたティベリウス帝時代の凱旋門（後三五―三六年）も、通説のように総督 C. Rubellius Blandus によるレプティス周辺の土地の返還（通常の境界再確定作業）と道路建設の一環としてではなく、八年にわたったタクファリナスの乱に関わったゲリラ戦によって荒廃した領域の土地の再征服と再整備に関連づけ得る。*Ibid.*, p. 72. Oea でも同様に対タクファリナス戦勝利を祝う碑文が出土している。*AE*, 1961, no. 198. David J. Mattingly, *Tripolitania*, Ann Arbor（The University of Michigan Press）, 1994, p. 52. この二枚の碑文の発見の経緯を含めた詳細は、Rachet, *Rome et les Berbères*, p. 121. n. 1, p. 122, n. 4, 5. レプティス、オエア、サブラタの帝政初期における都市としての地位については、Mattingly, *Tripolitania*, pp. 52f.（civitas libera ではなく civitas foederata であった可能性）。これらトリポリタニア（Emporia 地方）の都市は、第三軍団の駐屯地から離れていることもあって、共和政末の内戦の際には小カトーに協力した可能性があるにもかかわらず、カエサル・アウグストゥス期にも相対的独立性を保ち得て繁栄していたという。*Ibid.*, p. 51. ただし、共和国側（ヌミディア王ユバ一世側）への加担の懲罰としてレプティス・マグナ市が毎年三〇〇万ローマ・ポンドのオリーヴ油の供出を課されていた可能性がある。*Bell. Afr.* 97.（カエサル文書の『アフリカ戦記』末尾に現われるこの Leptitani は Leptis Magna の人々ではなく、この文書の前の方で何度も言及されている Ruspina の近くの Leptiminus の人々であるかもしれないが。Cf. *Bell. Afr.* 7 ; 9 ; 61–63 ; 67.）

（43）Bénabou, *La résistance*, p. 432. J. Toutain, "Le cadastre de l'Afrique romaine", *MAI*（*Memoires présentés à l'Academie des Inscriptions et Belles-Lettres*）, t. XII, 1, 1907,〔pp. 341–382〕p. 346. W(alther). Barthel, "Römische Limitation in der Provinz Africa", *BJ*（*Bonner Jahrbücher*）, CXX, 1911,〔S. 39–126〕S. 63, 74, 87–94. このニュブゲニイーは、四世紀に侵入したラクダ遊牧民ゼナータ系ベルベル部族に吸収され、ネフザーワ部族連合の一部となったという。鷹木恵子『チュニジアのナツメヤシ・オアシス社会の変容と基層文化――ジェリード地方とネフザーワ地方の比較研究』東京外国語大学アジア・アフリカ言語文化研究所、二〇〇〇年、二五頁（R. Pean, *Tunisian Sahara*, Tunis, 1996, に拠る）。

（44）Rachet, *Rome et les Berbères*, pp. 126f. Bénabou, *La résistance*, pp. 89f. Gsell, *HAAN*, VIII, pp. 283–287. Dio Cass. LIX. 25. 1. Suet. *Calig.* 26 ; 35. M. Rostovtzeff, *Social and Economic History*..., p. 321. プトレマイオス殺害の理由については、カリグラに招待された円形闘技場の競技観戦の際、見事な紫のマントをまとっていたためとされる（Suet. *Calig.* 35）が、真の動機、殺害の時期、場所（リヨンかローマか）について議論がある。Rachet, *loc. cit.* プトレマイオスが母クレオパトラ・セレネを介して三頭政治家マルクス・アントニウスの孫であること――したがってオクタウィアの娘たち（大アントニア、小アントニア）を介してユリウス・クラウディウス朝諸帝の縁戚である――も重要であろう。

（45）Bénabou, *La résistance*, pp. 85–89. Tac. *Hist.* IV. 3. 6, Dio Cass. LIX. 20. 7.

（46）Bénabou, *La résistance*, pp. 90f ; pp. 571f. Rachet, *Rome et les Berbères*, pp. 126–133. Plin., V. 1. 11. Dio Cass. LIX. 8. 6.

ILAf., 634 = *ILM*, 116.（Volubilis 出土の Bostar の子 M. Valerius Severus のためにその妻（Izelta の娘）Fabia Bira が捧げた碑文。Aedemon 鎮圧戦の Volubilis からの援軍（auxilia）の praefectus であった彼はこの功績により、ローマ市民権を与えられ、ウォルビリス市はローマ市民権を伴うムニキピウムとされ、peregrini（外人）との通婚権等の特権をクラウディウス帝から付与された。）アエデモンの蜂起の過程でのウォルビリス市の破壊・住民虐殺の可能性に関しては、M. Lenoir, “Histoire d'un massacre. À propos d'*IAMlat*. 448 et des *bona vacantia* de Volubilis”, *L'Africa romana*, 6＊, *Atti del VI convegno di studio, Sassari, 16–18 dicembre 1988*（1989）, pp. 89–102 を参照。Lenoir は諸権利が与えられたのはウォルビリス市全体ではなく、アエデモン戦争で殺害された市民の関係者のみと見る。

（47）マウレタニアはムルッカ（現ムールイア）川を境界として西の、ティンギスを中心とするマウレタニア＝ティンギタナ州と東のカエサリア（Iol-Caesarea）を中心とするマウレタニア＝カエサリエンシス州に分割され、それぞれに騎士身分の procurator が置かれた。この分割によって昔のヌミディア王国（ユグルタ時代まで）とマウレタニア王国の間の境界（共和政末「内戦」期のマウレタニア王ボグドとボックスの各王国の間の境界でもある。Dio Cass. LX. 9. 1）が復活した。

（48）Tac. *Ann*. IV. 26. Rachet, *Rome et les Berbères*, pp. 100, 107, 122f.

（49）*Ibid*., pp. 147–149.

（50）*Ibid*., pp. 153f.

（51）Rachet, *Rome et les Berbères*, p. 159.

（52）*Ibid*., Bénabou, *La résistance*, p. 102.

（53）*Ibid*., pp. 103f.

（54）Rachet, *Rome et les Berbères*, pp. 166f.

（55）*Ibid*., pp. 167f., pp. 178–228. Bénabou, *La résistance*, pp. 121–134, pp. 165ff.

（56）Shaw, *Environment*, VII, pp. 67f.

（57）本書第三章参照。

（58）柴野浩樹「ローマ元首政期における退役兵と都市社会――北アフリカの事例から」『西洋史研究』新輯第二七号（一九九八年）、六〇―九三頁。

（59）後藤篤子、前掲論文。*Mosaiques romaines de Tunisie*（Photos : Andre Martin, Texte de Georges Fradier）, Tunis（Ceres Productions）, 1986 所収のバルドー博物館、エル・ジェム博物館のモザイク画を参照。

（60）Bénabou, *La résistance*, p. 432, p. 420, n. 139.

（61）Rachet, *Rome et les Berberes*, pp. 163f.

(62) Bénabou, *La résistance*, p. 433（Les cantonnements の一覧表）, p. 438（Limitation du territoire des Musulames の表）.

(63) *Ibid*., p. 437.

(64) 以下の分析ではタクファリナスの蜂起についてのタキトゥスの視点の特徴と、その特徴の背景にあると思われるタキトゥスの執筆時期（トラヤヌス帝期）における現実の北アフリカ情勢――ムスラミイー等の「境界設定」の時期と重なる――との関係に注目する。後一七―二四年のタクファリナス戦争それ自体についての史料としては、タキトゥスの他に重要なものとして、タクファリナス軍を破ったL. Apronius Caesianus の祝勝碑文（*CIL*, X, 7257 = *ILS*, 939）がある。（巻末附録G1）そこでは彼の敵が‘[Maurus]ius’とも、また‘Gaetulas’とも称されておりムスラミイーは「ヌミダエ」なのか「ガエトゥリー」なのかという問題、（Camps, *Les Berbères : Memoire et identité*, pp. 84–85）――これは註（33）で触れた、アウグストゥスがマウレタニア王ユバ二世に与えた「ガエトゥリアの一部」とはどこか、等との問題とも関連する――、「タクファリナス戦争」の地域的広がり、戦局の推移との関係、前二世紀末のユグルタ戦争（特にムトゥルの戦い以降）におけるユグルタの味方であった地域との重なり（ユグルタ戦争関係の史料にMusulamii は登場しないが、実はムスラミイー部族連合こそがユグルタの主たる支持基盤であったのではないかとの Bénabou, *La résistance*, p. 76 の指摘もある）具合の問題、さらにそもそもこれらNumidae, Gaetuli, Maurusii, Musluamii, 等の集団名の用語法はどのような識別法もしくは分類概念にもとづいているのか、時代・著作家別の遷移はあるのか、等の問題群につながるが、ここでは立ち入らない。J. Desanges, “Permanence d'une structure indigène en marge de l'administration romaine : La Numidie traditionnelle”, *Antiquités africaines*, 15, 1980〔pp. 77–89〕, pp. 78–79 が参考になる。タクファリナス戦争そのものの詳細な分析は、Rachet, *Rome et les Berbères*, pp. 84–125. Andreas Gutsfeld, *Römishce Herrschaft und einheimscher Widerstand in Nordafrika : Militärische Auseinandersetzungen Roms mit den Nomaden*, Stuttgart, 1989, S. 39–67 もこのテーマを扱うが、蜂起の主体の分析はやや類型的（‘Nomaden’）である。他に蜂起の原因を遊牧ルート問題に求める J.-M. Lassère, “Un conflit ‘routier’ : observation sur les causes de la guere de Tacfarinas”, *Antiquités africaines*, 18, 1982, pp. 11–25 等。

(65) R. Syme, “Tacfarinas, the Musulamii and Thubursicu”, in P. R. Coleman-Norton（ed.）, *Studies in Roman Economic and Social History in the Honor of Allan Chester Johnson*, Princeton, 1951, pp. 113–130.

(66) *Ibid*., p. 115.

(67) *Ibid*., p. 118. Syme はこの議論の前提としてタキトゥスに現れるタクファリナス軍が二四年に攻撃対象とした‘Thubuscum’なる地名（Tac. *Ann*. IV. 24. 1）を、Tupusuctu = Tubusuptu（マウレタニア地中海岸寄りのアウグストゥス植民市の一つ。現 Tiklat）とする Lipsius の校訂とこれを支持するモムゼン説を退け、ヌミディア内陸（マダウロスの手前）の Thubursicu（Thubursicu Numidarum. 現 Khamissa）とする Nipperdey 以来の説の妥当性を主張する。Thubursicu Numidarum と周辺諸都市の位置関係については巻末地図Ⅲ（*L'Africa Romana*, 6*, p. 284. J. Desanges（"Saltus et vicus P(h)oshorianus en Numidie"〔pp. 283–291〕）がP. Salamaの地図に拠りつつ作成したもの）を見よ。より詳しくは、*A.A.A.*, feuille N°18 Souk Arhas, 297–Khamissa, p. 23. ただし、Tupusuctu、Thubursicu両都市とも「(王?) ヒエムプサル」崇拝の碑文（巻末附録E2、E3）の出土地であり、ヌミディア王国時代の記憶が残っていた地域であった点は同じである。Tupusuctuが反乱当時マウレタニア王国の領域に属していたからといって、「ヌミダエ（タキトゥスの用語法、すなわちおそらくサルスティウス的な用語法での）」の最後の決戦の場として見当はずれであるとは言えない。Tupusuctuの方が海岸に近く、コロニアであり、ローマ軍の拠点であることはSymeにとっては否定説の材料であるが、かつて補助軍兵士であったタクファリナスが形勢逆転を狙ってあえて敵の軍事拠点を攻撃するのは、ありそうなことでもある。決戦場がどこであっても、それはムスラミイーが「ヌミダエ」の中核部（マッシュリーの故地）である、Thubursicuを含む旧ヌミディア王国東部山地帯の種族であること（これはトラヤヌス期のムスラミイーの境界設定において確認できる。Bénabou, *La résistance*, p. 438の表〈'limitation du territoire des Musulames'〉を見よ）と矛盾しない。本書第二章註（51）参照。

（68）Syme, *op. cit.*, p. 119

（69）*Ibid.*, p. 119, n. 32 : *ILS*, I. 151.

（70）*Ibid.*, p. 122

（71）*Ibid.*, p. 123.

（72）*Ibid.*, p. 124, pp. 128f.

（73）Rachet, *Rome et les Berbères*, p. 38. すなわちユグルタ戦争前半の主戦場となったMuthul川のあたり。'semi-nomades'（半農・半牧畜民。「半遊牧民」）の生活様式については*Ibid.*, pp. 26f. ムスラミイーの農耕の可能性についてはCherry, *op. cit.*, p. 15, n. 50, Camps, *Les Berbères : Memoire et identité*, p. 85.

（74）Symeはトラヤヌス期のムスラミイーの地の「境界設定」には直接言及せず、むしろムニキピウム化以降のThubursicumの都市的発展と、この地方出身者のローマ中央（元老院）への進出に注目して、論を結んでいる。

（75）この訴訟の焦点はヌミディア（アフリカ）ではなかったであろうが、タキトゥスのアフリカ情勢への関心を示してはいるであろう。

（76）タキトゥス、国原吉之助訳、「アグリコラ」（『タキトゥス』〈世界古典文学全集〉）筑摩書房、一九六五年。

（77）このような種族横断的な、同時に「ローマ人」と対比されるものとしての「アフリカ人」というくくりの残響は、アウグスティヌスの文法家マクシムス宛書簡「アフリカ人がアフリカ人に対して書いているのに」（Afer scribens Afris）という一節からも聞きとることができるかもしれない。Augst., No. 6, *Ep.* XVII.（後三九〇年）2. この書簡はアフリカのキリスト者であるアウグスティヌスが当時なお残存していたポエニ（ないしリビア語？）的言語環境をどう捉えていたかを伝え、論争の的となってきたものであるが。

(78)　コンモドゥス帝期より後のおそらく三世紀、Tipasa 出土の床モザイク。T. Bechert, *Die provinzen des Römischen Reiches. Einführung und Überblick.* Mainz am Rhein, 1999, S. 159, Abb. 194. このモザイクの主題である「捕われた」家族をどう表現するかも研究者によってまちまちである（「ベルベル人」（Bechert）、「マウリー人」（Camps）、「リビア人ないしエティオピア人」（Lassère）等）。

結語　ローマ帝国を越えて

ここまで、本書では第一部でヌミディア王権の対ローマ従属の客観条件と、その上に築かれたローマとの友好関係（「クリエンテーラ」的関係）の形成のあり方とその矛盾（ユグルタ戦争という形で噴出する）を検証した後、第二部でこのようなヌミディア王国形成の歴史的背景としての北アフリカにおけるカルタゴによる支配の段階、その崩壊局面における「ヌミダエ」「ノマデス」の登場を見、またヌミディア側の史料・遺跡の検討を通じてカルタゴ期における原住民諸王権の発生の場を捉えようとした。

第三部ではヌミディア滅亡後のローマの北アフリカ支配拡大の過程を追い、ヌミディア解体からアントニヌス朝（「五賢帝」）期までの拡大のメカニズムの連鎖性・段階性を検出した。カルタゴ「帝国」解体のために見出された「ヌミディア」が、次にはおそらく王権自体が「ヌミダエ」の二大構成元素の一つと位置づけていた（第一部第三章）「ガエトゥリー」人とのローマの関係構築（和戦両様の）を契機として解体されていく、——この「ガエトゥリア」へのローマの関与を入り口としてヌミディア社会全体がより種族的に分散・集合離散させられていく過程がいわゆる「ローマ化」なのではないか、——このような見取り図が示されている。一種の社会発展上の「行き止まり」を繁栄の外見の下に見ているのであるが、本書で扱ったのは帝政前半までであり、帝政後期の諸問題、キリスト教化の諸過程やドナティズムの問題には触れることができなかった。隆盛を見せている「古代末期」研究の流れは北アフリカをどう扱うのか、「キリスト教圏」から出てしまった後の歴史はどのように捉えられるのか等、考察すべき問題は数多く残っているが、今後の課題とせざるを得ない。

古代末期の北アフリカの変化、アラブの侵入とイスラム教の浸透は、北アフリカにおける「古典古代」（ギリシア・ローマ）的段階を終わらせたものとして、「嘆かわしい」こと、惜しむべきことのように語られることが（少なくとも西欧の文献では）多い。前章で触れたアラブ軍と戦う「女祭司」カーヒナへの注目も、彼女が「ベルベル」の英雄であるからだけではなく、古代末期の「ローマ的文明世界」の残光をまとった一種「アーサー王伝説」のような位置にあるもののように見えるからではないだろうか。

さらに言えば、外部から北アフリカ史を見て、「先住民」ベルベル人に注目すること自体の中にも、特にその「外部」が「西欧的」（古代ローマの継承者を自認する）背景を帯びている場合には、アラブの「外化」、イスラム化以降の北アフリカ史に対する疎外の論理とでもいうべきものが働いている可能性はある。S・グセルやG・カンプスら、フランスの研究者による、植民地支配時代に起源を持つ古代北アフリカ史研究、古代ベルベル社会研究は、考古学研究の成果だけではなく、西洋古典文献学研究の膨大な蓄積に立脚した、二〇世紀のヨーロッパの研究者ならではの偉大な達成であるが、現地のフィールド・ワークによる、つまり実際にはアラブ化・イスラム化以降の近現代北アフリカ社会の中のベルベル語話者の社会の観察によって得られた知見を利用しているにもかかわらず、あたかも「アラブ人のいないベルベル社会」（古代ベルベル社会）を実見できているかのようなスタンスはやはり感じられるのである。

植民地支配からの独立後の北アフリカ＝マグリブ諸国の古代史、および考古学の研究者たちは、このような矛盾を含んだ、自分たちのアイデンティティーの問題ともかかわるセンシティヴな研究史の状況の中で努力し、欧米の考古学界とも緊密に協力しつつ、前進している。ドゥッガ（世界遺産となった）では、有名なローマ期のカピトリウム神殿やカエレスティス神殿と並んで、ヌミディア王国期――おそらくマシニッサ―ミキプサ時代――の諸遺構が新たに発掘され、「ローマ遺跡」となる以前のヌミディア都市としての姿が明らかにされつつある。最後のヌミディア王ユバ一世の王都ザマの可能性のある遺跡の発掘（A・フェルジャーウィーによる）等、チュニジアの考古学界は、カルタゴ（ポエニ）期と並ぶ対象としてヌミディア王国期を意識的に位置づけている。ユグルタや、より少ない程度においてであるがマシニッサが、独立運動期および独立後のこの数十年間で、アルジェリアやチュニジアの民族解放のシンボルとなったこともマグリブ諸国におけるヌミディア期研究の隆盛と結びついているであろう。メドラセンの「王墓」へと道案内してくれた（自分も実はベルベル系だと言っていた）現地で知り合った「技師」だというアルジェリア人、またドゥッガでローマ期の遺跡を丹念に一通り案内してくれた後で最後のとっておきの遺構として「アテバンの墓」（ドゥッガのヌミディア期の霊廟）を大切そうに指さしたチュニジア人のプロのガイド（国際関係論の大学院生だという）、それらのどの人の態度にも、現在のマグリブ諸国にとっての「古代ベルベル」時代の歴史の重要性の認識――アラビア語を話す自分たちにとっても、自分たちの土地の過去として現在と連続したものと捉えようとする、植民地時代のアラブ・ベルベル分断を再現させまいとする注意深さのようなもの――が感じられたことを思い出す。

このような連続への意志は、古代ローマ時代の北アフリカにもあったのではないか。現に古代のトゥッガはドゥッガとして、ワガはベジャ Beja として、テウェステはテベッサとしていずれもその名を保ちながら、各々の地域を特徴づける地名たり続けている。ザマ・レギア、ブッラ・レギア、ヒッポ・レギウス…これら「王の」（Regius, Regia）の語で形容されているローマ期北アフリカの都市は、もう王国などないのに、そう呼ばれ続けたのであり、それは「抵抗」ではないかもしれないが、その呼び方によって守り得るもの、保たれるものが何かあったであろうことを推測させる。

ローマのプレゼンスにもかかわらず、「ヌミディア時代」は、その背後にある「リビア人」の社会と共に、また「ポエニ人」の社会と同じく、簡単に終わりはしなかった。実際、マシニッサ時代に発行された貨幣はローマ期のマウレタニアにおいても使用され続けた。（Fatima-Zohra El-Harrif, “Les ‘massinissa’, leur diffusion à travers la Maurétanie et l’Afrique du Nord : circulation et interprétation（202 av. J.-C./environ 100 av. J.-C.）”, *Bulletin d’archéologie Marocaine*, XXII, 2012,〔pp. 154–173〕p. 165）

――「ローマ」は支配さえできればよかったので、「ローマ化」が目標でなかったのはもちろんだろうが――。

メドラセンの「王墓」――この遺跡の近くにも「王の湖」と呼ばれる場所がある――の周辺からは一枚のラテン語の碑文（帝政期のもの）が出土していて、そこにはマシニッサと同じく九〇才で死去したクウィントス・ノニウス某（バクタ・ムクラエンタ・アベド前掲論文の読みに従えば）なる人物の墓碑が書かれている。この人物と「王墓」の関係等はなお何人かの研究者によって検討中の未解決の問題であるが、少なくとも帝政期にも「王の墓」が何か尊敬すべき――自分もその傍らに埋葬されたいと思わせるような――ものとして意識されていたことを示している。（それがたとえ物好きなローマ人入植者の「尚古」趣味にすぎなかったとしても。）

そして「王墓」には葬られなかった者がいたことも忘れてはならない。ローマ広場のトゥッリアーヌムの獄――ここは後に使徒ペテロ、パウロの殉教の場所となるが――で死んだユグルタの下で、ヌミダエ人たちはメテッルス、マリウスの軍勢を数年間くい止めた。前一一一年から前一〇五年までの約七年間はヌミディアから地中海各地に展開するローマ軍への穀物と騎兵の提供がとだえた期間でもあった。同じ七年間（紀元後一七―二四年）をタキトゥスのいわゆる「ヌミダエ」と「マウリー」人たちはタクファリナスに導かれて「sedesを与えよ」という古代には珍しい、具体的な要求をローマ皇帝に提示しつつ戦った。タクファリナスが率いた蜂起の中心的種族ムスラミイーの四囲が境界で囲まれ終った二世紀半ばには、やがてその地にも形成されることになる各地の皇帝領でのコロヌス（小作人）の組織的な争議が続き、それらは農民の待遇（分益小作の比率等 Cf. Cherry, *op. cit.*, p. 151）についての条件を記したローマ帝国の他の部分では知られないような有名な碑文群を生み出した。同じ二世紀後半、アプレイウスは自らの「半ヌミダエ」「半ガエトゥリー」性を弁護しつつ、ヌミダエの「ペルシア起源」を想起させる弁論をくりひろげ、四世紀末にも聖アウグスティヌスは、「アフリカ人」として、同じく「アフリカ人」である論争相手に対し、価値あるものとして「ポエニ（語）の本」に言及してみせた。このような連続性の意識――単に「民族主義的（ベルベルの？）」というのではない、労苦と悲惨（Sall. *Iug.* 49. 3）によって結びつけられた空間的・時間的通有性の意識――はローマ的支配によって持ち込まれた農民・遊牧民（ノマデス）分断、「都市」の特権化、ローマ軍団退役兵を上部に頂く社会の階層化を越えて、「ローマ」という図を浮き出させているが同時にその図像の孤絶性をはっきりさせる背景としてずっとそこにあったのであり、それはローマが去ると、その役目を終えて共に消え去るように見えながら、なお――ひょっとすると新たな「ローマ」の到来を警戒しつつ、その時には再び「図」の背景として立ち現われるべく――北アフリカの社会の深層に横たわり続ける。それ自体が「本格的な」ローマ支配の前段階であったヌミディア王国期はこうして「伝統」であると同時に「帝国化」の識別装置（マーカー）として北アフリカの歴史における特異な位置を占め続けるのである。

あとがき

本書は古代ローマ帝国とその代表的な「友好国」であったヌミディア王国の関係、ヌミディアの従属化を梃子として展開されたローマの北アフリカに対する支配の過程を分析することで、ローマ帝国の地中海支配の特質についての新たな視角を提供することをめざすものであった。北アフリカの原住民王国に焦点を当てた考察を行なうことで従来の国制史的なローマ史叙述からの転換を図り、ローマ支配の展開を被支配社会の変動も含んだ古代地中海史全体の中に位置づけ直すことをめざした。また、カルタゴ・ポエニ圏（カルタゴ帝国）の一部でありながらローマの北アフリカ支配の拡大に決定的役割を果たし、ローマ自体の帝国化のメカニズムが始動する起点の一つとなったヌミディアという場に視座を据えた叙述を展開することで、従来「西洋」古代史（ギリシア・ローマ史）とフェニキア・カルタゴ史（オリエント史）とに二分されてきた地中海周辺諸地域の古代に関する研究を架橋・統合することを試みた。

こうした試みがどの程度成功したかは読者の判断を待つしかないが、本書の刊行が古代ローマ史・地中海史・北アフリカ史の分野での研究の活性化にいくらかでも寄与することになれば幸いである。

本書を構成する各章の原型となった諸論文の初出は以下の通りである。（「序論」、第一部末の「補論」、および「結語」は書き下ろし。それ以外は以下の論文をもとにしている。本文は誤記の訂正等にとどめているが、註を中心に加筆した章もある。）

序　論　新稿

第一章　「ヌミディア王国とnegotiatores——ローマ共和政期における〈クリエンテル王国〉の一断面」倉橋良伸・栗田伸子・田村孝・米山宏史編『躍動する古代ローマ世界——支配と解放運動をめぐって』理想社、二〇〇二年、一〇一—一三六頁

第二章　「ユグルタ戦争前夜におけるヌミディア社会の陣営配置——サルスティウスからの覚え書き——」片岡輝夫 他著『古代ローマ法研究と歴史諸科学』創文社、一九八六年、七五—一〇九頁

第三章　「〈ユグルタ戦争〉第17—19章の分析——北アフリカ民族誌の視点から」『西洋古典学研究』XLI、一九九三年、七〇—八一頁

補　論　新稿（卒業論文での作業に基いている）

第四章　「〈敵〉のイメージ——もう一つのポエニ戦争」吉村忠典編『ローマ人の戦争——名将ハンニバルとカエサルの軍隊』講談社、一九八五年、四五—八九頁

第五章　「アフリカの古代都市——カルタゴ」『岩波講座世界歴史4　地中海世界と古典文明』岩波書店、一九九八年、一三七—一六四頁

第六章　「ナラウアス——最初の〈ヌミディア人〉」『東京学芸大学紀要　第3部門　社会科学』第五四集、二〇〇三年、一九—二七頁

第七章　「ドゥッガとヌミディア王権」『東京学芸大学紀要　第3部門　社会科学』第五〇集、一九九九年、一一七—一二四頁

第八章　「ローマ帝国と〈低開発〉——Albert Demanの所論を中心に」『歴史評論』四〇〇号、一九八三年、六〇—七二頁

第九章　「ローマとアフリカ――脱植民地史学のその後」『歴史評論』五七一号、一九九七年、一七―二七頁
第十章　「〈ローマの平和〉とアフリカ社会」弓削達・伊藤貞夫編『ギリシアとローマ――古典古代の比較史的考察――』河出書房新社、一九八八年、五二一―五四五頁
第十一章　「ローマ支配の拡大と北アフリカ」『古代地中海世界の統一と変容』（歴史学研究会編〈地中海世界史1〉）青木書店、二〇〇〇年、一四八―一七六頁
結　語　新稿

「ヌミディア」という国の名を筆者が初めて目にしたのは、一九七〇年前後、区立中学の副教材の歴史年表の「前一一八年」の項においてであった。たしか「この頃ヌミディア王国の内紛始まる」といった文章でユグルタ戦争の発端が説明されていたのだが、ギリシアでもローマでもない小国の一事件が厳密な年代つきで（紀元前のことだというのに）載っていることに意外さを感じると共に強い印象を受けた。大学入学後、ラテン語習得の過程でサルスティウス著『ユグルタ戦争』の存在を知り、この書物に「取り憑かれ」、またこの書物の縁で吉村忠典教授（横浜国立大学）にめぐり会った。吉村氏は戦後すぐに「サルルスティウス小論」という論文を発表されており、その着眼点の鋭さは今日から振り返っても際立っている。以来、伊藤貞夫教授（東京大学）、弓削達教授（東京大学）、片岡輝夫教授（東京大学）、太田秀通教授（東京都立大学）、土井正興教授（専修大学）等、戦後日本の古代ギリシア・ローマ史、古代ローマ法学、地中海史研究等の分野で重要な役割を果たした研究者に指導して頂く機会を得たことは望外の幸せであった。これらの先達には古典史料の厳密な読解、史料批判の手法に加えて、社会経済史的分析や、地中海世界という場の意味を考え続けていくことの重要性など、その後の研究生活を導く指針を示して頂いたと感じている。

研究の過程で、研究対象であるヌミディアの地、現在のアルジェリアとチュニジアを訪れる機会を得た（一九八〇年代と二〇〇〇年代）のも貴重な経験であった。一九八六年夏の最初の訪問の際には、マルセイユからフェリーでアルジェに渡り、鉄道でシェルシェル（ヨル）、ティパサ、コンスタンティーヌ（キルタ）を訪れ、その近郊にあるメドラセン遺跡とエル・クルーブ遺跡（いずれもヌミディア王権関連の遺跡）、タムガディ（ローマ期の遺跡）も見学し、さらに鉄道でチュニジアに向かってカルタゴ遺跡を訪ねた。真夏の旅だったが、かつてのヌミディア王国の空間的広がりを実感し、ティパサの「マウレタニア王墓」とメドラセン遺跡（ヌミディア王墓）の壮大さに驚くと共に、現在の北アフリカで暮らす人々（研究者から市井の人々まで）の生活や思考の一端に触れることができたのは得難い経験だった。

その後、チュニジアやアルジェリア、さらにフランスの古代史・考古学分野の研究者とは研究交流や意見交換を行なうようになり、特にチュニジア（ハマメット市）で開催された第七回国際フェニキア・カルタゴ学会（二〇〇九年）に参加して研究報告、意見交換を行なったこと、さらに在外研究でフランスのエクサンプロヴァンスのMMSH（地中海人間科学研究所 Centre Camille Jullian）を訪れてJ・P・モレル教授（考古学）らと研究交流を行なうと共に、S. Gsell や G. Camps 等の北アフリカでの調査・研究についての生の情報に触れる機会を得たことは、本書を書きあげる上で大きな助けとなった。また巻末の附録の作成、特にギリシア語碑文史料の探索・入手にあたっては師尾晶子教授（千葉商科大学）に多大な御助力と貴重な御教示を頂いた。記して感謝したい。

糀中受社《こうじ》の冨井みね子氏とスタッフの方々には多くの原稿の再入力で大変お世話になった。原稿整理・コピー等の事務作業には家族の助けも得ることができた。最後に、本書の刊行を引き受け、完成まで導いて下さった京都大学学術出版会の國方栄二氏に深く感謝する。長年にわたって書きため、発表してきた論文の集大成であるために、本書をまとめる作業は簡単ではなかったが、何とか乗り切ることができたのは國方氏の的確な助言と粘り強い激励のおかげである。

本書の完成にあたりこれまで筆者の研究を指導・支援してくれたすべての研究者・機関に感謝すると共に、本書が今後古代ローマ史・古代地中海史に取り組んで行こうとする世代に何らかの手がかりを示すものとなり、この分野をめぐる研究の一層の深化の土台となることを祈念するものである。

二〇二四年春

栗田伸子

索　引

本索引は人名、地名、書名、事項を含む。地図は「巻頭地図」、「巻末地図 I、II、III」（その他、本文中の地図）、系図 A は「ヌミディア（マッシュリー）王家系図」、系図 B は「「西ヌミディア王国」とマウレタニア王国（ボックス、ボグド期）の新たな系図」、附 A…は、巻末附録（pp. 418–438）、写真①…は巻末写真（pp. 439–447）に収録されている。

【ア行】

【カ行】

【サ行】

【タ行】

【ナ行】

【ハ行】

【マ行】

【ヤ行】

【ラ行】

【ワ行】

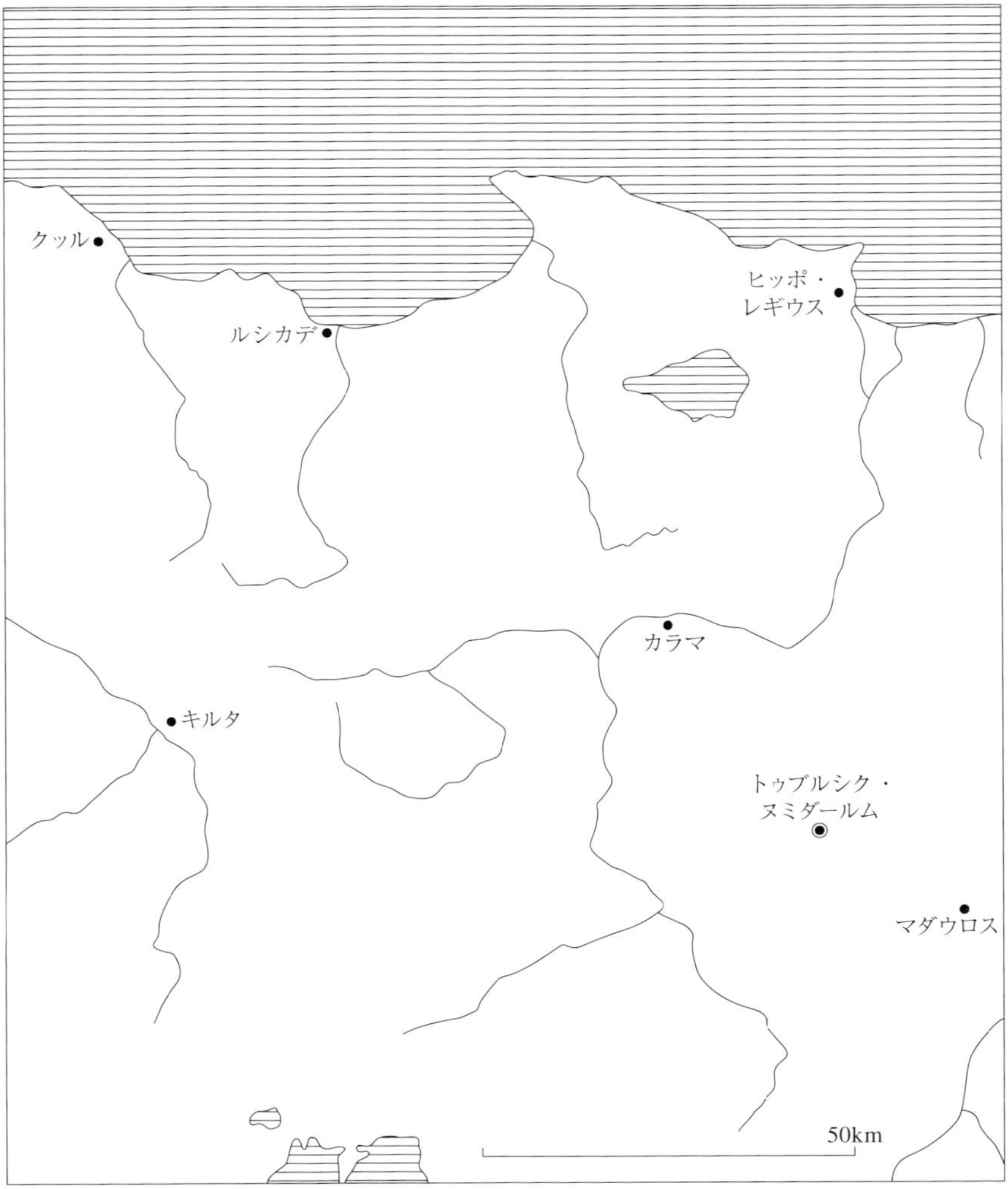

巻末地図Ⅲ　タクファリナス戦争参考地図

（J. Desanges, “Saltus et uicus P(h)oshorianus en Numidie”, *L'Africa Romana*, 6＊, 1989, p. 284 の図を元に作成）

巻末地図 II　ユグルタ戦争期のヌミディア王国要図

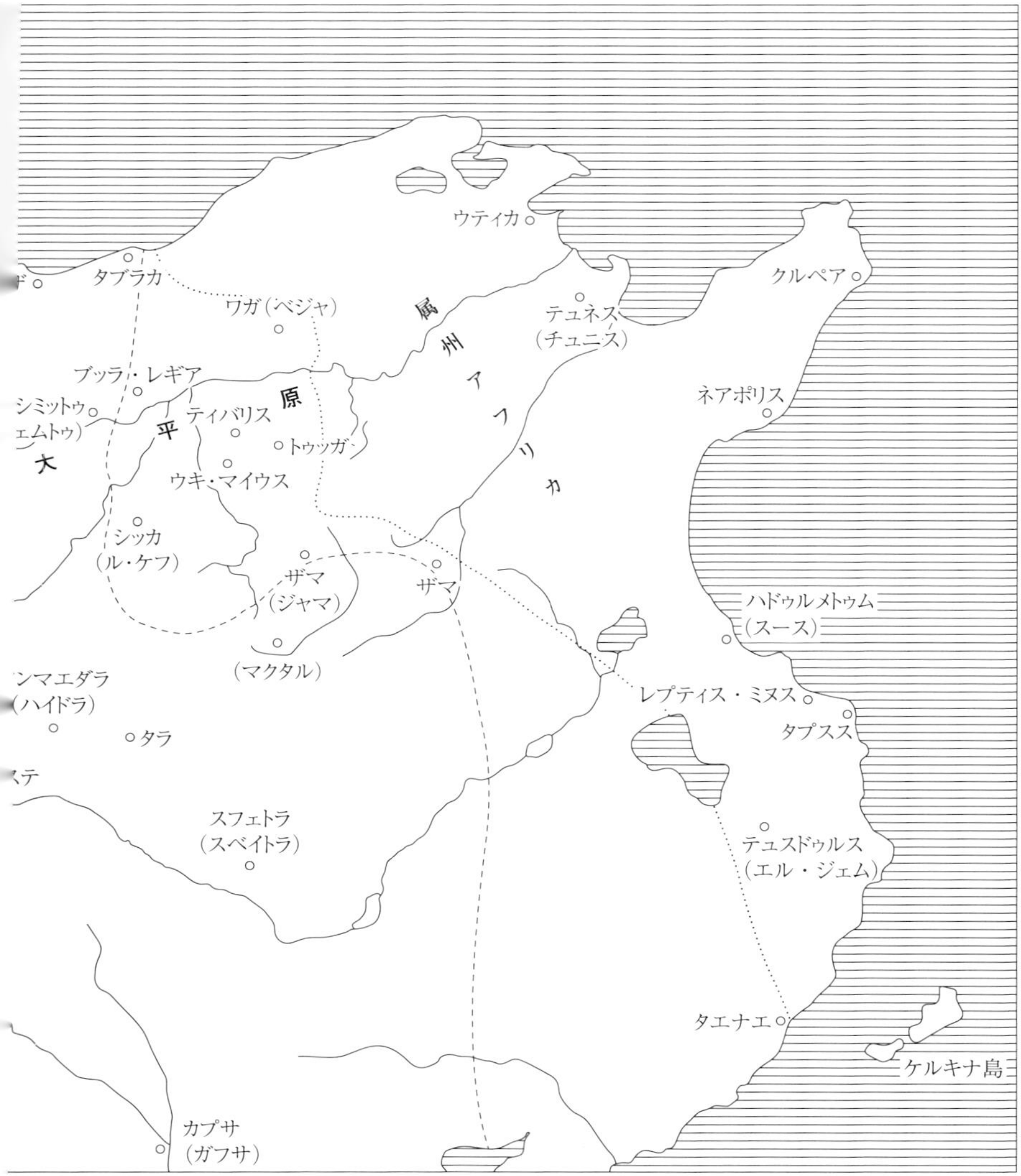

は現在の地名
タゴ旧領・属州アフリカとの境界線は概略。個々の都市がどちら側にあるかは議論がある。
ll, *HAAN*, VII, p.185 の地図を元に作成〕

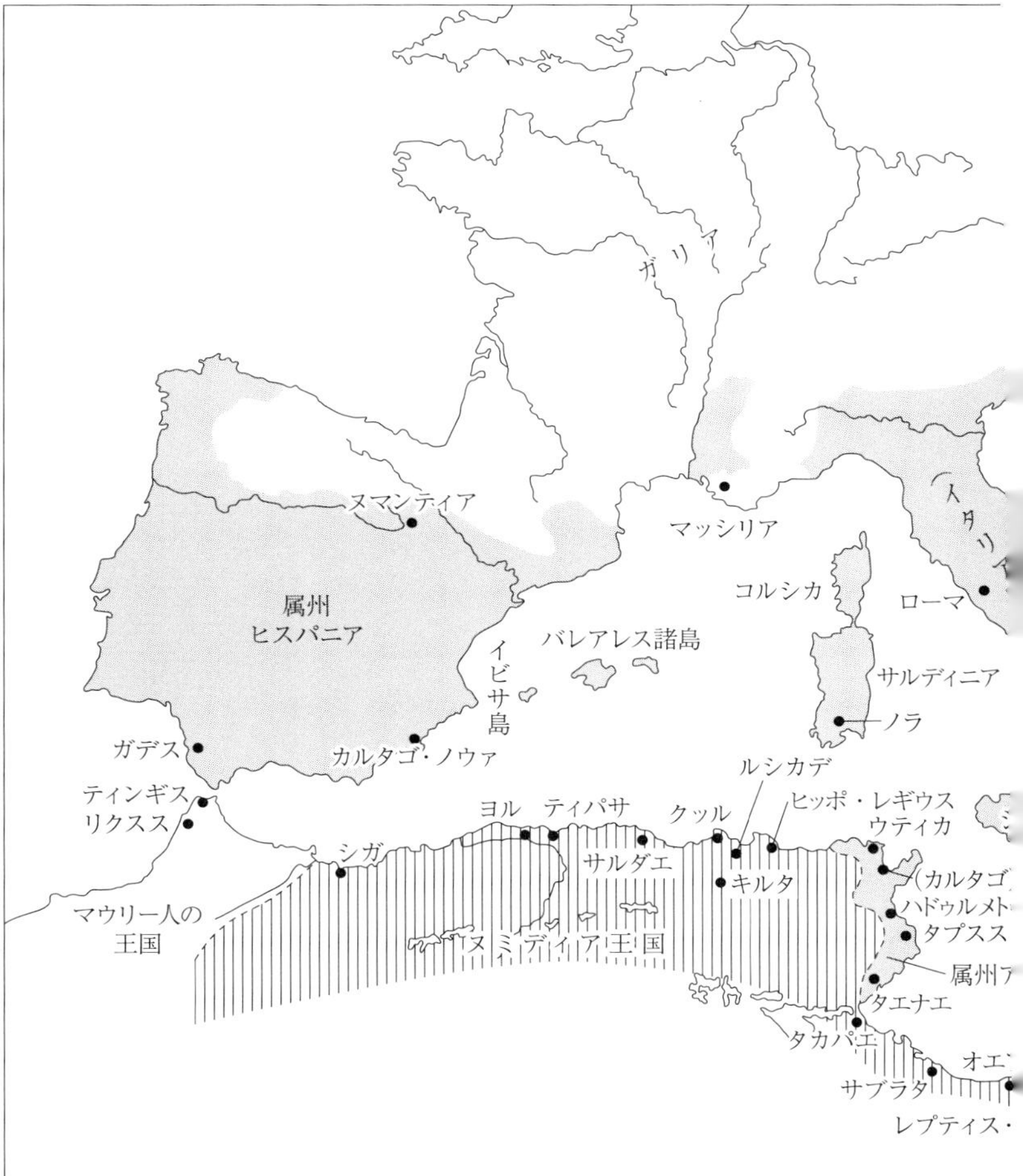

〈紀元前２世紀後半（前133年―前118年頃）の地中海世界とヌミディア王国〉

▥ ヌミディア王国の最大版図

░ 共和政ローマ領（属州化されている地域とイタリア半島）

巻末地図Ⅰ　紀元前２世紀後半（前1

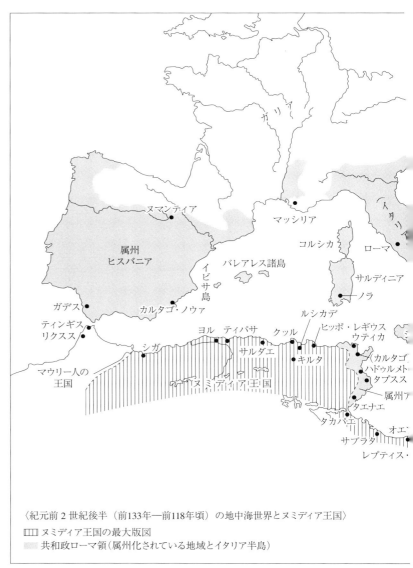

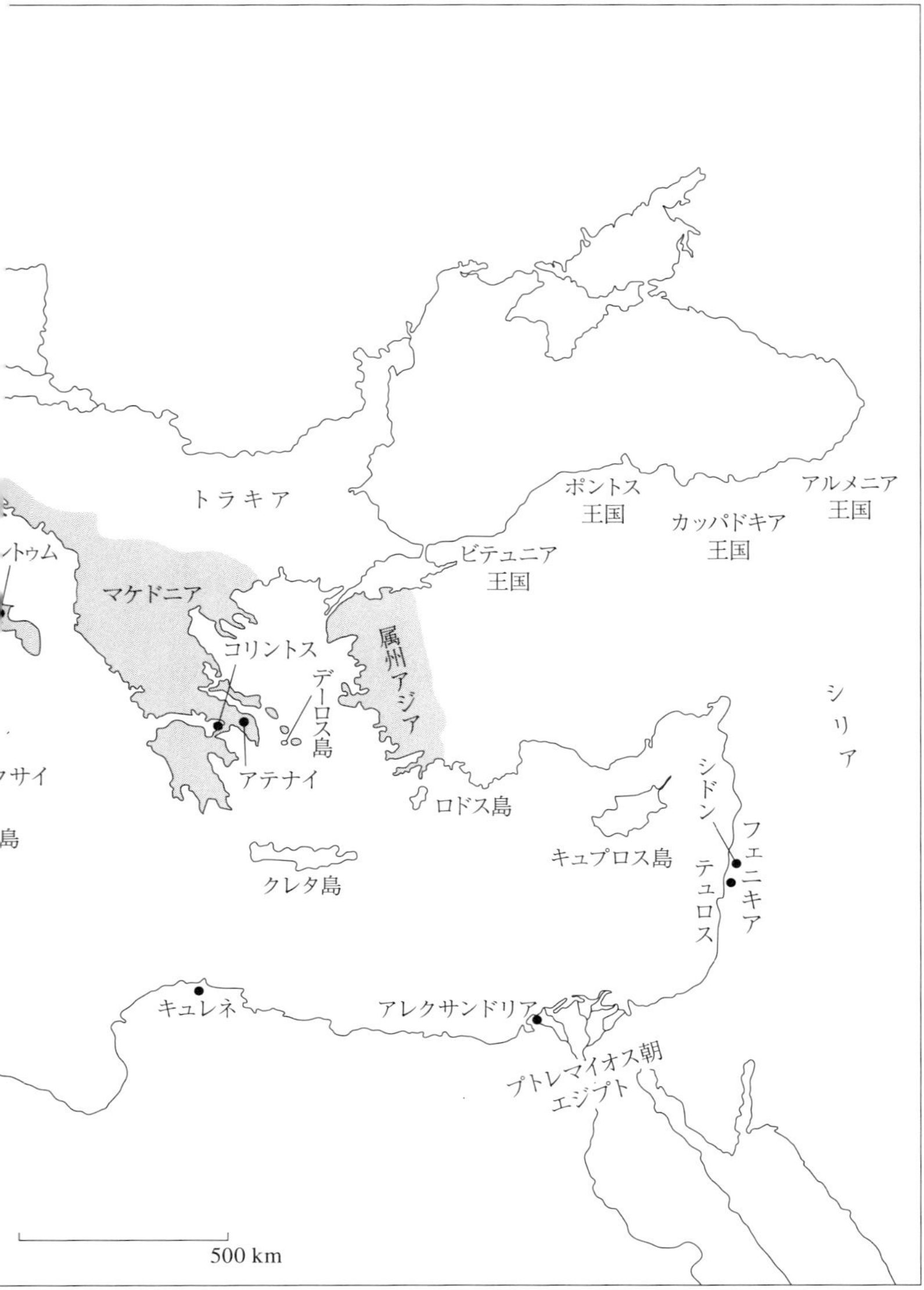

頃）の地中海世界とヌミディア王国」

写真*

＊すべて著者自身による撮影（⑦は同行者による）。
①～⑨、⑮～⑲は1986年７－８月、⑩～⑭は2009年11月。

写真①［上］　メドラセン遺跡遠景
写真②［下］　メドラセン遺跡側面（壁面に半分埋め込まれたシチリアのものに似た「ドーリア式」円柱が一周している）

写真③［上］　メドラセン遺跡（円柱と上方に突出した「エジプト風」ゴルジュ（凹形くり型）
写真④［下］　メドラセン遺跡（「エジプト風」ゴルジュの拡大図）

写真⑤［上］　エル・クルーブ遺跡全景（上部の壁に円形のレリーフが見える）
写真⑥［下］　エル・クルーブ遺跡（別方向から）

写真⑦［上］　エル・クルーブ遺跡（著者と基台部分）
写真⑧［下］　マウレタニア王墓全景（底部の石段が見える）

写真⑨［上］　マウレタニア王墓（「イオニア式」円柱が一周している）
写真⑩［下］　ドゥッガ遺跡、「アテバンの墓」全景（東側）。現存の二言語併記碑文はこの第一層目の「窓」の右側（？）にあったとされる

写真⑪［上］　ドゥッガ遺跡、「アテバンの墓」レリーフ（人物を乗せた四頭立て戦車）
写真⑫［下］　ドゥッガ遺跡、「アテバンの墓」の「偽の扉」ないし「窓」。ポエニ的様式を示す。

写真⑬［上］　ドゥッガ遺跡、ヌミディア期の石組み
写真⑭［下］　バグラダス（現在のメジェルダ）川（ドゥッガ遺跡への途上の車中より撮影）

写真⑮［上］　タムガディ遺跡、凱旋門
写真⑯［下］　タムガディ遺跡、劇場。座席の仕切り（階層による）が、見分けられる。

写真⑰［上左］　タムガディ遺跡、東西路のわだち

写真⑱［上右］　シェムトゥ出土の騎馬像（バルドー博物館）F. Bertrandy, “ À propos du cavalier de Simitthus（Chemtou）”, *Antiquités africaines*, 22（1986）, pp.57–71 がこの騎馬像を扱っている。

写真⑲［下］　シェムトゥ出土のパンテオン（七神、真中の神は無髯である）（バルドー博物館）

附　録

【ヌミディア関連の古典史料および主要碑文等からの抜粋・翻訳】

A. ヌミディア王アドヘルバルのローマの元老院での演説（Sall. *Iug.* 14. ローマ＝ヌミディア間の「友好関係」amicitia がヌミディア王権によってはどのように捉えられ表現され得るのかが――ローマ側の歴史書中の叙述という形で――書き残されている史料。）

「元老院議員諸兄〈パトレス・コンスクリプティー〉よ、わが父ミキプサは臨終の床で私に次のように忠告しました。ヌミディア王国の管理権〈プロクラーティオー〉だけが私のものなのであり、その権利〈ユース〉と支配権〈インペリウム〉はあなた方のものだと考えるように。そして同時に戦時においても平時においてもできる限りローマ人民のお役に立つよう努力し、あなた方を私の親類とも縁者ともみなすように。そうすれば私はあなた方の友情〈アミーキティア〉の中に王国の軍隊も富も防壁も見出すであろう、と。私はこの親の指示に従っていましたのに、ユグルタが――あの大地が支えているうちでも最も凶悪な男が――あなた方の支配権を軽んじて、マシニッサの孫であるこの私、既に代々ローマ人民の同盟者にして友人であるこの私から王権とすべての財産を奪ってしまったのです。

そして私はといえば、議員諸兄よ、これ程惨めな状況を運命づけられた以上、私の父祖の奉仕の故ではなく私自身の奉仕の故にあなた方の助けを求めたいところだったのです。ローマ人民から恩顧を受ける資格が私にあって、しかも私はそれを必要としないというのが一番良かったのですが、それが無理で恩顧を必要とするにしても、せめて資格ある者としてそれに与〈あずか〉りたいところだったのです。しかし潔白さはそれ自体の力によって守られるものではなく、またユグルタの人となりは私の力でどうなるものでもないので、私は――元老院議員諸兄よ――あなた方の所に難を逃れ、私にとっては一番辛いことですが、あなた方のお役に立つ前に迷惑をおかけすることを余儀なくされているのです。他の王たちは皆、戦争に敗北してあなた方によって友好関係の中に受け入れられたか、あるいは彼らの危難の時にあなた方との同盟関係を求めたかのどちらかです。私の一族はカルタゴとの戦争の時にローマ人民と友好関係を打ちたてたのであり、その時にはローマ人民の幸運というより信義こそが〔私たちを〕惹きつけたのです。元老院議員諸兄よ、どうか彼らの子孫であるこの私、マシニッサの孫であるこの私があなた方の援助を空しく求めることのないようにして下さい。

もし私が自分の惨めな運命〈フォルトゥーナ〉――なぜならつい先頃までは王であり、名声と富によって大いに盛んであったのに今や苦難に打ちのめされて見る影もなく、無

力で他人の力にすがっているのですから――以外にはこのようなお願いをする理由を持たなかったとしても、不正を妨げ誰であれ犯罪によって王権を強大化することを許さないのはローマ人民の威信にふさわしいことのはずです。しかし実のところ私が追い出されたのはローマ人民が私の祖先に与えた土地であり、そこから私の父と祖父があなた方と一緒に、シュパックスやカルタゴ人を放逐した土地なのです。議員諸兄よ、私から奪われたのはあなた方の恩恵なのであり、私への不正においてあなた方が嘲笑されているのです。おお、惨めな私！　わが父ミキプサよ、あなたの恩情は結局、あなたが自分の子と等しく扱い王権の共有者とさえしてやった者があなたの一族を抹殺する者となるという結果に終わるのですか。

それでは私の一族はけっして平安を得ることはできないのでしょうか。常に流血と剣と追放の裡にいなければならないのでしょうか。カルタゴが無傷だった間は当然、私たちはあらゆる苛酷さを耐え忍んでいました。敵はすぐ傍らにあり、あなた方友人は遠方にあり、すべての希望は武器と共にしかなかったのです。この疫病がアフリカから一掃された後、私たちは喜びに満ちて平和を享受しました。なぜなら私たちには、あなた方が時折、命じる戦い以外もはやいかなる敵もなかったからです。しかしそこへ、――何ということか――ユグルタが突然耐え難い厚顔と犯罪と傲慢をもって姿を現し、私の弟であり彼にとっても血縁にあたる者を殺し、まずその王国を自分の犯罪の戦利品にしてしまったのです。その後、彼は私を同じ罠にかけることはできなかったので、あなた方の支配の裡にあっていかなる暴力も戦争も予期していなかった私を、御覧の通り祖国からも我が家からも追い出し、無力で惨めさに覆われた存在としたので、私はどこにいようが自分の王国にいるよりは安全だという有様になってしまいました。

元老院議員諸兄よ、私は父が次のように教えさとすのを聞いて自分でもそのように考えてきました。つまりあなた方との友好を勤勉に培おうとする者は多くの務めを引き受けることになるが、しかし他の誰よりも安全なのだと。私の一族のもとにある限りの物は、すべての戦争においてあなた方のお役に立ててきました。平和の間、私たちを安全に保って下さることはあなた方の手の中にあることなのです、議員諸兄よ。父は私ども二人兄弟を残し、三人目のユグルタを自分の恩顧によって私どもと結びつけ得ると考えました。そのうち一人は殺されてしまい、私自身はかろうじてもう一人の者の瀆神の手からのがれたのです。私はどうしたらよいのか。不運な者となって一体どこに行けばよいのでしょうか。わが一族の守りはすべて潰え去ってしまいました。父は、やむを得ないことですが自然の寿命に従いました。弟の命は、けっしてあってはならないことに、近親者が犯行によって奪いました。私の縁者や友人その他近しい人々を災禍が一撃また一撃と撃ち倒しました。ユグルタに捕えられた者のうち、ある者は磔刑にされ、他の者は野獣に投げ与えられ、命だけは助けられたわずかな者も暗い所に閉じこめられて悲しみと嘆きのうちに死よりも辛い日々を送っているのです。

失われてしまったすべてのもの、あるいは近親の絆から敵対物へと変わってしまったすべてのものが元のままであったとしても、もし思いがけず何か悪いことがふりかかっ

てきたなら私は、議員諸兄よ、あなた方にお願いしたことでしょう。あなた方はその支配の大いさの故に正義と不正のすべてに配慮することがふさわしいのですから。しかし今や故国からも家からも追放され、たった一人で地位にふさわしいあらゆる物を欠いて、私はどこにのがれ誰に訴えたらよいのでしょうか。諸民族や王たちの所ですか。彼らは皆、〔私どもの〕あなた方との友情の故に私の一族を敵視しているのです。それともどこか、私が行けるような所、我が祖先の敵対行為の無数の記念物が待ち構えているのではないような所が一箇所でもありましょうか。あるいはかつてあなた方の敵だった者で私たちに同情し得る者が一人でもありましょうか。最後に――元老院議員諸兄よ、――マシニッサ自身が私たちに次のように命じたのです。ローマ人民以外は何者も大事にしてはならぬ、いかなる新たな同盟も条約も受け付けるな。我らにとっての大いなる守りはあなた方の友情の裡に充分見出される。もしこの支配権の運命が変わるようなことがあれば、我らも共に滅びるべきなのだ、と。武勇と神々の好意により、あなた方は偉大で富強であり、すべてが順調で意に沿っているのですから、より容易に同盟者のうけた不正に心を向けることができるはずです。

ただ私が恐れるのは、相手の正体も知らずに結んだユグルタとの個人的友情が何人かの人々を誤まらせることです。彼らが最大限の努力をし、彼がいない所で事情も聞かずに処断することがないようにと、あなた方一人一人を説得し工作しているということを私は聞きました。彼らは私が嘘をついていると言い、私が本当は王国に留まることもできたのに逃亡の必要があったかのごとく装っているだけだと主張しています。これに対しては願わくばいつかあの男が――その彼の、神をも恐れぬ行為によって私はこれ程惨めな境遇に陥っているのですが――同様の「狂言」を演じるのを見たいものです。そしていつか必ずあなた方かあるいは不死の神々の間に、人間界の事柄への配慮が生じることを望むばかりです。その結果、今は自分の犯罪において猛々しく栄えているあの男が、ありとあらゆる不幸に苦しめられ、私たちの親への不敬、私の弟の殺害、そして私の諸々の悲惨に対し充分に罰を受けると良いのに！　ああ、我が心の最愛の弟よ、お前は時ならぬ時に、あってはならぬ者の手によって命を奪われたが、しかし今やお前のことは悲しむより喜ぶべきだと私には思える。なぜならお前が命と一緒に失ったものは王権ではなく、逃亡、追放、欠乏その他いま私にのしかかっているすべてなのだから。それに対して不幸なこの私は、父祖の王座からかくも悲惨な境遇へと投げ落とされ、人の世の有為転変の見世物を提供している。自分が援助にこと欠いているのにお前の受けた不正への復讐を果たそうとすべきなのか、自分の生死さえ他人の力にかかっているのに王権のことを考えるべきなのか、どうしていいのかわからない有様だ。願わくば、死が私の運命からの名誉ある脱出であったなら。あるいは不幸に打ちひしがれて不正に屈しても、軽蔑さるべき生き方よと見られないのであったなら。しかし現に、生きることは望ましくなく、不名誉ぬきで死ぬこともできないのだ。

元老院議員諸兄よ、あなた方御自身にかけて、あなた方のお子さんや御両親にかけて、ローマ人民の威信にかけて、どうか惨めな私を助けてください。不正に対抗し、あなた

方のものであるヌミディア王国が犯罪と私共一族の流血によって崩壊するのを座視しないで下さい。」

（サルスティウス著、栗田伸子訳『ユグルタ戦争・カティリーナの陰謀』岩波文庫、2019年、所収『ユグルタ戦争』第14章。一部改訳。〔　〕内は訳者（栗田）による補い）

B. マスージェ山 Djebel Massouge ないし Massou(d)je（マクタル Mactar 市の北25km にある）で発見された王ミキプサ時代の里程標石のポエニ語碑文
【J.-G. Février による1957年の訳による。（　）内は筆者による補い、〔　〕内は校訂者による。アルファベットの上の点は読みに疑問の余地があることを示す。】

1. この石を ẆLBḤ が置いた。（彼は）Tiškat 管区の監督。
2. Zililsan の息子（である）NRWT の息子（である）DWŠ の息子（である）〔A〕riš の息子。
3. 王 HMMLKT ミキプサ MKWSN の命令により、その治世第21年（前127年）に。
4. 墓標の近くの石（里程標石）からこの石（里程標石）に向って（？）は240スタディオン（約40km）

G. C. Picard はこの碑文の Tiškat（ティシュカト）管区と、1963年発見のラテン語碑文の ‘pagus Thuscae’、さらにアッピアノスの記事に見られる Τύσκα（App. *Lib*. 68. 前174年以降カルタゴとマシニッサの間の係争の対象となった50の都市と土地のある地名）等を手がかりとして、往時のカルタゴの行政管区の復元を試みた。

このマスージェ山のポエニ語碑文はヌミディア王ミキプサの称号のポエニ語表記（第3行目の HMMLKT MKWSN）を示している点でも貴重である。

4行目の「墓標」については Février はこれをドゥッガの（アテバンの）霊廟（マウソレウム）と見なすが、Picard はマクタルより南の半砂漠地帯にあるドルメン群であるとする。

J.-B. Chabot, *B. A. C.* 1943–1945, pp. 64–69.

J.-G. Février, *B. A. C.* 1951–1952, pp. 116–120.
= Cahier de Byrsa, VII, 1957, pp. 119–124（Paralipomena Punica III）.

G(ilbert). Charles-Picard, “L’administration territoriale de Carthage”, in *Mélangés d’archéologie et d’histoire offerts à André Piganiol,* Paris, 1966, pp. 1257–1265（= in W. Huss (hrsg.), *Karthago*, Darmstadt 1992, S. 291–303. “Die Territorial Verwaltung Karthagos”, übersetzt von K. Zimmermann）.

C.シェルシェル Cherchel（古代の Iol-Caesarea）で発見された王ミキプサのための奉献（葬送）碑文（後期のポエニ語、字体は neo-punic）

【Hans P. Roshcinski による1979年に発表された訳による。(　)内は筆者による補い、〔　〕内は校訂者による。】

1. 生きて現る‘人’、マッシュリー〔M〕ŠLYYM の王 mlk ミキウサン MKWSN の聖所 myqdš.
2. 彼は諸邦に正義をもたらし、諸侯の主《あるじ》であり、善きことを企てた。
3. 彼に、この記念碑を部屋の入口に、その‘墓所’qbr と共に、ヤッザム Yazzam
4. が——彼はユズガガサン Yuzgagasan の息子、（ユズガガサンは）ボグド Bogud の息子、（ボグドは）マシニサン Masinisan の息子、（マシニサンは）神々に列せられた者であるが——（献じた）。
5. 彼の全き光輝とこの‘建物’にふさわしい彼の偉大な地位のための誉れある記念として、
6. そして、いと高きにある神官たちを彼は彼のために広〔場〕に集めた、
7. その‘建物の’（広場に）…〔…〕一つのほのお（？）…と共に〔…
8. ………………………………………………。〔そして
9. （そのための）長（おさ）を、彼は各居所ごとに置き、彼は〔各〕所領ごとに——
10. 彼に所属する稠密に人の住む諸地方にある（所領ごとに）——
　一つずつの大きな‘建物’を建立した〔…
11. これ（建物）をアブド Abdo の息子 Ariš が造った、〔そのアブドは…の息子…〕

この碑文は王 MKWSN（ミキプサ）の称号を、「マッシュリーの王」mlk〔M〕ŠLYYM と記している（「ヌミダエ王（ないし）ヌミディア王」ではなく）点でも重要である。碑文の発見場所が Cherchel であることから、ミキプサが晩年をここで過ごし、この地で死んだとする説も有力であるが、この碑文を初めて本格的に検討した J.-G. Février は、むしろこの碑文はエル・クルーブ El Khroub の Es Soumâa と呼ばれている遺構（巻末写真⑤⑥⑦、Février はこれをミキプサの墓とみなしている。J.-G. Février, “L’inscription funéraire de Micipsa”, *Revue d’ Assyriologie*, 45, 1951, pp. 139ff.）に付属していたと考えた。（入口の碑文だけが、ヌミディア―マウレタニア王家の都である Iol-Caesarea（Cherchel）に運ばれたか？）。これに対し、本訳文が底本としたドイツ語訳の訳者 Roschinski は、エル・クルーブの建物には碑文３行目の言う「入口のついた小部屋」が見出されないことから、Février 説を否定し、この碑文は死せる王を祭る聖所（神殿。「墓」ではなく）に付属するものと考え、このような王を祭る場所が各地に設けられ、管理者（長）が置かれたとの解釈に拠りつつ碑文全体を訳している。H. P. Roshcinski, “Die Mikiwsan-Inschrift aus Cherchel”, in H.-G. Horn, C. B. Rüger（hrsg.）, *Die Numider*, 1979,〔S. 111–116〕, S. 112.なお Es Soumâa で発見された火葬（？）された人骨片（性別不明）は60才代と20

才ぐらいの二人分のものであることが判明している。A. Czarnetzki, “Das Königsgrab von Es Soumâa,” *Die Numider*, S. 379–382.

D_1 デーロス島で発見されたマシニッサのための奉献碑文：*IG*, XI, 4, 1115 = Dürrbach, *Inscr. Délos*, 68 = *SIG* 〈3〉 652（奉献者はデーロス人と思われる）、前179年頃か。〔　〕内は *SIG* 編者 W. Dittenberger による校訂、訳中の（　）は筆者による補い。

〔β〕ασιλέα Μασαννάσ〔αν〕
Βασιλέως Γαία
Ἕρμων Σόλωνος
τὸν αὑτοῦ φίλον
　Ἀπόλλωνι.
Πολιάνθης ἐπόει.

王（バシレウス）マサンナ〔サ（ン）〕を*
（彼は）王（バシレウス）ガイアの（息子）
ソローンの息子ヘルモーンが
彼自身の友を
　アポローン（神）に
ポリアンテースが製作。

　＊「マサンナ〔サ（ン）〕の像を」の意

D_2 デーロス島で発見されたマシニッサのための奉献碑文：*IG*, XI, 4, 1116 = *Inscr. Délos*, 69（奉献者はロドス人である）、前170年代か。訳中の（　）は筆者による補い。

Βασιλέα Μασαννάσαν βασιλέως Γαία
Χαρμύλος Νικάρχου Ῥόδιος
　θεοῖς.

王（バシレウス）マサンナサ（ン）を*――（彼は）王（バシレウス）ガイアの（息子）。
ロドス人であるニカルコスの息子カルミュロスが
　神々に。

　＊「マサンナサ（ン）の像を」の意。「王マシニッサ」のギリシア語での表記が主格ではどうなるか（語末の ‘ν’ は対格である故の語尾変化なのかどうか）は不明。D_3, D_1（emendation であるが）の場合も同様。

D_3 デーロス島で発見されたマシニッサのための奉献碑文：P. Roussel & J. Hatzfeld, "Fouilles de Délos : Exécutées aux frais de M. le Duc de Loubat", *BCH* 33（1909）, pp. 484–486.（奉献者はビテュニア王ニコメデス二世）前149／8年頃。〔 〕内は碑文編者による校訂。訳中の（ ）は筆者による補い。

〔βασιλεὺ〕ς Νικομήδης Ἐπι〔φ〕ανὴς
〔βασιλέως〕 Προυσίου
Β〔ασιλέα Μασα〕ννάσ〔α〕ν βασιλέως Γαία
… 〔εὔν〕οιαν? πατ〔ρικὴν ἐσχ〕ηκότα πρὸς ἀυτὸν α〔ἵ〕ρεσιν καὶ εὔνοιαν.

〔王〕ニコメーデース・エピ〔パ〕ネースが
（彼は）〔王〕プルーシアスの息子であるが
王ガイアの息子、王〔マサ〕ンナサ（ン）を*
自らに対して示された父祖代々の**善意と御好意に対して。

＊ 「マサンナサ（ン）の像を」の意。
＊＊ Roussel ら以来しばしば「父のような」と解されて来たが、Taher, *op. cit., Antiquités africaines*, t. 40–41,（2004–2005） p. 35, n. 53 は "paternal" ではなく "ancestral" の意とする。仮に父子二代しかつき合いがなくても使う慣用句であろう。ニコメデスが「王」と記されているので、前149年以降と思われるがマシニッサ自身は前148年には没している。死後の奉献であるかどうかで議論がある。

D_4 デーロス島で発見されたマシニッサの子ゴロッサ（グルッサ）（およびＭ某）の名のある奉献碑文。*CIG* 2323（Baslez は2269としているが）＝*Inscr. Délos*, 1578 = *SEG* 31–730. 前170年頃。マシニッサ王家の影像の台座とも考えられている。大理石の石は三つのブロックに分かれていた。〔　〕内は *SEG* ではなく下記の Baslez p. 164 による復原。訳中の（　）は筆者による。碑文本体はリーズの市立博物館にあったが現在は所在不明とのことである。

左のブロック	中央のブロック	右のブロック
〔ΒΑΣΙΛΕΑΜΑΣΑΝΝΑΣΑΝ〕		〔ΜΥΣΟΧΑΝ ΚΑΙ〕
〔ΟΙΥΙΟΙ ΜΑΣΥΧΑΝ ΚΑΙ〕	ΓΟΛΛΟΣΣΑΝ	〔ΓΟΛΛΟΣΣΑΝ〕
〔ΑΠΟΛΛΩΝΙ〕	ΤΟΥΣΕ〔ΚΒ〕	〔ΑΣΙΛΕΩΣ ΜΑΣΑΝΝΑΣΑ〕
	ΦΟΙΝΙΞΙ..	
	ΤΟΥΣΕΑΥΤΟ	〔ΥΦΙΛΟΥΣΑΡΕΤΗΣΕΝΕΚΕΝ〕
	ΚΑΙΟΜΟΝΟ	〔ΙΑΣ〕
〔王（(バシレウス）マサンナサ（ン）を)*		〔ミュソカ（ン)**と〕
〔息子たちマシュカ（ン)**と〕	ゴロッサ（ン)***（が）	〔ゴロッサ（ン）を〕
〔アポローン神に。〕	彼らは〔王（(バシレウス）マサンナサか）ら（出たのだが)〕	
	ポイニクス****（が）	
	彼自身の〔友（である二人）を、徳行に故に〕	
	また一体〔性（の故に)〕	

＊ 「～像を」の意。以下同じ。

＊＊ Valerius Maximus に出てくる Musochanes（V. 1）、リウィウスの Misagenes（Liv. XLV. 14. 8–9）と同定される人名。Gsell は ‘Musochanes’ を Masucan に酷似するとしている。*HAAN*, III, p. 302 n 8.

＊＊＊ マシニッサの死後、ミキプサ、マスタナバルと共に王位に就いた Gulussa のことだと思われる。碑文の中で唯一、欠損なしに読みとれる人名。

＊＊＊＊ ポイニクスという個人名とも、「フェキニア人」という民族名ともとり得る。末尾が欠けている（ξの後に ‘I’ でなく ‘N’ が続くとする読みもある。Roussell and Hatzfeld, *op. cit.*, p. 486）ので、この人物が奉献者なのかどうかも不明。Baslez はマシニッサの息子たちがマシニッサ像（息子たちも父につき従った形で示されている）を王家の友人（代理人）であるポイニクス某（ギリシア人？）に建立させたのであろうと推定している。M.-F. Baslez, “Un monument de la famille royale de Numidie à Delos”, *REG*（*Revue des Études Grecques*）, 94（1981）, pp. 160–165. Cf. E. L. Hicks, “The Collection of Ancient Marbles at Leeds”, *JHS*（*The Journal of Hellenic Studies*）, vol. 11（1890）, pp. 258–259.

D_5 アテナイのパンアテナイア祭の優勝者リストに見られる王マシニッサ（マサナッサ〈ン〉）の子マスタナバル（マスタナバス）の名の記された箇所（*IG*, II^2 2316, col. II l. 42–44）。この碑文はパリに運ばれたとされるが現在は所在不明。1741年の写しに依る。碑文の年代はかつては前166／5年とされていたが現在はおそらく前158年とされている。

col. II. l. 42　　πποδρόμωι〔ἐ〕κ πάντων〔συνωρίδι〕
l. 43　　πωλικεῖ Μαστανάβας〔βασ〕ιλὲ-
l. 44　　ως Μασανάσσου·

馬術競技では、すべての中から*、〔二頭立ての〕
若駒〔の戦車〕競争で、マスタナバスが（優勝）。
（彼は）王マサナッサ（ン）の息子。

*　おそらくマスタナバスがこの時点でアテナイ市民ではなかったことを示す表現らしい。S. V. Tracy and C. Habicht, “New and Old Panathenaic Victor Lists”, *Hesperia* 60 (1991)〔pp. 187–236〕p. 232. マスタナバルはリウィウス『摘要』に拠ればギリシアの学芸を身につけていた（Liv. *Per*. L）とされるのでアテナイで教育を受けた可能性もある。Tracy and Habicht は彼がユグルタをもうけたのも丁度この優勝の頃であった可能性を示唆する。loc. cit.（ただし、馬の競技であるので、出走させただけであるのかもしれないが。）

E$_1$. ヌミディア王マシニッサからマウレタニア王ユバ（二世）に至る系譜を示すカルタヘナ（スペイン。古代のカルタゴ・ノウァ市）出土の碑文：*CIL*, II, 3417 = *ILS*, 840. ユグルタ戦争後の、ユグルタの弟ガウダのヌミディア王位への即位およびガウダの息子がヒエムプサル二世であることを証明する。【〔　〕内は *CIL* 編者による emendation、（　）内は編者による補い。訳中の（　）内は筆者による補い。】

regi Iubae re〔gis〕/
Iubae filio, re〔g(is)〕/
Iempsalis n(epoti), regis Gau〔dae〕/
pronepoti, regis Massiniss〔ae〕/
pronepotis nepoti,/
duumuir quinq(uennalis) patrono/
coloni.

王ユバ（二世）のために／彼はユバ（一世）の息子であり、王／イエムプサル Iempsal（ヒエムプサル）の孫であり、王ガウダ／の曾孫であり、王マシニッサの／曾孫の孫である。／（彼は）5 年ごとの二人委員*。保護者（patronus）のために／植民市市民（coloni）が（建てた）。

＊　ユバ二世がカルタゴ・ノウァ市の二人委員であったことは貨幣資料からも確認される。*ILS*, loc. cit.

E_2 トゥブルシク・ヌミダールム Thubursicu Numidarum（現在の Khamissa）出土のヒエムプサル（二世）崇拝を示すローマ帝政期の碑文：*ILAlg*. I, 1242 = *CIL*, VIII, Suppl. pars I, 17159 =（7*）

1 REG HIEMPS[A]
2 GAVDÆ REG LIO
3 NCOLÆ TH[V] ..
4 DIFIC GLOR OPT..
5 IVLIVS PROC[I] ....
6 HON ....

ILAlg. I の編者 Gsell による読みは以下のようである。(〔 〕内は Gsell の emendation。〔 〕内の（ ）も Gsell による)。

Reg〔i Numid(arum) ?〕Hiempsa〔li〕,
Gaudae reg〔is fi〕lio,〔cives et i〕ncolae
Thu〔bursic(enses) edific〔aver(unt)〕.

碑文の4行目後半～5行は *CIL*, VIII, Suppl. Pars I の編者 J. Schmidt によって次のように補われている。

〔et in〕glor(iam) opt〔imae (?) patriae〕Iulius Procu〔lus〕hon…

1.〔ヌミダ（エ人たち）？〕の王*ヒエムプサ〔ルのために〕
2.（彼は）王ガウダの〔息子〕である。
3. トゥ〔ブルシク（ケンセス）〕の市民と住民が
4. 建造した。 (Gsell の校訂分のみ訳出)

＊ Gsell の校訂による補いでは1行目の王号が「〔ヌミダ（エ人たち）？〕の王」とされているが、碑文自体には Numid（arum）の文字は残っていない。Gsell はこの他に *CIL*, VIII, 8834（附録 E_3), 18752, 20627（附録 G_2), 20731 も、ドゥッガの二言語併記碑文（本書第七章の「神殿」の碑文)、シェルシェルのポエニ語碑文（附録C）と共に北アフリカ原住民の古えの王たちへの崇拝に関わる可能性のある碑文として挙げている。

E_3 トゥプスクトゥ Tupusuctu（現在の Tiklat）出土のイエムサル Iemsal の名が記された碑文：*CIL*, VIII, 8834. 紀元後二～三世紀頃の字体。Gsell はこれを死後長い年月が経った後ではあるが、王ヒエムプサル（二世？）に捧げられたものと見る。Tiklat 付近はヒエムプサル二世領には属さなかったが、彼の孫である（附録 E_1）マウレタニア王ユバ二世とその子プトレマイオス領ではあり、彼らがこの祖先崇拝をこの地に導入した可能性があるという。Gsell, *HAAN*, VII, p. 290, n. 5. 訳中の（　）内は筆者による補い。

IEMSALI
L. PERC'INIVS
L. F. STEL
ROGATVS
V　s. l. a

1.　イエムサルに
2.　ルーキウス・ペルケニウス
3.　ルーキウスの息子ステル（某）が
4.　請願者として（or 人名　ロガトゥス）
5.　誓いを（歓喜しつつ心より果たしたり）

他方、*CIL*, VIII, 8834 の校訂者（G. Wilmanns）は、この Iemsalis = Hiempsalis を王ヒエムプサル（が死後神格化されたもの）ではなく、王の名がそれに由来する神霊（numen）の名だとしている。ただし *CIL*, VIII, Suppl. pars I 17159 =（7*）（附録 E_2）の J. Schmidt が紹介しているモムゼンの後年の見解（1866年の 17159 = 7* の Chabassière による発見当初に表明した偽造との判断を変更）に依れば、モムゼンはこの Tupusuctu の碑文（VIII, 8834）についても神霊ではなく王の霊への崇拝であろうと認めている。（Tertullianus, *Apol.* 24 : Mauretaniae（dii sunt）reguli sui.）Cf. *Encyc. ber.*, XLI, 'Rois（culte des-）pendant l'Antiquité'〔pp. 6999－7007〕（J.-P. Laporte), pp. 7001f.

F. マウレタニア王家の女性解放奴隷カッロ Callo の墓碑銘

1960年にシェルシェル（王国の首都である Iol-Caesarea）で発見され、Ph. Leveau（シェルシェルの発掘調査に基く大著、*Caesarea de Mauretanie, Une ville romaine et ses campagnes*, Rome（CEFR, 70）, 1984 を著している）により1985年に発表された。原文はラテン語で哀歌体（エレゲイア）で書かれ、かなり高位の王室奴隷であったと思われる。Christine Hamdoune の論文に拠れば大意は以下の通り。〔 〕内は J. Meyers による補い。

1 王〔ユバ〕の解放奴隷ユリア・カッロのために。王〔ユバ〕の解放奴隷
2 ガイウス・ユリウスが…
3 道行く人よ、この〔高貴な〕墓を目にされたなら、どうかお願いいたします。もし〔読み上げるのが〕あまり大変でなければ、〔これらの詩句を詠み賜らんことを。〕ここに、私、カッロが、受〔け容れられた異国の〕地で〔冷たく〕眠っています。〔ついに〕
4 イタリアの地の光の〔道を〕辿ることもなく。
5 妻となった身でしたのに高き所の神のもとへ行ったのです。〔不吉な運命によって〕、
6 わが兄弟と同じく。それゆえ私たちの死による別れは〔激しい苦しみなのです〕。
7 私は、異国人であるのに誰にとっても親しく、誰からも愛されていましたのに。
8 誰にとって私の死は〔悲嘆のもとで〕ないでしょうか？
さあ、道行く人よ、この碑銘を読み上げたなら、〔どうか私のために言って下さい〕。
歩み去りながら、「カッロよ、汝に土が軽からんことを」と。

Hamdoune, C., “Les distiques élégiaques de Césarée et la *familia* des rois de Maurétanie”, *Antiquités africainnes*, 49（2013）, p. 7 より。

G1. 対タフファリナス戦争の戦勝感謝の奉献碑文
CIL, X, 7257 = *ILS*,（Dessau）939 ; *P. I. R.*（2） A, pp. 971–972. 紀元後20年頃。
（以下のテクストは *CIL* に拠る。）ここでは敵が ‘Gaetulas gentes’ と表現される一方で、‘Numidae’ への言及がないことが注意を惹く。（　）内は筆者による補い。〔　〕内は *CIL* 編者の校訂。

〔L. Apronius L. f. Caesian〕us VII vir〔epulonu〕m
………………………〔Vene〕ri　　　　　Erucinae〔d.〕d

I.〔A patre hic missus Libyae procon〕sule bella
〔prospera dum pugnat, cecidit Maurus〕ius hostis.

II. Felicem gladium〔tibi qui patrisque dicavit〕
Aproni effigiem,〔natus belli duce〕duxque
hic idem fuit ; hic i〔usto〕certamine victor
praetexae positae〔causa pariterque re〕sumptae
septemvir puer han〔c genitor quam rite r〕o〔g〕a〔r〕at,
Caesar quam dedera〔t, uestem tibi, sancta rel〕i〔q〕ui〔t〕.

III. Divor〔um….
mut〔ua…
filius Aproni maio〔r quam nomine factis〕
Gaetulas gentes q〔uod dedit ipse fugae〕,
effigiem cari genitor〔is, diva, locavit〕,
Aeneadum alma paren〔s, praemia iusta, tibi〕
armaque quae gessit : scuto〔per volnera fracto〕
quanta patet virtus! en〔sis ab hoste rubet〕
caedibus attritus, consummatique〔hasta tropaeum〕
qua cecidit〔f〕os〔s〕u〔s〕barbar〔us ora ferus.〕

IV. Quo nihil est utrique magis vener〔abile signum〕,
hoc tibi, sancrarunt filius atqu〔e pater〕:
Caesaris effigiem posuit p〔ar cura duorum〕:
Certavit piestas, sum〔ma in utroque fuit〕.

〔Curante〕　L. Apronio〔L. l.〕….

〔ルーキウスの子ルーキウス・アプロニウス・カエシアヌ〕ス*が、〔祭礼執行〕七人役として…エーリュクスの〔ウェヌ〕ス（女神）に〔贈り物を〕捧ぐ。

I　〔プロコン〕スルたる〔父により今やリビュアに派遣され、首尾よき〕戦〈いくさ〉の数々を〔戦う間に、〕敵の〔マウル〕スィウス（マウルスィー人）は〔倒れ伏しぬ。〕

II　幸運の剣を〔御身に父〕アプロニウスの肖像とともに〔捧げたり。〕
（彼は）〔戦の将として生まれつき〕、将として
今やかく臨戦し、今やふさ〔わしき〕決戦にて勝者となりぬ。（かつて）
身に着けられた、〔そしてまた同様に〕再び手に取られたプラエテクスタ（縁取りのある衣裳）のため、
七人役が息子として、その〔父が儀式にのっとり誓い願いし〕ものを
皇帝〈カエサル〉が賜わっ〔た、その衣裳を、御身に、聖なる方よ、納め〕たてまつる**。

III　神〔々の…
負〔債である…
アプロニウスの息子は、〔その名に〕勝る〔働きにて〕、
ガエトゥッルス（ガエトゥリー人）の種族どもを〔彼自ら敗走させし故に〕
愛しき父の似姿を〔女神よ、たてまつりぬ〕、
一方父は幸多き銅の容器を〔ふさわしき返礼として、御身に（たてまつりぬ。）〕
彼が身に着けし武具とともに：〔あまたの打撃で粉砕されし〕楯において
何と多くの武勇〈ウィルトゥース〉が明らかであることか：〔敵（の血）で朱〈あけ〉に染んだ〕両刃剣は
殺戮によりてすり減り、〔戦勝の槍も〕磨滅し果てたり。
それにより〔荒々〕しき蛮族が〔面を刺し〕貫かれ斃れし所の。

IV　（我等）両人のいずれにとっても、これに勝る尊き〔印はなきが故に〕、
そを御身に捧げたてまつる。息子とそし〔て父が〕。
（彼は）皇帝〈カエサル〉の肖像をおさめたてまつりぬ。——等しく〔両人の精励によりて〕：
敬意は競い合えど、〔両人いずれにおいても〕最〔高の（敬意）をもって〕。
〔ルーキウスの解（放奴隷）〕ルーキウス・アプロニウスが〔労をとって〕…

＊　59年に consul ordinarius（正規のコンスル）。父である L. Apronius がアフリカ＝プロコンスラリス州総督（18–20年）であったとき、父に随行してアフリカ（Libya）に

渡り、おそらく20年にこの碑文にある戦勝を挙げた（Tac. *Ann*. III. 21）。タキトゥスの叙述では彼は 'Numidas' を合戦で破って荒地（deserta）へ追い払ったとされている。
＊＊　カエシアヌスが少年としてまとっていたトガ・プラエテクスタ（縁取りのある少年用のトガ、ないしは少年用トガに包まれた彼の似姿）と、ティベリウス帝が祭礼服（praetextam sacerdotalem）として与えた七人役の神官としての衣裳のどちらか、あるいは両方を奉納したらしい（*CIL*, X 7257 の解説に拠る）。

G_2 帝政期（セウェルス朝期以降）の、Hassnaûa（セティフ市の近くの Bordj bou Aréridj の北東）出土の年ごとの市（いち）についての碑文：*CIL*, VIII, Suppl. pars III, 20627 = *ILS*, 4490.（　）内は *CIL* 校訂者による補い。訳文の（　）内は筆者による補い。

現地の人々（狭義の Numidae 族？）が立てたと考えられる。「ユバ」に言及する一方、ローマ当局の許可等には触れていないことも注意を惹く。

Nundina（s）/annu（as）quod/praecepit/
Iovis*（*sic*）et Iu/ba et Genius/Vanisnesi/
Quod precepe/runt Dii Ingi/rozoglezim

年ごとの市（いち）（nundinae annuae）を（置いた）。
ヨウィス（ユッピテル）(1)が命じたごとく。そしてユバ(2)とワニスネスス(3)の霊も。
インギロゾグレズィム(4)の神々もがお命じになっていたごとく。

（1）サトゥルヌス神の言い換えかもしれない。本来は主格形（Iuppiter）であるべきだが属格形（Iovis）となっている（＊）。
（2）マウレタニア王ユバ二世のことか。そうであれば王の死後百数十年後になお言及されていることになる。
（3）この市（いち）の開かれる場所の霊か。Vanisnesus は現在の Hassnaûa（Hassawana）付近とされる。
（4）この箇所のみで知られる固有名詞。

B. D. Shaw, “Rural Markets in North Africa and Political Economy of the Roman Empire”, *Antiquités africaines*, 17（1981）, pp. 51–52 で分析されている。
Cf. Bénabou, *La résistance*, p. 289.

H. ヨセフス『ユダヤ戦記』Ⅱ、380–383（ユダヤ人たちに対ローマ蜂起を思いとどまらせようとする王アグリッパの演説。後66年）。帝政期ローマのアフリカ支配についての同時代人の認識を示す史料。（　）内は筆者による補い。

「このように太陽の下にあるほとんどすべての者がローマ人たちの武力に臣従の礼をとっている時に、汝らだけは彼らに反抗するというのか。カルタゴ人たちの運命を顧みもせずに。カルタゴ人たちは偉大なアニバス（ハンニバル）とフェニキアの高貴な血統を誇っていたにもかかわらず、スキピオの手のもとに屈したのだ。またラコニア（スパルタ）の出のキュレネ人たちも、乾燥の地まで拡がるマルマリダイ人たちも、その名のみで恐怖を生むシュルテス（湾？）も、あまた群なすナサモネス人たちもマウロイ人たちもノマデス人たちも、これらのうち何者もローマ人たちの武勇を阻むことはできなかった。人の棲む世界（オイクメネー）のこの第三の部分（アフリカ大陸）、その地の諸種族を単に数え上げることさえ容易ではない地、アトランティコス海（大西洋）とヘラクレスの柱によってその果てを区切られ、エリュトラ海（紅海）と数え切れないアイティオペス（エティオピア）人たちを擁するこの地をローマ人はすべて従えたのだ。そしてこの地の人々はその毎年の収穫――それは１年のうちの８ヵ月もローマの人口を養うものだが――を差し出す他に、これに加えてあらゆる種類の貢ぎ物を納め、この帝国（ヘゲモニー）のお役に立つようにと気前よく付加税（エイスポラ）さえ払うのだ。彼らが受ける命令に非道を見て取る――汝らはそうしているが――でもなく。彼らのもとにはただ一軍団（第三アウグスタ軍団）が宿営しているだけだというのに。」

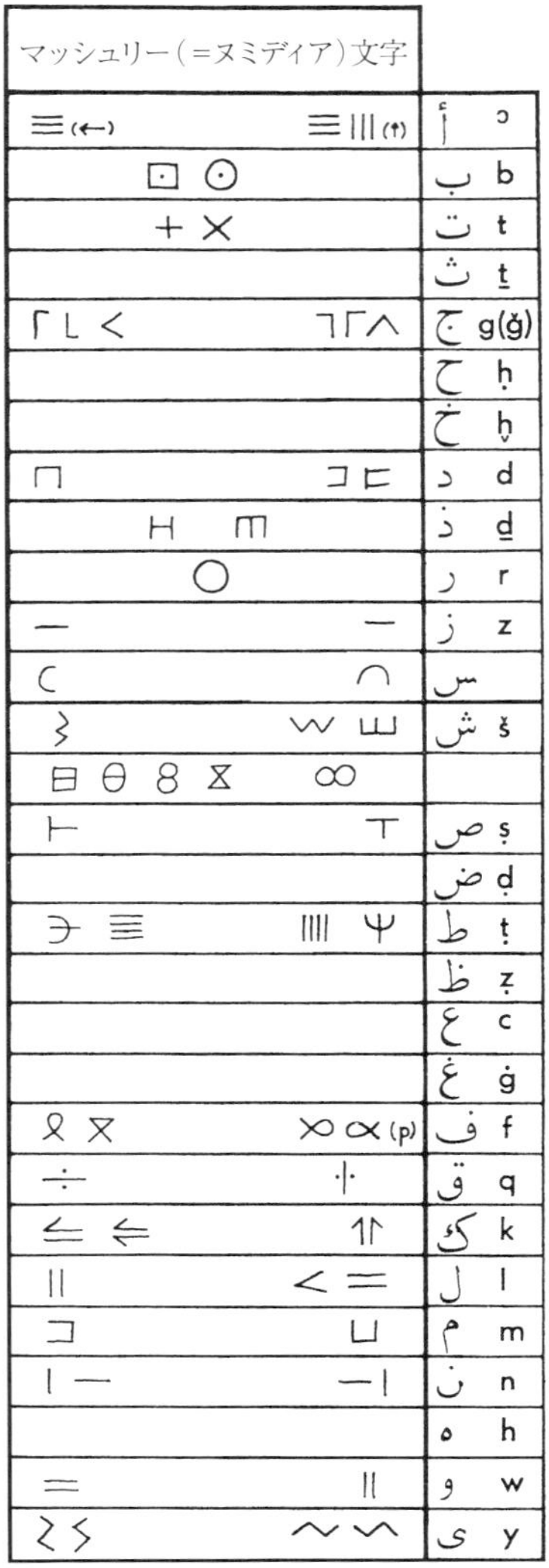

I. リビア文字（ヌミディア文字＝マッシュリー文字）とアラビア文字（右）の対照表

O. Rössler, “Die Numider ; Herkunft-Schrift-Sprache” *Die Numider*, S. 92 の図23の一部をもとに作成

参考文献

〔古典史料および略号〕

Ammianus Marcellinus

App. : Appianus

b.c. : *bella civilia*

Hann. : *Ἀννιβαική*

Iber. : *Ἰβηρική*

Lib. : *Λιβυκή*

Mac. : *Μακεδονική*

Mith. : Μιθριδάτειος

Num. : *Νομαδική*

Arist. : Aristoteles

Pol. : *Politica*

August. : Augustinus

Ep. : *Epistulae*

Aur. Vict. : Aurelius Victor

De Vir. :〔Ps. Aurelius Victor〕, *De Viris illustribus*

Bell. Afr. : *Bellum Africum*

Bell. Alex. : *Bellum Alexandrium*

Caes. : Caesar

Bell. Civ. : *Bellum Civile*

Bell. Gal. : *Bellum Gallicum*

Cic. : Cicero

ad fam. : *Epistulae ad familiares*

Cat. : *In Catilinam*

Leg. agr. : *De Lege agraria*

Orat. : *Orator ad M. Brutum*

Sull. : *Pro Sulla*

Vat. : *In Vatinium*

Verr. : *In Verrem*

Dio Cass. : Dio Cassius

Diod. : Diodorus Siculus

Diog. Laer. : Diogenes Laertius

Donatus : Aelius Donatus

Eutropius
FGrHist : E. Jacoby, *Fragmente der griechishcen Historiker*
Flor. : Florus
Hom. *Il.* : Homerus, *Iliad*
Ioseph. : Iosephus
  Bell. Iud. : *Bellum Iudaicum*
  Ant. Iud. : *Antiquitates Iudaicae*
Isid. : Isidorus Hispalensis
  Etymol. : *Etymologiae*（*Origines*）
Iust. : Iustinus（*Epitome* of Trogus）
Liv. : Livius
  Liv. *Per.* : Livius, *Periochae*
Luc : : Lucanus
  Phars. : *Pharsalia*（*Bellum Civile*）
Oros. : Orosius
Ps. Arist. : Pseudo-Aristoteles
  De mirab. auscult. : *De mirabilibus Auscultationibus*
Plin. : Plinius
  n.h.. : *Naturalis Historia*
Plut. : Plutarchus
（*Vit.*）: *Vitae Parallelae*
  Caes. : *Caesar*
  Cat. Min. : *Cato Minor*
  Luc. : *Lucullus*
  Mar. : *Marius*
  Pomp. : *Pompeius*
  Rom. : *Romulus*
  Ser. : *Sertorius*
  Sull. : *Sulla*
  C. Gr. : *Gaius Gracchus*
  Ti. Gr. : *Tiberius Gracchus*
Polyb. : Polybius
Pompon. : Pomponius Mela
Sall. : Sallustius
  Cat. : *Catilinae coniuratio*（*Bellum Catilinae*）
  Iug. : *Bellum Iugurthinum*
Sen. : Seneca

Tranq. : *De tranquilitate animi*
Sil. Ital. : Silius Italicus
Solinus : Iulius Solinus
Strab. : Strabo
Suet. : Suetonius
Calig. : *Caligula*
Iul. : *Divus Iulius*
Tac. : Tacitus
Agr. : Agricola
Ann. : *Annales*
Hist. : *Historiae*
Timaeus
Val. Max. : Valerius Maximus
Vell. Pat. : Velleius Paterculus
Vit. : Vitruvius
Zonar. : Zonaras
lex agr. 111 B.C. : *lex agraria 111 B.C.*

〔碑文集・事典類〕

CIL : *Corpus Inscriptionum Latinarum*, Berlin, 1863–.
ILS : H. Dessau (hrsg.), *Inscriptiones Latinae Selectae*, Berlin, 1892–1916.
IG : *Inscriptiones Graecae*
SEG : Supplementum Epigraphicum Graecum
SIG : W. Dittenberger, *Sylloge Inscriptionum Graecarum*
Inscr. Délos : F. Dürrbach, *Choix d'inscriptions de Délos,* t. I, Paris, 1921.
ILAf. : *Inscription latines d'Afrique* (R. Cagnat, A. Merlin, L. Chatelain), Paris, 1923.
ILAlg. : *Inscription latines de l'Algérie*, I (S. Gsell), Paris, 1922, II (H. G. Pflaum et al.), Paris, 1957.
ILM : Inscriptions latines du Maroc (L. Chatelain), Paris, 1942.
RE : G. Wissowa et al. (hrsg.), *Paulys Realencyclopaedie der classischen Altertumswissenschaft*, Stuttgart, 1894–1980.
Encyc. ber. : *Encyclopédie berbère*, G. Camps, S. Chaker, et al., Paris/Louvain/Bristol, CT ; Aix-en-Provence

〔学術書・論文〕

※欧文雑誌の略号はほぼ*L'Année Philologique*に拠った。

(欧文文献)

Abun-Nasr, Jamil M., *A History of the Maghrib*, Cambridge, 1971.

Albright, W. F., "The Amarna Letters from Palestine", in *Cambridge Ancient History*, 3rd Ed., II（*CAH* II³ のように略記）Part 2, Cambridge, 1975, rep. 1993, pp. 98–116.

Albright, W. F., "Syria, the Philistines, and Phoenicia", *CAH* II³ Part 2, pp. 511–517.

Alexandropoulos, J., *Les monnaies de l'Afrique antique : 400 av. J.-C. -40 ap. J.-C.*, Toulouse, 2007.

Ameling, W., *Karthago : Studuen zu Militär, Staat und Gesellschaft*, München, 1993.

Aounallah, Samir, Véronique Brouquier-Reddé et al., "Dougga numide : Les avancées des recherchés depuis 1979," *L'exposition "Die Numider", 40 ans après : Bilan et perspectives des recherchés sur les Numides*,（Conception : Taoufik Sassi）, Tunis, 2021, pp. 321–349.

Aubet, Maria Eugenia, *The Phoenicians and the West : politics, colonies and trade*, Cambridge, 1993, rep. 1997.

Baldus, H. R., "Naravas und seine Reiter, Numismatische Zeugnisse numidischer Kavallerie im karthagischen Heer", *Deutscher Numismatikertag*, München, 1981, S. 9–19.

Bandinelli, R. B. et al., *The Buried City, Excavation at Leptis Magna*, NY/Washington, 1966.

Barthel, W., "Römische Limitation in der Provinz Africa", *Bonner Jahrbücher*, CXX, 1911, S. 39–126.

Bates, O., *The Eastern Libyans*, London, 1914.

Bechert, T., *Die provinzen des Römishcen Reiches : Einführung und Überblick*, Mainz am Rhein, 1999.

Bénabou, Marcel, *La résistance africaine à la romanisation*, Paris, 1976.

Bénabou, M., *Why I Have Not Written Any of My Books*,（translated by David Kornacker）, Lincoln/London, 1996.

Bernal, M., *Black Athena. The Afroasiatic Roots of Classical Civilization*, vol. I, London, 1991.

Berthier, André, *La Numidie : Rome et le Maghreb*, Paris, 1981.

Berthier, A. et Charlier, R., *Le sanctuaire punique d'El-Hofra à Constantine*, Paris, 1955.

Bertrandy, F., "A propos du cavalier de Simitthus（Chemtou）", *Antiquités africaines*, 22, 1986, pp. 57–71.

Bertrandy, F. et Sznycer, M., *Les stèles puniques de Constantine au musée de Louvre*, Paris, 1987.

Bouchenaki, Mounir, "Jugurtha : un roi berbère et sa guerre contre Rome", *Les Africains*, IV, 1977, pp. 167–191.

Bouchenaki, Mounir, *Le Mausolée royal de Maurétanie*, Alger, 1970.

Bradley, K. R., *Slavery and Rebellion in the Roman World ; 140 B.C.-70 B.C*, Bloomington, Indiana/London, 1989.

Braund, David, *Rome and the Friendly King : the Character of the Client Kingship*, London/New York, 1984.

Brett, M. and Fentress, E., *The Berbers*, Oxford, 1996.

Broughton, T. R. S., *The Magistrates of the Roman Republic*, 2vols., New York, 1951–52.

Broughton, T. R. S., *The Romanisation of Africa Proconsularis*, Baltimore, 1929.

Brunt, P. A., *Italian Manpower 225 B.C.- A.D. 14*, Oxford, 1971.

Büchner, K., *Der Aufbau von Sallsts Bellum Jugurthinum*, (*Hermes Einzelschr.* 9) Wiesbaden, 1953.

Bunnens, G., "Chronologie", W. Huss (hrsg.) *Karthago* (Wege der Forschung, Bd. 654), Darmstadt, 1992, S. 26–45 (orig. : L'expansion phénicienne en Méditerranée, in *Etudes de Philologie , d'Archaéologie et Histoire Anciennes*, t. xviii, Bruxelles-Rome, 1979, pp. 315–329).

Burian, J., "Afrika und Rom in der Zeit der Republik", in H.-J. Diesner, H. Barth, H.-D. Zimmermann (hrsg.), *Afrika und Rom in der Antike*, Halle-Wittenberg, 1968, S. 27–52.

Burian, J., "Die einheimische Bevölkerung Nordafrikas von den punischen Kriegen bis zum Ausgang des Prinzipats", in V. F. Altheim und R. Stiehl (hrsg.), *Die Araber in der alten Welt*, I, Berlin, 1963, S. 420–549.

Cagnat, R., *L'Armée romaine d'Afrique et l'occupation militaire de l'Afrique sous les empereurs*, Paris, 1883, 1913, 2e ed.

Cagnat, R., "L'annone d'Afrique," MAI (*Mémoires de l'Institut National de France : Académie des Inscriptions et Belles-Lettres*), t. XL, 1916, pp. 247–277.

Camps, Gabriel, "Afrique du Nord : les mausolées princiers de Numidie et Maurétanie", *Archéologia*, n° 298, (Février 1994), pp. 50–59.

Camps, G., *Aux origines de la Berbérie : Massinissa ou les débuts de l'histoire*, *Libyca* 8/1, 1960.

Camps, G., *Aux origines de la Berbérie : Monuments et rites funéraires protohistoriques,* Paris, 1961.

Camps, G., *Berbères, Aux marges de l'Histoire*. Toulouse, 1980.

Camps, G., *Les Berbères : Mémoire et identité*, Paris, 1995.

Camps, G., "Modèle héllenistique ou modèle punique? Les desitinées culturelles de la Numidie", *Actes du IIIème congrès international des Études phéniciennes et puniques* (Tunis, 11–16 nov. 1991), Paris, 1995, t. II, pp. 235–248.

Camps, G., "Nouvelles observations sur l'architecture et l'âge du Médracen, mausolée royale de Numidie", *CRAI* (Académie des Inscriptions et Belles-Lettres : *Comptes Rendus des Séances de l'Anne 1973, Juillet-Octobre,*), Paris, 1974, pp. 470–517.

Camps, G., "Origines du royaume massyle", *Revue d'Histoire et de Civilisation du Maghreb*, n° 3 (Juillet, 1967), pp. 29–38.

Carcopino, J., *Le Maroc antique*, Paris, 1943, 1947^2.

Carcopino, J., "Salluste, le culte des *Cereres* et les Numides", *Rev. Hist.*, CLVIII, 1928, pp. 1–18.

Chabot, J.-B., *Recueil des inscriptions libyques* (*R. I. L.*), Paris, 1940. rev. 1941.

Chaker, S., "AMAZIγ (Amazigh), 《(le/un) Berbère》", *Encyc. ber.*, IV, 1997, pp. 562–567.

Chaker, S., "Jugurtha : De la Grande à la Petite Numidie", *Encyc. ber.*, XXVI, 2004, pp. 3975–3979.

Chaker, S. et G. Camps, "Agellid, 《roi》", *Encyc. ber.*, II, 1985, pp. 248–249.

Charles-Picard, G. "Neron et le blé d' Afrique", *CT* (*Les Cahiers de Tunisie*), IV, 1956, pp. 163–173.

Charles-Picard, G. "Die Periplus des Hanno", in W. Huss (hrsg.), *Karthago*, S. 182–192 (orig. : Le Periple d'Hannon, in G. Niemeyer (hrsg.), *Phoenizier im Westen* (Madrider Beiträge 8), Mainz, 1982, S. 175–180).

Charles-Picard, G. "Die Territorialverwaltung Karthagos", W. Huss (hrsg.), *Karthago*, S. 291–303 (orig. : L'administration territorial de Carthage, in *Mélanges d'archéologie et d'histoire offerts à Andre Piganiol*, Paris, 1966, pp. 1257–1265).

Charles-Picard, G. and Picard, C., tr. by D. Collon, *The Life and Death of Carthag*e, London, 1968.

Cherry, David, *Frontier and Society in Roman North Africa*, Oxford, 1998.

Choueiri, Youssef M., *Arab History and the Nationstate : A Study in Modern Arab Historiography 1820–1980*, London and New York, 1989.

Christ, Karl, *Römische Geschichte : Einführung, Quellenkunde, Bibliographie*, 3., durchges. u. erw. Aufl., Darmstadt, 1980.

Christofle, M., *Le Tombeau de la Chretienne*, Paris, 1951.

Cintas, P., "Fouilles punique à Tipasa", *Revue Africaine*, XCII, 1948, pp. 263–330.

Coltelloni-Trannoy, M., "Juba", *Encyc. ber.*, XXV, pp. 3914–3938.

Coltelloni-Trannoy, *Michele, Le royaume de Maurétanie sous Juba II et Ptolémée* (*25 av. J.-C. -40 ap. J.–C*), Paris, 1997.

Courtois, Ch., *Les Vandales et l'Afrique*, Paris, 1955.

Culican, W., "Phoenicia and Phoenician Colonization", *CAH* III^2, Part 2, Cambridge, 1991, rep. 1993, pp. 461–546.

Czarnetzki, A., "Das Königsgrab von Es Soumâa", in H. G. Horn/C. Rüger (hrsg.), *Die Numider*, S. 379–382.

Deman, Albert, "Die Ausbeutung Nordafrikas durch Rom und ihre Folgen", *Jahrbuch für Wirtschaftsgeschichte*, III, 1968, S. 341–353.

Deman, A., "Materiaux et réflexions pour servir a une étude du développement et du sous-développment dans les provinces de l'empire romain", Tempolini H. et al. (eds.), *ANRW*, II 3, Berlin/New York, 1975, pp. 3–97.

Desanges, Jehan, *Catalogue des tribus africaines de l'antiquité classique à l'ouest du Nil*, Dacar, 1962.

Desanges, J., "Les territoires Getules de Juba II", *REA,* 66, 1964, pp. 33–47.

Desanges, J., "Peramnence d'une structure indigène en marge de l'administration romaine : La Nunidie traditionnelle", *Antiquités africaines*, 15, 1980, pp. 77–89.

Desanges, J., "Saltus et vicus P(h)oshorianus en Numidie", *L'Africa Romana*, 6＊, 1989, pp. 283–291.

Diesner, H.-J., Barth, H., Zimmermann, H.-D., (hrsg.), *Afrika und Rom in der Antike*, Halle-Wittenberg : Wissenschaftliche Beiträge der Martin-Luther Universität, 1968.

Drower, M. S., "Syria c. 1550–1400 B.C.", *CAH* II[3] Part 1, Cambridge, 1973, rep. 1992, pp. 417–525.

Drower, M. S., "Ugarit", *CAH* II[3] Part 2, pp. 130–160.

Dubuisson, M.,"Das Bild des Karthagers in der lateinischen Literatur," W. Huss (hrsg.), *Karthago*, Darmstadt, 1992, S. 227–238 (orig : L'image du Carthaginois dans la littérature latine, in : E. Gubel-E. Lipiński-B. Servais-Soyez (hrsg.), *Studia Phoenicia I/II. Redt Tyrus/ Fenicische geschiedenis*, Leuvan, 1983, S. 159–167)

Dürrbach, F., *Choix d'inscriptions de Délos*, t. I, Paris, 1921 (rep. Chicago, 1977), (*Inscr. Délos* と略記).

El-Harrif, Fatima-Zohra, "Les 'massinissa', leur diffusion à travers la Maurétanie et l'Afrique du Nord : circulation et interprétation (202 av. J.-C./environ 100 av. J.-C.)", *Bulletin d'archélogie Marocaine*, XXII, 2012, pp. 154–173.

Fantar, A. H., *Carthage : Approche d'une civilization*, 2 tomes, Tunis, 1993.

Fedak, J., *Monumental Tombs of the Hellenistic Age : A Study of Selected Tombs from the Preclassical to Early Imperial Era*, Toronto/Buffalo/London, 1990.

Fentress, Elizabeth W. B., *Numidia and the Roman Army : Social, Military and Economic Aspects of the Frontier Zone*, Oxford, 1979.

Fentress, E. W. B., "Tribe and Faction : The Case of the Gaetuli", *MEFRA,* XCIV, 1982, pp. 325–334.

Ferjaoui, Ahmed, *Recherches sur les relations entre l'Orient phénicien et Carthage*, Fribourg, Suisse/Götingen, 1993.

Ferjaoui, A. (ed.), *Carthage et les autochtones de son empire du temps de Zama*, Tunis, 2010.

Ferron, Jean, "L'inscription du mausolée de Dougga", *Africa*, t. III et IV, (1969–1970), Tunis, 1972, pp. 83–98, Pl. I–VII.

Février, J.-G., "La constitution municipal de Dougga à l'époque numide", *Mélanges de Carthage* (*offerts à Charles Saumagne, Louis Poinssot, Maurice Picard*), Paris, 1964–1965, pp. 85–91.

Février, J.-G., "L'inscription du mausolée dit d'Aṭban (Dougga)", *Karthago*, t. X, 1959.

Février, J.-G., "Paralipomena punica", *Cahiers de Byrsa,* 7, 1957, pp. 119–124.

Février, P.-A. and G. Camps, "Abizar" (A21), *Encyc. ber.*, I, pp. 79–84 (P.-A. Février), pp.

84–86 (Camps).
Fishwick, D., "The Annexation of Mauretania," *Historia*, XX, 1971, pp. 467–487.
Frank, T., ed., *An Economic Survey of Ancient Rome*, 5 vols. Baltimore, 1933–40, rep. 1959 (New Jersey).
Frank, T., "The Inscriptions of the Imperial Domains of Africa", *AJPh*, XLVII, 1926, pp. 55–73.
Frank, T., "The New Eulogium of Julius Caesar's Father", *AJPh*, LVIII, 1937, pp. 90–93.
Frank, T., *Roman Imperialism*, New York, 1914, rep, 1972.
Franken, H. J., (Palestine in the Time of the Nineteenth Dynasty) (b) "Archaeological Evidence", *CAH* II^3 Part 2, pp. 331–337.
Freis, Helmut, "Das römische Nordafrika–ein unter-entwickeltes Land?", *Chiron* X, 1980., S. 357–390.
Frend, W. J. C., *The Donatist Church : a Movement of Protest in Roman North-Africa*, 2ed., Oxford, 1971.
Fritz, Kurt von, "Sallust and the Attitude of the Roman Nobility at the Time of the Wars against Jugurtha, 112–105 B. C.," *TAPhA*, 74, 1943, pp. 134–168.
Gascou, Jacques, "Le cognomen Gaetulus, Gaetulicus en Afrique romaine", *MEFR*, LXXXII, 1970 2, pp. 723–736.
Gascou, J., "Marius et les Gétules", dans l'article «Inscriptions de Tébèssa», *MEFR*, LXXXI, 1969, 2, 〔pp. 535–599〕 pp. 555–568.
Germain, G., "Qu'est-ce que le périple d'Hannon? doument, amplification littéraire ou faux intégral?", *Hesperis*, XLIV, 1957, pp. 205–248.
Ghaki, Mansour, "Les citès et les royaumes numide et maure", Carla Del Vais (ed)., *Epi oinopa ponton : studi sul Mediterraneo antico in ricordo di Giovanni Tore*, Oristano, 2012, pp. 626–632.
Grillo, L., *The Art of Caesar's Bellum Civile : Literature, Ideology, and Community*, Cambridge, 2012.
Gsell, Stéphane, *Hérodote*, Alger. 1915, rep. Roma, 1971.
Gsell, S., *Histoire ancienne de l'Afrique du Nord*, 8 tomes, Paris, 1913–1929, rep. de l'édition 1921–1928, Osnabrück, 1972 (*HAAN* と略記).
Gsell, S. et Ch. A. Joly, *Khamissa, Madaouroch, Announa, Ire partie : Khamissa*, Alger/Paris, 1914.
Gsell, S., *Les Monuments antiques de l'Algérie*, Paris, 1901.
Gsell, S. (ed.), *Atlas Archéologique de l'Algérie*, Alger/Paris, 1911 (*A.A.A.* と略記).
Gutsfeld, Andreas, *Römishce Herrschaft und einheimscher Widerstand in Nordafrika : Militärishce Auseinandersetzungen Roms mit den Nomaden*, Stuttgart, 1989.
Hahn, I., "Die Politik der Afrikanischen Klientelstaaten im Zeitraum der Bürgerkriege", Diesner

et al. (hrsg.), *Afrika und Rome in der Antike*, S. 207–228.

Hamdoune, C., "Les distiques élégiaques de Césarée et la *familia* des rois de Maurétanie", *Antiquités africainnes*, 49, 2013, pp. 5–17.

Harris, W. V., *War and Imperialism in Republican Rome : 327–70 B.C.*, Oxford, 1979.

Hatzfeld, J., *Les Trafiquants italiens dans l`Orient hellénique*, Paris, 1919, rep. New York, 1975.

Haywood, R. M., "Roman Africa", in T. Frank (ed.), *An Economic Survey of Ancient Rome*, Val. 4, pp. 1–119.

Heurgon, J., "Les origines campaniennes de la Confédération cirtéenne", *Libyca*, 5, 1957, pp. 7–24.

Holroyd, M., "The Jugurthine War : Was Marius or Metellus the Real Victor? ", *JRS*, XVIII, 1928, pp. 1–20.

Horn, H. G. und Rüger, C. B. (hrsg.), *Die Numider : Reiter und Könige nördlich der Sahara*, (Rheinisches Landesmuseum Bonn, Ausstellung 29. 11. 1979–29. 2. 1980), Bonn, 1979.

Huss, W., *Geschichte der Karthager*, München, 1985.

Huss, W. (hrsg.), *Karthago* (Wege der Forschung Bd. 654), Darmstadt, 1992.

Huttner, Ulrich, *Die politische Rolle der Heraklesgestalt im griechischen Herrschertum*, Stuttgart, 1997.

Jehne, M. and F. Pina Polo (eds.), *Foreign Clientelae in the Roman Empire : A Reconsideration*, Stuttgart, 2015.

Kaddache, Mahfoud, *L'Algerie dans l'Antiquite*, Alger : SNED, n.d.

Kahrstedt, U, *Geschichte der Karthager*, III, Berlin, 1913.

Kienast, D., "Entstehung und Aufbau des römischen Reiches", *Zeitschrift der Savigny-Stiftung für Rechtsgeschichte. Romanistische Abteilung*, LXXXV, 1968, S. 330–367.

Krandel-Ben Younès, Alia, *La présence punique en pays numide*, Tunis, 2002.

Kolendo, Jerzy, *Le colonat en Afrique sous le haut-empire*, Paris, 1976.

Konrad, C. E., *Plutarch's Sertorius*, Chapel Hill and London : The University of North Carolina Press, 1994.

Köstermann, E., *Sallustius Crispus, Bellum Iugurthinum*, Heidelberg, 1971.

Kotula, T., "Encore sur la mort de Ptolémée, roi de Maurétanie", *Archéologia*, XV, 1964, pp. 76–92.

Kreissig, H., "Bemerkungen zur Produktionsweise in Nordafrika (vorrömische Zeit)", Diesner et al. (hrsg.), *Afrika und Rome in der Antike*, S. 135–142.

Krings, V., *Carthage et Grecs, c. 580–480 av. J.-C, Textes et histoire*, Leiden/Boston/Köln, 1998.

Kurita, Nobuko, "À propos des 'libres puniques' du roi Hiempsal : Analyse d'un passage du *Bellum Iugurthinum* de Salluste", in Ahmed Ferjaoui et Taoufik Redissi (eds.), *La vie, la*

mort et la religion dans l'univers phénicien et punique : *Actes du VII*ème *congrès international des Études phéniniennes et puniques*, (Hammamet, 9–14 nov. 2009), Tunis (Institut National du Patrimoine), 2019, t. I, pp. 237–242.

Kurita, N., "Who Supported Jugurtha? The Jugurthine war as a Social Revolution," in Toru Yuge and Masaoki Doi (eds.), *Forms of Control and Subordination in Antiquity*, Tokyo/Leiden, 1988, pp. 164–168.

Kurita, N., "The 'libri Punici', King Hiempsal and the Numidians", *KODAI*, vol. 5, 1994, pp. 37–46.

Lancel, S., *Carthage*, Paris, 1992.

Lancel, S., *Carthage : A History*, tr. By Nevill, Oxford/Cambrige, Massachusetts, 1995.

Laporte, J.-P., "Numides et Puniques en Algérie : Notes de lecture", in A. Ferjaoui (ed.), *Carthage et les autochtones de son empire du temps de Zama*, Tunis, 2010, pp. 379–393.

Laporte, J.-P., "Rois (culte des-) pendant l'Atniquité," *Encyc. ber.*, XLI, 2017, pp. 6999–7007.

Laroui, Abdallah, *L' histoire du Maghreb : un essai de synthèse*, 2 tomes, Paris, 1970.

Lassère, Jean-Marie, *Africa, quasi Roma* (256 av. J.-C.-711 ap. J.-C.), Paris, 2015.

Lassère, J.–M., "Massinissa", *Encyc. ber.*, XXX, 2010, pp. 4650–4661.

Lassère, J.–M., "Rom et le 'sous-développement' de l'Afrique", *REA,* 81, 1979, pp. 67–104.

Lassère, J.-M., *Ubique Populus. Peuplement et mouvements de population dans l' Afrique romaine de la chute de Carthage à la fin de la dynastie des Sévères (146 a. C.-235 p. C.)*, Paris, 1977.

Lassère, J.-M., "Un conflit 'routier' : observation sur les causes de la guere de Tacfarinas", *Antiquités africaines*, 18, 1982, pp. 11–25.

Le Bohec, Yann, "L'Armée de la Numidie au temps de Juba Ier", in A. Ferjaoui (ed.), *Carthage et les autochtones de son empire du tems de Zama*, Tunis, 2010, pp. 445–456.

Le Bohec, Y. *La troisième légion Auguste*, Paris, 1989.

Leeman, A. D., *A Systematical Bibliography of Sallust (1879–1964)*, Leiden, 1965.

Leglay, M., *Saturne africain, Histoire*, Paris, 1966.

Lenoir, M., "Histoire d'un massacre. À propos d'*IAMlat. 448* et des *bona vacancia* de Volubilis", in *L'Africa romana*, 6*, *Atti del VII Convegno di studio, Sassari 1988* (1989), pp. 89–102.

Lenschau, *RE* VIII, (1913), "Hiempsal 1", "Hiepsal 2", "Hiarbas" ; *RE* IX, (1916), "Iuba 1".

Livy, vol. I (tr. by B. O. Foster), London, 1919, rep., 1988 (Loeb Classical Library).

Liddell, H. G. and R. Scott, *A Greek-English Lexicon*, Oxford, 1968.

Liman, Arij, "Stèles à Saturne trouvées au voisinage de la nécropole nord, à Henchir Ghayadha," *Antiquités africaines*, 44. 2008, pp. 169–185.

Lintott, A., *Judicial Reform and Land Reform in the Roman Republic*, Cambridge, 1992.

Lipiński, E., "Les Mèdes, Perses et Arméniens de Salluste, *Jug.* 18", *Ancient Society*, 23, 1992,

pp. 149–158.
Longerstay, M., "Les représentations picturales de mausolées dans les haouanet du N-O dela Tunisie", *Antiquités africaines*, 29, 1993, pp. 17–51.
Loreto, Luigi, *La grande insurrezione libica contro Cartagine del 241–237 a. c.*, Roma, 1995.
Macurdy, G. H., *Hellenistic Queens*, Baltimore/London, 1932.
Mackendrick, P., *The North African Stones Speak*, Chapell Hill, NC, 1980.
Marcy, G., "Notes linguistiques autour du périple d'Hannon", *Hesperis*, XX, 1935, pp. 21–72.
Martin, André et Fradier, George, *Mosaiques romaines de Tunisie* (Photos : Martin, Texte : Fradier), Tunis (Cérés Productions), 1986.
Matthews, V. J., "The 'libri Punici' of King Hiempsal", *AJPh,* XCIII, 1972, pp. 330–335.
Mattingly, David J., *Tripolitania*, Ann Arbor, 1994.
Mattingly, David. J. and Hitcher, R. Bruce, "Roman Africa : an archaeological review", *JRS* LXXXV, 1995, pp. 165–213.
Mazard, J. *Corpus nummorum Numidiae Mauretaniaeque*, Paris, 1955.
M'Charek, Ahmed. et al., "Recherches archéologiques à Henchir Ghayadha/Bugat? (Tunisie)—Enquete archéologique et synthèse historique", *Antiquités africaines*, 44, 2008, pp. 109–167.
Metzler, Dieter, "Widerstand von Nomaden gegen zentralistische Staaten im Altertum" in Toru Yuge and Masaoki Doi (eds.), *Forms of Control and Subordination in Antiquity*, Tokyo/Leiden, 1988, pp. 85–95.
Millar, F., "Local cultures in the Roman Empire : Libyan, Punic and Latin in Roman Africa", *JRS*, LVIII, 1968, pp. 126–134.
Mommsen, Th., *Römische Geschichte* (Vollständige Ausgabe in acht Bänden : dtv-bibliothek) Bd. 3 ; 4 (9. Aufl. 1903, 1904), München, 1976.
Mommsen, Th., *Römische Geschichte*, V, Leipzig, 1885, 9. Aufl. Berlin, 1921.
Morel, J.-P., "L'Apport des fouilles de Carthage à la chronologie des ceramiques hellénistiques," *ΑΝΑΤΥΠΟ : ΑΠΟ ΤΑ ΠΡΑΚΤΙΚΑ ΤΗΣ Β'ΣΥΝΑΝΤΗΣΗΣ ΓΙΑ ΤΗΝ ΕΛΛΗΝΙΣΤΙΚΗ ΚΕΡΑΜΕΙΚΗ*", ΑΘΗΝΑ, 1990, pp. 17–30, 2pl.
Morel, J.-P., "Carthage, Marseille, Athènes, Alexandrie (notes sur le commerce de Carthage avec quelque metropoles méditerranéennes)", *Actes du III*ème *congrès international des Études phéniciennes et puniques* (Tunis, 11–16 nov. 1991), Paris, 1995, t. II, pp. 266–281.
Morel, J.-P. "Céramiques d'Hippone", *Bulletin d'Archéologique Algérienne*, t. I (1962–1965), 1967, pp. 107–139.
Morel, J.-P., "Mission archéologique de Carthage-Byrsa", *Les Nouvelles de l'archeologie,* n°123 (-Mars 2011), pp. 39–43.
Moscati, S., "Die Phoinikische und Punische Durchdringung Sardiniens", in W. Huss (hrsg.) *Karthago*, S. 124–181 (orig : La penetrazione fenicia e punica in Sardegna, in *Atti della Accademia Nazionale dei Lincei*, 1966. Serie Ottava, Memorie, Classe di Scienze Morali,

Storiche e Filologiche, Vol. XII, pp. 215–250).

Mssaddek, Hasna, "Rome et la richesse céréalière de la Numidie sous le règne de Massinissa et Jugurtha", *Colloque international : Jugurtha affronte Rome* (Annaba 20–21–22 août 2016).

Nissen, H., *Kritische Untersuchungen über die Quellen der vierten und fünften Dekade des Livius*, 1863.

Paul, G. M., *A Historical Commentary on Sallust's Bellum Iugurthinum*, Liverpool, 1984.

Peremans, W., "Note à propos de Salluste, 'Bellum Iugurthinum',17.7," in J. Bibauw (ed.), *Hommages à Marcel Renard, 1, Langues, littératures, droit,* Bruxelles, 1969, pp. 634–638.

Pflaum, H.-G., "La Romanisation de l`Afrique", *Vestigia*, 17, 1972, pp. 55–72.

Pflaum, H.-G., "Onomastique de Cirta", in Pflaum, *L'Afrique romaine : Études épigraphique*, Paris, 1978, pp. 168–198.

Picon, *Rev. Afr.* II, 1857/1858, p. 415.(アルジェ市内で 'Picon' 氏により発見されたアテナイ貨幣の報告)

Poinssot, C., *Les ruines de Dougga*, Tunis, 1958.

Polybius, *The Histories*, (with an English translation by W. R. Paton), London, 1922, rep., 1979, (Loeb Classical Library), vol. I.

Quinn, J. C., "Monumental Power : 'Numidian royal architecture' in context", in J. R. W. Prag and J. C. Quinn (eds.), *The Hellenistic West : Rethinking the Ancient Mediterranean,* Cambridge, 2013, pp. 179–215.

Rachet, M., *Rome et les Berbères. Un problème militaire d`Auguste à Dioclètien*, Bruxelles, 1970.

Rakob, F., "Die internaionalen Ausgrabungen in Karthago", in W. Huss (hrsg.), *Karthago*, S. 46–75 (orig. *Gymnasium* 92, 1985, S. 489–513).

Rakob, F. (hrsg.), *Karthago* (: Die deutschen Ausgrabungen in Karthago 〈1975–〉) Mainz am Rhein, Bd. I : 1991, Bd. II : 1997, Bd. III : 1999.

Rakob, F., "Numidische Königarchitektur in Nordafrika", in H. G. Horn/C. Rüger (hrsg.) *Die Numider*, S. 119–171.

Rickman, G., *The Corn Supply of Ancient Rome*, Oxford, 1980.

Ritter, H.-W., "Iranische Tradition in Numidien", *Chiron,* VIII, 1978, S. 313–317.

Roshcinski, H. P., "Die Mikiwsan- Inschrift aus Cherchel", in H.-G. Horn/C. B. Rüger (hrsg.), *Die Numider*, S. 111–116.

Roshcinski, H. P., "Die punischen Inschriften" in H. G. Horn/C. Rüger (hrsg.), *Die Numider*, Köln/Bonn, 1979, S. 103–110, = W. Huss (hrsg.), *Karthago*, Darmstadt, 1992, S. 95–108.

Rössler, O., "Die Numider. Herkuft-Schrift-Sprache", in H. G. Horn/C. B. Rüger (hrsg.), *Die Numider*, S. 89–97.

Rostovzeff, M., *The Social and Economnic History of the Hellenistic World*, 3rd ed., Oxford, 1959.

Rostowzew (= Rostovzeff), *RE* VII, 1, (1910), "Frumentum", II. Kornhandel.

Rougé, J., *Recherches sur l`organisation du commerce maritime en Mediterranée sous l`empire romain*, Paris, 1966.

Roussel P. and J. Hatzfeld, "Fouilles de Délos exécutées aux frais de M. Le duc de Loubat", *BCH*, 33 , 1909, pp. 472–522.

Sahli, Mohamed Cherif, *Le Message de Yougourtha*, Alger : Editions EN. NAHDA, 1947.

Sands, P. C., *The Client Princes of the Roman Empire under the Republic*, Cambridge, 1908, rep. New York, 1975.

Saumagne, Charles, *La Numidie et Rome : Masinissa et Iugurtha*, Paris, 1966.

Schur, *RE* XIV, 2, (1930), "Massinissa".

Shaw, B. D., *Environment and Society in Roman North Africa : Studies in History and Archaeology*, Aldershot, Hampshire, 1995.

Shaw, B. D., "Rural Markets in North Africa and the Political Economy of the Roman Empire", *Antiquités africaines*, 17, 1981, pp. 37–83.

Shaw, B. D., "Soldiers and Society : The Army in Numidia", Opus, 2/1 (1983) = Shaw, *Rulers, Nomads and Christians in Roman North Africa*, Aldershot, Hampshire, 1995, IX, pp. 133–160.

Shaw, B. D., "Water and society in the ancient Maghrib : technology, property and development", in *Environment and Society in Roman North Africa,* pp. 121–173.

Suspène, A., "L'apport de la documentation numismatique à l'étude des *foreign clientelae* : Le cas de Juba II de Maurétanie", in M. Jehne and F. Pina Polo (eds.), *Foreign clientelae in the Roman Empire*, pp. 185–206.

Sydenham, E. A., *The Coinage of the Roman Republic*, London, 1952.

Syme, R., *Sallust*, Berkeley-Los Angeles 1964.

Syme, R., "Tacfarinas, the Musulamii and Thubursicu", in P. R. Coleman-Norton (ed.), *Studies in Roman Economic and Social History in the Honor of Allan Chester Johnson*, Princeton, 1951, pp. 113–130.

Sznycer, M., "Die punische Literatur", W. Huss (hrsg.), *Karthago*, S. 321–340 (orig. : *Archaeologia viva* I 2, 1968/69, S. 141–148), S. 324–325.

Taher, M. A., "L'hellénisme dans le royaume numide au IIe siècle av. J.-C.", *Antiquités africaines*, 40/41, 2004/2005, pp. 29–41.

Talbi, M., "Kusayla", *The Encyclopaedia of Islam* (new edition), Leiden, 1986, vol. V, pp. 517–518.

Teutsch, L., *Das Städtewesen in Nordafrika in der Zeit von C. Gracchus bis zum Tode des Kaisers Augustus*, Berlin, 1962.

Thieling, W., *Der Hellenismus in Kleinafrika : der griechishce Kultureinfluss in den römischen Provinzen Nordwestafrikas*, Roma, 1964.

Thompson, Lloyd A., "On 'development' and 'underdevelopment' in the Early Roman Empire", *Klio,* 64, 1982, ii, pp. 383–401.

Thompson, Lloyd A., *Romans and Blacks*, London/Oklahoma, 1989.

Timpe, Dieter, "Herrschaftsidee und Klientelstaatenpolitik in Sallusts Bellum Jugurthinum", *Hermes,* 90, 1962, S. 334–375.

Tissot, Charles, *Exploration scientifique de la Tunisie : Géographie ancienne*, 2 tomes, Paris, 1884.

Toutain, J., "Le cadastre de l'Afrique romaine", *MAI*（*Mémoires de l'Académie des Inscriptions et Belles-Lettres*）, t. XXII, 1, 1907, pp. 5–46〔341–382〕.

Tracy, S. V. and C. Habicht, "New and Old Panathenaic Victor Lists", *Hesperia,* 60（1991）, pp. 187–236, 76pl.

Vretska, K., "Studien zu Sallusts Bellum Jugurthinum" *SAWW*（*Sitzungsberichte der Österreichischen Akademie der Wissenschaft in Wien, Philos.-Hist. Klasse, Wien, Verl. Der Akademie*）129, 4, Wien, 1955, S. 85–134 und S. 146–158 = V. Pöschl（hrsg.）*Sallust*（Wege der Forsehung Bd. 94）, Darmstadt, 1981, S. 224–295.

Vuillemot, N. G., "Fouilles du mausolée de Beni Rhenane en Oranie", *CRAI*（Académie des Inscriptions et Belles-Lettres : *Comptes Rendus des Séances de l'Année 1964 Février-Juin,*）, Paris, 1965, pp. 41–95.

Wilson, A. J. N., *Emigration from Italy in the Republican Age of Rome*, New York, 1966.

Wilson, A., "Neo-Punic and Latin inscriptions in Roman North Africa : Function and display", in A. Mullen and P. James（eds.）, *Multilingalism in the Graeco-Roman Worlds*, Cambridge, 2012, pp. 265–316.

Windberg, *RE* XVII, 2,（1937）, "Numidia".

Yoshimura, Tadasuke, "Zum römischen libertas-Begriff in der Aussenpolitik im zweiten Jahrhundert vor Chr.", *AJAH*, vol. 9, 1984（1988）, pp. 1–22.

Yuge, Toru, and Doi, Masaoki（eds.）, *Forms of Control and Subordination in Antiquity*, Published jointly by : The Society for Studies on Resistance Movements in Antiquity, Tokyo, and E. J. Brill, Leiden, 1988.

Zancan, P., "Prolegomena zu Sallusts Bellum Jugurthinum", in Pöschl, *Sallust,* S. 121–154（orig. Prolegomeni alla Giugurtina I. *Atti del Reale Instituto Veneto* 102（1942–43）pp. 637–665）.

（日本語文献）

アリストテレス、山本光雄（訳）『政治学』、岩波文庫、1961年

アリストテレス、牛田徳子（訳）『政治学』、京都大学学術出版会、2001年

井福剛『古代ローマ帝国期における北アフリカ――カルタゴ周辺地域における文化と記憶』関西学院大学出版会、2018年

大清水裕『ディオクレティアヌス時代のローマ帝国――ラテン碑文に見る帝国統治の継続と変容』山川出版、2012年
大清水裕「デロス島出土碑文におけるヌミディア王マシニッサ――ヘレニズム世界から見た前2世紀の北アフリカ」『西洋史学』第271号、2021年、22–42頁
太田秀通『東地中海世界――古代におけるオリエントとギリシア』岩波書店、1977年
織田武雄監修、中務哲郎訳『プトレマイオス地理学』東海大学出版会、1986年
ガーンジィ、（ピーター）著、松本宣郎・阪本浩（訳）『古代ギリシア・ローマの飢饉と食糧供給』白水社、1998年
楠田直樹『カルタゴ史研究序説』青山社、1997年
栗田伸子「学界展望〈ローマ法〉Gabriel CAMPS, *Berbères : aux marges de l' Histoire*, Toulouse, 1980.」『国家学会雑誌』第96巻第1・2号、1983年、152–154頁
栗田伸子「サルスティウスにおける歴史の真実と党派性」（前）『史海』（東京学芸大学史学会）、2014年、44–51頁
栗田伸子「反ローマ闘争と内乱の一世紀」伊藤貞夫・本村凌二編『西洋古代史研究入門』東京大学出版会、1989年、218–219頁
栗田伸子「ローマ支配下における北アフリカの〈民族・地域〉構造――紀元前2–1世紀を中心に」『歴史学研究』第626号（1991年度歴史学研究会大会報告）、1991年、55–65頁
栗田伸子「ローマとその幻影――序にかえて」歴史学研究会編『幻影のローマ』青木書店、2006年、3–22頁
栗田伸子「巨悪を探せ――サルスティウス断章」『西洋古典叢書　月報152』（2021年8月）京都大学学術出版会、2–5頁
栗田伸子・佐藤育子『通商国家カルタゴ』講談社、2009年（講談社学術文庫、2016年）
後藤篤子「ローマ帝国の『キリスト教化』をめぐって――ローマン＝アフリカの場合」『法政史学』第44号、1992年、19–39頁
坂口明「ローマ帝政前半期の土地と農民」弓削達・伊藤貞夫編『ギリシアとローマ――古典古代の比較史的考察』河出書房新社、1988年、第四章第二節、175–196頁
佐藤育子「碑文史料にみられるカルタゴの政務職について」『史艸』第33号、1992年、35–38頁
佐藤育子、「カルタゴにおける幼児犠牲――その現状と課題をめぐって」『史艸』第35号、1994年、246–263頁
佐藤育子「フェニキア人の海外ネットワーク――前一千年紀前半の地中海世界」神崎忠昭・長谷部忠彦編『地中海圏都市の活力と変貌』慶応義塾大学文学部、2021年
サルスティウス、栗田伸子（訳）『ユグルタ戦争・カティリーナの陰謀』岩波文庫、2019年
サルスティウス、小川正廣（訳）『カティリナ戦記／ユグルタ戦記』京都大学学術出版会、2021年

柴野浩樹「ローマ元首制期における退役兵と都市社会――北アフリカの事例から」『西洋史研究』新輯第27号、1998年、60–93頁
周藤芳幸『古代ギリシア　地中海への展開』京都大学学術出版会、2006年
ストラボン『ギリシア・ローマ世界地誌』Ⅱ、飯尾都人訳、龍溪書舎、1994年
砂田徹『共和政ローマの内乱とイタリア統合――退役兵植民への地方都市の対応』北海道大学出版会、2018年
セルヴィエ、（ジャン）著、私市正年／白谷望／野口舞子（訳）『ベルベル人――歴史・思想・文明』白水社（文庫クセジュ）、2021年
鷹木恵子『チュニジアのナツメヤシ・オアシス社会の変容と基層文化――ジェリード地方とネフザーワ地方の比較研究』東京外国語大学アジア・アフリカ言語文化研究所、2000年
タキトゥス、国原吉之助（訳）「アグリコラ」（『タキトゥス』〈世界古典文学全集〉）筑摩書房、1965年
タキトゥス、国原吉之助（訳）『年代記』上・下、岩波文庫、1981年
高橋秀「地中海世界のローマ化と都市化」『岩波講座・世界歴史２　地中海世界Ⅱ』岩波書店、1969年、422–441頁
南川高志『海のかなたのローマ帝国――古代ローマとブリテン島』岩波書店、2003年
長谷川博隆『カルタゴ人の世界』講談社学術文庫、2000年（原著：筑摩書房、1991年）
長谷川博隆『ハンニバル――地中海世界の覇権をかけて』講談社学術文庫、2005年（原著：清水書院、1973年）
比佐篤『「帝国」としての中期共和政ローマ』晃洋書房、2006年
プルタルコス、森谷公俊（訳・註）『新訳アレクサンドロス大王伝――「プルタルコス英雄伝」より』河出書房新社、2017年
フロベール、神部孝（訳）『サランボオ』（上下）、角川文庫、1953–54年
ホメロス、呉茂一（訳）『イーリアス』上・中・下、岩波文庫、1953–58年
マルクス「商人資本に関する歴史的事実」『マルクス・エンゲルス全集』第二五巻第一分冊、大月書店、1967年
宮嵜麻子『ローマ帝国の食糧供給と政治――共和政から帝政へ』九州大学出版会、2011年
宮治一雄「マグレブの歴史・文化像を求めて――カルタゴの五つの胸像から」講談社出版研究所編『世界の国シリーズ12、エジプト・アフリカ』1983年
ムクラエンタ-アベド、（バクタ）著、栗田伸子（訳・解題）「アラビア語史料とヌミディア諸王国」『史海』（東京学芸大学史学会）第69号、2023年、49–73頁
村川堅太郎『羅馬大土地所有制』日本評論社、1949年
毛利晶『一つの市民権と二つの祖国――ローマ共和政下イタリアの市民たち』京都大学学術出版会、2022年
本村凌二「〈クリア〉の歴史的性格――帝政期北アフリカ属州史の一断面」弓削・伊藤

編『古典古代の社会と国家』東京大学出版会、1977年、265-301頁
安井萌『共和政ローマの寡頭政治体制――ノビリタス支配の研究』ミネルヴァ書房、2005年
弓削達『地中海世界とローマ帝国』岩波書店、1977年
弓削達・伊藤貞夫編『古典古代の社会と国家』東京大学出版会、1977年
弓削達・伊藤貞夫編『ギリシアとローマ――古典古代の比較史的考察』河出書房新社、1988年
吉村忠典『古代ローマ帝国の研究』岩波書店、2003年
吉村忠典「サルルスティウス小論」『史学雑誌』第59編、第6号、1950年、39-61頁
吉村忠典『支配の天才ローマ人』三省堂、1981年
吉村忠典「パトロネジに関する若干の考察」長谷川博隆編『古典古代とパトロネジ』名古屋大学出版会、1992年、165-181頁

著者紹介

栗田伸子（くりた　のぶこ）

東京学芸大学名誉教授。1954年生まれ。東京大学文学部（西洋史）卒業。同大学院人文科学研究科修士課程修了（文学修士）。同博士課程中退。東京学芸大学助教授（1996年—2003年）、同教授（2003年—2020年）を経て現在に至る。専門は古代ローマ史およびヌミディア、カルタゴなど古代北アフリカ史。

主な著作に『通商国家カルタゴ』（共著、講談社）、訳書にモンテスキュー著『ローマ人盛衰原因論』（共訳、岩波文庫）、サルスティウス著『ユグルタ戦争・カティリーナの陰謀』（岩波文庫）など。

ヌミディア王国
——ローマ帝国の生成と北アフリカ

2024年10月20日　初版第一刷発行

著　者　栗田伸子
発行人　黒澤隆文

発行所　京都大学学術出版会
京都市左京区吉田近衛町69番地
京都大学吉田南構内（〒606-8315）
電　話（075）761-6182
FAX（075）761-6190
URL http://www.kyoto-up.or.jp
振　替　01000-8-64677

ISBN 978-4-8140-0552-9
Printed in Japan

印刷・製本　亜細亜印刷株式会社
定価はカバーに表示してあります
装幀　上野かおる